Kohlhammer

Regina Rätz, Axel Biere,
Ute Reichmann, Hans-Ullrich Krause,
Sibylle Ramin

Sozialpädagogische Familienhilfe

Ein Lehr- und Praxisbuch

2., aktualisierte Auflage

Verlag W. Kohlhammer

Dieses Werk einschließlich aller seiner Teile ist urheberrechtlich geschützt. Jede Verwendung außerhalb der engen Grenzen des Urheberrechts ist ohne Zustimmung des Verlags unzulässig und strafbar. Das gilt insbesondere für Vervielfältigungen, Übersetzungen, Mikroverfilmungen und für die Einspeicherung und Verarbeitung in elektronischen Systemen.

Die Wiedergabe von Warenbezeichnungen, Handelsnamen und sonstigen Kennzeichen in diesem Buch berechtigt nicht zu der Annahme, dass diese von jedermann frei benutzt werden dürfen. Vielmehr kann es sich auch dann um eingetragene Warenzeichen oder sonstige geschützte Kennzeichen handeln, wenn sie nicht eigens als solche gekennzeichnet sind.

Es konnten nicht alle Rechtsinhaber von Abbildungen ermittelt werden. Sollte dem Verlag gegenüber der Nachweis der Rechtsinhaberschaft geführt werden, wird das branchenübliche Honorar nachträglich gezahlt.

Dieses Werk enthält Hinweise/Links zu externen Websites Dritter, auf deren Inhalt der Verlag keinen Einfluss hat und die der Haftung der jeweiligen Seitenanbieter oder -betreiber unterliegen. Zum Zeitpunkt der Verlinkung wurden die externen Websites auf mögliche Rechtsverstöße überprüft und dabei keine Rechtsverletzung festgestellt. Ohne konkrete Hinweise auf eine solche Rechtsverletzung ist eine permanente inhaltliche Kontrolle der verlinkten Seiten nicht zumutbar. Sollten jedoch Rechtsverletzungen bekannt werden, werden die betroffenen externen Links soweit möglich unverzüglich entfernt.

2., aktualisierte Auflage 2025

Alle Rechte vorbehalten
© W. Kohlhammer GmbH, Stuttgart
Gesamtherstellung: W. Kohlhammer GmbH, Heßbrühlstr. 69, 70565 Stuttgart
produktsicherheit@kohlhammer.de

Print:
ISBN 978-3-17-45457-6

E-Book-Formate:
pdf: ISBN 978-3-17-045458-3
epub: ISBN 978-3-17-045459-0

Vorwort

Als der Kohlhammer Verlag vor einigen Jahren die Anfrage an uns richtete, ein einführendes Lehrbuch zur ambulanten Sozialpädagogischen Familienhilfe in einem überschaubaren Umfang zu schreiben, sagten wir sofort zu, ist doch die einzelfallbezogene Arbeit mit Familien ein wesentlicher und anspruchsvoller Arbeitsbereich der Kinder- und Jugendhilfe, in dem inzwischen viele Menschen beruflich tätig werden. In diesem vollziehen sich seit seinen Anfängen bis in die Gegenwart hinein enorme Entwicklungen. Die Sozialpädagogische Familienhilfe ist unmittelbar mit den Anfängen der modernen Sozialen Arbeit Anfang des 20. Jahrhunderts verbunden, steht für deren Entwicklung von einer ehrenamtlichen zu einer professionellen Tätigkeit und bildet spätestens seit dem Inkrafttreten des Kinder- und Jugendhilfegesetzes (KJHG/SGB VIII) ein zentrales Arbeitsfeld, das sich immer noch in Expansion befindet. Neben einem Aufschwung an quantitativem Umfang, methodisch-fachlichem Handeln und der Qualifizierung von Fachkräften zeigten sich in den letzten Jahren jedoch auch gestiegene Erwartungen von Seiten der Öffentlichkeit, Politik und Verwaltung an die professionellen Leistungen und Resultate dieser Hilfeform. Diese sind unmittelbar mit der Sensibilisierung der Gesellschaft für ein gesundes Aufwachsen von Kindern, deren Wohl und deren Schutz verbunden. Familien werden in diesem Kontext durch verschiedene staatliche Investitionen gefördert, aber auch mit einem gewissen Misstrauen betrachtet. Dabei können nicht nur Familien, sondern auch die Fachkräfte, die in der Sozialpädagogischen Familienhilfe tätig sind, unter einen Druck geraten. Zum einen, da u. a. gesellschaftlich erzeugte oder zumindest begünstigte Not- und Problemlagen von Familien individuell bearbeitet und bewältigt werden sollen. Dies gelingt nicht allen Familien, auch nicht mit sozialpädagogischer Unterstützung. So entstehen Widersprüche und Ambivalenzen, die es professionell zu reflektieren und auszuhalten gilt. Zudem reicht der Ressourceneinsatz in vielen Kommunen der Bundesrepublik Deutschland (BRD) zur Erledigung der vielfältigen Aufgaben und Erwartungen an eine Verbesserung der Lebenssituation von Familien nicht aus. Zum anderen wird zielgerichtetes zügiges fachliches Handeln vorausgesetzt bspw., um Familien in Krisen und bei Problemlagen zu unterstützen oder um Kinder bei Gefahren und Gefährdungen adäquat zu schützen.

In der Arbeit mit Familien handelt es sich um ein komplexes Geschehen, das selbst von erfahrenen Fachkräften häufig nicht auf einen Blick erfasst werden kann. Sozialpädagogische Familienhilfe benötigt Zeit sowie die umfassende Beteiligung und Zusammenarbeit mit der jeweiligen Familie. Sie ist auf die Gestaltung von Prozessen angewiesen, die nicht durchgängig planbar sind. Denn: Familien sind lebende Systeme, die – wie allgemein bekannt – nicht trivial beeinflusst, bearbeitet und von außen gesteuert werden können, wenn nachhaltige Verbesserungen das Ziel von Hilfeeinsätzen sind. Sie verfügen über Eigenlogiken und Routinen, die es zu verstehen gilt – auch gemeinsam mit den Familien. Sie haben zumeist eine nicht sichtbare äußere Grenze gegenüber der Außenwelt, die in einem anthropologischen Sinne auch als ein natürlicher Schutz verstanden werden kann. So bedarf es zunächst einer Öffnung von Familien bzw. Familiensystemen, damit Fachkräfte überhaupt einen Zugang zu diesen bekommen, in den Austausch treten, Mitarbeit erwarten und hilfreich sein können. Familien bzw. einzelne Familienmitglieder leisten dabei nicht selten Widerstand, wehren sich gegenüber äußerer Beeinflussung und tragen intern und extern Konflikte aus. Von diesen und weiteren Phänomenen wissen Familienhelfer*innen zu berichten, die in Fort- und Weiterbildungen spezielles Wissen über Familien, deren Dynamiken und deren Veränderungs- und Entwicklungsmöglichkeiten erworben haben. Familienhilfe ist demnach sehr anspruchsvoll.

Dieser Tatsache soll in diesem Buch entsprochen werden. Dieses Buch richtet sich ganz bewusst an Studierende, Berufsanfänger*innen und so genannte Quereinsteiger*innen, die mit einer akademischen Ausbildung auf Bachelorniveau, jedoch ohne eine spezialisierte Fort- bzw. Weiterbildung in der ambulanten Sozialpädagogischen Familienhilfe tätig werden (wollen). Aber auch für interessierte erfahrene Kolleg*innen soll das Lehr- und Praxisbuch eine anregende Lektüre sein. Es setzt an dem Erleben der Fachkraft in der Sozialpädagogischen Familienhilfe und deren Verortung im professionellen Arbeitsfeld an. Es hat das Ziel, fachliches Wissen in der Arbeit mit Familien zu vermitteln, Auseinandersetzungs- und Reflexionsprozesse der Fachkräfte u.a. mit den eigenen Haltungen, den gesellschaftlichen Bedingungen und dem beruflichen Kontext anzuregen sowie methodisches Handwerkszeug zur Bearbeitung verschiedener Aufgaben und Fragestellungen an die Hand zu geben.

Dieses einführende Lehr- und Praxisbuch soll sowohl für den Einsatz in Lehrveranstaltungen im Bachelor-Studium als auch für das Selbststudium, innerhalb und außerhalb der Hochschullehre, tauglich sein. Dabei kann es systematisch begleitend, aber auch in der Lektüre der Einzelkapitel vertiefend verwendet werden. Einzelne Themenbereiche der ausgearbeiteten Kapitel können auch für interne Fortbildungen in der Praxis genutzt werden.

Wir, die Autor*innen, sind ein Team, dessen Mitglieder alle im Bereich der Sozialpädagogischen Familienhilfe beschäftigt waren bzw. sind. Wir sind in der Praxis der Kinder- und Jugendhilfe, bei öffentlichen oder freien Trägern, in der Forschung, in der Hochschulbildung sowie der Qualitätsentwicklung tätig. Bei der konzeptionellen Erarbeitung des Lehr- und Praxisbuches haben wir zunächst unsere eigenen Erfahrungen und Wissensbestände mit diesem Arbeitsfeld gesammelt und reflektiert. Im Ergebnis haben wir uns beim Aufbau des Buches an dem Verlauf der ambulanten Sozialpädagogischen Familienhilfe orientiert. Dies ist eine Perspektive, die vor allem den *Prozess* der Familienhilfe in den Fokus nimmt, da dieser – im nebeneinander mit den Anforderungen Planen, Steuern und Managen – den Kern der sozialpädagogischen Arbeit bildet. Zusammengefasst geht es um den Beginn, den gemeinsamen Arbeitsprozess und den Abschluss in der sozialpädagogischen Arbeit mit Familien unter Berücksichtigung des notwendigen Hintergrundwissens bspw. über rechtliche Zusammenhänge und Administration. In der Zusammenstellung der Inhalte haben wir darauf verzichtet, einzelne ›Schulen‹ der Familienhilfe zu referieren. Wir haben hingegen ›schulenübergreifend‹ die aus unserer Sicht wesentlichen Wissensbestände zu den einzelnen Phasen der Familienhilfe und jeweils methodisches Handwerkszeug zusammengetragen. Letzteres kann direkt von den Leser*innen erprobt werden. So ist unsere Auswahl einerseits – im positiven Sinne – eklektisch, wie eben auch die Praxis sich als solche abbildet. Andererseits war es unser Anliegen, einem *beteiligungsorientierten dialogischen Ansatz in der Arbeit mit Familien*, der in verschiedenen ›Schulen‹ enthalten ist, zu folgen. Dieser ist aus unserer Sicht das tragende Element der Sozialpädagogischen Familienhilfe, das in den rechtlichen Rahmenbedingungen der BRD, in ganz verschiedenen methodischen Ansätzen sowie den Verfahrensregelungen eine Verortung hat. Nicht zuletzt entspricht dieser Ansatz einer an demokratischen Grundsätzen orientierten Sozialen Arbeit, die Eltern und Kinder in jeder Lebenssituation als mit subjektiven Rechten ausgestattete Bürger*innen und Akteur*innen ihrer Entwicklung begreift. Dieser Ansatz erfordert ein beteiligungsorientiertes Herangehen an sozialpädagogische Prozesse, denn das ist Voraussetzung für positive und nachhaltige Veränderungen im Leben von Kindern und Eltern.

Ausführungen, wie in einem solchen vom Seitenumfang her begrenzten Lehrbuch, bleiben unvollkommen. Dies müssen wir aushalten und erheben deshalb keinen Anspruch auf Vollständigkeit. Wir gehen jedoch davon aus, dass wir die Grundzüge und Systematik des Arbeitsfeldes der ambulanten Sozialpädagogischen Familienhilfe nachvollziehbar dargestellt haben und das Buch dazu beiträgt, in der praktischen Tätigkeit als Familienhelfer*in Orientierung, Wissen, Reflexionsanstöße und Handwerkszeug zu finden.

Wir freuen uns über die zweite Auflage des Buches und auch zu dieser über Anregungen und Verbesserungsvorschläge!

Regina Rätz, Axel Biere, Ute Reichmann,
Hans-Ullrich Krause, Sibylle Ramin
Berlin und Göttingen, 2025

Inhalt

Vorwort 5

Einige Lesehinweise 15

1 **Einleitung** 17
    1.1 Systematisierung der Sozialpädagogischen Familienhilfe 17
    1.2 Entwicklungen des Arbeitsfeldes 19
    1.3 Statistischer Überblick 21
    1.4 Lebenssituationen und Problemlagen von Familien – zwischen gesellschaftlichen Entwicklungen und subjektiven Bewältigungsmöglichkeiten 23
    1.5 Professionelle Antworten: Lebensweltorientierung, Hilfe und Kontrolle, methodische Ansätze 28
    1.6 Zusammenfassung 30
    1.7 Aufbau des Buches 31

2 **Ich als Familienhelfer*in oder: »Wofür wirst du eigentlich bezahlt?«**
    Grundfragen von Haltungen, persönlichen Anliegen, der Motivation von Fachkräften und gesellschaftlichen Erwartungen an die Sozialpädagogische Familienhilfe 32
    2.1 Ein Blick in die Praxis 35
    2.2 Zur Bedeutung historischer Personen 38
    2.3 Warum es unabdingbar ist, eine professionelle Haltung zu haben und vertreten zu können 41
    2.4 Was macht die professionelle sozialpädagogische Haltung aus? – Eine Standortbestimmung 43
    2.5 Hilfen für das Selbststudium 45

3 **»Es gibt viele Möglichkeiten, eine Wohnung zu betreten.« Vorbereitung, Zugang und Gestaltung der ersten Kontakte** .. 46
    3.1 Die Aufgaben der Familienhelfer*in am Anfang der Hilfe .. 47
    3.2 Wie werden Sozialpädagogische Familienhilfen initiiert? 48
    3.3 Erste Begegnungen 49
    3.4 Faktoren des Gelingens beim Erstkontakt 52
    3.5 Wer sind die Familien? 53

3.6	Hilfe und Kontrolle	54
3.7	Nähe und Distanz	55
3.8	Methodische Anregungen zur Gestaltung der Balance von Nähe und Distanz	56
3.9	Fall, Fallmanagement und Fallverstehen	58
3.10	Weitere professionelle Aufgaben: Clearing und Krisenintervention	62
3.11	Formale Handlungsschritte beim Beginn einer Sozialpädagogischen Familienhilfe – Falleingangsphase	64
3.12	Unsicherheiten, Probleme und Herausforderungen beim Falleingang	67
3.13	Zeit nehmen	71
3.14	Formaler Check zum Überblick am Hilfebeginn	71
3.15	Hilfen für das Selbststudium	74

4 »Rechte ohne Ressourcen zu besitzen, ist ein grausamer Scherz.«
Beteiligungsrechte in der Sozialpädagogischen Familienhilfe — 76

4.1	Ein Blick in die Praxis	76
4.2	Was ist eigentlich Beteiligung?	77
4.3	Sozialpädagogisch-fachliche Grundlagen von Beteiligung	80
4.4	Widersprüche und Herausforderungen	81
4.5	Allgemeine Bedeutungen von Beteiligung in der Kinder- und Jugendhilfe	82
4.6	Die Beteiligung der ganzen Familie beim Hilfegeschehen	83
4.7	Perspektiven auf Beteiligung aus der Sicht von Fachkräften und von Eltern	84
4.8	Beteiligung von Kleinkindern	87
4.9	Beteiligung von Kindern und Jugendlichen	88
4.10	Voraussetzungen einer gelingenden Beteiligung	92
4.11	Eine Kultur von Beteiligung schaffen	93
4.12	Kinder und Jugendliche konkret beteiligen	93
4.13	Methoden der Beteiligung von Kindern, Jugendlichen und Erwachsenen in der Sozialpädagogischen Familienhilfe	95
4.14	Hilfen für das Selbststudium	106

5 »Jede Familie tickt anders.«
Die Gestaltung des Hilfeprozesses gemeinsam mit Kindern, Jugendlichen und Eltern — 108

5.1	Der Arbeitsalltag in der Sozialpädagogischen Familienhilfe	109
5.2	Methodische Entwicklungen, Annahmen und Vorgehen im Kontext einer lebensweltorientierten Familienhilfe	111
5.3	Probleme, Unsicherheiten und Herausforderungen in der Praxis	116
5.4	Handlungskompetenzen und Methodenkoffer	117
5.5	Hilfen für das Selbststudium	131

6	**Die Gretchenfrage: »Und was ist mit dem Kindeswohl?«** **Gefahren und Gefährdungen erkennen und helfen**	**134**
	6.1 Kinderschutz, Kindeswohl und Kindeswohlgefährdung im Kontext der Sozialpädagogischen Familienhilfe	137
	6.2 Was ist eine Kindeswohlgefährdung?	144
	6.3 Formen von Kindeswohlgefährdung	145
	6.4 Gefahren und Gefährdungssituationen von Kindern und Jugendlichen erkennen, einschätzen und helfen	148
	6.5 Wie gleichzeitig Kinder schützen und Familien helfen?	151
	6.6 Rechtliche Aspekte: Strafrecht, Garantenstellung und Datenschutz	160
	6.7 Wie gehe ich mit Druck von außen/der Öffentlichkeit um?	164
	6.8 Hilfen für das Selbststudium	165
7	**»Erst muss ich mich mal darum kümmern, dass meine Kinder satt werden.«** **Grundbedürfnisse und Grundsicherung von und für Kinder und Eltern**	**167**
	7.1 Exkurs: Bedingungsloses Grundeinkommen zur Verbesserung von Erziehungssituationen in Familien?	168
	7.2 Grundsicherung im Kontext der Sozialpädagogischen Familienhilfe	170
	7.3 Stufen der menschlichen Grundbedürfnisse	174
	7.4 Was braucht ein Kind, um gesund und entsprechend seiner Bedürfnisse aufzuwachsen?	176
	7.5 Was brauchen Kinder für ihr Wohl?	176
	7.6 Erscheinungsformen einer gesunden Entwicklung	180
	7.7 Hilfen für das Selbststudium	182
8	**»Abschiede sind Tore in neue Welten.«** **Gestaltung des Abschieds, Ressourcen, Netzwerke und Unterstützung im Sozialraum**	**184**
	8.1 Reguläre Beendigung	186
	8.2 Ungeplante Beendigungen und Abbrüche	187
	8.3 Vorschläge zum methodischen Vorgehen bei der Gestaltung von Abschieden	189
	8.4 Hilfen für das Selbststudium	197
9	**»Vom Lesen einer Speisekarte werde ich nicht satt.«** **Administrative Anforderungen an Fachkräfte**	**198**
	9.1 Fachlichkeit versus Administration	198
	9.2 Wie kommt die Familie zur Hilfe bzw. Leistung? – Administratives Vorgehen	199
	9.3 Anlässe für Sozialpädagogische Familienhilfe und Problemdefinitionen	202
	9.4 Die Beteiligten und ihre Rollen	202

	9.5	Spannungsverhältnisse und strukturelle Widersprüche	203
	9.6	Unsicherheiten und Herausforderungen in der Praxis	205
	9.7	Handlungskompetenzen	209
	9.8	Kooperationen und Vernetzung	209
	9.9	Hilfen für das Selbststudium	211

10 »Das Kleingedruckte ...«
Rahmenbedingungen der Familienhelfer*innen **212**

	10.1	Kein Zufall – fachliches Angebot, Finanzierung und Qualität der Sozialpädagogischen Familienhilfe	213
	10.2	Professionalisierung und Dienstleistungserbringung	218
	10.3	Partnerschaftliche Zusammenarbeit	221
	10.4	Regionale Disparitäten, Erwartungen und ungleiche Ressourcenausstattung	222
	10.5	Arbeitsformen Dialogischer Qualitätsentwicklung	223
	10.6	Hilfen für das Selbststudium	228

11 »Tue Gutes und rede darüber.«
Darstellung der Sozialpädagogischen Familienhilfe und Öffentlichkeit **229**

	11.1	Entwicklungen, Aufgaben und Anforderungen im Bereich der Dokumentation und Präsentation	230
	11.2	Darstellungs- und Präsentationskontexte der Sozialpädagogischen Familienhilfe	231
	11.3	Organisation, Management und betriebswirtschaftliches Controlling der Kinder- und Jugendhilfe	233
	11.4	Legitimation von Hilfeentscheidungen in Konfliktlagen und besonders schwierigen Fällen	235
	11.5	Öffentlichkeits- und Pressearbeit	236
	11.6	Gremienarbeit	236
	11.7	Lehre, Praxisforschung und externe Evaluation	237
	11.8	Informationen für junge Menschen und ihre Familien, die in der Sozialpädagogischen Familienhilfe begleitet werden	237
	11.9	Berufspolitische Interessenvertretung	238
	11.10	Unterschiede zwischen praktischer Tätigkeit und öffentlichen Darstellungen	238
	11.11	Handreichungen für die praktische Arbeit	240
	11.12	Hilfen für das Selbststudium	244

Schlusswort **245**

Abkürzungsverzeichnis **247**

Methodenkoffer **249**
    Verfahren und Techniken 249

Literaturverzeichnis	**251**
Die Autor*innen	**266**

Einige Lesehinweise

Im Text wird das *Gendersternchen* * verwendet, um alle vielfältigen Geschlechtlichkeiten sprachlich einzubeziehen.

Die Begriffe *Minderjährige* und *junge Menschen* umfassen Personen im Alter von der Geburt bis zur Vollendung des 18. Lebensjahrs. Um die Besonderheiten der Lebensphasen zu berücksichtigen, wird zwischen *Kindern* (von der Geburt bis zum vollendeten 13. Lebensjahr) und Jugendlichen (zwischen dem 14. und 18. Lebensjahr) unterschieden.

Mit dem Begriff *Eltern* sind Personen gemeint, die kraft Gesetzes Sorge für Kinder tragen. Es handelt sich um die *Personensorgeberechtigten bzw. Erziehungsberechtigten* wie z. B. leibliche Eltern und Adoptiveltern, aber auch Pflegeeltern. In einem weiteren Verständnis umfasst der Begriff Eltern in diesem Buch jedoch auch Erwachsene, die an Stelle der Eltern bzw. in ihrem Auftrag partiell Erziehungsaufgaben wahrnehmen. Hierzu gehören auch Lebenspartner*innen in einem Haushalt, die nicht die leiblichen Eltern sind.

Der Begriff *Familie* bezieht sich in diesem Buch auf vielfältige solidarische und diverse Formen des Zusammenlebens von mehreren Generationen, die durch Beziehungen und wechselseitige Sorge, insbesondere um Kinder, gekennzeichnet sind. In einem systemischen Verständnis beeinflussen sich die Familienmitglieder wechselseitig.

Die Begriffe *Soziale Arbeit*, *Sozialarbeit* und *Sozialpädagogik*, auch im Kontext von Berufsbezeichnungen, werden synonym verwendet.

Der Begriff *Adressat*innen* bezeichnet diejenigen Menschen, mit denen Familienhelfer*innen im Kontext der Sozialen Arbeit arbeiten, also vor allem Kinder, Jugendliche und Eltern. Der Begriff stammt aus der sozialpädagogischen Theorie der Lebensweltorientierung, die von Hans Thiersch maßgeblich entwickelt und zum zentralen Paradigma der Kinder- und Jugendhilfe wurde.

Der ASD ist der Allgemeine Sozialdienst bzw. Sozialpädagogische Dienst des Jugendamts, umgangssprachlich auch häufig nur Jugendamt genannt. Im Bundesland Berlin trägt dieser die Bezeichnung RSD – Regionaler Sozialdienst bzw. Regionaler Sozialpädagogischer Dienst. Der ASD/RSD ist der so genannte Basisdienst des Jugendamts. Er ist eine allgemeine Anlaufstelle für Eltern bei Erziehungsfragen sowie Eltern und Kinder bei familiären Problemen. Der ASD/RSD hat die Aufgaben junge Menschen in ihrer Entwicklung und Erziehung zu fördern, Benachteiligungen junger Menschen zu vermeiden oder abzubauen, die Erziehenden zu beraten und zu unterstützen, junge Menschen vor Gefahren für ihr Wohl zu schützen sowie dazu beizutragen, positive Lebensbedingungen für junge

Menschen und ihre Familien sowie eine kinder- und familienfreundliche Umwelt zu erhalten oder zu schaffen (vgl. § 1 SGB VIII).

Im SGB VIII sind die Begriffe »*Träger der öffentlichen Jugendhilfe*« und »*Träger der freien Jugendhilfe*« verankert. Im Buch werden synonym auch die Begriffe öffentliche Träger bzw. freie Träger und der Begriff Kinder- und Jugendhilfe statt Jugendhilfe verwendet.

Die im Buch verwendeten *Fallbeispiele* oder *Fallvignetten* entstammen der eigenen Praxis der Autor*innen. Personen und Ortsnamen sowie etliche Nebenumstände wurden anonymisiert, um die Persönlichkeitsrechte der Beteiligten zu wahren.

Zitatnachweise der Kapitelüberschriften

Kapitel 2:	Götz Aly
Kapitel 3:	Ute Reichmann
Kapitel 4:	Julian Rappaport
Kapitel 5:	Sibylle Ramin
Kapitel 6:	frei nach Johann Wolfgang von Goethe
Kapitel 7:	Eine Mutter
Kapitel 8:	Albert Einstein
Kapitel 9:	Axel Biere
Kapitel 11:	Georg-Volkmar Graf Zedtwitz-Arnim

1 Einleitung

Gegenstand dieses Lehr- und Praxisbuches ist die Sozialpädagogische Familienhilfe, die im § 31 SGB VIII als eine eigenständige Leistung im Rahmen der so genannten Hilfen zur Erziehung gemäß § 27 SGB VIII erfasst wurde. Hier heißt es:

> »Sozialpädagogische Familienhilfe soll durch intensive Betreuung und Begleitung Familien in ihren Erziehungsaufgaben, bei der Bewältigung von Alltagsproblemen, der Lösung von Konflikten und Krisen sowie im Kontakt mit Ämtern und Institutionen unterstützen und Hilfe zur Selbsthilfe geben. Sie ist in der Regel auf längere Dauer angelegt und erfordert die Mitarbeit der Familie« (§ 31 SGB VIII, Stand: 2025).

Mit dieser gesetzlichen Grundlage besteht seit dem Inkrafttreten des SGB VIII in den Jahren 1990 und 1991 ein subjektiver Rechtsanspruch der Personensorgeberechtigten – das sind zumeist die leiblichen Eltern – gegenüber dem Träger der öffentlichen Jugendhilfe (kurz: dem Jugendamt) auf diese Leistung. Ein Anspruch auf Sozialpädagogische Familienhilfe besteht, wenn ein entsprechender erzieherischer Bedarf sowie die Geeignetheit und Notwendigkeit dieser Leistung begründet werden kann (vgl. § 27 Abs. 1 SGB VIII). Die Realisierung und Ausgestaltung der Hilfe basiert auf der Beteiligung der Familien, insbesondere bei der Erstellung und Fortschreibung eines Hilfeplans unter Berücksichtigung des Wunsch- und Wahlrechts (vgl. §§ 36, 5 SGB VIII).

Die Bezeichnung Sozialpädagogische Familienhilfe wird häufig in der Praxis und in der Fachliteratur mit SPFH abgekürzt.

1.1 Systematisierung der Sozialpädagogischen Familienhilfe

Die Sozialpädagogische Familienhilfe ist eine lebensweltunterstützende Hilfeform (vgl. Rätz/Schröer/Wolff 2014, S. 129) mit einem aufsuchenden Arbeitsansatz. Sie findet überwiegend im Alltag und in der Lebenswelt der Familien statt. Ein wesentliches Anliegen besteht darin, dass der Lebensmittelpunkt des Kindes bzw. der Kinder in der eigenen Familie erhalten bleibt.

> »Zielgruppe der Leistung sind vor allem Familien, die sich aufgrund von äußeren und inneren belastenden Umständen bzw. Faktoren in einer schwierigen Lebenssituation befinden. Mit der SPFH ist das Ziel verbunden, die Familie im Verlauf der Hilfe (wieder) zur selbstständigen Problemlösung und Alltagsbewältigung zu befähigen« (Fendrich u. a. 2023, S. 74).

Es geht darum, das bestehende Familiensystem möglichst zu stärken.

Die Sozialpädagogische Familienhilfe gehört zu den ambulanten Leistungen der Kinder- und Jugendhilfe.[1] Neben der Sozialpädagogischen Familienhilfe gehören die soziale Gruppenarbeit, der Erziehungsbeistand/Betreuungshelfer, die Tagesgruppe sowie die intensive sozialpädagogische Einzelbetreuung zu den ambulanten Erziehungshilfen. Die Übergänge zwischen diesen Hilfeformen sind fließend, weshalb sie auch häufig ›aus einer Hand‹ angeboten werden. Zentral ist bei der Sozialpädagogischen Familienhilfe jedoch im Unterschied zu den anderen ambulanten Hilfen, dass die intensive Arbeit mit den Eltern im Fokus steht – dies mit dem Ziel, dass die Eltern als Akteur*innen innerhalb ihrer Familien die Bedingungen des Aufwachsens der Kinder verbessern können. Hierbei gilt es, sowohl Kinder als auch Eltern angemessen zu unterstützen. Bei den anderen ambulanten Hilfen gehört die Elternarbeit zwar häufig auch zum Konzept, die inhaltliche Schwerpunktsetzung ist jedoch mehr auf die direkte Unterstützung der Kinder und Jugendlichen gerichtet. Ähnlichkeiten bestehen hingegen zur Familienberatung, bei der jedoch im Gegensatz zur Sozialpädagogischen Familienhilfe die Familien in die entsprechenden Beratungsstellen kommen (Komm-Struktur). Der Inhalt der Hilfe umfasst dann einen Beratungsprozess. Die Sozialpädagogische Familienhilfe begleitet und unterstützt hingegen die Familien unmittelbar im Alltag (Geh-Struktur) (vgl. Helming/Schattner/Blüml 1999/2004, S. 38 ff.).

Die Sozialpädagogische Familienhilfe zeichnet sich durch folgende Merkmale aus, die je nach dem konkreten Bedarf der einzelnen Familie unterschiedlich gewichtet werden:

- Es handelt sich um eine aufsuchende Hilfe in der Wohnung sowie in der sozialen Umwelt der Familien.
- Sie findet im Alltag der Familien statt.
- Sie umfasst die gesamte Familie (als System) und alle ihre Mitglieder (vgl. Wolf 2015, S. 139). Eltern und Kinder sind also gleichermaßen im Fokus. Zumeist handelt es sich um Familien mit jüngeren Kindern, nämlich unter zehn Jahren (vgl. Fendrich u. a. 2023, S. 75).
- Sie setzt auf die Erziehungskompetenz der Eltern, deren Stärkung sowie auf Lern-, Entwicklungs- und Veränderungsprozesse zur Lebensbewältigung.
- Sie blickt auf die Lebenssituation der Kinder, deren Entwicklungspotentiale sowie auf die Realisierung derer Bedürfnisse und auch derer Rechte innerhalb und außerhalb der Familien.

---

[1] Systematisch wird im Rahmen der Hilfen zur Erziehung zwischen ambulanten, teilstationären und stationären Leistungen unterschieden (vgl. §§ 28–35 SGB VIII i. V. m. § 27 Abs. 1 SGB VIII).

- Sie vermittelt zwischen den Interessen der Kinder und der Eltern und hilft den Eltern dabei, das Wohl ihrer Kinder zu gewährleisten sowie Kindeswohlgefährdungen abzuwenden.
- Sie berät und unterstützt bei Erziehungsschwierigkeiten zwischen Eltern und Kindern sowie bei Entwicklungsproblemen der Kinder.
- Sie hilft dabei, akute Krisensituationen zu bewältigen.
- Sie nimmt die Beziehungen in der Familie, deren Dynamiken und die dahinter liegenden Sinnstrukturen in den Blick und regt diesbezüglich Veränderungen an.
- Sie unterstützt Familien darin, die eigene Geschichte sowie die jeweilige Rolle als Eltern, Großeltern, Kinder etc. zu verstehen und ggf. neu zu definieren.
- Sie hilft bei der Sicherung der finanziellen Situation, der materiellen Lebensgrundlagen, der Wohnsituation, der Haushaltsführung, der Strukturierung des Alltages sowie der Überwindung von Krankheiten.
- Sie erschließt Orte im Sozialraum der Familien, die unterstützend sein können.
- Sie vermittelt zwischen Institutionen, u. a. Kindertagesstätten (Kita) und Schulen, aber auch Behörden wie bspw. dem Jobcenter oder dem Sozialamt und den Familien.
- Sie fördert die sozialen Interaktionen der Familienmitglieder zur Verbesserung der Kontakte mit der Außenwelt.

Häufig ist der Anlass einer Sozialpädagogischen Familienhilfe, dass Kinder Schwierigkeiten haben oder sich sozial auffällig äußern. Hierzu gehören bspw. Schulprobleme, Lern- bzw. Entwicklungsschwierigkeiten, aggressive Ausbrüche, psychische Phänomene und deviantes Verhalten. Anlässe können auch ein vernachlässigendes Verhalten der Eltern gegenüber ihren Kindern durch Unterlassungen oder Gefährdungen ihres Wohls sein. Entscheidend für die Auswahl einer Sozialpädagogischen Familienhilfe in diesen Fällen ist, dass die »Schwierigkeiten der Kinder im Kontext der Familie gesehen werden und die Stärkung der Eltern sich positiv auf die Situation der Kinder auswirkt« (Helming/Schattner/Blüml 1999/2004, S. 38). Und schließlich nicht zu vergessen: Auch Eltern, die einen Bedarf an Unterstützung bei Fragen der Erziehung oder der Alltagsbewältigung geltend machen, deren Kinder jedoch nicht auffällig in Erscheinung treten, haben einen Anspruch auf Sozialpädagogische Familienhilfe (vgl. § 27 Abs. 1 SGB VIII).

1.2 Entwicklungen des Arbeitsfeldes

Mit der Einführung des SGB VIII vollzog sich ein grundlegender Paradigmenwechsel in der Kinder- und Jugendhilfe. Dieser bestand in der Gewährleistung subjektiver Rechtsansprüche beim Vorliegen der entsprechenden Bedarfslagen. Oder anders gesagt: Familien haben dann ein Recht auf Hilfe, wenn sie sich in einer belastenden oder schwierigen Lebenssituation befinden! Die Kinder- und Jugendhilfe verabschiedete sich damit von einer repressiven, eingriffsorientieren, ordnungspolitischen und obrigkeitsstaatlichen Rechtsgrundlage, die mit dem Jugendwohlfahrtsgesetz bis Ende 1990 in der BRD bestand. Hilfen für Familien dürfen seitdem durch die Jugendämter nicht angeordnet werden. Die Grundlage bildet nunmehr die Antragstellung der Rechtsträger. Dies sind im Fall der Sozialpädagogischen Familienhilfe die Personensorgeberechtigten, also zumeist die leiblichen Eltern. Insbesondere mit der Sozialpädagogischen Familienhilfe war die Intention verbunden, Heimunterbringungen von Kindern zu vermeiden und stattdessen deren Familien zu erhalten und zu stärken. Vor allem die Sozialpädagogische Familienhilfe erlebte in den letzten Jahrzehnten einen quantitativen und qualitativen Zuwachs. Bspw. sind hier die Fallzahlen zwischen 2008 und 2014 absolut um 40% gestiegen[2] (Fendrich/Pothmann/Tabel 2016, S. 70). Allerdings erfolgte die »Ambulantisierung« (Fendrich/Tabel 2018, S. 19) der Hilfen zur Erziehung parallel zum Anstieg der stationären Hilfeformen (ebd.). Es ist also insgesamt ein Zuwachs an den Hilfen zur Erziehung zu verzeichnen. Dies führte wiederholt zu Kritik im medialen und politischen Diskurs. Bis heute werden die Gewährleistung subjektiver Rechtsansprüche auf Hilfen zur Erziehung resp. Familienhilfe angefragt, u. a. da sie hohe Kosten verursachen. Eine andere Sichtweise besteht allerdings darin zu resümieren, dass die Hilfen zur Erziehung bei der Bevölkerung tatsächlich ankommen, positiv aufgenommen und in Anspruch genommen werden. Dies war ja eine entscheidende Intention des Gesetzgebers, nämlich Familien zu fördern und lebensweltbezogene Hilfe und Unterstützung zu leisten. Bemerkenswert ist, dass Familien sich gegenüber dem Hilfesystem immer häufiger öffnen, so dass der Zugang in Familien und deren Haushalte heutzutage einfacher und zahlenmäßig viel höher ist als vor Einführung des SGB VIII. Allerdings gerieten etliche Kommunen seit Mitte der 1990er Jahre in einen so genannten Konsolidierungsdruck und hatten Probleme, die finanziellen Mittel für die Hilfen zur Erziehung aufzubringen. Auch dies führte wiederholt zu Infragestellungen des Leistungsanspruchs auf Hilfe zur Erziehung. Die Entwicklungen in der Sozialpädagogischen Familienhilfe sind also von gesellschaftlichen Diskursen, politischen Schwerpunktsetzungen und administrativen Entscheidungen abhängig. Dies zeigten in den letzten Jahrzehnten bspw. auch Entwicklungen um die so genannte Neue Steuerung, Ökonomisierung, Sozialraumorientierung und nicht zuletzt den Kinderschutz.[3]

In diesem Zusammenhang sind die jüngsten Aktivitäten zur Stärkung der Rechte von Kindern, zur Verbesserung des Kinderschutzes und zur Gestaltung einer inklusiven Kinder- und Jugendhilfe von Bedeutung. Unter der Leitung des Bundesministeriums für Familie, Senioren, Frauen und Jugend wurde 2018 der Dialogprozess »Mitreden – Mitgestalten« mit Akteur*innen aus den Bereichen der

---

2 Die steigende Dynamik hat ab 2010 deutlich abgenommen (ebd.).
3 Wolf (2015, S. 141 f.) konstatiert die Entwicklung der Sozialpädagogischen Familienhilfe in drei Phasen: In der ersten Phase seit Anfang der 1970er Jahre zur Vermeidung von Heimerziehung, in der zweiten seit Inkrafttreten des SGB VIII/KJHG 1990/91 in der Gewährleistung als Rechtsanspruch (Pflichtaufgabe) und einer quantitativen Expansion und in der dritten seit Ende der 1990er Jahre in der erheblichen Ausweitung der Fallzahlen bei geringem Anstieg der Zahl der Fachkräfte (Erosion).

Kinder- und Jugendhilfe, der Behindertenhilfe, der Gesundheitshilfe und mit Akteur*innen von Bund, Ländern und Kommunen gestartet, um die grundlegenden Themen und Bereiche für die Modernisierung der Kinder- und Jugendhilfe in einem neuen Kinder- und Jugendstärkungsgesetzes (KJSG) zu diskutieren und zu gestalten.

Das KJSG trat schließlich am 10. Juni 2021 in Kraft und novellierte u. a. das SGB VIII. Es implementierte eine Stärkung der Teilhabe und Chancengerechtigkeit von Kindern und Jugendlichen und hat auch in Bezug auf die Hilfen zur Erziehung und somit auch für die Sozialpädagogische Familienhilfe Veränderungen zur mehrstufigen Umsetzung von Inklusion, der Fundierung von direkten Rechten und der Beteiligung von Kindern und Eltern sowie zum Schutz von Kindern bewirkt.

Von den Fachkräften wurde diese wichtige Reform begrüßt, jedoch gibt es auch Kritikpunkte, da das KJSG vor dem Hintergrund fehlender personeller und finanzieller Ressourcen hohe Anforderungen an die Praxis stellt. Obwohl das Gesetz in seinem Grundgerüst darauf abzielt, inklusive Strukturen für alle Kinder und Jugendlichen zu schaffen, gibt es die Kritik, dass die Maßnahmen zur Integration von Kindern und Jugendlichen mit Beeinträchtigungen nicht ausreichend bedacht wurden. Es bleibt abzuwarten, welche tatsächliche Wirkung das KJSG in den Kommunen entfalten wird.

1.3 Statistischer Überblick

Laut dem Monitor Hilfen zur Erziehung[4] wurden im Jahr 2021 seitens der kommunalen Jugendämter knapp 1,22 Mrd. Euro für die Leistungen der Sozialpädagogischen Familienhilfe ausgegeben. Dies waren 88 Euro für ein Kind bzw. Jugendlichen (pro Kopf Ausgabe der unter 18-Jährigen)[5].

Es wurden 140.603 Sozialpädagogische Familienhilfen gemäß § 31 SGB VIII ausgewiesen (Fallzahlen[6]). Die durchschnittliche Dauer der beendeten Hilfen umfasste 17,3 Monate. 62,8 % der Hilfen wurde gemäß dem Hilfeplan beendet (ohne Zuständigkeitswechsel der Jugendämter).

---

4 Der Monitor Hilfen zur Erziehung wird von der Arbeitsstelle Kinder- und Jugendhilfestatistik (akjstat) in regelmäßigen Abständen herausgegeben. Grundlage ist hier der Monitor 2023 auf der Zahlenbasis aus dem Jahr 2021 (vgl. Fendrich u. a. 2023, S. 74 f.). Vergleichszahlen aus dem Monitor 2018 auf der Zahlenbasis aus dem Jahr 2016 werden teilweise hinzugezogen (vgl. Fendrich/Pothmann/Tabel 2018, S. 70 f.). Aktuelle Zahlen und Entwicklungen können auf der Homepage der akjstat recherchiert und abgerufen werden: https://www.hzemonitor.akjstat.tu-dortmund.de.
5 Zum Vergleich: Im Jahr 2016 betrugen die Ausgaben rund 864,6 Mio. Euro (vgl. Fendrich/Pothmann/Tabel 2018, S. 70).
6 Zum Vergleich: 2016 waren es 116.054 (vgl. Fendrich/Pothmann/Tabel 2018, S. 70).

1 Einleitung

Das Durchschnittsalter der jungen Menschen bei Hilfebeginn lag bei 8,5 Jahren. Hauptsächlich Familien mit Kindern im Alter von sechs bis unter zehn Jahren nahmen diese Leistung in Anspruch. Danach folgt die Altersgruppe der 10- bis 14-Jährigen. Jungen und junge Männer sind in der Sozialpädagogischen Familienhilfe häufiger vertreten als Mädchen und junge Frauen. Bei der Altersgruppe der 10- bis unter 14-Jährigen, knapp gefolgt von den 6- bis unter 10-Jährigen, werden die größten Unterschiede zwischen den männlichen und weiblichen Nutzer*innen zugunsten der Jungen und jungen Männer deutlich. Die Inanspruchnahme der Mädchen und jungen Frauen ist bei den Jugendlichen geringfügig höher und bei den jungen Volljährigen nahezu identisch.

Der Anteil von Alleinerziehendenfamilien lag bei Hilfebeginn bei 52,3 %. Von Transferleistungen lebten 57,2 % der Familien. In 27,2 % der Familien wurde zu Hause nicht Deutsch gesprochen.

Im Jahr 2020 waren 7.282 Personen in der Sozialpädagogischen Familienhilfe tätig, 29,5 % davon in Vollzeit. Die Professionalisierungsquote, d. h. der Anteil an Akademiker*innen mit einem (sozial-)pädagogischen (Fach-)Hochschulabschluss, entsprach 71,7[7].

Dieses Zahlenmaterial, das sich in den Folgejahren in der Tendenz bestätigt, verweist auf interessante Entwicklungen. Zunächst soll der letzte Absatz hervorgehoben werden: Etwas weniger als drei Viertel der Beschäftigten in der Sozialpädagogischen Familienhilfe verfügen über einen akademischen Abschluss im Bereich der Sozialen Arbeit. Damit wird deutlich, dass dieses Arbeitsfeld von Fachkräften der Sozialen Arbeit professionell gestaltet und verantwortet wird. Dies ist u. a. mit gesellschaftlichen Erwartungen an die Profession Soziale Arbeit in deren Qualität und Wirkung verbunden (▶ Kap. 2).

Im nachfolgenden Abschnitt soll ein anderer erwähnter Aspekt genauer betrachtet werden: Wie kann der etwa hälftige Anteil von Alleinerziehendenfamilien sowie die hohe Anzahl von Familien, die von Transferleistungen leben, unter Beachtung der gesellschaftlichen Bedingungen diskutiert werden?

---

7 Gegenüber dem Jahr 2016 entspricht dies einem weiteren Anstieg an den in der Sozialpädagogischen Familienhilfe tätigen Personen (6.015 in 2016). Die Professionalisierungsquote blieb in etwa gleich (71,6 in 2016), war jedoch 2014 mit 73,1 % etwas höher (vgl. Fendrich/Pothmann/Tabel 2016, S. 70 f.; 2018, S. 70 f.).

1.4 Lebenssituationen und Problemlagen von Familien – zwischen gesellschaftlichen Entwicklungen und subjektiven Bewältigungsmöglichkeiten

Der Anspruch auf eine Hilfe zur Erziehung in Form einer Sozialpädagogischen Familienhilfe (§ 27 i.V.m. § 31 SGB VIII) erfordert u.a. die Begründung eines so genannten erzieherischen Bedarfs. Dieser orientiert sich an Defiziten und einer Problembeschreibung dessen, was in der Familie vor dem Beginn der Hilfe nicht gut funktioniert. Zunehmend wird diese Problembeschreibung in der Praxis an der Nichtgewährleistung oder Gefährdung des Wohls der Kinder in den Familien vorgenommen. Aus der Logik der Sozialgesetzgebung in der BRD ist die Erfassung von Defiziten als Begründung des Leistungsanspruchs erforderlich. Ein subjektiver Rechtsanspruch auf eine Sozialleistung ergibt sich hierzulande in jedem Sozialgesetzbuch (SGB) aus einem Mangel bzw. einem begründeten Bedarf. Für die Soziale Arbeit und auch den gesellschaftlichen Diskurs ergeben sich jedoch beim Vorliegen individueller und sozialer Schwierigkeiten von Familien, die die sozioökonomische Lebenslage, die Alltagsbewältigung, die Erziehungsaufgaben, die Gewährleistung des Kindeswohls sowie (chronische) Erkrankungen bzw. Suchterkrankungen betreffen können, auch Gefahren. Diese bestehen in einer unreflektierten Zuschreibung des individuellen Versagens von Familien ohne Berücksichtigung des sozialen Kontextes sowie der gesellschaftlich zu verantwortenden Risiken[8] und darauf basierend einer Zusammenstellung von Aktivitäten, durch welche die Notlagen möglichst zügig überwunden werden sollen. Zahlreiche Untersuchungen weisen darauf hin, dass es keine ausschließlich kausalen Bewegungen sind, die Menschen in Not geraten lassen und aus dieser wieder heraushelfen. Wenn-Dann-Zuschreibungen greifen dabei zu kurz – sowohl für die Erklärung von Problemlagen als auch für die Initiierung von Hilfen. Wenn bspw. ein Elternteil alleinerziehend und noch dazu arbeitslos wird, birgt diese Lebenssituation ein hohes Risiko für Kinder und Eltern. Das ist unbestritten. Das Bewältigungshandeln der Familie ist nun allerdings von verschiedenen Faktoren abhängig bspw. von den konkreten Handlungen und Aktivitäten der Mutter bzw. des Vaters sowie der Kinder, von den Bedingungen der sozialen Umwelt sowie der Beschaffenheit des Stadtteils, der Unterstützung durch Freund*innen, Verwandte, Bekannte, der Ausstattung und Qualität der Bildungs- und Betreuungseinrichtungen, der Jobmöglichkeiten vor Ort, der Möglichkeiten der Vereinbarkeit von Familie und Arbeit bei potenziellen Arbeitgebern etc. Entscheidend sind die wechselseitigen sozialen Interaktionen zwischen den umgebenden gesellschaftlich erzeugten Rahmenbedingungen und dem Bewältigungshandeln der jeweiligen Akteur*innen (vgl. Böhnisch 2010/2012).

---

8 Oder auch umgekehrt der Entschuldigung der individuellen Handlungsunfähigkeit von Familien aufgrund gesellschaftlich erzeugter Problemlagen, die schließlich nicht zu Aktivitäten und Veränderungen führt. Dies ist allerdings eine Haltung, die derzeit weniger verbreitet ist.

1 Einleitung

Ob Familien aus kritischen Lebenssituationen – ob mit oder ohne sozialarbeiterische Unterstützung – unbeschadet oder manchmal sogar gestärkt hervorgehen oder in krisenhaften Situationen auch für längere Zeit verbleiben, kann nur im Einzelfall nachvollzogen werden. Beide Verläufe sind möglich. Die Gefahr besteht allerdings darin, einen Verbleib von Familien in ungünstigen Lebenslagen als ausschließlich individuelles Scheitern zu verstehen und dieses negativ zu bewerten. Dies führt zu Stigmatisierungen der betroffenen Familien und schließlich einer Verfestigung der belastenden Lebenslage. Ebenso können sich vorschnelle Zuschreibungen von individuellen Problemlagen aufgrund äußerer Merkmale wie bspw. Migrationserfahrungen, Alleinerziehendenfamilie, Transferleistungsbezug als nicht zutreffend erweisen. Problemlagen können fallbezogen vielfältige Hintergründe haben. Dabei gilt es auch bspw. familiäre Dynamiken und Konflikte oder krisenhafte/traumatische Erfahrungen zu berücksichtigen. Häufig ist es die Kumulation mehrerer Faktoren, die Krisen und Handlungsunfähigkeit in Familien auslösen, unabhängig von sozialer und kultureller Herkunft sowie sozioökonomischen Status. Eine Bedarfssituation kann grundsätzlich jede Familie betreffen. So richtet sich der Anspruch auf Hilfe zur Erziehung auch grundsätzlich an jede Familie in Deutschland und wird auch übergreifend genutzt. In jedem Fall bedarf es einer fachlich anspruchsvollen Fallanalyse der Lebenssituation der einzelnen Familie unter Berücksichtigung der Problemlagen und Gefährdungen, aber auch der Aktivitäten, Stärken, Potenziale und Ressourcen der Familien, um Fehlschlüsse und Zuschreibungen zu vermeiden.

> Familien im Kontext der Sozialpädagogischen Familienhilfe zeichnen sich zunächst dadurch aus, dass in einem mehrgenerationalen Haushalt minderjährige Kinder leben. Familien sind des Weiteren durch Beziehungen zwischen den Generationen geprägt, die nicht ortsgebunden sind und bspw. bei getrenntlebenden Eltern in mehreren Haushalten realisiert werden. So kann definiert werden: »Familien sind potenziell auf Dauer gestellte Lebensgemeinschaften, die durch mehrgenerationale Beziehungen geprägt sind und bei denen die wechselseitige informelle Sorge um das körperliche, emotionale und geistige Wohl im Zentrum steht. Familien tragen zur Erziehung und Sozialisation der Kinder wesentlich bei« (Uhlendorff/Euteneuer/Sabla 2013, S. 43).

In der Sozialen Arbeit wird Familie als ein System verstanden (vgl. Helming/Schattner/Blüml 1999/2004, S. 202–207; Müller 2010). Dies bedeutet, dass u. a. Probleme und Störungen nicht einzelnen Personen der Familie zugeschrieben werden, sondern im Gesamtkontext der Dynamiken, Rollen, Strukturen und Kommunikation der Familie betrachtet werden und fachlich methodisch entsprechend gehandelt wird.

Die Formen und Konstellationen von Familien sind vielfältig (vgl. Müller/Bräutigam/Lentz-Becker 2019; Marx 2011). In der Literatur werden neben der zweigeschlechtlichen Ehe mit Kindern, die in der Vergangenheit zwar zurückgegangen ist, aber quantitativ nach wie vor in Deutschland überwiegt (vgl. BMFSFJ 2024, S. 36), u. a. genannt: nicht verheiratete zweigeschlechtliche Paare mit eigenen

Kindern, gleichgeschlechtliche Paare mit Kindern, Paare mit Kindern aus vorherigen Ehen bzw. Partnerschaften (Patchworkfamilien), Alleinerziehendenfamilien, Trennungsfamilien. Familien sind heutzutage durch Pluralität, Diversität und Heterogenität gekennzeichnet. Die Lebensformen sind sehr unterschiedlich.

In den letzten Jahrzehnten hatten Familien in Deutschland u. a. die Aufgabe, die durch den Rückbau von staatlich garantierten Sicherheiten neu auftretenden gesellschaftlichen Unsicherheiten zu kompensieren. Dies ist den Familien überwiegend gelungen, wie u. a. die Shell-Jugendstudien, aber auch die Familienberichte der Bundesregierung (vgl. Shell Deutschland Holding 2015, 2019; BT-Drs. 17/9000 2012) belegen. Obwohl der überwiegende Teil der Familien unabhängig von der sozioökonomischen Lebenslage die komplexen Anforderungen des Alltags durchaus bewältigt, wurden in den letzten Jahren Risiken deutlich, die neue Formen sozialer Ungleichheit, Benachteiligung sowie Prekarisierung hervorbringen (vgl. Sennett 2002/2010). Es fand eine Verschiebung sozialer Risiken in die Privatheit von Familie statt, bezeichnet auch als Re-Familialisierung (vgl. Richter 2013, S. 15). Diese Risiken sind, unabhängig von der subjektiven Bewältigung und der einzelfallbezogenen Hilfeleistung, zentrale gesellschaftliche Themen, für die eine Bearbeitung durch die Politik aussteht. Zu diesen gehören bspw. neue Armutslagen, von denen insbesondere Familien mit Kindern betroffen sind (vgl. bspw. Zander 2008/2010; Aust 2018; Klundt 2019). Diese führen zu einem erhöhten Risiko für Eltern und Kinder in der Alltags- und Lebensbewältigung. Alleinerziehendenfamilien sind von Armut besonders betroffen (vgl. Aust 2018). So kann der hohe Anteil der Alleinerziehenden in der Sozialpädagogischen Familienhilfe auch dahingehend verstanden werden, dass die sozioökonomische Benachteiligung (nicht das individuelle Versagen!) durch die Hilfe zur Erziehung kompensiert wird. Immerhin beziehen 66 % der Alleinerziehenden in der Sozialpädagogischen Familienhilfe staatliche Transferleistungen und stellen damit, gemeinsam mit der Tagesgruppe, den höchsten Anteil in den ambulanten Hilfen zur Erziehung dar (vgl. Fendrich u. a. 2023, S. 25).

»Signalisiert wird somit über diese Daten, dass der Familienstatus ›Alleinerziehend‹ offenkundig Systeme öffentlicher Unterstützung in besonderer Weise benötigt. So ist zwar sicher richtig, dass die Lebensform ›Alleinerziehend‹ nicht durchweg als problematisch anzusehen ist und auch differenzierter betrachtet werden sollte ..., gleichwohl sind die zu bewältigenden Herausforderungen und Zuschreibungen vielfältig – Arbeitslosigkeit, Armut, Bildungsferne, fehlende soziale Unterstützung und Erschwernisse des Alltags mit Kindern – und können eine dem Wohl des Kindes entsprechende Erziehung gefährden. ... So muss auch die sozialpolitische Seite dieser Ergebnisse zur Kenntnis genommen werden« (ebd., S. 30).

Dieses Beispiel der Alleinerziehendenfamilien deutet auf einen Zusammenhang zwischen dem Auftreten individueller und sozialer Problemlagen vor dem Hintergrund einer benachteiligten sozioökonomischen Lebenslage hin.

»Die Befunde zu den Lebenslagen deuten darauf hin, dass die Hilfen zur Erziehung ganz offenkundig notwendige Unterstützungsleistungen für Familien in belastenden Lebenskonstellationen sind. Der Ausfall eines oder beider Elternteile, die Trennung und Scheidung, aber auch die Folgen von fehlenden materiellen Ressourcen sowie damit verbundene Teilhabeeinschränkungen oder gar Ausgrenzungsprozesse stellen Lebenslagen mit einem Unterstützungsbedarf dar. ... Hier können Leistungen der Hilfen zur Erziehung die familiäre Erziehung unterstützen, ergänzen oder müssen nicht selten diese auch ersetzen« (ebd., S. 30).

Hinzu kommt, dass die Erwartungen der Gesellschaft an ein gesundes Aufwachsen sowie die Bildungsanforderungen von Kindern gestiegen sind (vgl. Richter 2016). Dies ist eine wichtige Errungenschaft des letzten Jahrhunderts. Kinder und deren Fähigkeiten, Bedürfnisse sowie Rechte werden in den Blick genommen und es wird eine hohe Sensibilität gegenüber den Autonomie- und Schutzanforderungen von Kindern entwickelt. Erziehungsverhältnisse sind partnerschaftlicher geworden. Kinder und Jugendliche werden an den sie betreffenden Entscheidungen beteiligt. Dies bedarf einer entsprechenden Kompetenz der Eltern im Umgang mit ihren Kindern und auch einer Reflexionsfähigkeit. Trotz staatlicher Investitionen in die entsprechende Unterstützung von Familien bspw. durch Frühe Hilfen, den Ausbau von Kindertageseinrichtungen, Familienbildung und -förderung sowie die Etablierung von Ganztagsschulen können Eltern bei der Bewältigung der komplexen Anforderungen an Erziehung, Entwicklungsförderung, Bildung, Schutz, Arbeitsleben und Alltagsaufgaben an ihre Grenze geraten. Flankiert werden diese Prozesse durch gesellschaftliche Erwartungen bspw. an einen höheren Erwerbstätigenanteil von Frauen, der u. a. durch den Fachkräftemangel bedingt ist. Dies kann zu einem Druck auf Frauen führen, erwerbstätig werden zu müssen; dies vor allem dann, wenn SGB II Bezüge beantragt werden. Besonders bei Alleinerziehenden kann die Doppelaufgabe aus Erwerbstätigkeit und Erziehungsaufgaben zu starken Belastungen führen. So wird bspw. von »erschöpften Familien« (Lutz 2012) gesprochen, die unabhängig vom sozialen Status in Erscheinung treten. Im Grunde kann jede Familie im Verlauf des Aufwachsens ihrer Kinder in krisenhafte Situationen oder existenzielle Krisen geraten (vgl. Ullenboom 2016). Deutlich wird allerdings, dass die Anforderungen an Familien in sozioökonomisch benachteiligten Lebenslagen ungleich höher sind als an so genannte Mittelschichtfamilien; dies aufgrund des sozialen Kontextes (vgl. Pelton 1991, 2016). Denn es besteht ein großer Unterschied darin, ob eine Familie in einer vergleichsweise preiswerten Wohnung unter beengten Wohnverhältnissen in einer Nachbarschaft lebt, in der per se kindeswohlgefährdende Einflüsse wie bspw. ein Drogenmilieu vorherrschen, oder ob Stadtteile familienfreundlich gestaltet sind und der öffentliche Raum von Kindern genutzt werden kann. In ersterem Fall ist es für Eltern weitaus schwerer, den Schutz ihrer Kinder zu gewährleisten, da sie aufgrund beengter Wohnverhältnisse auf den öffentlichen Raum angewiesen sind, der jedoch kindeswohlgefährdend sein kann.

> »Sozioökonomisch belastete Lebenslagen und damit einhergehende ökonomische Ungleichheiten mit der Folge von sozialen Teilhabeeinschränkungen oder gar Ausgrenzungsprozessen wirken sich zudem auf die Entwicklung von Kindern und Jugendlichen, aber auch das Erziehungsverhalten von Eltern aus. Zudem belastete die Coronapandemie Familien verstärkt, was sich auf die familiären Lebenslagen und das Wohlergehen der Kinder negativ auswirkte. ... Wenn auch noch nicht abschließend erforscht, so sind die Folgen von prekären Lebenslagen auf Bildungserfolg, Arbeitslosigkeit, Gesundheit, Freizeitgestaltung, delinquentes Verhalten, Sozialkontakte oder auch familiäres Zusammenleben bis hin zu Erziehungsstilen und Kindesvernachlässigungen belegbar. ... Dies bestätigen auch empirische Befunde zu der Lebenslage Migration: Migration ist zwar nicht per se ein Indikator für (soziale) Benachteiligung. Gleichwohl zeigen Studien, dass Kinder und Jugendliche mit Migrationshintergrund und ihre Familien häufig in entwicklungsge-

fährdenden Kontexten leben, die auf sozialstrukturelle Bedingungen wie Armut, Arbeitslosigkeit der Eltern und sozialräumliche Segregation sowie auf gesellschaftliche Ausgrenzung und die damit verbundenen psychosozialen Risiken zurückgehen können« (Fendrich u. a. 2023, S. 22).

Auf diese Zusammenhänge verweist auch der auf drei Ebenen ausgerichtete Einschätzungsrahmen »Framework for the assessment of children in need and their families« aus Großbritannien (DH/DfEE/Home Office 2000, S. 89). Demzufolge können Eltern in einem kindgerechten und familienfreundlichen Gemeinwesen das Wohl ihrer Kinder besser gewährleisten, als wenn dieser soziale Kontext nicht vorhanden ist.

In den letzten Jahren zeigt sich, dass Familien in benachteiligten sozioökonomischen Lebenslagen zunehmend von mehr staatlicher Kontrolle, die auch durch das Jugendamt und ambulante Familienhilfe durchgeführt wird, betroffen sind (vgl. Oelkers 2012; Winkler 2004). Dies allerdings ohne ihre Lebenslage nachhaltig zu verändern (bzw. verändern zu können) und Benachteiligungen abzubauen. Die Verantwortung für die sozioökonomische Lebenslage und die umgebenden sozialen Bedingungen wird individualisiert und den Familien zugeschrieben. Die Soziale Arbeit ist damit in Gefahr, (wieder) unreflektiert als Reparatur- und Kontrollinstanz für die Gesellschaft zu fungieren. Dem kann allerdings von jeder sozialpädagogischen Fachkraft in einem ersten Schritt entgegengesteuert werden, indem Eltern und Kinder, unabhängig von ihrer jeweiligen ggf. auch herausfordernden Äußerungsform, mit grundsätzlichem Respekt und durchgängiger Wertschätzung begegnet wird und indem die gesellschaftlichen Bedingungen, die sich in Familien als individuelle und/oder soziale Phänomene, Probleme oder Auffälligkeiten zeigen, beständig mitreflektiert und in Hilfeplanprozessen sowie in regionalen Arbeitsgruppen etc. verbalisiert werden. Es bedarf einer Haltung, solidarisch, lernend und unterstützend an der Seite der Familien zu arbeiten (▶ Kap. 2), ohne destruktives Handeln zu entschuldigen oder zu verschweigen, sondern offen die umgebenden Bedingungen thematisierend und konstruktive Veränderungen suchend. Dies beinhaltet auch eine Reflexion der eigenen professionellen Rolle, der Möglichkeiten und Grenzen von Hilfen sowie der Machtasymmetrien im Hilfesystem. Diese hier skizzierte Haltung ermöglicht, verwiesen auf die Tradition Sozialer Arbeit aus den Reformbemühungen der 1970er und 1980er Jahre, eine Normalisierung von auftretenden Problemlagen statt einer Skandalisierung und einer Stigmatisierung von Kindern und Eltern. So wird die Chance auf eine Hinwendung zu den Stärken und Potentialen von Familien, in denen die Möglichkeiten auf Lern-, Entwicklungs- und nachhaltigen Veränderungsprozessen verborgen sind, eröffnet.

1.5 Professionelle Antworten: Lebensweltorientierung, Hilfe und Kontrolle, methodische Ansätze

Mit dem Inkrafttreten des SGB VIII in den Jahren 1990/91 wurde auch das Paradigma der Lebensweltorientierung als fachliches Prinzip der Kinder- und Jugendhilfe verankert. Dieses hat sich seitdem weiterentwickelt, ist bis heute aktuell und wird zunehmend durch ein kinderrechtebasiertes inklusives Paradigma ergänzt. Das Konzept der Lebensweltorientierung wurde maßgeblich von dem Erziehungswissenschaftler Hans Thiersch (1986/2006, 2014a, 2015) erarbeitet, fand in den 8. Jugendbericht der Bundesregierung (vgl. BT-Drs. 11/6576 1990) Eingang und nachfolgend Verbreitung in der Fachpraxis. Die Lebensweltorientierung ist im Grunde eine fachliche und wissenschaftlich begründete humane Antwort auf eine seit Jahrhunderten bestehende repressive und sanktionierende Hilfepraxis gegenüber sozioökonomisch benachteiligten Bevölkerungsgruppen. Diese wurde in der BRD Ende der 1960er Jahre mit der so genannten Heimkampagne öffentlich und seitdem stark kritisiert. Am Beispiel der Herausnahme und Unterbringung von Kindern und Jugendlichen außerhalb ihres Elternhauses in kirchlichen und staatlichen Heimen wurde dies belegt (vgl. Ahlheim u. a. 1972/1978). Die erschreckenden Berichte ehemaliger Heimkinder von willkürlichen Sanktionen, Erfahrungen der Unterdrückung, Verwehrung von Bildungschancen und Gewalterlebnissen bis hin zu sexualisierter Gewalt beschäftigen seitdem das Hilfesystem und inzwischen auch die Politik (vgl. RTH 2010a, 2010b; vgl. Runder Tisch Sexueller Kindesmissbrauch 2011). Bis heute werden immer wieder neue Fakten des Unrechts an Heimkindern wie bspw. Medikamentenversuche öffentlich. Es wurde deutlich, dass öffentliche Erziehung auch zu einer Manifestierung einer benachteiligten sozialen Lage beitrug bzw. Klassenunterschiede verfestigte (vgl. Kappeler 2018). Ein wesentliches Ergebnis der Beschäftigung und Aufarbeitung im Kontext der Heimkampagne war, dass die unreflektierte Übernahme von eigenen Normen und Wertvorstellungen auf Menschen in nicht vergleichbaren Lebenslagen zu fatalen Folgen führt. Nutzen dann die Fachkräfte ihre strukturell gegebene Machtbefugnis und entscheiden einseitig über das Leben anderer Menschen, kann dies zu großem Unrecht führen. So wurden bspw. in den 1960er Jahren Mädchen vorschnell als sexuell verwahrlost eingeschätzt und durch die Landesjugendämter in Heimen untergebracht, wenn sie im öffentlichen Raum mit Minirock in Erscheinung traten (vgl. Gehltomholt/Hering 2006). Die betroffenen Mädchen selbst hatten auf diese Entscheidung keinen Einfluss und waren den oben genannten Praxen der Heimerziehung ausgeliefert – mit gravierenden Folgen für ihr gesamtes weiteres Leben.

Das fachliche Prinzip der *Lebensweltorientierung* (▶ Kap. 5) setzt hingegen grundsätzlich anders an. Es geht von einem Respekt gegenüber der Eigensinnigkeit von Lebenswelten aus und wendet sich gegen die werte- und normenorientierte Tradition der Sozialen Arbeit. Es bezieht sich auf den Alltag und die Lebensrealität von Familien. Es werden die sozialen Bedingungen und subjektiven Bewältigungsmöglichkeiten rekonstruiert, unter denen Probleme auftreten. Hierbei gilt es zunächst, die Lebenssituationen von Familien in dem umgebenden sozialen Kontext und deren Bewältigungshandeln am Einzelfall nachzuvollziehen. Darauf basierend werden dann passende Hilfesettings entwickelt, die unter Beteiligung der betroffenen Familien umgesetzt und bei Bedarf flexibel angepasst werden können. Denn: Jede Familie ist individuell und benötigt etwas anderes an Unterstützung und Hilfe! Zu den Hilfesettings gehören lebensweltunterstützende, -ergänzende und -ersetzende Angebote, die in ambulanten, teilstationären oder stationären Formen realisiert werden. Für das sozialpädagogische Handeln gilt es, die ›Hilfe zur Selbsthilfe‹ zu unterstützen. Dies bedeutet, die Familien dazu zu befähigen, für die eigenen Belange tätig zu werden. Ggf. muss dies zunächst gelernt und geübt werden – dieses alltagsbezogene Lernen zu ermöglichen ist eine originäre sozialpädagogische Aufgabe[9].

Die zentralen Handlungsmaximen einer lebensweltorientierten Sozialen Arbeit sind: Prävention, Alltagsnähe, Integration, Partizipation und Dezentralisierung, Regionalisierung bzw. Vernetzung. Diese wurden in den vergangenen Jahren durch verschiedene methodische Orientierungen konkretisiert und umgesetzt. Dabei zielt die Lebensweltorientierung auch zentral auf die Entwicklung und Gestaltung von Strukturen und Organisationen, denn das fachliche Handeln ist eingebettet in die Bedingungen der jeweiligen Institutionen. Auch diese müssen sich entsprechend verändern und bspw. ihre Angebote sozialraumbezogen verorten, um für Familien unkompliziert erreichbar zu sein (vgl. Grunwald/Thiersch 2015; Thiersch 2015, S. 308–326).

Ein zentrales Thema im Kontext der Sozialpädagogischen Familienhilfe ist auch die Gestaltung des strukturellen Widerspruchs von *Hilfe und Kontrolle*[10]. Dieser wird im Grunde seit dem Beginn der Sozialen Arbeit thematisiert und beschäftigt bis heute die Profession. Unter dem Paradigma der Lebensweltorientierung zeigt er sich darin, dass sozialpädagogische Fachkräfte zum einen mit einem verstehenden Zugang den Kontakt zu den Familien aufbauen und detaillierte Kenntnisse über deren Lebensverhältnisse erlangen. Zum anderen sind sie mit gesellschaftlichen und normativen Erwartungen konfrontiert, die sich bspw. auch in den administrativen Vorgaben einer Kontrolle der Familien zeigen. Hier kommt hinzu, dass deren Durchsetzung durch die asymmetrischen Machtverhältnisse im Kontext der Sozialen Arbeit Formen der Repression von Familien entfalten können.

Die Nähe der Familienhilfe zur Privatheit der Familie, bspw. Eintreten in die Privaträume, regelmäßige Anwesenheit der Fachkräfte, ermöglicht einen »Eingriff in familiale Lebenswelten« (Richter 2013, S. 35). Dies wird unter den Stichworten »gläserne Familie«, »Kolonialisierung von Lebenswelten« kritisch diskutiert (ebd., S. 36; vgl. auch Habermas 1981). Die Erfahrungen zeigen, dass das Pendel zwischen

---

9 Hans Thiersch verdeutlichte diesen Ansatz in seinen Vorträgen anhand eines Beispiels: Es steht ein Mensch am Meer und hat Fische gefangen. Es kommt ein armer und hungriger Mensch hinzu und bittet um einen Fisch. Nun geht es als sozialpädagogisches Prinzip darum, nicht nur die Fische zu verschenken, sondern dem armen Menschen das Fischen beizubringen.
10 In der Fachliteratur wird dies auch als ›Doppelmandat‹ oder ›Tripelmandat‹ diskutiert (vgl. Staub-Bernasconi 2018, 2019).

Hilfe und Kontrolle jeweils abhängig von gesellschaftlichen und fachlichen Diskursen mal in die eine und mal in die andere Richtung ausschlägt. Hatte die Soziale Arbeit in den 1990er Jahren ihren Kontrollauftrag fast völlig negiert, ist dieser mittlerweile wieder so stark im Fokus, dass der Auftrag zur Hilfe Gefahr läuft, in den Hintergrund zu geraten. Exemplarisch kann hierfür das Handeln im Kinderschutz angeführt werden (vgl. Thole u. a. 2018; Marks/Sehmer/Thole 2018). Entscheidend für eine gute Fachpraxis ist jedoch, die Balance zwischen Hilfe und Kontrolle beständig herzustellen, denn beides gehört zum Hilfeprozess und ist nicht voneinander zu trennen (vgl. Urban 2004). Idealerweise bewegt sich das Pendel zwischen Hilfe und Kontrolle im Hilfeprozess jeweils in der Mitte. Dieses auszubalancieren bleibt eine professionelle Aufgabe (vgl. auch Rätz/Druba 2025).

Neben der konzeptionellen und methodischen Rahmung unter dem Paradigma der Lebensweltorientierung haben vor allem systemische Ansätze, Adaptionen familien-therapeutischer Praxis und Konzepte der Sozialraumorientierung eine fachliche Bedeutung erlangt (vgl. Wolf 2015, S. 143; Müller/Bräutigam 2011). Ein einheitliches methodisches Handlungsmodell für die Sozialpädagogische Familienhilfe existiert nicht (vgl. für einen Überblick Petko 2004, S. 36). In der Praxis der Sozialpädagogischen Familienhilfe zeigen sich vielfältige methodische und konzeptionelle Handlungsformen. Die Hilfelandschaft ist sehr heterogen und von ausdifferenzierten und professionalisierten Zugängen geprägt, die sogar von Träger zu Träger variieren (vgl. Richter 2013, S. 35).

In der Erprobungsphase mit Pilotprojekten, die aus der Kritik an der Heimerziehung und dem Reformdiskurs in den 1980er Jahren entstanden, wurde als ein Ziel der Sozialpädagogischen Familienhilfe benannt, dass gerade hochbelastete Familien mit umfassenden sozialen und ökonomischen Problemen erreicht werden sollen. Bis dahin wurden durch Erziehungsberatungsstellen eher so genannte Mittelschichtfamilien angesprochen. Dieses Anliegen der Erreichbarkeit der Familien besteht bis heute und bleibt weiterhin Anspruch der methodischen Arbeit.

1.6 Zusammenfassung

Die Sozialpädagogische Familienhilfe hat sich in den letzten Jahren zu einem anspruchsvollen professionellen Arbeitsfeld der Sozialen Arbeit entwickelt. Dies zeigt sich sowohl in der erhöhten Inanspruchnahme dieser Form der ambulanten Unterstützung durch Familien sowie den Anforderungen bei der Realisierung des Kinderschutzes als auch den Beschäftigtenzahlen der akademisch qualifizierten Fachkräfte in diesem Bereich. Hinzu kommen methodische Weiterentwicklungen. Sie bewegt sich jedoch auch unter strukturellen Widersprüchen und asymmetrischen Machtverhältnissen. Die professionelle Entwicklung der ambulanten Familienhilfe sowie die gestiegenen Anforderungen an die Beschäftigten in der Praxis begründen die Erfordernisse eines einführenden Lehrbuchs in die Sozialpädagogische Familienhilfe.

1.7 Aufbau des Buches

Der Grundaufbau des Lehrbuches wird anhand von zehn Themenkomplexen systematisch entwickelt. Diese Themenkomplexe gehen von den Grundkompetenzen aus, die Fachkräfte in diesem Arbeitsbereich benötigen und deren Erwerb durch das (Selbst-)Studium das Ziel des Buches ist. Die einzelnen Kapitel umfassen Grundfragen und fundierte Wissensbestände. Sie sind am tatsächlichen prozesshaften Handlungsgeschehen in der Zusammenarbeit mit Familien (Anfangs-, Gestaltungs- und Schlussphase) unter Berücksichtigung organisationaler Rahmenbedingungen sowie gesellschaftlichen Thematisierungen orientiert und werden didaktisch aufbereitet. In den einzelnen Kapiteln werden an den jeweiligen Stellen durch Pfeile (▶) Verweise auf andere Kapitel im Buch gegeben.

Die Themenkomplexe umfassen die Bereiche: gesellschaftliche Erwartungen, professionelle Haltungen, Erstkontakte und Beginn einer Sozialpädagogischen Familienhilfe, Rechte und Beteiligung von Kindern und Eltern, Alltagsbegleitung und Gestaltung des Hilfeprozesses, Kindeswohl, Kindeswohlgefährdung und Kinderschutz, Grundbedürfnisse und Grundsicherung von Familien, Beendigung von Hilfen und Gestaltung des Abschieds, administrative Anforderungen, rechtliche Grundlagen und Rahmenbedingungen, interne Qualitätsentwicklungen, Öffentlichkeitsarbeit und fachpolitische Organisationen.

Zu Beginn eines jeden Kapitels wird eine Lernfrage gestellt, deren Beantwortung mit der Lektüre des Kapiteltextes möglich wird. Ebenso am Beginn des jeweiligen Kapitels wird eine kurze Beschreibung des Inhalts und eine zentralen Kernaussage formuliert. Der Hauptteil eines jeden Kapitels besteht in einem Einstieg ins Thema, einer Auswahl des Wissensbestandes aus historischen, theoretischen sowie praktischen Bezügen, der Benennung von Unsicherheiten, Problemen bzw. Herausforderungen in der Praxis sowie Vorschlägen von Lösungen bspw. durch den Erwerb von Handlungs- und Methodenkompetenzen. Flankiert werden die Kapitel durchgängig mit der Vorstellung von Handlungsmethoden bzw. Verfahren und Techniken (▶ Methodenkoffer), die in der Sozialpädagogischen Familienhilfe je nach Bedarf im Einzelfall einsetzbar sind. Am Ende eines Kapitels befinden sich Hilfen für das Selbststudium, die jeweils eine Zusammenfassung, Übungsfragen bzw. -aufgaben, die im Selbststudium oder in Gruppen gelöst werden können, und Empfehlungen auf weiterführende Lektüre umfassen.

Am Ende des Buches sind das vollständige Literaturverzeichnis, ein Abkürzungsverzeichnis und ein Verzeichnis der Verfahren und Techniken, die im Buch vorgestellt werden (Methodenkoffer), zu finden.

2 Ich als Familienhelfer*in oder: »Wofür wirst du eigentlich bezahlt?«
Grundfragen von Haltungen, persönlichen Anliegen, der Motivation von Fachkräften und gesellschaftlichen Erwartungen an die Sozialpädagogische Familienhilfe

> **Zentrale Fragestellung**
>
> »Wofür wirst du eigentlich bezahlt?« (Aly 1980)[11], werden Familienhelfer*innen häufig gefragt, und das ist die zentrale Fragestellung dieses Anfangskapitels. Diese Frage wird meist im privaten Kontext gestellt, aber durchaus auch in beruflichen Zusammenhängen. Letzteres vor allem dann, wenn Erwartungen an die Leistungen der Familienhilfe nicht ausreichend erfüllt werden oder wenn es Konflikte gibt. Dann allerdings eher mit dem ›Sie‹ als dem ›du‹ im Satzbau. In der Beantwortung bspw. mit dem Argument, dass es darum geht, Familien in schwierigen und belastenden Lebenssituationen zu helfen, dass dies durchaus kompliziert und tatsächlich eine ›richtige Arbeit‹ ist, kommen Fachkräfte häufig unter Rechtfertigungsdruck. Am Ende des Gesprächs bleiben vielfach unterschiedliche Sichtweisen und Widersprüche offen. Die Frage kann im Grunde keinem Gegenüber eindeutig beantwortet werden. Die Antwort ist allerdings insofern klar, als dass die Gesellschaft sich der Sozialen Arbeit im Allgemeinen und der Sozialpädagogischen Familienhilfe im Besonderen seit Jahrzehnten bedient – mit sehr unterschiedlichen Erwartungen, aber im Ausmaß beständig steigend.

Sozialpädagogische Familienhilfe wird zum Bestehen der Gesellschaft gebraucht und sie wird auch bezahlt. Eine detaillierte Antwort auf die obige Frage muss jede*r Familienhelfer*in für sich finden – und dann der fragenden Person möglichst authentisch vermitteln. Wir möchten Ihnen in diesem Anfangskapitel dieses Lehrbuchs für die eigene Auseinandersetzung und Klärung einige Anregungen geben, damit Sie im Ergebnis selbstbewusst sagen können: »Ich als Familienhelfer*in« gebe eine Antwort. Dazu als Einstieg zunächst ein Zitat der Erziehungswissenschaftlerin Sabine Hering. Lesen Sie das Zitat und nehmen Sie sich anschließend eine kurze Denkpause:

> »Die ›Kunst‹ besteht darin, aus dem, was mir liegt und was ich kann, mit dem, was ich erlerne, eine Synthese zu erschaffen, die mir entspricht – und aufgrund der Einheit von Eignung und Qualifizierung nicht nur meine persönliche Note professionellen Handelns

---

11 Das gleichnamige Buch von Götz Aly aus den 1970er Jahren bezieht sich auf die offene Jugendarbeit und kann inzwischen als eine historische Quelle dieser thematischen Auseinandersetzung genutzt werden.

darstellt, sondern auch – so meine These – durch die Authentizität, die dadurch hergestellt wird, optimale Wirksamkeit hat« (Hering 2004, S. 21 f.).

Fachliches Wissen und Können sind das eine. Die persönliche Ausgestaltung, gerade in helfenden Berufen, das andere. Beides bildet eine Einheit. Braucht es dafür Talent? Ist es eine Kunst? In der Sozialen Arbeit, zu der die Sozialpädagogische Familienhilfe gehört, geht es weniger um Talent und selten um Kunst. Als eine zentrale Basis, um sich auf die Arbeit mit Menschen einzulassen und in dieser zu bestehen, gilt die professionelle Haltung. Obwohl diese Gegenstand etlicher Fachpublikationen ist und deren Bedeutung explizit herausgehoben wird, gibt es keine einheitliche Definition. Übergreifend geht es jedoch in allen Abhandlungen um ein Wechselverhältnis zwischen den fachlichen Kompetenzen sowie Wissensbeständen und den persönlichen Dispositionen. Letztere werden primär durch eigene Werte, Normen sowie biografische Erlebnisse geprägt, »die wie ein innerer Kompass die Stabilität, Nachhaltigkeit und Kontextsensibilität des Urteilens und Handelns« (Kuhl/Schwer/Solzbacher 2014, S. 107) ermöglichen. Sie werden auch durch gesellschaftliche Entwicklungen, soziale und sozialräumliche Beziehungen und institutionelle Bedingungen beeinflusst. Um die eigene professionelle Haltung beständig fortzuentwickeln, bedarf es der regelmäßigen Reflexion im Sinne eines vertiefenden Denkens, Verstehens und Erkennens. In diesem Prozess gilt es auch, seine persönlichen Anliegen und Motivationen, die dafür ausschlaggebend waren und sind, in der Sozialpädagogischen Familienhilfe tätig zu werden bzw. zu sein, zu ergründen und sich dieser sicher zu sein. Die Beschäftigung mit der eigenen professionellen Haltung dauert vom Studium bis in die berufliche Tätigkeit an und ist zu keinem Zeitpunkt abgeschlossen. Die beständige Selbstvergewisserung ist jedoch unabdingbar für den humanen und ethisch-reflektierenden Umgang mit Menschen sowie die Achtsamkeit mit Blick auf die eigene Person. Es ist gewissermaßen eine andauernde Biografiearbeit (vgl. Mertel 2015).

> **Kernaussage**
>
> Die Haltungen, persönlichen Anliegen und Motivationen von Familienhelfer*innen werden im Zeitverlauf von unterschiedlichen Einflüssen geprägt und professionell geformt. Sie sind nicht einmalig fertig, sondern in beständiger Auseinandersetzung und Veränderung. Deshalb sollten sie immer wieder (selbst-)kritisch betrachtet und neu formuliert werden. Familienhelfer*innen sind darauf angewiesen, Personen und Orte zu finden, mit und an denen diese Reflexionen möglich sind. Im beruflichen Kontext sind kollegiale Beratungen sowie Team- und Fallsupervisionen dafür geeignete Settings.

Was beinhalten professionelle Haltungen? Hier eine nicht abschließende Zusammenstellung:

- die Sicht auf professionell entwickeltes Wissen und auf eigenes professionelles Wissen;

2 Ich als Familienhelfer*in oder: »Wofür wirst du eigentlich bezahlt?«

- die Sicht auf sich selbst im Kontext zu dem, was jede*r beruflich tut, und das, was erwartet wird;
- die Sicht auf gesellschaftliche Diskurse und Entwicklungen;
- die Wahrnehmung historischer Bezüge und die Auseinandersetzung damit;
- Erfahrungen im beruflichen Handeln insbesondere im Hinblick auf beteiligte Akteur*innen und die Ziele, die verfolgt werden (vgl. Krause 2015).

Wenn davon ausgegangen werden kann, dass professionelle Haltungen sich durch Wissenserwerb nicht einfach erzeugen lassen, sondern auch persönliche Dispositionen ausschlaggebend sind, dann ist zu hinterfragen: Welche Anlässe, Erfahrungszusammenhänge und welches berufliche Wissen bringen professionelle Haltungen hervor (vgl. ebd.; vgl. auch Düring/Krause 2011)?

Übung 1

Wir laden Sie zu einer kurzen biografischen (Selbst-)Reflexion im Kontext professioneller Haltung ein. Nehmen Sie sich fünf Minuten Zeit und beantworten Sie für sich selbst die folgenden zwei Fragen:

1. Gab es eine Person (ein Vorbild), die für Sie einen wesentlichen Einfluss hatte, sich für einen sozialarbeiterischen Beruf zu entscheiden?
2. Können Sie sich an die Situation erinnern, als sie die Entscheidung trafen: Ich werde Sozialarbeiter*in? Was passierte in dieser Situation?

Menschen, die heute als Sozialarbeiter*innen Familien begleiten, sind von maßgeblichen Erkenntnissen und prägenden Expert*innen der Vergangenheit wie auch der Gegenwart beeinflusst (vgl. Krause 2011). So gesehen kann jede Fachkraft sich selbst anschauen und überlegen, wie sich die eigene professionelle pädagogische Haltung zusammensetzt und was jede*n Professionelle*n inhaltlich handlungsleitend beeinflusst. Dabei ist natürlich klar, dass immer auch andere Zusammenhänge ihre Wirkungen entfalten. Da ist die eigene Familie, da sind Verwandte, die vielleicht gar als Sozialarbeiter*innen tätig waren oder sind. Und natürlich auch andere Menschen, die einen maßgeblichen Eindruck hinterließen. Und schließlich gibt es neben anderen möglichen haltungsprägenden Personen oder Ereignissen noch die Bedeutung von Film- oder Romanfiguren. Auch die erzählten Geschichten und die dabei handelnden Personen können uns als Fachkräfte grundsätzlich und immer wieder aufs Neue beeindrucken und auf unsere professionelle Haltung Einfluss haben. Sie können diese Aufzählung gern ergänzen. Wir möchten Sie an dieser Stelle zu einer zweiten kurzen Selbstreflexion einladen.

Übung 2

In der Reflexion um die eigene professionelle Haltung und deren weitere Prägung bieten sich mehrere Ebenen an, die die Auseinandersetzungen beeinflussen. Nehmen Sie sich fünf Minuten Zeit und überlegen Sie, welche der aufgezeigten Aspekte gerade aktuell für Sie von Bedeutung sind:

- der gesellschaftliche Kontext, aber auch die diesbezüglichen Erwartungen;
- öffentliche Diskussionen über soziale Probleme, Norm und Abweichungen, Skandale etc.;
- eigene biografische Erlebnisse, Erfahrungen und Entscheidungen;
- die Herkunftsfamilie und deren Geschichte;
- Begegnungen mit Menschen, die als bedeutsam wahrgenommen wurden;
- historische Figuren;
- aktuelle Fachdiskurse;
- Auseinandersetzungen bspw. im Kolleg*innenteam, mit Vertreter*innen anderer Professionen, mit Familien aus dem Hilfekontext;
- die Bedeutung von Institution bzw. Organisation mit ihrer jeweiligen ›Kultur‹;
- die Bedeutung der eigenen Lebenssituation.

Wenn Sie die Möglichkeit zum Austausch haben, erzählen Sie einer anderen Person von Ihren Gedanken. Arbeiten Sie heraus, welcher Aspekt derzeit besonders relevant für Sie ist.

2.1 Ein Blick in die Praxis

Eine demokratische Grundhaltung und ein grundsätzlich solidarisches Interesse an den Kindern, Jugendlichen und Familien sind unabdingbar für einen gelingenden Hilfeprozess. Diese bilden gewissermaßen den gesellschaftlichen – und damit auch den professionellen – Rahmen der Sozialpädagogischen Familienhilfe. Das Rechtssystem der BRD regelt vom Grundgesetz (GG) über das Bürgerliche Gesetzbuch (BGB) bis hin zu den Sozialgesetzbüchern (SGB) die Grundsätze des Sozialstaatsprinzips und einer hilfe- und familienorientierten Kinder- und Jugendhilfe. Im gesellschaftlichen Diskurs darüber zeigen sich jedoch häufig unterschiedliche Interessenlagen und Widersprüche. So werden an Familienhelfer*innen bspw. nachfolgende Erwartungen herangetragen:

- Der Einsatz der sozialstaatlichen Mittel soll die erwünschten Ergebnisse bringen.
- Risiken des Aufwachsens von Kindern sollen minimiert werden.
- Ein genauer Blick soll auf den Einsatz der finanziellen Mittel gerichtet werden.
- Die Familien sollen stärker durch die Familienhelfer*innen kontrolliert werden.
- Die Wirkung des fachlichen Handelns der Familienhelfer*innen soll gegenüber Verwaltung und Politik nachgewiesen werden.

Aber auch die Fachkräfte selbst haben Interesse an der Fortentwicklung und Begründung der eigenen Arbeit. Dies ergibt sich häufig schon durch die täglichen Herausforderungen, die bewältigt werden müssen. Die Klärung des eigenen professionellen Handelns und damit verbunden die Auseinandersetzungen über Haltungen, Anliegen und Motivation erfolgt in der Familienhilfe häufig auf den konkreten Fall bezogen. Denn jede Familie, professionell verstanden und gerahmt als ein ›Fall‹ (▶ Kap. 3), stellt die Fachkräfte vor die Herausforderung, ihre professionelle Haltung zu überprüfen. Manchmal wird diese auch irritiert und bedarf einer Vergewisserung oder einer Neuorientierung. Teambesprechungen und Supervisionen sind im Arbeitskontext Orte, an denen reflexive und (selbst-)kritische Prozesse stattfinden und an denen Sicherheit erlangt werden kann. Dies wird im nachfolgenden Beispiel aus der Praxis aufgezeigt.

Fallbeispiel

Ein Team von acht Kolleg*innen sitzt zusammen in einer Fallsupervision[12]. Der vorgestellte Fall zeigt sich als sehr komplex. Die Anwesenden wirken angestrengt denkend. Die Fachkräfte, die den Fall vorstellen (Falleinbringer*innen), erhoffen sich neue Anregungen von ihren Kolleg*innen. Der Hilfeverlauf ist aus ihrer Sicht periodisch geprägt von schwierigen Phasen und Entwicklungen, kurzen Pausen, dann der nächsten große Herausforderung für die Familie und die Helfer*innen. Erste Hypothesen, um diese Struktur zu verstehen, werden in der Runde formuliert. Es werden Stühle hörbar verrückt, es wird laut ausgeatmet. Hypothesen werden wieder verworfen. Der Supervisor provoziert, lockt, motiviert mit Perspektivwechseln. Das Team kommt in Bewegung. Die Aussagen und Einschätzungen der einzelnen Kolleg*innen sind sehr unterschiedlich. Es besteht die Offenheit in der Runde, diese auch formulieren zu können und nebeneinander im Raum zu haben. Letztlich bewegt alle die zentrale Frage: Warum ist der Kontakt zwischen Familie und Helfer*innen nicht kontinuierlich vorhanden?

Es fällt auf, dass die Eltern nach Bewältigung einer Krise den Kontakt zu den Helfer*innen unterbrechen, obwohl die nächste, zumindest schwierig erscheinende Situation schon ›an die Tür klopft‹. Die Verabredungen mit dem Sohn verlaufen weiterhin kontinuierlich. Der Supervisor fragt nach der Qualität der Begegnung in den Beratungsgesprächen mit den Eltern und nach der Intensität des Kontakts während der Hausbesuche. Er fragt nach der Gestaltung der Arbeitsbeziehung zum Sohn der Familie. Die Falleinbringer*innen erzählen von der Schwierigkeit, mit dem hohen Widerstand des Vaters und seiner aggressiven Art in der Kommunikation umzugehen. Das ist ein Ansatzpunkt für eine de-

---

12 Fallsupervision ist eine Form der Beratung im Team anhand der Reflexion von Fällen. Für eine professionelle Hilfegestaltung und Qualitätssicherung ist die Fallsupervision eine Möglichkeit, Synergien im Team zu nutzen und neue Handlungsansätze zu erarbeiten. Fördernde oder hinderliche Einflüsse auf die praktische Arbeit können identifiziert werden, das selbstreflexive Arbeiten und eine Offenheit für kritische Rückmeldungen angeregt werden.

taillierte Betrachtung. Eine Helferin beschreibt den Ablauf eines Beratungsgesprächs während eines Hausbesuchs genauer, bei dem es zu einem lautstarken Streit zwischen Vater und Sohn kam und sie sich handlungsunfähig fühlte. Mit Hilfe eines Rollenspiels wird versucht, ihr professionelles Handeln in dieser Situation kritisch zu durchleuchten. Für die Fachkraft ist es nicht leicht, das eigene Handeln zur Disposition zu stellen. Sie erlebt es jedoch als lehrreich und weiterführend.

In der Auswertung der Supervision bleiben die Einschätzungen der Kolleg*innen bezüglich des weiteren Hilfeverlaufs verhalten. Es wird wenig Positives, sondern eher Skepsis zur zukünftigen Mitwirkungsbereitschaft des Vaters geäußert. Die Helferin entwickelt nun den Eindruck, ›ihre‹ Familie gegen ihre Kolleg*innen verteidigen zu müssen. Die Supervision gerät in unruhiges ›Teamgewässer‹. Grundsatzfragen gewinnen Oberwasser. Es wird gefragt:

- Wie solidarisch begleiten wir die Familie?
- Wie kann der Kontakt zur Familie aufgebaut und gestaltet werden?
- Wie kann der Widerstand des Vaters verstanden und wie kann diesem begegnet werden?
- Verlieren wir den Sohn aus dem Blick, weil der Widerstand des Vaters uns so beschäftigt?
- Beteiligen wir alle Mitglieder der Familie am Hilfeprozess?
- Akzeptieren wir den Eigensinn der Familie, der Eltern, der Kinder?
- Nehmen wir ihre Lebenswelt angemessen zur Kenntnis?
- Begreifen wir ihre Kultur?
- Sind wir im Dialog, sind wir im Austausch miteinander?

Es wird bis zum bevorstehenden Ende der Supervision diskutiert. Langsam wird es still im Raum. Die Positionen wurden ausgetauscht, es wurde laut gestritten, Köpfe wurden geschüttelt, um Verständnis wurde gerungen. Manche Fragen wurden beantwortet, andere bleiben offen. Es gab einen Perspektivwechsler, der die Rolle des Vaters einnahm und damit zum Verständnis von dessen Äußerungen und Handlungen beitrug. Dabei wurden berührende Sätze formuliert und neue Blickwinkel eröffnet, neue Überlegungen wurden möglich. Die Familienhelfer*innen konnten ihre Arbeit innerhalb der Familie kritisch betrachten. Für die nächsten vier Wochen wurde ein Handlungsplan erarbeitet, den sie in der folgenden Fallsupervision überprüfen wollen. Die Familienhelfer*innen überlegen, die Familie dazu einzuladen.

In der Auseinandersetzung wurden Grundfragen der Haltung, des persönlichen Anliegens sowie der Motivation wiederholt neu aufgegriffen und kritisch diskutiert. Obwohl dieser Prozess länger andauern kann, muss die Arbeit mit der Familie – vielleicht schon im direkten Anschluss an die Supervision – fortgesetzt werden. Dies kann nur gelingen, wenn die Familienhelfer*innen sich als handlungsfähig einschätzen, um einen konstruktiven Auseinandersetzungsprozess mit dem Vater und den weiteren Familienmitgliedern zu gestalten und dabei das Kind in der Familie immer im Fokus ihres Handelns haben.

2.2 Zur Bedeutung historischer Personen

Grundeinstellungen entwickeln sich in sozialen, kulturellen und organisationellen Rahmenbedingungen und sind geprägt von individuellen Lernerfahrungen, Dispositionen und biografischen Erfahrungen (vgl. Thiersch 2014b; vgl. auch Schwer/Solzbacher 2014). Sie müssen vor dem Hintergrund der jeweiligen Kultur und Zeit verstanden werden.

Haltungen haben in der Sozialen Arbeit schon immer eine maßgebliche Rolle gespielt und das professionelle Handeln geprägt. Das Berufsbild, die Erwartungen an die in diesem Feld tätigen Menschen und das Selbstverständnis waren und sind von gesellschaftlichen Bedingungen abhängig. Sie haben sich im Zeitverlauf verändert.

Was haben historisch gewonnene Wissensbestände und damit verbundene Personen damit zu tun, wie Fachkräfte heute denken und handeln?

Vor allem in den vergangenen hundert Jahren wurden soziale und pädagogische Themen neu gedacht und prägen den Diskurs um Haltungen bis heute. Die damit verbundenen Akteur*innen haben in einer weitsichtigen Form Sichtweisen verändert und waren prägend für die Entwicklung einer humanen Hilfepraxis. Exemplarisch soll an dieser Stelle an Wegbereiter*innen erinnert werden, die vor allem damit begannen, Kinder als eigenständige Persönlichkeiten ganzheitlich zu betrachten und sie als vollwertige Menschen sowie als Träger*innen von Rechten zu sehen. Diese Erkenntnisse sind für die Familienhilfe von herausragender Bedeutung, da hier gerade in den letzten Jahren der Blick auf Kinder verstärkt wurde. Etliche der Wegbereiter*innen werden heute der Reformpädagogik zugeordnet, obwohl sie ursprünglich überwiegend aus anderen Professionen – häufig der Medizin – kamen. Vor dem Hintergrund der Begrenztheit des Wissensbestandes ihrer eigenen Profession haben sie sich mit Fragen der Erziehung und Bildung beschäftigt. Dies war eng verbunden mit gesellschaftlichen Frage- und Problemstellungen der jeweiligen Zeit. Die entwickelten Sichtweisen haben das Verhältnis zwischen Erwachsenen und Kindern entscheidend verändert. Erziehungsverhältnisse sind inzwischen partnerschaftlich geworden (lesenswert dazu: Juul 2007/2016), Kinder werden sensibel wahrgenommen, ihre Äußerungen werden ernst genommen, sie werden im Erziehungsgeschehen beteiligt. Die Gesellschaft beschäftigt sich, auch vor dem Hintergrund der internationalen Bewegungen, mit den Bedingungen des Aufwachsens von Kindern, deren Förderung, Bildung, Beteiligung und deren Schutz (vgl. UN 1989). Diese Entwicklungen prägen das Verhältnis zwischen Eltern und Kindern – in den Familien und im professionellen Kontext der Familienhilfe. Die Reformbemühungen der vergangenen hundert Jahre waren ebenso ausschlaggebend für eine neue Perspektive auf Familien in Problemlagen sowie bei Entwicklungs- und Erziehungsfragen. Eltern und Kindern werden nunmehr eine subjektive Sicht auf ihre Lebenssituation, Kompetenzen zur Gestaltung und Veränderung der Lebenslage sowie ein Rechtsstatus als Bürger*innen zugesprochen. Dies war nicht immer so. Es wurde lange Zeit davon ausgegangen, dass Kinder, Jugendliche und Familien in Problem- und Notsituation grundsätzlich nicht autonom handlungsfähig sind, deshalb auf die Entscheidungen anderer (der Helfer*innen) angewiesen sind und ihnen so auch der Rechtsstatus abgesprochen wurde.

Als entscheidende Personen, die bis heute das fachliche Handeln prägen, können beispielhaft genannt werden: Friedrich Fröbel, Janusz Korczak, Anton Semjonowitsch Makarenko, Maria Montessori[13]. Von jeder dieser historisch bedeutenden Persönlichkeiten wirken Elemente auf heutige Konzepte, Auffassungen, Arbeitsansätze und Methoden:

- *Fröbel*, der Kinder als aktive Menschen begriff, die von alleine wachsen und die Welt ergründen und nur Unterstützung dabei brauchen (Kindergarten),
- *Korczak*, der den Mut hatte, Kinder zu Bestimmer*innen ihrer selbst werden zu lassen und wohl als erster ein Kinderparlament mit entscheidenden Rechten in seinem Waisenhaus entstehen ließ,
- *Makarenko*, der auf die Kraft und den Lebenswillen der Jugendlichen setzte und ihnen so ein Aufwachsen in Würde möglich machte,
- *Montessori*, die Kinder als Erfinder*innen und Ergründer*innen ihrer Umgebung verstand, die im Handeln lernen und dabei ihre Persönlichkeit entwickeln.

Ab den 30er Jahren des vergangenen Jahrhunderts prägten weitere Persönlichkeiten die Profession. Exemplarisch genannt seien: Emmi Pikler, René Spitz, John Dewey, Bruno Bettelheim. Die Erkenntnisse von zwei dieser bedeutsamen Personen werden genauer vorgestellt, da sie durch ihre jeweiligen reflektierten Beobachtungen zu Schlüssen gelangten, die die heutige sozialpädagogische Landschaft gerade im Hinblick auf den Umgang mit jüngeren Kindern in- und außerhalb von Familien maßgeblich prägen: René Spitz und Emmi Pikler. Von diesen Personen kann gelernt werden, Phänomene und Auffälligkeiten zu ergründen, um deren Bedeutung zu verstehen und daraus folgend etwas Neues für das professionelle Handeln zu erfinden. Ihre Haltung war durch eine Offenheit und eine ganzheitliche Sicht auf das Kind geprägt, die sich vor allem darin entfaltete, ihren eigenen professionellen Denk- und Handlungsrahmen zu erweitern.

René Spitz forschte und lehrte ab den 1940er Jahren in den USA. Dabei wurde er auf ein Phänomen aufmerksam, das insbesondere verlassene Kinder in Einrichtungen betraf. In Waisenhäusern betreute kleine Kinder und Säuglinge, so beobachtete er, zeigen oft starke Auffälligkeiten. Denn obwohl die Bedingungen in diesen Einrichtungen im materiellen Sinne eigentlich angemessen erschienen, wurden Kinder überdurchschnittlich oft schwer krank, zeigten sich desinteressiert und in sich gekehrt, verweigerten das Essen und gaben sich unerklärlichen, rhythmischen Wiederholungsbewegungen hin, die bisweilen sogar zu Verletzungen führten, wenn ein Kind bspw. immer wieder mit dem Kopf gegen einen Gegenstand schlug. Dieses bislang wenig zur Kenntnis genommene Verhalten wurde

---

13 Wir beziehen uns hier bewusst auf Pädagog*innen, die vor allem die Heimerziehung und auch die Schule beeinflusst haben und also einen sozialpädagogischen Zugang zur professionellen Arbeit mit Menschen entwickelt und begründet haben. Vor allem dieser sozialpädagogische Zugang ist für die ambulante Familienhilfe relevant. An andere Traditionen bspw. aus der Familientherapie sei an dieser Stelle lediglich verwiesen.

später Hospitalismus genannt. Und es war Spitz, der als Psychoanalytiker und genauer Beobachter erkannte, dass dieses Verhaltensbild etwas mit der sozialen und emotionalen Lage der Kinder zu tun hatte. Diese Kinder waren einfach einsam und verloren. Das für sie sorgende Personal interessierte sich nicht wirklich für sie. Nahrungsaufnahme und Hygiene waren die Aufgaben, die erledigt wurden, nicht aber Zuwendung und Nähe.

Spitz' besondere Methode, die ihm dabei half, die Veränderungen der Kinder über längere Zeiträume hinweg wirklich wahrzunehmen, war der Film. Er machte Aufzeichnungen von diesen Kindern und konnte damit Material erzeugen, das immer wieder betrachtet werden konnte, um so nötige Rückschlüsse zu ziehen. So gesehen hat Spitz nicht nur die Erkenntnis geliefert, dass Kinder zu ihrer gedeihlichen Entwicklung unbedingt Zuwendung, emotionale Nähe, menschliche Solidarität brauchen, weil sie sonst sogar Gefahr laufen zu sterben. Er machte auch deutlich, dass es nötig ist, wirklich genau hinzusehen. Beide Aspekte, menschliche Zuwendung und detaillierte Beobachtungen, stellen Inhalte dar, die sich in professionellen Haltungen wiederfinden sollten (vgl. Spitz 1982/1991, 1965/2004).

Hier schließt der Gedanke von *Emmi Pikler*, Kinderärztin und Therapeutin sowie Leiterin eines berühmten Kinderheims in Budapest, an. Das »Lotzy«, wie das Heim genannt wurde, beherbergte vor allem Säuglinge und Kleinkinder, die keinen oder kaum Kontakt zu ihren Eltern hatten. Auch hier ging es also um die intensive Zuwendung der Erwachsenen zu den Kindern. Doch Pikler ging in zwei Punkten weiter. Zum einen verweist sie auf die Notwendigkeit der »Pflegehandlungen«. Dabei geht sie davon aus, dass sich die betreuenden Personen den Kindern im Handeln bewusst und direkt zuwenden müssen. Es geht dabei um die ruhige, freundliche Stimme, die freudbetonte Begegnung, die tragende Nähe, die Berührungen der Haut unter der Akzeptanz des Willens des Kindes usw. Und es geht um gute Versorgung: gutes Essen, Trinken, Wärme, Sauberkeit und Anregung zum Spiel und zum Entdecken.

Dabei stoßen wir auf den zweiten Aspekt. Pikler sagt: Die Kinder müssen ihre Arbeit machen, und meint damit, dass sie es selbst sind, die ihren Weg gehen. Sie spielen und ergründen, sie befühlen und betrachten, sie experimentieren und erzeugen. Sie entwickeln sich und dabei kann der Erwachsene, also auch die Fachkraft, zwar unterstützen, doch die Entwicklung selbst müssen die Kinder alleine schaffen. Damit wird das Kind zum Subjekt seiner selbst. Eine Erkenntnis, die in den letzten Jahren in ihrer Bedeutung zunehmend vernachlässigt wurde. Schließlich ist es derzeit angesagt, jede Regung des Kindes zu beobachten und zu beeinflussen, Entwicklungsschritte herbeizuzwingen und jedes noch so kleine Gefahrenmoment aus dem Weg zu räumen. Die Erkenntnisse Piklers sind wegweisend und sehr gut belegt. Immerhin ist die Einrichtung, die sie viele Jahre lang geleitet hat, die einzige, die über die gesamte Zeit evaluiert wurde und die damit belegen konnte, wie zutreffend die beschriebenen Positionen sind. Mit anderen Worten: Es geht um Haltungen, nämlich um diejenige, wie das Kind gesehen wird. Und von Emmi Pikler können wir auch heute übernehmen, dass Kinder in der Pflegehandlung deutliche Zuwendung brauchen, dass sie aber gleichzeitig als aktive Gestalter*innen ihrer selbst akzeptiert werden müssen (Fürsorge versus Autonomie) (vgl. Pikler/Tardos 1997/2001).

Beide hier vorgestellten Personen haben ihre Haltungen durch wissenschaftliche Arbeiten und Erkenntnisse unterlegt. Dies war eine wichtige Basis, um diese öffentlich zu vertreten und zu begründen. Person und Wissen bilden also eine Einheit.

2.3 Warum es unabdingbar ist, eine professionelle Haltung zu haben und vertreten zu können

Sozialarbeiterische Themen sind eng mit gesellschaftlichen Diskursen verbunden. Wie bspw. Erziehung in Familien betrachtet wird, wie Notlagen von Familien eingeschätzt werden oder wie elterliches Versagen beim Schutz ihrer Kinder diskutiert wird, ist nicht einmalig geklärt, sondern wird öffentlich und fachbezogen immer wieder neu verhandelt. Es gibt darüber keinen Konsens, der einmalig hergestellt werden kann. Sehr unterschiedliche Meinungen und Überzeugungen versuchen auf politischer Ebene, je nach ›Wetterlage‹, an Einfluss zu gewinnen. So gab es seit Bestehen der Bundesrepublik Phasen, in denen bspw. eine hohe Solidarität mit Familien in Not- und Problemlagen vorherrschte und soziale Unterstützung gefördert wurde. Dies war in einer Zeit, in der Ungleichheits- und Benachteiligungslagen als Struktur der kapitalistischen Gesellschaft kritisiert wurden und es um einen sozialen Ausgleich ging, der natürlich errungen werden musste. Ende der 1990er Jahre erreichte auch Deutschland eine aktivierende Sozialpolitik, deren Folge ist, dass Not- und Problemlagen häufig individualisiert werden. Die Verantwortung zur Überwindung belastender oder schwieriger Lebenssituationen wird nunmehr den Familien übertragen. Dazu gehört auch, die sozialstaatliche Hilfe zielgerichtet zu nutzen. Gelingt dies den Familien nicht, wird im Rahmen der aktivierenden Sozialpolitik zunehmend kontrolliert und sanktioniert. Die Toleranz gegenüber diesen Familien sinkt auf null (vgl. Winkler 2004, S. 7).

Diese allgemeinen Bedingungen prägen auch die Erwartungen an die Sozialpädagogische Familienhilfe. Lange Zeit galt es im gesellschaftlichen Diskurs als professionell und unwidersprochen, dass Veränderungen in Familien Zeit brauchen. Familienhelfer*innen waren in der Rolle, dafür entsprechend Geduld aufzubringen und auch nach Phasen des Widerstands und des Scheiterns die Arbeit mit der Familie in einem entsprechenden zeitlichen Rahmen fortzusetzen (vgl. Kinderschutz-Zentrum Berlin 2009). In den letzten Jahren werden allerdings bspw. in der Presse Erwartungen formuliert, dass Familienhelfer*innen auch dafür verantwortlich sind, wie sich Familien verhalten, ob Eltern gut für ihre Kinder sorgen etc. Die Verantwortung der Familien wird also an die Sozialarbeiter*innen delegiert. Nun können Fachkräfte sich diesem Mainstream ergeben und sich rechtfertigen, wenn es nicht in jedem Fall funktioniert. Sie können die Verantwortung für die Familien, insbesondere für die Kinder, übernehmen und an Stelle der Eltern handeln. Damit würden sie allerdings einen wichtigen Grundsatz der Sozialen

Arbeit, nämlich den der ›Hilfe zur Selbsthilfe‹, aufgeben. Und die Eltern und Kinder würden nichts Neues lernen, da sie für die Verbesserung ihrer Lebenssituation nicht handelnd aktiv werden können.

Fachkräfte können aber auch, wie bspw. René Spitz und Emmi Pikler, ihre fachlich fundierten Sichtweisen in den Diskurs einbringen, um diesen zu bereichern. Wir empfehlen Letzteres, da es aus unserer Sicht sinnvoller ist, die strukturellen Bedingungen mit zu beeinflussen – es zumindest zu versuchen –, als sich diesen zu ergeben. Dies wird der fachlichen Arbeit und den Familien eher gerecht, als die Erfüllung teilweise unmöglicher Aufgaben.

Sozialarbeiter*innen mussten sich zu jeder Zeit mit den Erwartungen der jeweiligen Gesellschaft auseinandersetzen und sich zu diesen positionieren. Die Anforderungen im Verlauf der letzten hundert Jahre waren dabei phasenweise diametral entgegengesetzt: in der Kaiserzeit, der Weimarer Republik, der NS-Zeit, der BRD, der DDR, dem wiedervereinigten Deutschland seit 1989. Die Bedingungen der demokratischen Verfasstheit unserer Gesellschaft bieten allerdings den Rahmen, mitzureden und mitzugestalten. Dies beginnt zumeist in den konkreten beruflichen Zusammenhängen, dem Kontakt mit den Familien, den Kolleg*innen, den Kooperationspartner*innen, in regionalen Arbeitsgruppen bis hin zum Engagement in Fachverbänden etc.

Was sind nun aktuelle fachliche Themen im Kontext der Familienhilfe, zu denen Fachkräfte eine Haltung entwickeln sollten und sich in den Diskurs einbringen können? Es seien im Folgenden einige Aspekte genannt.

Jugendämter wurden damit konfrontiert, ihre fachbezogenen Aufgaben zu reduzieren und sich mehr auf Management- und Steuerungsaufgaben zu konzentrieren. Diese Entwicklung von Fach- zu Verwaltungsorganisationen wird inzwischen vielerorts als problematisch eingeschätzt, da die Kernaufgaben des Jugendamts sich auf die Entwicklung und Umsetzung fachlicher Themen beziehen. Den Fachkräften in Jugendämtern wurden gewissermaßen die Arbeitsgrundlagen entzogen, was sich inzwischen bundesweit als ernstzunehmendes Problem zeigt (vgl. Beckmann/Ehlting/Klaes 2018). Hinzu kommt, dass im Kinderschutz Einschätzungsbögen und andere auf Rationalisierung abzielende Arbeitsansätze Einzug hielten. Und insgesamt wurde sozialpädagogisches Handeln mit dem Thema Wirkung verknüpft, weil darauf gehofft wurde, dass bei Anwendung von entsprechenden methodischen Handlungen eine höhere Effizienz entstehen würde. So kam es zunehmend mehr zu einer im Grunde genommen Entfremdung zwischen den handelnden Fachkräften und dem, was bislang als sozialpädagogisches Aufgabenfeld verstanden wurde (vgl. bspw. Klomann 2014; Marks/Sehmer/Thole 2018). Inzwischen erkennen immer mehr Fachkräfte, dass das eine Fehlentwicklung darstellt. Und immer mehr fragen danach, wie sozialpädagogische Fachlichkeit wieder stärker ins berufliche Handeln etabliert werden könnte. Dies wird also ein Thema der nächsten Jahre sein.

Dazu bedarf es einer Diskussion darüber, was unter sozialpädagogischer Fachlichkeit und den Wertvorstellungen der Profession verstanden wird. Und dazu gehört, sich zu vergewissern, was die professionelle Haltung ausmacht. Aus unserer Sicht steht die sozialpädagogische Profession vor der Aufgabe, sich wieder stärker auf das zu besinnen, womit sie einmal angetreten ist (vgl. die oben genannten historischen Bezüge). Im Wesentlichen geht es darum, dass die Soziale Arbeit sich solidarisch an die Seite der Kinder, Jugendlichen und Eltern stellt. Solidarisch bedeutet nicht unkritisch gegenüber den ggf. destruktiven Handlungen von Familien zu sein. Es meint die bewusste Einflussnahme auf die Bedingungen der Umwelt der betroffenen Menschen, die Unterstützung bei der Verbesserung sozioökonomischer Verhältnisse, die Kritik an neuen sozialen Ausgrenzungen, Benachteiligungen und Armutslagen, die es Familien erschweren können, den Alltag zu bewältigen und ausreichend gut für ihre Kinder zu sorgen. Neben der fallbezogenen Hilfe im Kontakt mit den Familien bedarf es dieser übergreifenden Solidarität, damit es Familien besser gehen kann, damit sie sich erfolgreich entwickeln und entfalten können.

2.4 Was macht die professionelle sozialpädagogische Haltung aus? – Eine Standortbestimmung

Grundsätzlich geht es um eine gleichberechtigte, respektvolle und würdigende Zuwendung gegenüber jedem Menschen im Kontext der Familienhilfe. Die Familien, die Leistungen der Sozialpädagogischen Familienhilfe in Anspruch nehmen, sind zwar häufig zunächst fremde Menschen, die teilweise unter völlig anderen Lebensverhältnissen leben als die Fachkräfte. Sie sind jedoch nicht anders, im Sinne des Menschseins und der Bewertung von Lebenslagen. Denn grundsätzlich gilt: Alle Menschen können in schwierige Lebenssituationen geraten. Deshalb haben alle Menschen in Deutschland einen Anspruch auf Hilfe. Gerade für Sozialarbeiter*innen erscheint es wichtig, sich dies immer wieder zu vergegenwärtigen, um den Gefahren der Machtausübung über andere Menschen in der vorhandenen strukturellen Asymmetrie entgegenzuwirken. Der bereits in der Einleitung erwähnte Erziehungswissenschaftler Hans Thiersch formulierte dazu in einem Vortrag:

> »Also: Wir sitzen alle im selben Boot – das ist das erste. Das zweite ist – und das erinnernd zu betonen scheint mir ebenso wichtig, weil es immer auch irritierend ist – wir sitzen alle im gleichen Boot der Erfahrung von Schrecklichkeiten, Abartigkeiten, Missverständlichkeiten, von scheußlichen, abwegigen, für andere schädlichen und oft schwer nachvollziehbaren Erfahrungen und Handlungen« (Thiersch 2014b, S. 7).

Diese Erkenntnis beinhaltet die Kernaussage, dass es in sozialarbeiterischen Tätigkeiten zunächst um die Begegnung von Mensch zu Mensch geht. Sie kann jedoch auch im öffentlichen Diskurs als Argument für die Solidarität und die Entstigmatisierung von betroffenen Familien eine Wirkung entfalten.

Ein weiterer wesentlicher Aspekt für eine professionelle sozialpädagogische Haltung ist aus unserer Sicht der Respekt vor den lebens- und familiengeschichtlichen Erlebnissen und Erfahrungen sowie dem daraus entstandenen Eigensinn der

Familie. Eine grundsätzliche Offenheit für Lösungsstrategien der Familie, die behutsame Begleitung und Weiterentwicklung dieser sowie das Bewusstsein darüber, dass ein Unterstützungsangebot auch eine Zumutung sein kann, ist dabei hilfreich. Der Methodenkoffer der Familienhelfer*innen kann prall gefüllt und doch unnütz sein, wenn Zuhören und Nachfragen nicht als ernst gemeint von der Familie verstanden und angenommen werden. Als ständige ›Lehrmeister‹ begreifen wir Familien, die autonom, eigensinnig und oft entgegen des zu Erwartenden agieren, die Grenzen aufzeigen, Sozialarbeiter*innen bspw. wegschicken und sie (hoffentlich) wieder einlassen, die uns also vor Herausforderungen stellen. Hier erleben wir häufig Momente, die nicht zwangsläufig gut für das ›professionelle Ego‹ (z. B. verschlossene Haustüren), aber letztlich unerlässlich als Erfahrungsschatz sind. In der Reflexion darüber, um das jeweilige Handeln der Familie zu verstehen (bspw. »… wir lassen generell niemanden rein … und die vom Amt schon mal gleich gar nicht …«), ergründet sich die innere Logik der Familie, die wiederum Ansätze für das professionelle Handeln eröffnet. Zu diesem Prozess gehören die Offenheit und die Fähigkeit, zu beobachten, zuzuhören, nachzufragen, im dialogischen Austausch wechselseitig zu verstehen, Handlungsstrategien zu entwickeln, diese umzusetzen, aber auch ggf. alles noch einmal anders zu betrachten und neu anzugehen.

Zur professionellen sozialpädagogischen Haltung gehört auch, zwischen den eigenen Wahrnehmungen sowie denen der Familie zu unterscheiden und sich bewusst zu machen, in welcher Rolle und Situation die Familie durch die ›Stimme‹ der Fachkraft vertreten wird. Oft bilden Fachkräfte ab, wie es der Familie gerade geht. Sie projizieren Bilder, Situationen, Meinungen, Auseinandersetzungen (vgl. Richter 2013). Sie nehmen dies alles mit: in Supervisionen, Teamsitzungen, in Fachgespräche unter Expert*innen der Sozialen Arbeit und anderer Professionen. Dort wird sich mit anderen Kolleg*innen ausgetauscht und verhandelt mit dem Anliegen, die Einschätzung und das professionelle Handeln möglichst hilfreich für die Familie einzubringen. Die Ergebnisse müssen jedoch immer wieder im Dialog mit der Familie überprüft und weitergedacht werden. Sonst bleiben sie häufig unbrauchbar.

Einer professionellen sozialpädagogischen Haltung bedarf es auch im Umgang mit dem so genannten Arbeitsauftrag (▶ Kap. 3), der im Hilfeplan unter Federführung des Jugendamts an die Familienhilfe vergeben wird. Obwohl der Auftrag der Familie ebenso wie der des Jugendamts darin enthalten sein soll, zeigen sich im Hilfeprozess häufig andere Prioritäten. Dies kann Familienhelfer*innen in eine Spannungsposition zwischen Jugendamt und Familie bringen. Um diese aufzulösen bedarf es eines Rollenbewusstseins, mit einer eigenen fachlichen Einschätzung sowie mit den Vorstellungen der Familie in die Vermittlung und Aushandlung zu gehen und dabei auch die Perspektive des Jugendamtes nachzuvollziehen. In der Hilfekonferenz sollen die Beteiligten gleichberechtigt über den weiteren Hilfeprozess entscheiden. Dabei bedarf es der grundsätzlichen Wertschätzung aller Beteiligten, Kommunikation und Verhandlungskompetenz – trotz struktureller Abhängigkeiten (▶ Kap. 9; ▶ Kap. 10). Es geht darum, den kleinsten gemeinsamen Nenner als Motor für die weitere gemeinsame Entwicklung im Hilfeprozess zu finden. Auch dieses anspruchsvolle Vorgehen bedarf eines hohen Maßes an Reflexion. Es ist eine Chance der Überprüfung des eigenen professionellen Denkens und Handelns im Austausch mit anderen. Sinnvoll erscheint es uns, jede Situation zu nutzen, um sich dessen im beruflichen Alltag immer wieder erneut bewusst zu werden.

2.5 Hilfen für das Selbststudium

2.5.1 Übungsaufgaben für das Selbststudium und in der Gruppe

- Schreiben Sie einen Mikroartikel (eine halbe bis eine Seite), in dem Sie zusammenfassen, welche Aspekte einer professionellen sozialpädagogischen Haltung für Sie bedeutsam sind. Beantworten Sie anschließend die Frage: Wofür werde ich bezahlt?
- Haben Sie sich mit einer historischen Person aus der Sozialen Arbeit bereits beschäftigt? Wenn Ihnen eine Person einfällt: Beschreiben Sie deren professionelle Haltung!
- Überlegen Sie, welche historischen bzw. gesellschaftlichen Ereignisse Ihre Biografie geprägt haben und notieren Sie kurze Stichpunkte. Zeichnen Sie einen Zeitstrahl auf ein Blatt Papier und notieren darauf die Jahreszahlen der jeweiligen Ereignisse. Wir empfehlen, die Jahreszahlen auf dem Zeitstrahl, dann in der oberen Hälfte die gesellschaftlichen Ereignisse und in der unteren Hälfte ihre Lebensdaten zu notieren. Betrachten Sie das fertige Bild. Was fällt Ihnen auf?
- Welche strukturellen Widersprüche erkennen Sie im Text des Kapitels, mit denen Sozialarbeiter*innen in der beruflichen Praxis konfrontiert sind? Lassen sich diese Widersprüche auflösen? Begründen Sie Ihre Einschätzung!

> **Literatur zum Weiterlesen**
>
> Düring, Diana/Krause, Hans-Ullrich (Hrsg.) (2011): Pädagogische Kunst und professionelle Haltungen. Reihe: Grundsatzfragen, Bd. 48. Frankfurt: IGFH.
> Sennett, Richard (2002/2010): Respekt im Zeitalter der Ungleichheit. München: Berlin Verlag.

3 »Es gibt viele Möglichkeiten, eine Wohnung zu betreten.«
Vorbereitung, Zugang und Gestaltung der ersten Kontakte

Der Prozess einer Sozialpädagogischen Familienhilfe besteht aus drei Phasen: einer *Anfangsphase*, einer *Gestaltungsphase* und einer *Schlussphase* (vgl. bspw. Heiner 2010, S. 46f.; Woog 1998, S. 185f.) In der Anfangsphase geht es um das gegenseitige Kennenlernen, den Aufbau einer Arbeitsbeziehung auf der Basis von Wertschätzung, Vertrauen und Transparenz, der Entwicklung von Vorhaben und Zielen. In der Gestaltungsphase lassen sich die Beteiligten auf einen intensiven Arbeitsprozess ein, in dem die konkreten Anliegen der Familie angegangen werden. Dafür müssen ggf. dahinterliegende Themen, Probleme, Dynamiken etc. erkundet und bearbeitet werden. Es wird Neues gelernt. Veränderungsprozesse werden sichtbar. Ziele werden erreicht oder modifiziert. Eine Verbesserung der Lebenssituation der Familie wird angestrebt (mehr dazu in ▶ Kap. 5, aber auch in ▶ Kap. 6 und ▶ Kap. 7). In der Schlussphase oder auch Stabilisierungsphase geht es um die schrittweise Ablösung der Familie und die Verabschiedung vom Hilfesystem (▶ Kap. 8).

In diesem Kapitel soll es um die Anfangsphase gehen. Mit der Überschrift »Es gibt viele Möglichkeiten, eine Wohnung zu betreten« wird verdeutlicht, dass die Anfangsphase vielfältige Erscheinungen haben können und individuell am Bedarf der jeweiligen Familie gestaltet werden müssen. Fallübergreifend geht es um die Herstellung eines Zugangs zur Familie, den Aufbau eines Kontakts und den Beginn einer Arbeitsbeziehung.

Zentrale Fragestellung

Wie können der Erstkontakt und die Anfangsphase so gestaltet werden, dass der Aufbau einer kooperativen Arbeitsbeziehung zwischen der Familie und der Familienhelfer*in unterstützt wird?

Das Kapitel sensibilisiert für ungewöhnliche Konstellationen (Überraschungen), vermittelt Techniken des Umgangs mit besonders unsicheren Falleingangssituationen und gibt Hinweise zu möglichen Schwierigkeiten.

Kernaussage

Ob sich Familienhelfer*in und Familie bei der ersten Begegnung innerlich erreichen (umgangssprachlich: sympathisch sind), kann wesentlich zu einer kooperativen und offenen Zusammenarbeit (Arbeitsbeziehung) beitragen. Um

> Sympathie professionell zu erzeugen bedarf es methodischer Kompetenzen, damit gleich zu Beginn der Familienhilfe Offenheit, Transparenz, Vertrauen, Kooperation und Respekt aufgebaut werden können. Hierzu gehören auch, Vorbehalte und Widerstände von Seiten der Familie zu akzeptieren und dennoch einen tragfähigen Kontakt anzubieten, der von einer angemessenen Nähe und Distanz geprägt wird.

3.1 Die Aufgaben der Familienhelfer*in am Anfang der Hilfe

Die Sozialpädagogische Familienhilfe wird in einem jugendhilferechtlichen Dreiecksverhältnis realisiert (▶ Kap. 10). Die drei Beteiligten sind: die Familien, die Fachkraft des Jugendamts, die Familienhelfer*in.

Während die Fachkraft des Jugendamts hauptsächlich für die formale Anbahnung der Familienhilfemaßnahme zuständig ist (Antragstellung und -verfahren, Gewährleistung des Wunsch- und Wahlrechts, beteiligungsorientierte Hilfeplanung, ▶ Kap. 9) besteht die Hauptaufgabe der Familienhelfer*in darin, mit den Beteiligten einen Kommunikations- und Arbeitsrahmen zu schaffen, der eine Kooperation sowie eine kontinuierliche Zusammenarbeit im Alltag der Familie ermöglicht. Dieser soll auch dafür geeignet sein, heikle und persönliche Themen ruhig und offen zu besprechen und zu reflektieren. Hierfür ist der Aufbau einer persönlichen Beziehung bedeutsam. Professionelle Beziehungen unterscheiden sich allerdings von privaten Beziehungen. Wie im vorherigen Kapitel ausgeführt wurde, ist es von herausragender Bedeutung, als Fachkraft davon auszugehen, dass es in der Sozialpädagogischen Familienhilfe zunächst um eine offene Begegnung zwischen Menschen geht. Gleichwohl ist die professionelle Beziehung durch spezifische Merkmale gerahmt, die es jeweils im Einzelfall zu benennen und zu reflektieren gilt. Hierzu gehören:

- der institutionelle Rahmen,
- Aufgabenorientierung,
- inhaltliche, zeitliche und emotionale Begrenzung,
- eine spezifische Rollenverteilung, geprägt durch Asymmetrie (vgl. Schulte 2017, S. 49),
- die bewusste Gestaltung von Nähe und Distanz.

Es gilt, sowohl die Aufgaben und Ziele (Auftragsklärung) der Hilfe im Blick zu haben als auch die Begegnung und Kommunikation mit den Familienmitgliedern auf einer persönlichen Ebene zuzulassen (ebd.).

Die *Auftragsklärung* beinhaltet eine konkrete Absprache mit den Beteiligten über Inhalte, Umfang und den zeitlichen Rahmen der sozialpädagogischen Tätigkeiten mit der Familie. Sie legitimiert das fachliche Handeln oder Nicht-Handeln sowie die Interventionsberechtigung. Inhalte und Umfang der Hilfe werden in der Regel im Hilfeplan (gemäß § 36 SGB VIII) festgelegt und protokolliert. Deren Erledigung wird von den Fachkräften des Jugendamts überprüft. Der Beitrag der Familienhelfer*in besteht hierbei in der Anfertigung mündlicher und schriftlicher Berichte mit entsprechenden fachlichen Prognosen zum weiteren Hilfeverlauf (▶ Kap. 11). Von Bedeutung ist, dass die*der Familienhelfer*in sich auf Augenhöhe und dialogisch im Verhältnis zur Fachkraft des Jugendamts mit einer eigenen Fachexpertise einbringt. Dazu gehört auch zu benennen, welche Aufgaben und Ziele realistisch oder nicht realistisch sind und welche angepasst oder modifiziert werden müssen. Eine Parteilichkeit gegenüber der Familie ist entscheidend, um deren Beteiligung zu realisieren. Dies bedeutet nicht unkritisch, sondern solidarisch zu sein. Es geht darum, die Vorstellungen, Wünsche, Bedürfnisse und Bedarfe der Familie gleichberechtigt neben der fachlichen Expertise der Sozialarbeiter*innen einzubeziehen. Somit gilt es, gemeinsam mit den Familien die Auftragsklärung vorzunehmen und im Verlauf der Hilfe ggf. anzupassen. Eine beteiligungsorientierte, dialogische und gründliche Auftragsklärung zu Beginn einer Sozialpädagogischen Familienhilfe sowie ggf. eine erneute Klärung des Auftrags im Verlauf der Hilfe trägt dazu bei, Konflikte oder Widerstände in der Beziehungsgestaltung abzuwenden (vgl. Schulte 2017, S. 65).

Die Familienhelfer*in kann erst nach der Entscheidung des ASD/RSD über die Gewährleistung der Hilfe und die Kostenübernahme tätig werden. Der ASD erstellt hierzu einen schriftlichen Bescheid. Wendet sich eine Familie direkt an eine Familienhelfer*in, ist es unabdingbar, die Familie zunächst an den ASD des Jugendamts zu vermitteln. Denn der sozialrechtliche Anspruch auf die Gewährleistung einer Familienhilfe im Rahmen der Hilfen zur Erziehung (§ 27 i. V. m. § 31 SGB VIII) wird zuständigkeitshalber im Jugendamt geprüft.

3.2 Wie werden Sozialpädagogische Familienhilfen initiiert?

Es gibt im Grunde drei Zugänge für Familien zur Sozialpädagogischen Familienhilfe:

- Familien, die sich selbst an das Jugendamt wenden (so genannte Selbstmelder);
- Familien, die bereits mit dem ASD im Kontakt sind und ggf. bereits andere Formen der Hilfe zur Erziehung in Anspruch genommen haben (Zusatz- oder Anschlusshilfen);
- Familien, die durch Hinweise oder Initiativen Dritter an das Jugendamt vermittelt werden, bspw. durch Kindertageseinrichtungen, Schule, Ärzte, Krankenhäuser, Sozialämter, Familiengericht, aber auch durch Nachbarn (vgl. Rätz/

Schröer/Wolff 2014, S. 83). (Diese werden in der Fachliteratur auch häufig als Fremdmelder bezeichnet.)

An jedem Anfang zur Gewährung einer Sozialpädagogischen Familienhilfe steht aber der Kontakt der Familie mit dem ASD des Jugendamts. Das Jugendamt hat eine gesetzliche Verpflichtung zur Beratung der Familien, bei der die eigenen Aufgaben, Zuständigkeiten und Interventionsmöglichkeiten sowie die Hilfeangebote, aber auch deren mögliche positiven und negativen Folgen benannt werden. Die gesetzliche Grundlage für die Beratung von Personensorgeberechtigten durch das Jugendamt stellt zunächst der § 14 SGB I dar. Und auch im § 1 Abs. 3 Satz 2 SGB VIII heißt es: »Jugendhilfe soll zur Verwirklichung des Rechts nach Absatz 1 insbesondere Eltern und andere Erziehungsberechtigte bei der Erziehung beraten und unterstützen.« Auch Kinder und Jugendliche haben einen eigenen Beratungsanspruch gemäß § 8 SGB VIII – Beteiligung von Kindern und Jugendlichen (▶ Kap. 4).

Auch wenn der Sozialpädagogischen Familienhilfe ein subjektiver Rechtsanspruch zugrunde liegt und nur durch Antragstellung der Personensorgeberechtigten initiiert werden kann (dies wird in der Fachliteratur häufig als ›freiwillig‹ bezeichnet), entsteht in diesem Zusammenhang häufig ein hoher sozialer Druck auf die Familien. Bei diesem wird den Eltern als den Personensorgeberechtigten die Inanspruchnahme der Sozialpädagogischen Familienhilfe zumeist von Fachkräften ausdrücklich nahegelegt. Aber nur das Familiengericht kann dies als Auflage (Gebot) verfügen. Dies kann auch mit dem Aufzeigen von Konsequenzen bei einer Nicht-Inanspruchnahme, bspw. einer Inobhutnahme des Kindes bzw. der Kinder durch das Jugendamt oder einen Eingriff in die elterliche Sorge durch das Familiengericht, einhergehen. In diesen Fällen hat die Sozialpädagogische Familienhilfe u. a. das Ziel, eine drohende oder sogar akute Kindeswohlgefährdung abzuwenden. Manche Fachkräfte und Autor*innen sprechen in diesem Zusammenhang auch von einem Zwangskontext, in dem die Sozialpädagogische Hilfe beginnt, denn die Anfangsbedingungen und Zugänge zur Hilfe sind in diesen Fällen nicht freiwillig. Die Beziehungsaufnahme zwischen Familienhelfer*in und Familie stellt dementsprechend eine Herausforderung dar. Ein Blick in die Empirie zeigt, dass in circa 70 % der Fälle die Initiative vom Jugendamt, anderen öffentlichen Institutionen oder von freien Trägern der Kinder- und Jugendhilfe ausgeht. Dies macht deutlich, dass fast drei Viertel der Fälle nicht von den Familien selbst initiiert wird, sondern das Hilfesystem einen Bedarf sieht (vgl. Richter 2018, S. 385).

3.3 Erste Begegnungen

Die erste Begegnung zwischen der Familienhelfer*in und der Familie findet in den meisten Fällen im Jugendamt auf Einladung und in Anwesenheit der Fachkraft des ASD statt. Nicht immer sind bei diesen Anlässen alle Familienmitglieder anwesend.

Häufig werden die Kinder der Familie erst nach diesem Erstkontakt in der häuslichen Umgebung einbezogen. Manchmal wird auch der*die verheiratete oder zusammenlebende Partner*in erst in der gemeinsamen Wohnung beim Hausbesuch angetroffen. Auch weitere Familienmitglieder bzw. bei getrenntlebenden Eltern das jeweils andere Elternteil oder Großeltern kommen meist erst später hinzu.

Eine erste Begegnung kann auch auf Vermittlung des Jugendamts am Arbeitsplatz der Familienhelfer*in oder an einem neutralen Ort, bspw. in einem Café, stattfinden. Dies wird vor allem dann praktiziert, wenn die Fachkräfte im Jugendamt das Wunsch- und Wahlrecht (§§ 5, 36 SGB VIII) ernst nehmen und den Familien mehrere Angebote der Sozialpädagogischen Familienhilfe zur Auswahl anbieten.

Ebenso ist es möglich, dass Mitglieder einer Familie eigenständig im Büro der Familienhelfer*in bzw. des Trägers, bei der diese*r tätig ist, erscheinen. Oder das Jugendamt beauftragt die Familienhelfer*in direkt mit der Familie einen Termin in der häuslichen Umgebung zu vereinbaren. Dies geschieht bspw., wenn der Einsatz der Familienhilfe akut angezeigt und der Auftrag mit einem Clearing der Familiensituation verbunden ist. Ein Clearing kann allerdings auch auf der Basis einer Hilfekonferenz im Jugendamt vereinbart werden (zum Clearing unten in diesem Kapitel mehr).

Es bleibt festzuhalten: Bevor die*der Familienhelfer*in in die Wohnung der Familie eingelassen wird, gibt es in der Regel bereits Erfahrungen der Familie mit dem Hilfesystem, entweder durch Gespräche zumindest der Eltern mit den Fachkräften des Jugendamts oder durch Erlebnisse mit vorherigen Hilfen und Helfer*innen oder eine erste Begegnung mit der*dem Familienhelfer*in an einem Ort außerhalb der Wohnung. Diese bereits vorhandenen Erfahrungen der Familienmitglieder sind prägend für die soziale Interaktion bei der ersten Begegnung im Haushalt der Familie. So kann es von Seiten der Familie positive oder negative Bilder von Sozialarbeiter*innen, konkrete Erwartungen und Hoffnungen an die Hilfe oder auch Ängste, Widerstand und Abwehr sowie manchmal sogar Aggressionen geben (vgl. Wolf 2015; Gedik 2016). Diese bereits vorhandenen Bilder von Seiten der Familie (Konstruktionen) sind den Familienhelfer*innen nicht in jedem Fall bekannt. So erleben auch erfahrene Familienhelfer*innen immer wieder Überraschungen, wie die folgenden drei Beispiele exemplarisch aufzeigen.

Fallbeispiele

Familie D.

Frau D. hatte sich auf Anregung einer Lehrerin an das Jugendamt gewandt und um Unterstützung gebeten, da sie nach der Trennung von ihrem Mann massive Erziehungsschwierigkeiten mit ihrem zehnjährigen Sohn Kevin habe. Die Familienhelferin lernt Frau D., eine alleinerziehende Mutter, beim Vorgespräch im Jugendamt kennen. Kevin war bei diesem Erstgespräch nicht dabei. Eine Woche später findet der erste Hausbesuch statt. Familie D. wohnt in einem Mehrfamilienhaus im dritten Stock. Frau D., die nach dem Klingeln der Familienhelfer*in die Haustür sofort geöffnet hat, wartet in der Tür, als die Familienhelferin die Treppe hinaufsteigt. Kevin steht direkt neben seiner Mutter, eng an sie gedrückt, versteckt sich halb hinter ihr. Die Familienhelferin sagt: »Hallo!« und will Frau D.s Hand schütteln, doch diese weicht etwas zurück. Den Gruß erwidert sie murmelnd, halb abgewendet. Bevor sie die Familienhelferin hereinbitten kann, sagt Kevin: »Tschüss, jetzt wo du da bist, kannst du ja auch wieder gehen.«

Familie A.

Frau A. lebt alleinerziehend mit ihren sechs Kindern in einer Dreizimmerwohnung in einem Mehrfamilienhaus. Aufgrund häufiger Beschwerden von Nachbar*innen wegen Lärmbelästigung durch die Familie nahm das Jugendamt zu ihr Kontakt auf. Nur unter dem dort erzeugten Druck stellte sie einen Antrag auf Hilfe zur Erziehung und konnte sich im Hilfeplanungsprozess eine ambulante Sozialpädagogische Familienhilfe vorstellen. Sie selbst ist dem Jugendamt gegenüber misstrauisch. Frau A. ist im Kinderheim aufgewachsen und verfügt bereits über vielfältige Erfahrungen mit der Kinder- und Jugendhilfe. Als die Familienhelferin zum verabredeten Zeitpunkt an der Wohnungstür klingelt, hört sie die Stimme von Frau A., die ihr sagt: »Ich kann Ihnen leider die Tür nicht öffnen, da ich noch in der Badewanne bin.« Auf Nachfrage der Familienhelferin kommt keine Reaktion mehr. Die Familienhelferin schreibt einen kurzen Brief an Frau A., indem sie ausdrückt, dass sie sich auf das Kennenlernen freut und an einem konkreten Tag mit genauer Zeitangabe wiederkommen wird. Beim nächsten Besuch wiederholt sich die Szene und dann noch einmal – wieder ist Frau A. in der Badewanne. Beim vierten Mal öffnet Frau A. wieder nicht, sagt allerdings hinter verschlossener Tür: »Darf ich Sie etwas fragen?« Die Familienhelferin bejaht dies und Frau A stellt ihr etliche Fragen u. a. auch zu deren privater Lebens- und Familiensituation. Nachdem Frau A. der Familienhelferin zugehört hatte, verabreden beide einen weiteren Termin. Bei diesem fünften Treffen öffnet sich nun auch die Wohnungstür.

Familie Z.

Frau Z. wendet sich selbst an das Jugendamt mit der Bitte um Unterstützung. Sie komme nicht mehr mit ihrer 17-jährigen Tochter Melanie klar und würde gern eine stationäre Unterbringung im Betreuten Wohnen beantragen. Sie habe keine Zeit und keine Geduld mehr für die täglichen Streitereien mit ihrer Tochter, da sie ihr vor einem Monat geborenes Baby versorgen müsse. Ihr Mann sei tagsüber arbeiten und könne sie nicht unterstützen. Ihre Tochter sei ihr Kind aus der ersten Ehe, die Eltern sind jedoch bereits sehr lange getrennt. Im Verlauf des Beratungsprozesses im Jugendamt entsteht die Idee, eine ambulante Sozialpädagogische Familienhilfe zu beginnen, die die veränderte Familiensituation sowie die Beziehungsdynamik zwischen der Mutter und Tochter gemeinsam mit diesen ergründen sowie die Ablösung und Verselbstständigung der Tochter begleiten soll. Als die Familienhelferin zum ersten Hausbesuch an der Wohnungstür klingelt, öffnet Melanie die Tür und sagt: »Da sind Sie ja endlich! Kommen Sie herein.«

Aber auch die Familienhelfer*innen verfügen vor der ersten Begegnung mit der Familie über Vorinformationen, die sie von den Fachkräften des Jugendamts erhalten haben. So entstehen auch bei ihnen bereits Bilder über die jeweilige Familie im Kopf und Erwartungen an die Kontaktaufnahme (vgl. Ullenboom 2016). Auch diese bedürfen einer beständigen Reflexion u. a. auch über häufig unbewusste Formen von Stigmatisierung, Diskriminierung, Rassismus, normativen Orientierungen bspw. von Lebensformen und Geschlechterrollen. Denn die vorab konstruierten Bilder können verhindern, der Familie offen und vorurteilsfrei zu begegnen.

3.4 Faktoren des Gelingens beim Erstkontakt

Nachfolgende Faktoren haben sich als förderlich bei der Gestaltung des Erstkontakts und des Beziehungsaufbaus zwischen Familienhelfer*in und Familie erwiesen (zusammenfassend u. a. Richter 2000, S. 65–69):

- respektvoller Umgang zwischen den Beteiligten, also dem Jugendamt, der*dem Familienhelfer*in und der Familie;
- jeweils Verständnis für die verschiedenen Tätigkeiten, die unterschiedlichen Aufgaben und Rollen sowie ein fachlicher und kooperativer Informationsaustausch;
- persönliche Vorstellung der*des Familienhelfer*in, in dem u. a. die unterstützende Rolle vermittelt und die aktive Mitarbeit der Familie zum Erreichen längerfristiger Veränderungen verdeutlicht wird;
- grundsätzliche Anerkennung der Bemühungen und der bereits erbrachten Leistung der Familie durch die Fachkräfte, Respekt vor Entscheidungen, die eine gravierende Veränderung der Lebenssituation umfassen, bspw. einer alleinerziehenden Mutter, die die Kraft aufbringt, sich an das Jugendamt zu wenden, obwohl sie Sorge hat, dass das Jugendamt ihr das Kind wegnehmen könnte;
- ein prinzipielles Herantasten an eine Familie mit dem Wissen, dass jede Familie einer inneren Logik folgt, die zunächst nicht bekannt ist, jedoch aufbaut auf biografischen Erfahrungen, familiären Dynamiken, Vorprägungen und Zuweisungen, Skepsis, Misstrauen und eingebettet ist in gesellschaftliche Kontexte;
- bewusstes Wahrnehmen und Reflektieren der ersten Konfrontation mit den äußerlichen Krisensymptomen wie bspw. dem Zustand der Wohnung;
- Wertschätzung, dass die Familie Hilfe annehmen möchte und Einblicke in ihren Alltag, ihre Wohnung und überhaupt ihr Privatleben zulässt;

- Verständnis für die Lebenssituation der Familie und gleichzeitig eindeutige Position in Hinblick auf die Handlungsweisen und Ansichten der Familie, ohne dass es zur Verurteilung kommt;
- Thematisierung möglicher Konsequenzen beim Nichtzustandekommen einer Zusammenarbeit, insbesondere wenn die Familienhilfe nicht freiwillig beginnt (ebd.).

Beim Betreten der Wohnung verhält sich die Familienhelfer*in als Gast und akzeptiert die Besonderheit, als professionelle, staatlich mandatierte Fachkraft den privaten Nahraum der Familie betreten zu dürfen. Zu Beginn der Hilfe wird den Familienmitgliedern Zeit gegeben, sich auf die Hilfe einzustellen, Fragen zu stellen, ihre Sicht und Problemwahrnehmung zu erläutern. Der Schwerpunkt liegt zunächst nicht darauf, Ratschläge zu geben oder sogar Vorschriften zu machen, sondern darauf, zuzuhören und sich über die gegenseitigen Erwartungen zu verständigen. Dabei kann es sinnvoll sein, nicht zu schnell auf das eigentliche Thema der Inanspruchnahme einer Familienhilfe zu kommen, da Eltern und Kinder die neue Person erst kennenlernen müssen, bevor sie sich ihr anvertrauen können. Sich-warm-Sprechen und Small Talk als Türöffner können als Vorbereitung zu Problemgesprächen sinnvoll sein. Petko (2004) hat in seiner Untersuchung über Gespräche in der Familienhilfe darauf hingewiesen, dass die Bereitschaft von Adressat*innen und Adressaten, sich für Ratschläge zu öffnen, davon abhing, wie diese im Gespräch vorbereitet wurden.

3.5 Wer sind die Familien?

Die Lebenssituation der Familien ist häufig durch verschiedene Belastungs- und Benachteiligungssituationen gekennzeichnet, die sich in Erziehungsschwierigkeiten, Auffälligkeiten der Kinder, sozioökonomischen Faktoren, gesundheitlichen oder auch suchtmittelabhängigen Erscheinungen sowie Krisensituationen äußern können. Etliche Familien haben bereits über Generationen Erfahrungen mit dem Hilfesystem. Helming, Schattner und Blüml (1999/2004) bezeichnen sie als »arme *Familien in gravierenden Unterversorgungslagen*« (ebd., S. 74, Herv. i. O.). Die so bezeichnete Unterversorgung kann umfassen:

- Einkommensarmut,
- eine schwierige Wohnsituation,
- kaum vorhandene außerfamiliale Ressourcen,
- Benachteiligungen bezüglich Gesundheit, Ernährung, Bildung, Arbeits- und Sozialbedingungen,
- mangelnde Teilhabe am kulturellen Leben, der Lebenszufriedenheit und den Zukunftsperspektiven (vgl. ebd., S. 74).

Der häufigste Grund für den Beginn einer Sozialpädagogischen Familienhilfe[14] sind mit 54,5 % familiäre Problemlagen (bspw. bezüglich der Erziehungskompetenzen der Eltern, Belastungen der Kinder und Jugendlichen durch familiäre Konflikte wie Scheidung, Partnerkonflikte oder Sorgerechtsstreitigkeiten sowie psychische Problemlagen der Eltern). Bei ca. 30 % der Familien wird die unzureichende Förderung, Betreuung und Versorgung der Kinder und Jugendlichen als Grund angegeben (bspw. aufgrund von sozialen, gesundheitlichen oder wirtschaftlichen Problemen der Familie, durch eine Unversorgtheit bspw. durch Krankheit bzw. Tod von Bezugspersonen oder bei unbegleiteten minderjährigen Flüchtlingen, zur Abwehr einer Kindeswohlgefährdung). Mit 15,4 % sind individuelle Problemlagen Anlässe einer Familienhilfe (bspw. Auffälligkeiten im sozialen Verhalten der Kinder und Jugendlichen oder psychische, schulische und berufliche Probleme) (vgl. Frindt 2013, S. 23 f.).

Unabhängig von den konkreten Belastungen und Benachteiligungen sind die Familien bzw. deren Mitglieder aktiv handelnde Menschen in ihrer jeweiligen Lebenslage. Sie versuchen, so gut es geht, ihr Leben zu bewältigen. In manchen Fällen wird deutlich, dass die Unterstützungssysteme kaum oder gerade so dafür ausreichen. Manchen Familien gelingt es, sich aus Krisen herauszubewegen und das Hilfesystem dabei gut für sich zu nutzen. Andere Eltern neigen zu extremen Positionen – auch politisch – oder zu gesundheitsgefährdenden Handlungen. Nicht immer präsentieren sich Eltern und Kinder bei der ersten Begegnung als sympathisch gegenüber den Familienhelfer*innen. Es kommt im professionellen Kontakt darauf an, jeweils den Menschen als Menschen zu erkennen, der sich manchmal auch hinter destruktiven Äußerungen und Handlungen versteckt. Gelingt dies nicht, bleibt die Hilfe meist erfolglos.

3.6 Hilfe und Kontrolle

Der bereits in der Einleitung erwähnte strukturelle Widerspruch von Hilfe und Kontrolle zeigt sich in der Sozialpädagogischen Familienhilfe wie folgt:

- Die Familienhilfe findet einerseits im Alltag und im nahen Lebensumfeld der Familien mit einer zeitlich regelmäßigen Präsenz der Familienhelfer*in statt. Die private Wohnung der Familien wird zum wichtigen Arbeitsort der Familienhelfer*in. Es entsteht eine hohe Interaktionsdichte bzw. eine enge zwischen-

---

14 Wir verweisen an dieser Stelle auf den Abschnitt in der Einleitung zum Verhältnis individueller, sozialer und gesellschaftlicher Problemlagen. Fallbezogen werden Phänomene erfasst, die sich individuell in der Familie zeigen, und nicht deren soziale Einbettung sowie gesellschaftlichen Hintergründe. Dies birgt die Gefahr der Individualisierung von Problemlagen und auch der Stigmatisierung.

menschliche Beziehung zwischen der*dem Familienhelfer*in und den Familienmitgliedern (vgl. Richter 2018, S. 387; Wolf 2015).
- Andererseits bedeutet die Anwesenheit der Familienhelfer*in im familiären Alltag einen Eingriff in die Alltags- und Privatsphäre der Familien. Sie macht das Verhalten der einzelnen Familienmitglieder einer Bewertung und Kontrolle von außen zugänglich (vgl. Struck 2019, S. 397). Diese wird ggf. auch an andere soziale Dienste kommuniziert oder erlangt das Interesse von Polizei und Staatsanwaltschaft. Diese Durchsichtigkeit des Privaten birgt die Gefahr einer »Kolonialisierung der Lebenswelt« (Richter 2013, S. 36), die auch zum Autonomieverlust der Familie führen kann.

3.7   Nähe und Distanz

Die Gestaltung von Nähe und Distanz zeigt sich in der Sozialpädagogischen Familienhilfe aufgrund des ambulanten aufsuchenden Charakters und der Dichte zum emotionalen Spannungsfeld der Familie als besondere Anforderung. Die Gestaltung der sozialen Beziehungen zu den Familien und ihren Problemen sowie die Bedingungen und Folgen der Lebenssituation sind beständig systematisch zu reflektieren. Die Familienhelfer*in ist gefordert, die formale Berufsrolle professionell zu gestalten und sich gleichzeitig auf persönliche und emotionale Beziehungen, die manchmal nicht gesteuert werden können, einzulassen (vgl. Dörr/Müller 2019, S. 16). Sie kann hier nicht allein rollenförmig unter Einsatz des gelernten und trainierten Fach- und Fallwissens agieren, sondern sie ist gefordert, ihre intuitive Urteilskraft und ihre Lebenserfahrungen in die Kommunikation mit den Familien einzubringen (vgl. ebd.).

Dabei gilt es, immer wieder eine Balance zwischen Nähe und Distanz herzustellen bzw. diese anzustreben. Die Herstellung von Nähe ist bedeutsam für den Aufbau der Arbeitsbeziehung und Grundlage für einen gemeinsamen Arbeitsprozess. Zuviel Nähe birgt jedoch bspw. die Gefahr einer unkritischen Verflechtung in die Familiendynamik. Damit wäre die Familienhelfer*in nicht mehr in der Lage, offen und sensibel die Interaktionen und Dynamiken in der Familie wahrzunehmen und langfristige Veränderungen anzuregen und zu begleiten. Sie könnte handlungsunfähig werden. Zudem besteht die Möglichkeit, die Problemlösungspotenziale der Familie zu schwächen (vgl. Struck 2019, S. 397 f.).

Eine zu große Distanz kann von der Familie als Ablehnung und Desinteresse verstanden werden und ihr Einlassen auf die Hilfe und ihre Motivation behindern. Der Aufbau des Kontakts und die Vertrauensbildung würden dadurch behindert.

Nähe und Distanz beinhaltet auch eine beständige Auseinandersetzung, Reflexion und bewusste Gestaltung mit Grenzen, Grenzerfahrungen und Abgrenzungsbedürfnissen zwischen den Beteiligten im häuslichen Setting der Familienhilfe (vgl. Lüngen/Müller/Bräutigam 2016).

3.8 Methodische Anregungen zur Gestaltung der Balance von Nähe und Distanz

Um ein ausgewogenes Verhältnis von Nähe und Distanz herzustellen, wird uneingeschränkt Supervision empfohlen (vgl. Helming/Schattner/Blüml 1999/2004, S. 118). Denn die Herstellung von Nähe und Distanz ist nicht als ein einmalig »fest gefügtes Rollenmodell« (Petko 2012, S. 175) zu verstehen; das Verhältnis ändert sich im Zeitverlauf dynamisch. Dies kann sogar innerhalb eines Hausbesuchs bei einer Familie geschehen (vgl. ebd.) und muss deshalb beständig reflektiert werden.

Interesse an der Familie und Nähe wird durch intensives Zuhören, differenziertes Nachfragen, Anteilnahme und Anerkennung der Familienhelfer*in hergestellt. Dies ermöglicht auch eine Entschärfung des häufig präsenten Kontrollaspekts. Durch das darauffolgende Anbieten von Deutungen, Anregungen oder Ratschlägen von Seiten der Familienhelfer*in werden Veränderungsimpulse angeregt. Dies schafft wiederum »professionelle Nähe« (ebd., S. 176) und angemessene Distanz. Diese bilden auch die Voraussetzung für eine vertrauensvolle Beziehung, in der jedoch auch ein sichtbarer »Überhang« der Fachkraft deutlich werden sollte (vgl. Frindt/Wolf 2004). Nur dieser »Überhang« ermöglicht es der Familie, Neues zu lernen und weitere Handlungsoptionen zu entfalten. Wenn die Fachkraft nur ›nett‹ ist, kann sie der Familie in keiner für sie relevanten Dimension etwas anbieten. Sie wird dann als handlungsunfähig und gewissermaßen hilflos erlebt. Es wird die Erfahrung bestätigt, eine Situation nicht verändern zu können. Neue Entwicklungen werden verhindert (vgl. ebd.). Allerdings müssen auch in der Gestaltung von Nähe und Distanz unter Berücksichtigung des professionellen Überhangs die Asymmetrie der helfenden Beziehung sowie der Machtverhältnisse zwischen Familienhelfer*in und Familie beständig mit reflektiert werden (ebd.).

Diese Reflexionen können auch fortlaufend systematisch durch eine regelgeleitete Befremdung der erlebten Praxissituationen hergestellt werden. Der Begriff der »Befremdung« wurde durch den Soziologen Fritz Schütze (1994) geprägt, der viele Jahre in der akademischen Lehre von Sozialarbeiter*innen tätig war. Er meint damit, dass die Lebens- und Sinnwelten der Familien den Fachkräften zunächst fremd sind. Allerdings sind den Familien auch die Fachsprache, die Lebens- und Berufswelt sowie die Sinnbezüge der Sozialarbeiter*innen unbekannt (vgl. Griesehop/Rätz/Völter 2012, S. 20 f.). Es begegnen sich also Menschen aus unterschiedlichen Lebenswelten. Auch die Problemsituation, die Ausgangspunkt der Hilfe ist, kann in der Regel erst nach und nach in ihrer Bedeutung entschlüsselt werden, da auch diese – so Schütze – den Beteiligten tendenziell fremd ist. »Fremd in mehrfachem Sinne: unbekannt, ungewohnt und sie wird oft auch von den Adressatinnen selbst als sich nicht zugehörig empfunden« (ebd.) Diese Fremdheit birgt zum Beginn der Hilfe die Chance, sehr genau beobachten zu können, was in der Familie geschieht und welche Bedeutung dies hat bzw. haben könnte. Daraus können dann wiederum Handlungsschritte entwickelt werden. Eine Gefahr besteht allerdings darin, bei zunehmender Vertrautheit bzw. Nähe, diese Distanz zu verlieren. Deshalb ist eine erneute systematische Befremdung wichtig. Diese kann folgendermaßen geübt werden.

> **Übung zur Befremdung der eigenen Praxis**
>
> Unterscheiden Sie zwischen Wahrnehmung, Interpretation inklusive (Be-)Wertungen und Gefühlen, die das Geschehen bei Ihnen auslöst! Diskutieren Sie, worin der Unterschied zwischen Wahrnehmung, Interpretation und Emotion besteht. Denken Sie auch über die unterschiedlichen Zeitebenen nach, bspw.: Wann fand ein Geschehen statt? Was haben Sie dabei beobachtet und gedacht? Was fällt Ihnen nachträglich dazu ein?
>
> Wenn Sie in einer Gruppe arbeiten, sprechen Sie nacheinander aus, was Sie in dem Raum, in dem Sie sich befinden, gerade sehen. Sagen Sie jeweils: »Ich nehme wahr …«, »Das wirkt auf mich …«
>
> Sie können diese Übung auch jederzeit in der Reflexion ihrer Wahrnehmungen in einer Familie anwenden. Arbeiten Sie immer mit diesen beiden Sätzen: »Ich nehme/nahm wahr …«, »Das wirkt(e) auf mich …« und reflektieren Sie anschließend auf welcher konkreten Wahrnehmung ihre Interpretationen/(Be-)Wertungen und/oder Gefühle basieren.
>
> Durch diese Übung lernen Sie systematisch Emotionen und/oder (Be-)Wertungen von den diesen zugrundeliegenden beobachteten Handlungen zu trennen. Dies ist deshalb wichtig, da Ihre Gefühle oder Wertungen auf der Basis Ihres eigenen Normensystems basieren und von Ihren eigenen lebensgeschichtlichen Erfahrungen geprägt sind. Diese können aber beim Verstehen einer konkreten Situation irreführend sein, da sie nicht den Sinn- und Bedeutungsgehalt der Familie treffen (vgl. Begriff der Fremdheit oben). Objektiv betrachtet sind vielfältige Deutungen (Hypothesen) auf der Grundlage eines beobachteten Faktums möglich. Welche Hypothesen sich als richtig erweisen, kann im jeweiligen Fortgang der Handlungen überprüft werden (vgl. Rosenthal 2015, S. 61 f.). Wichtig ist es deshalb, um einen Kontakt zur Familie zu gestalten, möglichst mehrere Hypothesen zu denken und mehrhypothetisch zu agieren (siehe auch Beobachtung in ▶ Kap. 5).
>
> Berücksichtigt werden muss, dass die*der Familienhelfer*in nicht nur teilnehmende Beobachter*in im Geschehen ist, sondern gleichzeitig handelnde Akteur*in. Allein deren Anwesenheit kann das Handeln und Verhalten der Familie beeinflussen. Deshalb bedarf es auch einer Reflexion des eigenen Handelns sowie der Beeinflussung des sozialen Felds. Hinzu kommt, dass die Familienmitglieder ihrerseits die Familienhelfer*in beobachten und Interaktionsangebote offerieren. Familienhelfer*innen setzen sich also einem »Geflecht von Interaktionen sowohl auf der Ebene des Austausches über Sprache und nonverbale Kommunikation als auch durch Handlungen« (Wolf 2015, S. 146) aus, in dem eine Balance zwischen »Inszenierung als professionelle Fachkraft und als Gast der Familie« (ebd.) gefunden werden muss.

3.9 Fall, Fallmanagement und Fallverstehen

Zur Aufgabenstellung der Sozialpädagogischen Familienhilfe gehört neben den vielfältigen kommunikativen Prozessen die Begründung des fachlichen Handelns. Wie in den vorherigen Ausführungen deutlich wurde, geschieht dies vor dem Hintergrund der Begegnung von Menschen in unterschiedlichen Rollen, vielfältiger sozialer Interaktionen, der Dynamik lebender Systeme, einer mehrperspektivischen Deutungsbasis sowie der Aushandlung und Beteiligung der Akteur*innen im jugendhilferechtlichen Dreiecksverhältnis. Dies sind die komplexen Bedingungen des Arbeitsfelds. Zur Begründung der professionellen Tätigkeit muss die Familie und das Hilfegeschehen als ›Fall‹ definiert werden. Wie in allen Professionssystemen findet diese Falldefinition zur Vergewisserung von Aufgaben und Rollen des fachlichen Handelns innerhalb von Institutionen sowie zur Legitimation der beruflichen Tätigkeit u. a. gegenüber der Gesellschaft statt und ist mit Erfolgserwartungen verbunden. Dabei stellt bereits die Definition des ›Falls‹ einen Teil der professionellen Tätigkeiten von Fachkräften dar (vgl. Müller 2012). Eine ›Falldefinition‹ bedeutet eine Reduktion komplexer Lebenslagen und Problemkonstellationen mit dem Fokus der Bearbeitung durch die Familienhilfe. Dies ist eine Konstruktion, die von den Fachkräften im Austausch und Dialog mit der Familie hergestellt wird und auch immer wieder überprüft werden muss. Die Klärung und Begrenzung des Gegenstands des professionellen Handelns, die Falldefinition, ist auch deshalb wichtig, um den sozialpädagogischen Zugriff auf Familien angemessen zu begrenzen (vgl. ebd.). Das übergreifende Ziel der Familienhilfe ist die Bewahrung bzw. Wiederherstellung von Autonomie. Der Sozialpädagoge Burkhard Müller arbeitete heraus, dass sich hierbei ethische Grundhaltungen und fachliche Qualifikationen ergänzen müssen. Dies bildet auch die Basis für die Begründung eines Arbeitsbündnisses.

Für die Definition des Falls bedarf es eines methodisch abgesicherten Vorgehens. Dieses wird auch Fallarbeit genannt. In der Fallarbeit können systematisch im Wesentlichen zwei Zugänge[15] unterschieden werden: Fallverstehen und Fallmanagement. Beide gehen von dem Respekt für bisherige Bewältigungs- und Lösungsstrategien der Familien, den vorhandenen Stärken und Ressourcen sowie den verfügbaren und aktivierbaren Eigenkräften, Lern- und Entwicklungsmöglichkeiten der Adressat*innen aus.

Beim Fallverstehen wird in einem ersten Schritt immer aus einer lebens- bzw. familiengeschichtlichen Perspektive nach der Entstehung oder Geschichte von Problemen bzw. Phänomenen gefragt. Daraufhin folgt ein erkenntnisgeleiteter Zugang, um das Problem zu verstehen, und zwar gleichberechtigt sowohl aus der subjektiven Perspektive der Adressat*innen als auch aus der Perspektive der Fachkräfte. Die Komplexität der Lebens- und Problemsituation wird also zunächst

---

15 Es existieren inzwischen vielfältige methodische Verfahren in der Sozialen Arbeit, die jedoch jeweils einem dieser Zugänge zugeordnet werden können. Deshalb wird auf diese allgemeine Systematisierung verwiesen und auf eine Vorstellung einzelner Methoden der Fallarbeit verzichtet.

entfaltet. Im nächsten Schritt finden Gewichtungen statt. Diese bilden die Grundlage für die Entscheidung konkreter Vorhaben und Ziele sowie für die nächsten Handlungsschritte. Es handelt sich um ein verstehend-prozesshaftes Handeln (vgl. Rätz 2018; Rätz/Bernsdorf 2010). Definierte Ziele können im Prozess der Hilfe konkretisiert oder modifiziert werden.

Beim Fallmanagement erfolgt methodisch bereits am Anfang eine Reduktion der komplexen Lebens- und Problemsituation durch vorab festgelegte Kriterien. Individuelle und/oder soziale Probleme werden systematisiert (z.B. in Kategorien, Klassifikationssystemen, mittels standardisierter Fragebögen, auch IT-gestützt). Dann erfolgt die Festlegung von Lösungen und Zielen. In einem dritten Schritt werden die Schritte zur Umsetzung abgeleitet (Operationalisierung). Im Fokus stehen die Entwicklung umsetzbarer Ziele, die Zielerreichung und deren Kontrolle. Dieses Vorgehen wird auch als strategisch-lösungsorientiert bezeichnet (vgl. ebd.)

Burkhard Müller (2012) hat in seinem vielbeachteten Buch »Sozialpädagogisches Können. Ein Lehrbuch zur multiperspektivischen Fallarbeit« diese beiden Zugänge integriert: Es geht darum, den ›Fall‹ zu verstehen und ihn professionell zu managen[16]. Er arbeitet drei Dimensionen professioneller Fallarbeit heraus: den »Fall von«, den »Fall für« und den »Fall mit« (ebd., S. 38ff.). Die Dimension »Fall von« umfasst die Frage: Um was für einen Fall handelt es sich? Dies verweist auf die Notwendigkeit von Fachwissen und professioneller Expertise der Sozialen Arbeit, u.a. den oben erwähnten »Überhang« der Fachkraft (Bezugsrahmen: Expert*-innenmodell). Die Dimension »Fall für« umfasst den Kontext (Bezugsrahmen: Netzwerk-, Ressourcenarbeit). Es wird die Frage gestellt: Für wen ist der Fall ein Fall? Dabei geht das über den Bezugsrahmen der Sozialen Arbeit hinaus. Entscheidend ist herauszufinden, was andere Instanzen, Professionen oder Unterstützungssysteme im betreffenden Fall leisten können (bspw. Ärzt*innen, Jurist*innen, Beratungsstellen oder auch Selbsthilfegruppen, Einrichtungen im Stadtteil). Die Familienhelfer*innen sollen nicht über das Expert*innenwissen anderer Professionen verfügen, sondern darum wissen und diese einbeziehen bzw. auf diese verweisen. Die Dimension des »Fall mit« macht deutlich, dass der ›Fall‹ gemeinsam mit den Betroffenen bearbeitet werden muss (Bezugsrahmen: Beziehungsarbeit). Er verweist auf die Notwendigkeit der Herstellung verlässlicher und vertrauensvoller

---

16 Je nach Fallsituation kann die Gewichtung in einem Fallverlauf jeweils unterschiedlich sein. Bspw. geht es in Krisensituationen um das Managen, das Ziel dabei ist die Lebens- und Handlungsfähigkeit wiederherzustellen, konkrete Handlungsschritte werden vereinbart. Nach dem Überwinden der akuten Krise geht es dann wiederum ums Fallverstehen, damit eine langfristige Stabilisierung erreicht werden kann. Das Fallmanagement erfährt allerdings seit dem Bestehen der aktivierenden Sozialpolitik mit Einführung der so genannten Hartz-IV-Gesetzgebung Konjunktur, in dem die Festlegung von Zielen und die Überprüfung der Zielerreichung einem linearen Ablaufschema unterworfen wird und die Kontrolle auch mit Sanktionen verbunden sein kann. Insgesamt birgt die Reduktion komplexer Lebens- und Problemsituationen anhand vordefinierter Kriterien die Gefahr, an den eigentlichen Themen, Bedürfnissen und Lernmöglichkeiten der Adressat*innen vorbeizugehen, sodass die Hilfe schließlich ihre intendierte Wirkung verfehlt. Wenn dies methodisch nicht reflektiert wird, können dadurch auch Schädigungen der Adressat*innen hervorgerufen werden.

Arbeitsbeziehungen, auf die Kompetenz, Gespräche zu führen und professionelle Beziehungen in der entsprechenden Nähe und Distanz zu realisieren. Es geht auch darum, die Perspektiven der Familienmitglieder anzuhören, nachzuvollziehen und realistische Schritte in der Umsetzung von Vorhaben und Zielen zu vereinbaren. Müller betont hier die ethische Dimension der Hilfe, die sich in einem anständigen menschlichen Umgang mit jedem Menschen in der Fallarbeit bewähren muss. Der »Fall mit« bezieht sich also auf den direkten Umgang mit den Familien und auf die Berücksichtigung der subjektiven Perspektive der Familienmitglieder. Dies wird auch ko-produktives Handeln im Hilfeprozess genannt.

Müller schlägt des Weiteren vor, jeweils zu fragen: »Wer hat welches Problem?«[17] (ebd., S. 117). So können die unterschiedlichen Problemdefinitionen aus der jeweiligen Perspektive erfasst werden.

Vor dem Hintergrund dieser Analyseebenen (Fall von, Fall für, Fall mit) folgt die Fallbearbeitung dann dem klassischen methodischen Dreischritt der Sozialen Arbeit (ebd., S. 68 ff., 100 ff.), bestehend aus Anamnese, Diagnose und Intervention, ergänzt um den vierten Schritt der Evaluation. Dieses strukturierte Vorgehen ist nicht als lineare Aufeinanderfolge einzelner Schritte zu verstehen, sondern als ein zirkulärer Prozess der Fallarbeit, in dem die drei Dimensionen (Fall von, für, mit) jeweils mitbedacht werden (ebd., S. 76). Er ist prozessorientiert angelegt.

1. *Anamnese:* Beschreibung von Phänomenen, Sammlung von Vorinformationen sowie Wiedererinnerung von vergessenen Zusammenhängen und zunächst Nicht-Erinnertem;
2. *Diagnose:* Problem- und Ursachenklärung, Auseinander- bzw. Durch-und-Durch-Erkennen mit Fokus auf die Frage: Was ist zu tun?;
3. *Intervention:* professionelle Angebote, Hilfen, Dienstleistungen im Sinne eines Dazwischen-Kommen bzw. -Treten zwischen Adressat*innen und ihre Probleme;
4. *Evaluation* als Auswertung oder Bewertung der Fallarbeit.

Besonders hilfreich und Orientierung gebend für die professionelle Tätigkeit sind die Arbeitsregeln, die Müller für die einzelnen Schritte ausführt.

Arbeitsregeln für die Anamnese (Müller 2012, S. 109 ff.; Zusammenstellung Biesel 2016)

1. Lerne einen Fall wie einen unbekannten Menschen kennen.
2. Nimm den Fall umsichtig und gewissenhaft wahr.
3. Gehe sensibel mit Hintergrundwissen um und hüte dich vor voreiligen Schlüssen.
4. Frage dich, welchen Zugang du zum Fall hast und stelle selbstverständliche Annahmen in Frage.

---

17 Also nicht zu fragen: »Was ist das Problem?« Denn: Auch die Problemdefinition ist eine Konstruktionsleistung, d. h. nicht unabhängig von den Beobachtenden.

5. Stelle dir immer wieder Fragen zum Fall (z. B.: Was weiß ich genau und was nicht? Woher und vom wem weiß ich das? Wie kam es zu dem, was ich weiß? Welche Geschichte gibt es noch dazu, welche sind denkbar?)
6. Stelle unterschiedliche Sichtweisen und Ebenen des Falls nebeneinander.
7. Sei dir darüber bewusst, dass die Anamnese nie vollständig ist und immer wieder von Neuem beginnt.

Arbeitsregeln für die soziale Diagnostik (Müller 2012, S. 124 ff.; Zusammenstellung Biesel 2016)

1. Kläre, was für die am Fall beteiligten Personen das jeweilige Problem ist.
2. Kläre, was für dich selbst das Problem ist.
3. Denke daran, dass Diagnosen vertrauensvolle Arbeitsbeziehungen erfordern, die auf Kontakt, Dialog und Verständigung beruhen.
4. Kläre, welche Rechte und Pflichten du im Fall hast, was deine Aufgabe und Funktion sind und welche Erwartungen du erfüllen bzw. nicht erfüllen kannst.
5. Kläre, wer über welche Mittel zur Lösung des Problems verfügt.
6. Überprüfe die möglichen Mittel auf unerwünschte Nebeneffekte (Prinzip der am wenigsten schädlichen Lösung).
7. Prüfe, ob es dringendere Dinge gibt, als sich der Problemlösung zu widmen.
8. Kläre, wer für den Fall weiterführend zuständig ist.
9. Kläre, welche Schritte und Ziele aus eigener Initiative und welche nur durch andere erreicht werden können.

Arbeitsregeln für die Intervention (Müller 2012, S. 147; Zusammenstellung Biesel 2016, Anpassung Regina Rätz)

1. Der Schutz von Betroffenen bspw. von in ihrem Wohl gefährdeten Kindern und Jugendlichen hat Vorrang, sollte aber nicht zu unbegründeten und überstürzten Interventionen führen. Die Legitimation von Eingriffen muss sich an strengen Kriterien messen lassen.
2. Sofern Eingriffe im Interesse bspw. von in ihrem Wohl gefährdeten Kindern und Jugendlichen angezeigt sind, dürfen diese nicht die Würde und Autonomie der davon Betroffenen in Frage stellen.
3. Denkbar legitime Eingriffe dienen der Abwehr unmittelbar drohender Gefahren.
4. Eingriffe sollten stets wohl überlegt und kriteriengestützt vorgenommen werden. Sie sollten nach Möglichkeit den Eingriffsanteil ihrer Intervention so klein wie möglich halten und auf den Prinzipien der Freiwilligkeit, Verhältnismäßigkeit und Subsidiarität beruhen.
5. Sofern unabweisbare Eingriffe bspw. zum Schutz des Kindes erforderlich sind, sollten folgende reflexive Fragen einer Beantwortung zugeführt werden, um den Eingriff zu begrenzen: Was ist zu tun? Was ist am vordringlichsten?

> Was schafft Entlastungen? Was schafft Gelegenheiten für gemeinsames Handeln?

Durch die formulierten Arbeitsregeln wird deutlich, wie wichtig es in der Fallarbeit ist, die professionellen Handlungen und Einschätzungen im Arbeitsprozess beständig zu reflektieren, zu relativieren und ethisch zu begründen.

3.10 Weitere professionelle Aufgaben: Clearing und Krisenintervention

Clearing: Stellen Familien mit komplexen Problemlagen einen Antrag auf Hilfen zur Erziehung oder stagniert eine Hilfe aus zunächst nicht ersichtlichen Gründen, kann es notwendig werden, mit Hilfe eines Clearingprozesses die Definition des ›Falls‹ zu erarbeiten. Clearing steht dabei in der Praxis für Klärung oder Bestandsaufnahme. Mit Hilfe unterschiedlicher diagnostischer Methoden (Genogramm, Soziogramm, Netzwerkkarte, sozialpädagogische Familiendiagnostik, Ressourcenkarte; ▶ Kap. 5) wird basierend auf der Zusammenarbeit mit der Familie eine aktuelle Beschreibung der Lebenssituation erarbeitet. Ziel ist die Fokussierung und Differenzierung von Problemlagen des Familiensystems, um möglichst passgenaue Hilfeangebote entwickeln zu können. Damit Problemlagen während des Clearingprozesses nicht eskalieren, können auch Interventionen erforderlich sein, die Ressourcen der Familie in der Zusammenarbeit mit professionellen Helfer*innen erkennen lassen. Der zeitliche Umfang eines Clearings richtet sich nach der Familienkonstellation und dem Auftrag, der erfüllt werden soll. In der Regel umfasst der Clearingzeitraum bis zu drei Monaten. Die*der Familienhelfer*in wird beauftragt, das Clearing in Zusammenarbeit mit der Familie zu realisieren und ein Ergebnis zu erarbeiten.

Krisen sind im Grunde nichts Ungewöhnliches. Ihr Auftreten und ihre Bewältigung gehören selbstverständlich zum Alltag von Familien, entwicklungsbedingte Krisen von Kindern und Jugendlichen zum Prozess des Erwachsenwerdens dazu. Krisen in Familien können auch aus deren Lebensverhältnissen und -bedingungen heraus entstehen. Etliche Krisen werden von den Betroffenen gut bewältigt. Manchmal jedoch bedarf es professioneller Unterstützung bei ihrer Überwindung. Von einer Krise wird in der Fachliteratur gesprochen, wenn eine Diskrepanz zwischen äußeren Faktoren (wie bspw. Anforderungen, plötzliche Ereignisse wie Krankheit oder Tod eines Familienmitglieds, chronische Unterversorgungslagen, anhaltende Paarkonflikte oder Erziehungsschwierigkeiten) und den Bewältigungskompetenzen und Ressourcen der Betroffenen entsteht. Die Situation wird subjektiv als belastend empfunden; die Handlungsfähigkeit der Betroffenen geht schrittweise verloren. Sie kann sich auch in einer Abwehr oder dem Verdrängen bzw. in Ersatzhandlungen zeigen. Obwohl die Situation nach Lösungen verlangt, kann diese mit den bisher verfügbaren Möglichkeiten der Problemlösung oder einer Anpassung nicht bewältigt werden. Krisen können deshalb auch als bedrohlich erlebt werden, sind mit Verlusten oder Kränkungen verbunden, stellen bisherige Werte, Sicherheiten und Ziele in Frage, erzeugen Angst und Hilflosigkeit und verlangen nach einer raschen Entscheidung. Die Folge ist eine Destabilisierung der innerpsychischen und sozialen Ebenen. Die Bewältigung der Krise wird auch als Coping bezeichnet. Hier geht es darum, durch zielgerichtetes Handeln eine Krise zu überwinden und zu verarbeiten, indem die persönlichen und sozialen Ressourcen sowie soziale Unterstützung aus der Umwelt aktiviert und genutzt werden. Krisen können Höhe- und Wendepunkt einer gefährlichen oder gefährdenden Entwicklung darstellen. Sie beinhalten auch die Chance, durch deren Bewältigung zu lernen und gestärkt aus der Krise hervorzugehen[18].

Für die Krisenintervention gilt:

- Sie muss rasch und flexibel erfolgen können,
- sie konzentriert sich auf die aktuelle Problemlage (thematische Eingrenzung),
- sie ist zeitlich begrenzt,
- sie erfordert eine aktive und direkte, jedoch nicht unbedingt therapeutische Haltung,
- sie wird häufig von interdisziplinären Teams bzw. Akteur*innen geleistet,
- sie beinhaltet auch Maßnahmen im sozialen Umfeld.

Ziel der Krisenintervention ist die Überwindung der unmittelbaren Krise und die Wiederherstellung der Handlungsfähigkeit der Betroffenen. Ein Verlust von Autonomie wird nur temporär bis zur Auflösung der Krise akzeptiert.

Wichtig bei der Krisenintervention sind die Herstellung von Vertrauen, Einfühlungsvermögen, Zuneigung, Rückmeldungen über die Angemessenheit des Handelns der Betroffenen, Rückversicherung über die Interventionserlaubnis von Seiten der Betroffenen, ganz praktische Hilfemaßnahmen und Ratschläge.

Empfohlen werden nachfolgende methodische Phasen, die jedoch nicht schematisch verstanden werden sollen, sondern auf den jeweiligen Einzelfall angepasst werden müssen:

- Kontakt herstellen/Aufbau einer Beziehung,
- Problemanalyse → Situationsanalyse → Coping – Analyse,
- Problemdefinition,
- Zieldefinition,
- Problembearbeitung → Coping – Modifikation,
- Abschluss/Re-Evaluation/Evaluation.

Dieser Ablauf soll einen Handlungsrahmen und Orientierung herstellen. Zu berücksichtigen ist, dass jede Krise und Krisenintervention individuell verläuft (vgl. Fachgruppe Inobhutnahme AKI 2009).

---

18 Das zeigt sich allerdings bei chronischen Krisen als weit komplizierter.

> **Eine Blick in die Geschichte**
>
> »Friendly Visiting« als Form karitativer Hausbesuche bei Familien mit Unterstützungsbedarf wurde 1852 in England eingeführt. Ehrenamtliche Hausbesucherinnen (das waren zumeist Frauen) berieten arme Familien bei sozialen Schwierigkeiten und unterstützten sie durch Netzwerkarbeit und Beratung und Begleitung im Umgang mit Institutionen (etwa beim Bildungsweg, der Arbeitssuche oder gesundheitlichen Problemen von Müttern und Kindern), darüber hinaus auch durch praktische Unterstützung bei der Haushaltsführung und Erziehung. 1877 wurde die erste Charity Organisation Society (COS) in England gegründet mit dem Ziel, armen Familien systematisch Hilfen mit einem ambulanten Ansatz zu vermitteln. Die Grundzüge heutiger Einzelfallhilfe wurden von Mary Richmond (1899/1907) entwickelt, die ab 1889 Geschäftsführerin der COS in Baltimore in den USA wurde (Müller 2006, S. 22 ff.). In Deutschland entwickelte Maria Baum ihr Konzept der Familienfürsorge während des Ersten Weltkriegs (ebd., S. 85 ff.). Sie kritisierte schon damals die Zersplitterung und mangelnde Effektivität der unterschiedlichen Angebote der Armenhilfe und schlug vor, alle familienbezogenen Hilfen in ein einheitliches Angebot zusammenzufassen.

3.11 Formale Handlungsschritte beim Beginn einer Sozialpädagogischen Familienhilfe – Falleingangsphase

Damit eine Sozialpädagogische Familienhilfe beginnen kann, müssen in der so genannten Falleingangsphase[19] eine Reihe gesetzlich vorgeschriebener Prozessschritte nach dem SGB VIII mit den jeweiligen administrativen Konkretisierungen abgearbeitet werden. Denn Fallarbeit beinhaltet in der Jugendhilfe nicht nur die Entwicklung und Gestaltung eines koproduktiven Problemlösungsprozesses zwischen professionellen Fachkräften und den Eltern und Kindern resp. Jugendlichen, sondern auch die Einhaltung der formalen Handlungsschritte, die die Jugendhilfeorganisationen vorsehen. Diese Organisationsroutinen werden im jugendhilferechtlichen Dreieck aus dem Träger der öffentlichen Kinder- und Jugendhilfe (Jugendamt), dem durchführenden freien Träger der Kinder- und Jugendhilfe und den beteiligten Familien gemeinsam vollzogen. Die Durchführung der Sozialpädagogischen Familienhilfe kann einem Träger der freien wie auch der öffentlichen Kinder- und Jugendhilfe übertragen werden (▶ Kap. 10; ▶ Kap. 11).

---

19 Dieser Begriff hat seinen Ursprung in Ansätzen des Management und wurde in das administrative Handeln der Kinder- und Jugendhilfe übernommen.

3.11 Formale Handlungsschritte beim Beginn einer Sozialpädagogischen Familienhilfe ▪ ■

Die folgende Grafik stellt den Ablauf der formalen und organisatorischen Handlungsschritte beim Beginn einer Sozialpädagogischen Familienhilfe dar, die damit in die Logik einer Administration gebracht werden (▶ Abb. 1). Das Ergebnis ist eine Ablaufroutine, d. h. eine die Komplexität von Lebenswelt reduzierende Darstellung. Die hierfür erforderliche Konstruktionsleistung ist vor allem Aufgabe der sozialpädagogischen Fachkräfte im ASD des Jugendamts (idealerweise unter Einbeziehung der anderen Akteur*innen), da diese innerhalb der Behörde federführend zuständig ist.

Beim ›Falleingang‹ stellen sich die Bedarfe und Problemlagen der Familien oft uneindeutig und diffus dar. Selbst wenn vielfältige Akteninformationen zur Vorgeschichte vorliegen, fällt es den Fachkräften zu Beginn einer Hilfe oft schwer, einen Hilfeansatz zu finden, mit dem die Familien einverstanden sind und den sie umsetzen können. Häufig geben Beteiligte widersprüchliche Auskünfte oder bewerten Probleme unterschiedlich. Das gilt besonders für zugespitzte Krisen und konflikthafte Problemlagen. Wenn dem Einsatz der Sozialpädagogischen Familienhilfe eine längere Hilfegeschichte vorausgeht, kann auch die Vielfalt unterschiedlicher professioneller Einschätzungen, Diagnosen und Gutachten zu Irritationen führen.

Die Diffusität der Ausgangssituation ist typisch für die Profession Soziale Arbeit, ebenso dass sich Interventionsanlässe dynamisch entwickeln. Nicht selten bestehen viele Interpretationsmöglichkeiten, denen mit Offenheit und kritischer Reflexivität begegnet werden muss. Müller zeigt am scheinbar eindeutigen Beispiel »der 13-jährigen Sabine, die nachts um 1:00 Uhr am Bahnhof von der Polizei aufgegriffen wird und behauptet, von ihrem Vater geschlagen zu werden« (Müller 2004, S. 58), dass der Sachverhalt sehr unterschiedlich gedeutet werden kann: Als eine unkritische jugendliche Eskapade, als früher Hinweis auf eine psychische Störung, als Flucht aus einer zerrütteten Familie und Fall von Kindeswohlgefährdung, als Begleiterscheinung einer Schulpflichtverletzung, als Reaktion auf Missbrauch oder Misshandlung oder als erster Schritt des Abrutschens in die Drogensucht oder ins Rotlichtmilieu. Je nach Schlussfolgerung ergeben sich für die Kinder- und Jugendhilfe unterschiedliche, sogar gegensätzliche Konsequenzen. Die Falleingangsphase beinhaltet daher nicht nur die Aushandlung zwischen den professionellen Fachkräften und den Familienmitgliedern darüber, ob und welche Hilfe eingesetzt werden soll, sondern auch, welche Problem- und Aufgabenstellungen zu bearbeiten sind. Aushandlung ist dabei das wesentliche methodische Instrument der Hilfeplanung: Sie beinhaltet die Verständigung zwischen den Beteiligten im Hilfeplanverfahren – den Eltern, den Kindern bzw. Jugendlichen, den zuständigen Fachkräften des Trägers der öffentlichen Kinder- und Jugendhilfe (ASD) und den zuständigen Fachkräften des mit der Familienhilfe beauftragten Trägers der freien Jugendhilfe – über die Art der Hilfe und deren Umsetzung.

> »Aushandeln heißt, dass keine ... dieser Gruppen das Recht hat von vornherein alleine über eine [für] den Hilfeprozess relevante Frage zu bestimmen, sondern dass alle oder zumindest möglichst viele Entscheidungen im Verlauf eines kommunikativen Abstimmungsprozesses zwischen den involvierten Parteien stattfinden sollen. Dieser soll so gestaltet werden, dass sich alle daran beteiligen können[,] alle ihre Argumente offenlegen[,] das Für und Wider bestimmter Argumente oder Optionen ausgetauscht und erwogen wird,

sich die anfänglich eingenommenen Positionen und Meinungen verändern (können) und man zu einvernehmlichen Lösungen kommt« (Schwabe 2019, S. 278).

Das Aushandlungsprinzip der Hilfeplanung gilt in der Sozialen Arbeit als wesentlicher fachlicher und methodischer Standard, der Kooperation, Transparenz und Partizipation bei der Umsetzung der Hilfen garantiert. Es wurde mit der Hilfeplanung nach § 36 SGB VIII im Kinder- und Jugendhilfegesetz verankert.

Wenn die Situation sich nicht klären lässt, muss der ASD unter Umständen eine geeignete Stelle mit einer Clearingmaßnahme (siehe oben in diesem Kapitel) oder

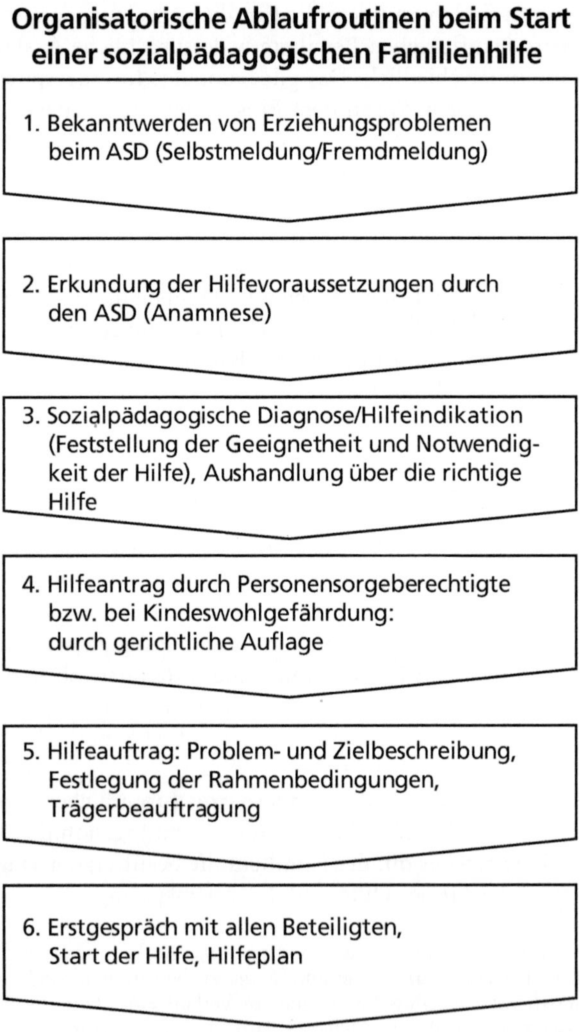

Organisatorische Ablaufroutinen beim Start einer sozialpädagogischen Familienhilfe

1. Bekanntwerden von Erziehungsproblemen beim ASD (Selbstmeldung/Fremdmeldung)

2. Erkundung der Hilfevoraussetzungen durch den ASD (Anamnese)

3. Sozialpädagogische Diagnose/Hilfeindikation (Feststellung der Geeignetheit und Notwendigkeit der Hilfe), Aushandlung über die richtige Hilfe

4. Hilfeantrag durch Personensorgeberechtigte bzw. bei Kindeswohlgefährdung: durch gerichtliche Auflage

5. Hilfeauftrag: Problem- und Zielbeschreibung, Festlegung der Rahmenbedingungen, Trägerbeauftragung

6. Erstgespräch mit allen Beteiligten, Start der Hilfe, Hilfeplan

Abb. 1: Falleingangsphase – Ablauf zu Beginn einer Sozialpädagogischen Familienhilfe (eigene Darstellung)

einer sozialpädagogischen Diagnose[20] (▶ Kap. 5) beauftragen, bevor die Entscheidung über die richtige Hilfe getroffen wird.

3.12 Unsicherheiten, Probleme und Herausforderungen beim Falleingang

Zu Beginn einer Sozialpädagogischen Familienhilfe wird vom Ersteindruck und von emotionalen Variablen wie Sympathie (Fröhlich-Gildhoff/Engel/Rönnau 2006, S. 135 ff.) mitbestimmt, ob Familien mit einer Familienhilfe einverstanden sind. Doch dass sozialpädagogische Fachkräfte als helfende Professionelle über längere Zeit akzeptiert werden, sie als Gesprächspartner*innen ernst genommen und ihre Vorschläge angehört und umgesetzt werden, hängt weniger vom Ersteindruck ab, sondern vielmehr davon, ob sich auf Dauer eine kooperative Haltung und Zusammenarbeit erarbeiten lässt und praktisch bewährt.

In ihrer Studie über Familien in New York, deren Kinder aus der Familie genommen und in Pflegefamilien untergebracht worden waren, fand Altman heraus, dass für das Zustandekommen eines kooperativen Hilfeprozesses das Entstehen von »Engagement« als Sich-Einlassen auf einen einvernehmlichen Interaktionsprozess zwischen den Eltern und den für sie zuständigen Fachkräften entscheidend war (vgl. Altman 2008). Das Gelingen von Arbeitsbündnissen in den äußerst schwierigen und unfreiwilligen Settings der Fremdunterbringung beruhte auf einer ähnlich stark empfundenen Dringlichkeit des subjektiven Handlungsdrucks beider Seiten – »urgency«. Altman zitierte aus qualitativen Interviews mit Eltern, die kritisierten: »She doesn't feel the urgency I feel« (ebd., S. 53). Als förderlich für die fallbezogene Kooperation und damit auch für den Hilfeerfolg erwies sich vor allem eine ähnliche Motivation und Bereitschaft, sich praktisch für gemeinsame Ziele zu engagieren.

Insbesondere zu Beginn einer Familienhilfe können Unsicherheiten und Hemmnisse für eine tragfähige Zusammenarbeit entstehen. Es gibt viele Gründe, warum Familien Hilfeangebote des Jugendamts eher mit negativen Assoziationen und Befürchtungen verbinden und daher einer Jugendhilfemaßnahme ablehnend und ihr misstrauisch begegnen. In den folgenden Abschnitten werden einige Probleme aufgelistet, die vor allem am Anfang einer Sozialpädagogischen Familienhilfe auftreten können.

---

20 Infolge einer kontroversen Fachdiskussion über sozialpädagogische Diagnostik und diagnostisches Fallverstehen (vgl. Peters 2002; Heiner 2004; Krumenacker 2004; Schrapper 2004; Bruns u. a. 2005) wurden um 2000 herum spezialisierte Diagnosemethoden und -dienste entwickelt, z. B. die Familiendiagnosedienste FiM oder FAKT, Ansätze für die Diagnostik nach § 35a SGB VIII oder weitere Clearingangebote bei diffusen Fragestellungen.

3.12.1 Eine problematische oder konflikthafte Vor- oder Hilfegeschichte

Wenn die eingesetzte Familienhelfer*in als Person nicht akzeptiert wird, können Gründe dafür in einer problematischen Fallvorgeschichte zu finden sein, z. B. können Konflikte mit dem ASD und eine mangelnde Beteiligung der Familie im Vorfeld zu einer Ablehnung einer neuen Familienhelfer*in durch die betroffene Familie führen (vgl. Reichmann 2018). Entmutigende Frustrationserfahrungen im Umgang mit dem Jugendamt und ungeklärte Kontroversen können den Hilfestart und die Kooperation belasten, auch wenn die eingesetzte Familienhelfer*in bei den Konflikten im Vorfeld nicht beteiligt war.

Im Erstgespräch sollte ausdrücklich abgefragt werden, ob Vorbehalte bestehen und wodurch sie begründet sind. Wurden negative Vorerfahrungen gemacht oder bestehen unterschwellige Konflikte, sollten diese möglichst geklärt werden, bevor eine neue Hilfe startet, oder diese als Belastung benannt werden. Primär soll die Perspektive der Eltern und Kinder verstehend nachvollzogen und gemeinsam überlegt werden, durch welche Vorgehensweisen Vorbehalte ausgeräumt werden können. Bei starkem Misstrauen kann die Vereinbarung eines begrenzten Probezeitraums für die Familienhilfe vereinbart werden.

3.12.2 Misstrauen durch Fremdmeldung oder Zwangskontext

Werden dem Jugendamt Schwierigkeiten einer Familie durch Fremdmeldung mitgeteilt oder wird eine Jugendhilfemaßnahme als gerichtliche Auflage angeordnet, besteht trotz massiver Problembelastungen oft keine Zustimmung zum Hilfeangebot von Seiten der Eltern und Kinder bzw. Jugendlichen. Ablehnung, Misstrauen und mangelnde Akzeptanz erschweren das Entstehen eines vertrauensvollen Arbeitsbündnisses, weil die betroffene Familie die Problemwahrnehmung nicht teilt oder nur aus strategischen Gründen kooperiert.

Familienhilfe als Instrument der Kinder- und Jugendhilfe kann, wie oben bereits als Strukturbedingung benannt, als störender und bevormundender staatlicher Eingriff des Jugendamts in die Privatsphäre und die Freiheitsrechte von Eltern wahrgenommen werden. Haben staatliche Behörden, Kindertagesstätten oder Schulen das Jugendamt auf Probleme bei der Kindererziehung hingewiesen, gehen Eltern möglicherweise nicht aus Einsicht auf ein Unterstützungsangebot des Jugendamts ein, sondern weil sie weitere öffentliche Aufmerksamkeit oder gar Sanktionen vermeiden wollen. Mit einer Familie ein Arbeitsbündnis zu erarbeiten ist viel schwieriger, wenn die Hilfe nicht aus eigener Initiative zustande gekommen ist, als wenn dies von der Familie gewollt ist.

> **Fallbeispiel: Familie D.**
>
> Im oben dargestellten Beispielfall der Familie D. (S. 47) war der Kontakt zwischen Jugendamt und Familie auf Anregung einer Lehrerin zustande gekom-

men. Die sozialpädagogische Familienhelferin führte das Zögern und die Verschlossenheit von Frau D. beim ersten Hausbesuch und Kevins Ablehnung auf diese Fremdmeldung zurück. Es stellte sich jedoch bei den weiteren Treffen heraus, dass die Scheidung von Kevins Eltern hochstreitig verlief. Daher befürchtete Frau D., dass die Familienhilfe die Entscheidung des Gerichts über das Sorgerecht negativ beeinflussen könnte. Dies war der Hintergrund ihrer ambivalenten Handlungen.

Entsteht die Familienhilfe aus einem so genannten Zwangskontext heraus, müssen die zur Hilfe zugehörigen Kontrollaufgaben und die Verpflichtung zur Weitergabe von Informationen zwischen den Beteiligten besonders eindeutig geklärt und eingegrenzt werden. ASD und Familienhilfe müssen nachvollziehbar darstellen, aus welchem Grund und zu welchem Zweck die Familienhilfe eingerichtet wird und welche Bereiche des Alltagslebens der Familie davon nicht betroffen sind. Bei gerichtlichen Verfahren haben Sozialarbeiter*innen kein Aussageverweigerungsrecht. Deshalb ist es möglich, dass Fachkräfte der Jugendhilfe vor Gericht gezwungen sind, auch Informationen mitzuteilen, für die keine Schweigepflichtentbindung der Familie vorliegt. Sie können die Aussage verweigern und sich dafür persönlich verantworten. Dies kann aber mit der Verhängung einer Ordnungsstrafe und weiteren Vorladungen einhergehen.

In der Falleingangsphase der Familienhilfe muss der ASD bei Fremdmeldungen genau klären, wie zuverlässig die gemeldeten Informationen sind. Gerade in unübersichtlichen Streitsituationen können gegensätzliche Interessenlagen dazu führen, dass Informationen Dritter überschätzt oder für ›bare Münze‹ genommen werden. Auch Informationen von professionellen Fachkräften und Akteninformationen müssen kritisch überprüft werden, um Fehlindikationen auszuschließen.

3.12.3 Widersprüchliche Informationen, unterschiedliche Problemwahrnehmungen

Zu Beginn einer Hilfe kann ein Problem darin bestehen, dass zu viele und widersprüchliche Informationen vorliegen, deren Wahrheitsgehalt nicht eingeschätzt werden kann. So können innerhalb der Familie oder im familiären Umfeld verschiedene Problemwahrnehmungen bestehen, so dass man sich auch nicht auf ein einheitliches Vorgehen einigen kann oder einseitige Schuldzuschreibungen zwischen den Familienmitgliedern geäußert werden. Auch zwischen dem Jugendamt und der Familie können Kontroversen entstehen. Ebenso sind Konflikte zwischen professionellen Fachkräften über das richtige Vorgehen möglich (vgl. Reichmann 2018).

Für Konflikte in der Hilfeplanung schlägt Schwabe (2019, S. 285) die Aushandlungsstrategien des Vermittelns, des Verhandelns oder des Durchsetzens vor: Bei Auseinandersetzungen zwischen betroffenen Familienmitgliedern wird dabei zwischen unterschiedlichen Positionen möglichst sach- und verständigungsorientiert vermittelt, so dass eine einvernehmliche Lösung entsteht. Vertreten Fachkräfte eigene Positionen, so verhandeln sie mit den Adressat*innen der Hilfe darüber, unterstützen sie aber auch dabei, ihre eigenen Meinungen zu vertreten und eine gemeinsame Linie zu entwickeln. Beim Durchsetzen – z. B. bei einer Gefährdungslage – setzen Fachkräfte ihre professionelle Rolle und institutionelle Macht ein, um ein bestimmtes Vorgehen zu erzwingen, auch wenn Eltern oder Kinder nicht damit einverstanden sind. Auch in diesen Situationen ist die zwischenmenschliche Beziehung als eine tragende Basis entscheidend, die durchgängig von den Fachkräften als die Betroffenen akzeptierend und wertschätzend zu gestalten ist. Die Durchsetzung kann allerdings nur temporär ein Mittel sein, für einen langfristigen Erfolg der Hilfe wird das Mithandeln der Familie im weiteren Prozess angestrebt und ist auch erforderlich.

Ideen zu Widersprüchen und kontroversen Problemwahrnehmungen, die die Kooperation oder gar den Maßnahmebeginn behindern, können in der Supervision und im Team entwickelt werden. Bei diffusen und komplexen Problemlagen zu Beginn der Familienhilfe wird die Erarbeitung einer gemeinsamen Problembeschreibung als Teil der Kennenlernphase in den Auftrag der Familienhilfe aufgenommen. Bei sozialpädagogischen Problematiken ist die reflektierende Durchdringung von Erziehungsschwierigkeiten von der praktischen Bearbeitung nicht zu trennen. Häufig kann erst mit dem Fortschreiten des Hilfeprozesses in der Familienhilfe ein Verständnis der Beteiligten für ihre Schwierigkeiten erarbeitet werden. In diesen Fällen kann zu Beginn der Familienhilfe ein vorläufiger Auftrag formuliert werden, der im Laufe der Hilfe immer stärker konkretisiert wird.

3.12.4 Eskalierte Krisen, sachzwangdominierte Situation

Wenn die Entscheidung zu einer Jugendhilfemaßnahme wie der Sozialpädagogischen Familienhilfe getroffen wird, ist die Situation in der Familie manchmal aufgrund einer akuten Krisensituation sehr zugespitzt. Die Familienmitglieder, andere Beteiligte oder der ASD drängen auf eine schnelle Problemlösung. Die Situation erscheint unaushaltbar, externe Parteien können Druck ausüben und Sanktionen androhen: Das kann ein Vermieter sein, der angesichts des desolaten Wohnungszustands mit Kündigung droht, eine Lehrerin, die einen Schulverweis ankündigt oder der getrenntlebende Ehepartner, der das Sorgerecht anfechten will.

Aufgrund der häufig massiven Problemlagen kann ein zu großer Lösungsstress eine genaue Problemanalyse verhindern und zu Fehlentscheidungen und nachhaltigen Negativwirkungen für den Hilfeprozess führen. Bei erheblichen Belastungen in der Familie sollte mit kurzfristigen Maßnahmen eine schnelle Entlastung der akuten Krise geschaffen werden (siehe Handlungsschritte oben in diesem Kapitel), bspw.: Eine Haushaltshilfe hilft, ›klar Schiff‹ zu machen, ein Klärungsgespräch verhindert den Schulverweis und in Absprache mit dem Familiengericht wird ein sinnvolles Verfahren zur mittelfristigen Klärung der Sorgerechtsfrage verabredet, bei dem alle Parteien zu Wort kommen. Damit wird erst die Ausgangslage geschaffen, um die Grundproblematiken, die zur familiären Krise geführt haben, stufenweise und methodisch langfristig anzugehen.

3.12.5 Unklarer Auftrag, problematische Indikation oder kritische Rahmenbedingungen der Familienhilfe

Schwierigkeiten zu Beginn der Familienhilfe können nicht nur auf Seiten der Familie oder auf Seiten Dritter bestehen, sondern auch eine problematische Hilfekonstellation und ungeeignete Rahmenbedingungen können dazu beitragen. Die Entkopplung vom Alltag der Familien und eine Zielorientierung an betriebswirtschaftlichen und administrativen Vorgaben können dazu führen, dass die Rahmenbedingungen und die Ziele der Hilfeplanung unrealistisch festgelegt werden. Auch unterschiedliche Interessenlagen zwischen öffentlichem und freiem Träger der Jugendhilfe, diffus formulierte Auftragslagen oder ›falsche Versprechungen‹ durch zu hohen Handlungsdruck können dazu führen, dass bspw. umfassende Hilfeziele durch einen zu eingeschränkten Stundenrahmen konterkariert werden. Die im Hilfeplan festgelegten Ziele und Aufgaben müssen auf der Basis des vorhandenen professionellen Wissens zu den Rahmenbedingungen der Hilfe, der Erfahrung und Fachkompetenz der eingesetzten Familienhelfer*in und dem festgelegten Zeithorizont passen. Auch eine überzogene Dominanz des ASD, das Ausheben der Beteiligungsrechte der Familie – vor allem der Kinder – und die Funktionalisierung der Familienhilfe als Agent des Jugendamts in der Familie stellen den Erfolg der Hilfe in Frage (Beispiele in Reichmann 2018).

3.13 Zeit nehmen

Auch wenn viele Problemlagen auf Lösung drängen, ist es beim Start einer Familienhilfe wichtig, dass sich die Beteiligten ausreichend Zeit nehmen, die Rahmenbedingungen der Hilfe, die Rollen der Beteiligten, die Rechte und Verpflichtungen zu klären.

An vielen Orten der Praxis ist es inzwischen Standard, dass Familienhilfe im Co-Team, also von zwei Fachkräften, durchgeführt wird, um wechselseitig zu reflektieren, Fehlerquellen zu verringern und Kontinuität auch bei Verhinderung einer Fachkraft zu gewährleisten.

3.14 Formaler Check zum Überblick am Hilfebeginn

Als Handreichung folgt eine Auflistung, in der wichtige Fragestellungen, die sich am Beginn einer ambulanten Sozialpädagogischen Familienhilfe stellen, fallbezogen beantwortet werden können. Dieser ›Check‹ ermöglicht einen Überblick über

Fakten in der Familie zu erhalten, die in der Familienhilfe beachtet werden müssen. Er ersetzt nicht die Herstellung eines zwischenmenschlichen Kontaktes und den Aufbau einer Arbeitsbeziehung (vgl. oben in diesem Kapitel).

Die nachfolgenden Fragen können an den ASD, andere professionelle Beteiligte oder an das Aktenmaterial gerichtet werden (Reichmann 2022; ▶ Tab. 1). Sie sollten in den Vorbereitungsgesprächen zu Beginn einer Familienhilfe geklärt werden. Fehlende formale Voraussetzungen, wie bspw. das Vorliegen einer ›Schweigepflichtentbindung‹ oder Wissenslücken sollten in der Anfangsphase nachgeholt bzw. gefüllt werden. Die Fragen gilt es in einem weiteren Schritt, von der Familie beantworten zu lassen. Dabei können unterschiedliche Perspektiven in den Sichtweisen der Fachkräfte und der Familie sowie innerhalb der Familie auftreten, die wiederum zum Gegenstand der sozialpädagogischen Fallarbeit werden (siehe oben in diesem Kapitel zum multiperspektivischen Fallverstehen nach Burkhard Müller 2012).

Tab. 1: Checkliste zu Beginn der Sozialpädagogischen Familienhilfe

Formale Klärungen	
Datenschutz, Informationsverarbeitung, Berichte, Zeitplanung	Welche Informationen werden an wen weitergegeben? Liegen Schweigepflichtentbindungen vor? Welche anderen Stellen werden einbezogen? Welche Berichtspflicht ist mit der Familienhilfe verbunden? Wann werden Entwicklungs- und Hilfeberichte erstellt und vorgelegt? Welche Anforderungen und Standards sind vorgegeben?
Sorgerecht, familiengerichtliche Regelungen	Welche sorgerechtlichen Regelungen bestehen in der Familie? Bei getrennten Eltern: Welche Absprachen bestehen zum gewöhnlichen Aufenthalt und zum Umgang der Kinder? Bestehen Konflikte? Welche Familienmitglieder werden in die Familienhilfe einbezogen?
Kinderschutz	Liegen Hinweise auf eine mögliche Nicht-Gewährleistung des Kindeswohls oder eine Kindeswohlgefährdung vor? Oder auf eine entsprechende Vorgeschichte? Bestehen gerichtliche Auflagen oder Kontrollaufgaben für die Familienhilfe? Welche? Wie wird der Kontakt zwischen Familienhilfe und ASD umgesetzt? Welche Eingriffsschwelle wird festgelegt? Welches Vorgehen wird umgesetzt, wenn Kinder vernachlässigt, geschlagen und misshandelt werden und die familiäre Situation sehr problematisch ist? Wie ist die Sicherheit der Kinder außerhalb der Dienstzeiten der Familienhilfe gewährleistet? Besteht eine Rufbereitschaft?
Persönliche Risiken, Bedrohungen, Kriminalität	Sind persönliche Risiken für die Familienhelfer*in aufgrund der Informationen über die Familie möglich? Sind Schutzvorkehrungen (Sperrung der Privatadresse im Telefonbuch und im Melderegister usw.) für die Fachkraft der Familienhilfe bei der Betreuung der Familie notwendig?
Materielle Grundlagen	Ist das Einkommen der Familie gesichert? Wodurch? Sind Antragstellungen auf Sozialleistungen, Wohngeld etc. notwendig? (▶ Kap. 7)

3.14 Formaler Check zum Überblick am Hilfebeginn

Tab. 1: Checkliste zu Beginn der Sozialpädagogischen Familienhilfe – Fortsetzung

Betreuung der Kinder	Besuchen die Kinder eine Kindertageseinrichtung bzw. die Schule? Wann sind die Arbeitszeiten der Eltern? Gibt es »Lücken« in der Betreuung der Kinder durch die Eltern bzw. andere Erziehungsberechtigte?
Hilfeplanung	Wie häufig und unter welchen Bedingungen finden Hilfeplangespräche statt? Wie und wann werden die Hilfeplangespräche zwischen ASD und Familienhilfe vorbereitet? Wie oft findet der Kontakt zum Jugendamt/ASD statt?
Biografische Vorgeschichte und Hilfegeschichte	
Biografische Vorgeschichte	Welche biografischen Belastungen der Familienmitglieder und welche Bewältigungshandlungen, die für die Sozialpädagogische Familienhilfe relevant sind, sind bekannt?
Hilfegeschichte	Wer hat die Hilfe angebahnt bzw. beantragt? Bestehen Vorabsprachen, Vereinbarungen usw. zur Sozialpädagogischen Familienhilfe? Sind alle Familienmitglieder mit der Familienhilfe einverstanden? Welche Vormaßnahmen haben stattgefunden? Bestanden Misserfolge, Konflikte oder Frustrationserfahrungen im Zusammenhang mit einer Jugendhilfevorgeschichte?
Aufgaben, Inhalte und Ziele der Hilfe	
Aufgaben und Ziele	Welche Aufgaben, Inhalte und Ziele sind aus Sicht der Familienmitglieder und anderer wichtiger Fallbeteiligter mit der Familienhilfe verbunden? Welche Aufgaben, Inhalte und Ziele sind aus Sicht des ASD und anderer professioneller Fachkräfte, die im Fall tätig sind, mit der Familienhilfe verbunden?
Notwendige Vorinformationen	Sind zur Durchführung der Familienhilfe bestimmte Vorinformationen notwendig? Welche sind das? Welche Kontakt- und Adressdaten werden zur Durchführung der Familienhilfe gebraucht?
Grenzen der Aufgabe	Was gehört nicht zum Aufgabenbereich?
Rahmenbedingungen	
Zeitliche Festlegungen	Welche Wochenstundenzahl, Frequenz und Dauer der Kontakte und Regelmäßigkeit bzw. Flexibilität ist erforderlich? Bei mehreren Familienmitgliedern: Gibt es Vorgaben bzw. Gründe, Festlegungen zur Verteilung der Arbeitszeit auf die Familienmitglieder zu treffen? (Z. B. bei Konflikten und Streit zwischen Eltern oder Konkurrenz zwischen Geschwistern?) Welcher zeitliche Rahmen besteht hinsichtlich der voraussichtlichen Dauer der Maßnahme? Gibt es zeitliche Höchstgrenzen bzw. Möglichkeiten zur Verlängerung?
Örtliche Festlegungen	Wo findet die Familienhilfe statt? Welche Institutionen werden einbezogen?
Kontaktgestaltung	Bestehen Festlegungen hinsichtlich der Erreichbarkeit der und des Kontakts zwischen Familienhilfe und Familie? Besteht Kontakt über Social Media? Welche Institutionen bzw. professionellen Fachkräfte sind bei der

Tab. 1: Checkliste zu Beginn der Sozialpädagogischen Familienhilfe – Fortsetzung

	Fallarbeit einzubeziehen? Bestehen bestimmte Vorgaben und Ziele hinsichtlich der Kooperation?

Eine Rangordnung ergibt sich aus der Reihenfolge nicht.
In Anlehnung an Reichmann, Ute (2022): Schreiben und Dokumentieren in der Sozialen Arbeit. Struktur, Orientierung und Reflexion für die berufliche Praxis. 2., erweiterte Auflage. Opladen: Budrich.

3.15 Hilfen für das Selbststudium

3.15.1 Zusammenfassung

Die Falleingangssituation ist wichtig für den Erfolg der Familienhilfe, weil beim Erstkontakt die Grundlage dafür gelegt wird, dass die Familie die Hilfe und die Person, die die Hilfe umsetzt, akzeptiert. Ob der Aufbau einer vertrauensvollen Arbeitsbeziehung auf Dauer gelingt und auch Belastungen standhält, hängt davon ab, wie der Kontakt zur Familie vorbereitet und von Anfang an respektvoll, sensibel und professionell gestaltet wird. Ziel der Falleingangsphase ist, dass die Familie sich bereit erklärt, mit der sozialpädagogischen Familienhelfer*in die anstehenden Problemlagen zu bearbeiten. Wichtig sind: Ein reflektierter Umgang mit Vorwissen, das Vermeiden vorschneller Urteile, die Klärung der gegenseitigen Erwartungen und möglicher Befürchtungen der Familienmitglieder, die Festlegung der Rahmenbedingungen der Hilfe und der Aufgaben und Grenzen der Maßnahme insbesondere bei etwaigen Kontrollaufträgen und gerichtlichen Auflagen.

Die Familienhelfer*in sollte versuchen, sich in die Situation der Familienmitglieder zu versetzen, ihre Perspektive zu rekonstruieren, und sie dabei unterstützen, Vertrauen als Grundlage für Kooperation aufzubauen.

3.15.2 Übungsaufgabe für das Selbststudium oder in der Gruppe

In diesem Kapitel wurde der Hilfebeginn dreier Fälle aus der Praxis vorgestellt. Wählen Sie sich (allein oder in der Gruppe) einen Fall aus, lesen diesen noch einmal durch und beantworten nachfolgende Fragen:

- Wie kann die Reaktion der Familie auf den Erstkontakt zur Familienhelfer*in verstanden werden? Bilden Sie mehrere, auch entgegengesetzte, Hypothesen!
- Welche Gründe sind möglich, um das Handeln der Familie – auch gegenüber Dritten – zu erklären?
- Durch welche Vorgehensweisen könnte die Familienhelferin Vorbehalte bzw. hohe Erwartungen der Familie entkräften?

- Auf welche Weise kann die Familienhelferin weitere Familienmitglieder einbeziehen?

> **Literatur zum Weiterlesen**
>
> Müller, Wolfgang C. (2006): Wie helfen zum Beruf wurde. Eine Methodengeschichte der Sozialen Arbeit. Reihe: Edition Sozial. 4., erweiterte und aktualisierte Auflage. Weinheim: Juventa (6., unveränderte Auflage 2013).
> Petko, Dominik (2004): Gesprächsformen und Gesprächsstrategien im Alltag der Sozialpädagogischen Familienhilfe. Göttingen: Cuvillier.
> Altman, Julie (2008): Engaging Families in Child Welfare Services: Worker versus Client Perspectives. In: Child Welfare 87, 3, S. 41–61.

4 »Rechte ohne Ressourcen zu besitzen, ist ein grausamer Scherz.« Beteiligungsrechte in der Sozialpädagogischen Familienhilfe

4.1 Ein Blick in die Praxis

Da sitzen also Erwachsene, Fachkräfte, und denken darüber nach, was getan werden kann, um einer Familie zu helfen. Die Fachkräfte verfügen über eine Menge an Wissen und haben viele Erfahrungen. Sie kennen unterschiedliche Methoden, Zugänge und wichtige Partner*innen, wenn es um Familienhilfe geht. Sie wissen über gesetzliche Regelungen und Vorgaben Bescheid und haben diverse Formulare und Fragebögen in den Taschen. Eigentlich könnte es losgehen mit der Hilfe. Aber warum schauen die Kinder so ängstlich und besorgt, warum hat der Vater der Kinder ein müdes, zorniges Gesicht und warum ist die Mutter so aufgeregt und kann gar nicht sprechen? Warum nicken die Eltern einfach nur, wenn sie gefragt werden oder man ihnen das eine oder andere vorschlägt? Verstehen sie überhaupt, was hier geschieht? Warum sind die Kinder so unsicher und kichern? Warum haben manche der Familienmitglieder Tränen in den Augen oder antworten gar nicht mehr? Könnte es sein, dass die Familie gar nicht beteiligt ist an dem, was sich die Fachkräfte Gutes für sie ausgedacht haben?

> **Kernaussage**
>
> Beteiligung in der Sozialpädagogischen Familienhilfe bezieht sich auf fachliches Handeln und auf rechtliche Vorgaben. Im SGB VIII ist Beteiligung am Hilfegeschehen bspw. in den §§ 5, 8, 10a und 36 geregelt und die Kinder, Jugendlichen und Eltern haben ein Recht darauf. Als fachliches Prinzip geht es darum, zunächst die Menschen, die Unterstützung und Hilfe erwarten, selbst zu Wort kommen lassen und die jeweiligen Äußerungen zu verstehen. Dabei ist es von herausragender Bedeutung, dass die Menschen sich selbst verstehen (lernen) und den Hilfeprozess aktiv gestalten. Es gilt, dafür ein Setting zu schaffen, über die Rechte auf Beteiligung und die Möglichkeiten der Hilfeangebote zu informieren und mit geeigneten Methoden Beteiligung während des gesamten Hilfeprozesses zu realisieren.

Denn, was nützen den Kindern, Jugendlichen und deren Eltern die Rechte auf Beteiligung, wenn sie nicht darum wissen und sie ihnen auch nicht zugestanden werden? Dies wäre, um das Zitat aus der Überschrift dieses Kapitels aufzugreifen, ein grausamer Scherz. Es gilt, ihnen Mut zu machen, um sich einzubringen und gemeinsam nachzudenken – auf Augenhöhe, ehrlich und solidarisch. Daraus folgt für dieses Kapitel die folgende Frage.

> **Zentrale Fragestellung**
>
> Wie kann Beteiligung in der Sozialpädagogischen Familienhilfe gelingen?

In diesem Kapitel wird der Begriff der Beteiligung erläutert, es werden sozialpädagogisch-fachliche Grundlagen sowie Herausforderungen in der Praxis thematisiert und Voraussetzungen und Methoden der Beteiligung vorgestellt.

Am Ende dieses Kapitels soll deutlich werden, dass es durchaus möglich ist, jedes Kind, jede*n Jugendliche*n und jede*n Erwachsene*n in die Hilfeplanung und in die Hilfeprozessgestaltung aktiv einzubeziehen. Die vorgestellten Methoden sind ausgewählte Beispiele in diesem Kapitel. Weitere Methoden, bei denen Beteiligung ebenso wesentlich ist, finden sich auch in Kapitel 5 dieses Buches (▶ Kap. 5).

4.2 Was ist eigentlich Beteiligung?

Der Begriff der Beteiligung im Kontext der Sozialpädagogischen Familienhilfe umfasst die Einbeziehung und Teilhabe der Kinder, Jugendlichen und Eltern in alle Entscheidungsprozesse im Zusammenhang mit der Hilfeleistung. Als sozialpädagogischer Grundsatz ist damit gemeint, dass Hilfeprozesse gelingen, wenn diese von den Beteiligten mitgestaltet, nachvollzogen und grundsätzlich als sinnvoll erachtet werden. Es handelt sich also bei Beteiligung, neben den bereits erwähnten rechtlichen Grundlagen, um ein soziales Geschehen in einem demokratischen Kontext von Gesellschaft. Der Begriff der Beteiligung ist dabei eng mit dem der Partizipation verbunden (vgl. Rätz/Schröer/Wolff 2014, S. 274). Andere gängige Begriffe sind: Teilhabe, Teilnahme, Mitwirkung, Mitbestimmung, Mitsprache, Einbeziehung. All diese Begriffe werden teilweise synonym verwendet, obwohl es bei genauerer Betrachtung durchaus Nuancen gibt.

> **»Partizipationsrechte sind Menschenrechte«**
>
> »Partizipationsrechte von Kindern und Jugendlichen sind Menschenrechte. In der UN-Kinderrechtskonvention wird ihnen eine große Bedeutung beigemessen. Hier kommt das Bemühen zum Ausdruck, Kinder und Jugendliche nicht mehr als Objekte von Planungen und Entscheidungen zu sehen, sondern sie als Träger subjektiver Rechte ernst zu nehmen und ihre Wünsche und Bedürfnisse zu berücksichtigen« (Rätz/Schröer/Wolff 2014, S. 274; vgl. auch UN 1989).

Um einzuschätzen, in welchem Maße Kinder, Jugendliche und Eltern am Hilfegeschehen beteiligt werden, kann die nachfolgende Stufenleiter genutzt werden. Diese haben Roger Hart (1992) und Wolfgang Gernert (1993) zur Einschätzung von Partizipationsmodellen entwickelt (vgl. Rätz/Schröer/Wolff 2014, S. 275). Im Prozess der Sozialpädagogischen Familienhilfe wird ersichtlich, dass je nach Aufgabenstellung und Kontext unterschiedliche Stufen der Partizipation erreicht werden (▶ Abb. 2).

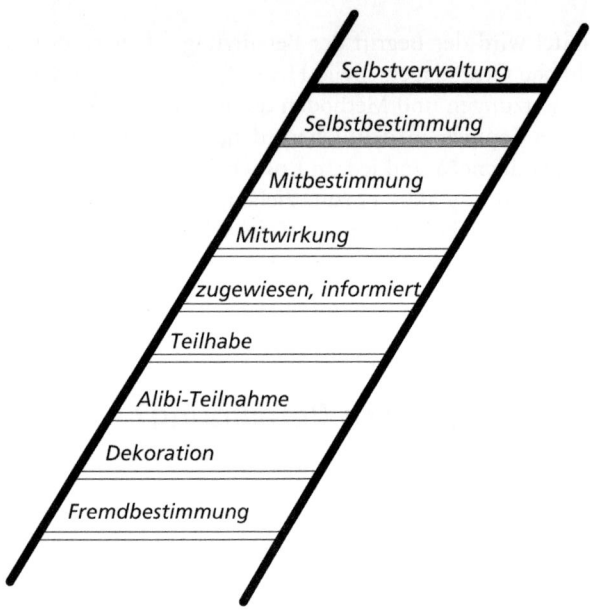

Abb. 2: Stufenleiter zur Einschätzung von Partizipationsmodellen (aus: Rätz, Regina/Schröer, Wolfgang/Wolff, Mechthild (2014): Lehrbuch Kinder- und Jugendhilfe. Grundlagen, Handlungsfelder, Strukturen und Perspektiven. Reihe: Studienmodule Soziale Arbeit. 2., überarbeitete Aufl. Weinheim: Beltz Juventa, S. 275)

 Übung

Erinnern Sie sich an einen Fall, den Sie im Rahmen der Sozialpädagogischen Familienhilfe erlebt haben. Überlegen Sie, welche Stufen der Partizipation bei diesem Fall erreicht wurden. Was fällt Ihnen auf?

Die nachfolgende Skizze gibt einen Überblick über die Beteiligungsgrundsätze in der Hilfeplanung (▶ Tab. 2), die auch für die Sozialpädagogische Familienhilfe gemäß § 31 i. V. m. § 27 Abs. 1 SGB VIII gilt (vgl. IJAB 2009, S. 47 f.; vgl. auch Rätz/Schröer/Wolff 2014, S. 239, eigene Aktualisierung 2024).

Tab. 2: Partizipation nach dem SGB VIII/KJHG (Beispiele)

Grundsätze:	Eltern und junge Menschen sind Bürger*innen und Leistungsberechtigte! Sie haben Rechte auf Beteiligung! Die Fachkräfte der Kinder- und Jugendhilfe haben die Pflicht, sie zu beteiligen!		
Wo?	**Wer?**	**Wie?**	**Gesetzliche Grundlage**
Hilfeplanung	Mädchen Jungen transidente, nichtbinäre und intergeschlechtliche junge Menschen, mit und ohne Behinderungen Eltern	Befähigung Information Beratung Mitgestaltung Mitverantwortung Mitbestimmung	*Wunsch- und Wahlrecht* (§ 5 SGB VIII): Recht, zwischen Einrichtungen und Diensten zu wählen *Beteiligung von Kindern und Jugendlichen* (§ 8 SGB VIII): Recht auf Information, Beratung und Beteiligung entsprechend dem Entwicklungsstand an allen sie betreffenden Entscheidungen der öffentlichen Jugendhilfe *Grundrichtung der Erziehung, Gleichberechtigung von jungen Menschen* (§ 9 SGB VIII): Recht auf Berücksichtigung geschlechtsspezifischer, sozialer und kultureller Bedürfnisse und Eigenarten, Abbau von Benachteiligungen und Förderung der Gleichberechtigung der Geschlechter, gleichberechtigte Teilhabe von jungen Menschen mit und ohne Behinderungen *Beratung zur Wahrnehmung ihrer Rechte* (§ 10a SGB VIII): »in einer für sie verständlichen, nachvollziehbaren und wahrnehmbaren Form« *Beteiligung in der Jugendarbeit* (§ 11 SGB VIII): Recht zur Mitgestaltung und Mitbestimmung ist Grundlage der Jugendarbeit *Beteiligung von Eltern in Kindertageseinrichtungen* (§ 22 SGB VIII): Recht auf Mitwirkung bei allen wesentlichen Entscheidungen *Beteiligung bei Gewährung von Hilfe zur Erziehung* (§ 36 SGB VIII ff.): Recht auf gemeinsame Aufstellung des Hilfsplans, mit dem Bedarf, Art und Umfang der Hilfe festgelegt werden

Eigene Darstellung

4.3 Sozialpädagogisch-fachliche Grundlagen von Beteiligung

Für die sozialpädagogische Ausgestaltung sind Beteiligung, Mitwirkung und Aushandlung zentrale Maximen. Dies lässt sich auf zwei Ebenen fachlich begründen:

- »Auf der einen Seite kann eine rechtliche Argumentation vorgebracht werden. Sie bezieht sich auf den Rechtsstatus von Kindern. Sie sollten als Bürgerinnen und Bürger angesehen werden, denen ein Anrecht auf Beteiligung zusteht. Denn in einem demokratisch verfassten Staat sollten Kinder und Jugendliche Beteiligungsrechte haben. Angesichts dieser generellen demokratischen Leitidee, verbunden mit der Vorstellung von mündigen BürgerInnen, die das Gemeinwesen mitgestalten sollen, ist Beteiligung von Kindern und Jugendlichen unumgänglich.
- Auf der anderen Seite können Begründungen angeführt werden, die sich auf die soziale Teilhabe und den Entwicklungsaspekt beziehen. Diese Argumentation beinhaltet die Einsicht, dass Kinder und Jugendliche soziale Teilhabe- und Beteiligungserfahrungen machen müssen, um letztlich eine eigenverantwortliche Persönlichkeit auszubilden. Grundlage dafür ist das Erleben von Selbstwirksamkeit, sozialer Anerkennung und Selbstwert, d. h. Kinder benötigen u. a. die Erfahrung, dass sie durch ihr Handeln etwas bewirken und auch in schwierigen Situationen eigenständig handeln können (vgl. Böhnisch 2008). Vor diesem Hintergrund sollte zukünftig vor allem auch danach gefragt werden, wie Kinder und Jugendliche Beteiligungsspielräume und inklusive Strukturen erleben. Es sollte darum auch die Aufmerksamkeit auf das Beteiligungsklima in den Familien, im Sozialraum, in den Schulen sowie in den Einrichtungen der Kinder- und Jugendhilfe gerichtet werden« (Rätz/Schröer/Wolff 2014, S. 276).

Im 2021 verabschiedeten Kinder- und Jugendstärkungsgesetz (KJSG) werden u. a. der Beteiligung von Kindern sowie Eltern, einer bundesweiten Angebotsstruktur von Ombudschaftsstellen, neben der Sicherung des Kinderschutzes, eine große Bedeutung beigemessen. Der in das SGB VIII neu aufgenommene § 10a regelt einen Anspruch auf Beratung der jungen Menschen und Eltern durch Fachkräfte der Kinder- und Jugendhilfe »in einer für sie verständlichen, nachvollziehbaren und wahrnehmbaren Form«. Diese Beratung soll dazu beitragen, dass junge Menschen und Eltern ihre Rechte nach dem SGB VIII kennen sowie über das entsprechende Wissen und die dafür notwendigen Ressourcen verfügen, um diese auch nutzen, aktiv ausgestalten und ggf. einfordern zu können. Auch weitere Erfordernisse des KJSG, die sich im SGB VIII niedergeschlagen haben, weisen darauf hin, dass Fachkräfte eine Kommunikation mit Kindern und Eltern herstellen müssen, durch die diese direkt informiert und beteiligt werden. Dies betrifft auch Anforderungen an die Informationspflicht von Fachkräften gegenüber den Familien und an das gemeinsame Fallverstehen. Bei Letzterem geht es zunehmend darum, dass Kinder und Eltern sich selbst, ihre Lebens- und Problemlagen, ihre Stärken und Ressourcen, ihre Familien- und Konfliktdynamiken, ihre Beziehungen und Bindungen etc. verstehen und auf dieser Basis (wieder) handlungsfähig für das eigene Leben werden.

4.4 Widersprüche und Herausforderungen

Beteiligung ist aus einem sozialpädagogischen Verständnis heraus wichtig. Dies wird vielerorts bekräftigt. Nicht nur, dass es eine gesetzliche Verpflichtung gibt, junge Menschen und Eltern zu beteiligen. Es ist auch aus fachlichen Erwägungen heraus unumgänglich, die Mitwirkung aller Familienmitglieder gerade bei der Hilfeplanung und Hilfegestaltung einzufordern bzw. gemeinsam zu gestalten (vgl. Krause 2014). Doch scheint die Praxis nicht durchgängig überzeugt davon. So finden Hilfekonferenzen auch ohne Beteiligung der Familien statt. Kinder werden häufig gar nicht erst eingeladen, Jugendliche lediglich pro Forma befragt, Eltern zu Hilfen überredet, ohne dass darüber informiert wird, was diese für die Familie bedeuten und welche Alternativen es gibt (vgl. Hitzler 2017).

Viele Handlungen der Fachkräfte finden gänzlich ohne Beteiligung statt. Nicht nur, dass Entscheidungen durch Fachkräfte getroffen werden, ohne dass Familien oder Kinder überhaupt in Kenntnis gesetzt werden. Manches Geschehen wird erst im Nachhinein erläutert und die Menschen werden vor Tatsachen gestellt. In vielen Situationen werden Eltern über die rechtlichen Zusammenhänge nicht informiert, so bspw. auch bei Inobhutnahmen. Und bei der Auswahl von Einrichtungen, bei der Eltern wie Kinder ein Mitwirkungsrecht haben (§ 5 SGB VIII – Wunsch- und Wahlrecht), wird nicht selten das Nichtvorhandensein von anderen Angeboten vorgeschoben, um Entscheidungen rasch und unkompliziert zu treffen (vgl. Zitelmann 2009/2013).

Diese Bestandsaufnahme, die in unterschiedlichen Zusammenhängen immer wieder ähnlich ausfällt, muss Ursachen haben. Denn die Diskrepanz zwischen im Prinzip akzeptierten fachlichen Standards und der gelebten Praxis ist unverkennbar. Freilich sind Erklärungen schnell bei der Hand. Es wird über fehlende Zeit, zu viele Fälle, unzureichende personelle Ausstattung gesprochen, wie auch über widerständige Väter, Mütter und Jugendliche, die nicht zur Mitwirkung bereit sind, oder eben Kinder, die von den Zusammenhängen ohnehin nichts verstehen würden oder die man, warum auch immer, vor den Problemen schützen will, die Beteiligung bringen könnte (vgl. Krause/Schröder 2014).

Auch im Rahmen Sozialpädagogischer Familienhilfe sollte Beteiligung als zentrale Voraussetzung von Hilfe verstanden werden. Aber auch hier sind ausgereifte Methoden und grundsätzliche, professionelle Haltungen in Sachen Beteiligung bisher kein durchgängiger Standard. Vielmehr finden sich diverse Arbeitsansätze, die von technischen Einschätzungstabellen über Beobachtungsbögen bis hin zu sozialpädagogischen Untersuchungen auf der Basis von Annahmen oder Verdachtsmomenten her ausgehen und dann entsprechende Interventionen vorsehen. Familien werden so zu Beobachtungs- und Entscheidungsobjekten der Fachkräfte. Das ist umso problematischer, weil der ›gute Wille‹, Familien zu helfen, diese Form der intensiven Unterstützung mit Anforderungen an Beteiligung verwechselt oder sogar kaschiert. Ganz nach dem Motto: Wenn die Fachkraft weiß, was für die Familie gut ist, und ein gutes persönliches Verhältnis besteht, dann reicht das aus. Doch genau das stellt eines der zentralen Probleme in der Arbeit mit Familien dar:

Hilfe kann dann zu einer paternalistischen machtvollen Einflussnahme auf private Lebenswelten werden.

4.5 Allgemeine Bedeutungen von Beteiligung in der Kinder- und Jugendhilfe

Im Alltag, auch in alltäglichen fachlichen Zusammenhängen, wird Beteiligung häufig als ein Vorgang beschrieben. Menschen sollen an der einen oder anderen Stelle befragt werden. Im besten Falle sollen sie sagen, ob sie den einen oder den anderen Vorschlag z. B. der Hilfeangebote bevorzugen. Doch das ist deutlich zu kurz gegriffen. Beteiligung, wie sie hier verstanden wird, ist ein umfassendes Geschehen vom gemeinsamen Analysieren, Verstehen, der Selbsterkenntnis und der Selbstrepräsentanz und schließlich der aktiven Mitgestaltung des Geschehens als Koproduktion. Es wird davon ausgegangen, dass Hilfe überhaupt nur dann realisiert werden kann, wenn die Familien aktiv einbezogen werden und mitdenken und verstehen und entscheiden. Nur dann kann Entwicklung stattfinden. Wie umfassend Beteiligung im Rahmen der Sozialpädagogischen Familienhilfe gedacht werden kann und sollte, macht die folgende Übersicht deutlich, die durchaus auch noch erweitert werden kann.

- Beteiligung als Entwicklungsbedingung für Familien, also für Eltern und Kinder, wobei davon ausgegangen wird, dass sich Menschen grundsätzlich nur dann in ihrer Persönlichkeit förderlich entwickeln können, wenn sie sich selbst als handlungsmächtig begreifen und im Geschehen als solche wahrnehmen können. Sie handeln nach Einschätzung der Lage, probieren aus, kommunizieren, verwerfen Ideen, entwickeln neue, binden sich aktiv in soziale Zusammenhänge ein, erleben dadurch, dass sie handeln und mitbestimmen, Anerkennung und Würdigung.
- Beteiligung als Interessenausgleich – als unvermeidbarer Vorgang, unterschiedliche Ansprüche miteinander zu vereinbaren (Mädchen-Jungen, Erwachsene-Kinder, Einzelne*r-Gruppe usw.).
- Beteiligung als Selbstermächtigung – als gelebte Erkenntnis, dass ein Mensch sich selbst verstehen, seine Erkenntnisse formulieren und vertreten und seine Interessen wahrnehmen kann.
- Beteiligung als Schutz der Kinder und Jugendlichen vor Übergriffen, als Abwehr von Katastrophen.
- Beteiligung als Verteilung von Verantwortung auf viele bzw. alle Familienmitglieder, hier insbesondere in Bezug auf die inneren Zusammenhänge und Dynamiken und der äußeren sozialen Beziehungen der Familie sowie deren Umfeld.

- Beteiligung als Analyse- und Verstehensprozess und zwar insbesondere im Hinblick auf die einzelnen Menschen in der Familie, deren Lebenslage, den entsprechenden Zusammenhängen, Problemen und Möglichkeiten usw.
- Beteiligung als aktives Geschehen – als Suche nach Hilfeangeboten und der Gestaltung von Hilfeprozessen, als gemeinsame Suche nach kooperativen Zusammenhängen (vgl. Krause 2019).

Im Sinne einer allgemeinen Darstellung von Beteiligung macht es auch Sinn, darüber zu reflektieren, dass die einzelnen Familienangehörigen, also Väter, Mütter, Kinder oder Jugendliche, jeweils Teile dieser Gemeinschaft sind. Aber sie sind auch autonom handelnde Personen. Als freie Bürger*innen sind sie ausgestattet mit Rechten. Diese Bürger*innenrechte sind für alle gleich: für Erwachsene und für Kinder (vgl. Winkler 2018). Ein Unterschied bezieht sich auf die besonderen Schutzrechte der Kinder, die aber nicht im Gegensatz zu ihren Grundrechten stehen dürfen, also z. B. der Schutz auf Unversehrtheit, auf Freiheit, auf Förderung, auf Autonomie, auf Intimität, auf Selbstbestimmung. Die allgemeinen Menschenrechte treffen auf alle Familienmitglieder in gleicher Weise zu. Dies ist eine wichtige Grundlage des Handelns der Sozialen Arbeit. Dabei ist es wichtig zu beachten, dass es nicht der Entscheidung der Fachkräfte bedarf, die Menschen als freie, selbstbestimmte Personen zu betrachten. Sie sind es per Gesetz. Und von daher erscheint die Frage nach Beteiligung in einem anderen Licht: Soziale Problem- und Notlagen dürfen diese Grundrechte nicht begrenzen (vgl. auch BAGLJÄ/IGFH 2018).

4.6 Die Beteiligung der ganzen Familie beim Hilfegeschehen

Es ist möglich und auch sinnvoll, Beteiligung auf die ganze Familie zu beziehen. Schließlich ist davon auszugehen, dass es in einer familiären Gemeinschaft selbst unter komplizierten Bedingungen Gemeinsamkeiten gibt, dass die Vergangenheit eben auch schöne Momente hatte und dass es immer auch Hoffnung gibt darauf, dass sich etwas ändert und verbessert. Und wenn es die Chance und den Willen gibt, dass die Familie sich aufmacht, ihre Probleme wirklich zu erkennen und anzugehen, und dabei auf Ressourcen zurückgreift, die sie wirklich hat, so ist es die Aufgabe der Fachkräfte, die Familie im Sinne von Beteiligung einzubeziehen. In Situationen der gemeinsamen Analyse können Kinder und Eltern gemeinsam nachdenken, wer zur Familie gehört und welche Bedeutung dieser Mensch für die*den Einzelne*n und die Familie insgesamt hatte oder hat (vgl. Wolff/Stork 2013).

Beteiligung der gesamten Familie bedeutet auch, Konflikte zu erwarten und damit umgehen zu müssen. Denn wenn sich die Kinder und Eltern als Beteiligte

z. B. an einem Diskurs über die Familie begreifen, werden sie auch dazu neigen und in der Lage sein ihre Interessen, ihre Wahrnehmungen und kritischen Positionen darzulegen – ein Umstand, der gerade Fachkräfte davon abhalten kann, Beteiligung wirklich zu gestalten. In diesem Zusammenhang erscheint es hilfreich über den Begriff des Dialogs nachzudenken. Dialog im Sinne von Bohm (1996/2017) heißt, sich Dingen, auch Problemen, gemeinsam in einer besonderen Art zu nähern. Nämlich in Ausgewogenheit und gegenseitiger Akzeptanz und Wertschätzung. Das Thema, das Problem, wird zunächst in einen Schwebezustand versetzt. Darauffolgend denken alle Beteiligten gemeinsam darüber nach, woher das Problem gekommen ist, was seine Natur ist, welche Bedeutung es hat und wie man damit umgehen kann. Dieser Ansatz wird bspw. in der Methode »Familienkonferenz« bzw. »Familienrat« (vgl. Früchtel/Roth 2017) praktiziert. Hier wird das Problem zu einer »Sorge« umgedacht. Nicht mehr die Schwierigkeit, der Vorwurf, der Ärger über den anderen steht im Vordergrund, sondern eine Sorge, die sich z. B. jemand aus dem Jugendamt oder aus der Familie oder die gesamte Familie macht. Z. B.: »Ich habe die Sorge, dass ich als Mutter es nicht mehr schaffe, allen Dingen gerecht zu werden.« Im nächsten Schritt wird nun gemeinsam darüber nachgedacht, wie mit dieser Sorge umgegangen werden kann, wer z. B. helfend zur Seite stehen könnte, wer welche Aufgabe übernehmen kann, auch auf Seiten der Kinder, usw. In dem Band »Soziale Arbeit im Dialog gestalten« wurden eine Reihe von Ausätzen zusammengefasst, die Beteiligung und Dialog in der Sozialen Arbeit theoretisch und methodisch genauer beschreiben (vgl. Krause/Rätz 2015).

Beteiligung in diesen Zusammenhängen heißt, dass bei der Bewältigung von Krisen und Schwierigkeiten die gesamte Familie und das Umfeld gefordert sind und einbezogen werden. Die einzelne Person wird entlastet. Es ist ein gemeinsames Problem, für dessen Lösung jedes Familienmitglied in der jeweiligen Rolle, ob als Erwachsener oder als Kind, Verantwortung übernimmt. Es geht um ein gemeinsames Verstehen und Nachdenken. Es geht darum, Kindeswohl wirklich als solches gemeinsam zu definieren und dann daran zu arbeiten, die Bedingungen entsprechend zu verändern (vgl. Ackermann 2017). Hierbei sind Kinder, Eltern und Fachkräfte gleichermaßen beteiligt.

4.7 Perspektiven auf Beteiligung aus der Sicht von Fachkräften und von Eltern

Interessant ist: Eltern und Fachkräfte stellen, wenn es um Beteiligung im Hilfeprozess geht, ähnliche bzw. gleiche Probleme wie auch sinnvolle Ansätze fest. Ihre Perspektiven sind nicht grundsätzlich verschieden. Während der Durchführung von Werkstätten im Rahmen des bundesweiten Projektes »Aus Fehlern lernen – Qualitätsentwicklung im Kinderschutz«, durchgeführt vom Kronberger Kreis für Dialogische Qualitätsentwicklung mit weiteren Partner*innen (2010–2012), kamen die Teilnehmer*innen in einem in diesem Zusammenhang durchgeführten Landesmodellprojekt beispielhaft zu den folgenden Aussagen.

Auf die Frage: »Was sind die Schwierigkeiten, wenn es um die Beteiligung von Eltern im Hilfeprozess geht?« äußerten sozialpädagogische Fachkräfte aus den regionalen Jugendämtern:

- Unsere Fachsprache wird nicht verstanden. Wir sprechen in Kürzeln und Begriffen, die nicht zur Alltagssprache von Menschen gehören.
- Eltern erleben sich im Zwangskontext. Sie sehen das Jugendamt oder den Jugendhilfeträger als Gegner oder aber sie sehen einen der beiden als Verbündeten und den anderen als Gegner.
- Wir sind als Partner*innen nicht auf Augenhöhe.
- Es gibt verschiedene Sichten auf die Hilfe und wir können uns nicht einigen.
- Das eigentliche Problem sind Paarkonflikte, aber die Hilfe bezieht sich auf das Kind/die Kinder. Die Probleme des Elternpaares werden nicht bearbeitet. Das ist ja auch gar nicht vorgesehen.
- Die Interessen der Eltern stehen im Vordergrund. Es geht um deren Vorstellungen, was getan werden soll, damit sich das Kind oder der Jugendliche angemessen verhält.
- Wir sind in unserer Kommunikation zu wenig transparent. Die Fachkräfte sagen nur das, was den Prozess der Hilfeplanung und Hilfegestaltung vorwärtsbringt.
- Es gibt unterschiedliche Erziehungsvorstellungen. Oft wird das nicht geklärt oder aber es gibt keine Einigung was nun richtig und was nicht sinnvoll ist.
- Die Eltern erleben sich als ohnmächtig. Sie sehen vor allem Druck und Überforderung.
- Kommunikationsstörungen auf beiden Seiten.
- Es sind zu viele Menschen bei Beratungen oder auch im gesamten Hilfegeschehen dabei. Jede*r bringt ihre*seine Sichten ein, die teilweise widersprüchlich sind. Manchmal arbeiten die Helfer*innen sogar gegeneinander.
- Konzeptdenken ist vorhanden und dominant. Die Fachkräfte haben ihre Ideen von der Hilfe und dem, was die Eltern und Familien tun sollen, bereits im Kopf und gehen davon aus, dass es richtig ist, was sie denken.
- Das Wunsch- und Wahlrecht wird bisweilen nicht ermöglicht.
- Unflexibilität auf beiden Seiten. Es wird nicht vom Grundsatz ausgegangen, dass jede Familie anders ist und Entwicklungen disharmonisch, chaotisch und kontrazyklisch verlaufen. Es wird nicht davon ausgegangen, dass es nötig ist, immer wieder aufs Neue nachzudenken und gemeinsame Wege zu finden.
- Es gibt allzu oft Zuständigkeitswechsel (vgl. Fachseminar-Werkstatt 2012).

Von Seiten der Eltern wurden folgende zentrale Gedanken herausgestellt:

- Wechsel der Bezugspersonen, Abbruch von Beziehungen,
- fehlende Achtung und Wertschätzung,
- keine gemeinsame Sprache/Verständigungsprobleme,
- kein wirkliches Interesse an der Familie,
- Arbeit nach Schema F,

- zu wenig Beachtung der individuellen Situation der Betroffenen,
- Ausleben der Machtposition der Sozialarbeiter*innen (vgl. ebd.).

Ganz ähnlich sieht es aus, wenn es um die Möglichkeiten gelingender Beteiligung geht. In einem Landesmodellprojekt in Mecklenburg-Vorpommern (MV) von 2013 bis 2016 wurden Kinder, Jugendliche, Fachkräfte, Eltern und Jugendamtsmitarbeiter*innen im Rahmen gemeinsamer Werkstätten befragt. Hier eine Auflistung von zentralen Gesichtspunkten von Mitarbeiter*innen der Jugendämter in MV:

- Wertschätzung als Grundlage der Begegnung.
- Mitarbeiterwechsel und damit Zuständigkeitswechsel so gering wie möglich halten.
- Auf unsere Sprache achten – wir müssen verstanden werden und wir müssen die Eltern verstehen.
- Unsere Wertevorstellungen überdenken und nicht verallgemeinern. Es gibt sicher Grundlagen, z. B. wenn es um Kinderschutz und Menschenrechte geht, aber vieles ist individuell und offen. Manches hat auch mit kulturellen Identitäten zu tun.
- Gespräche sollen nicht einfach willkürlich und zeitlich unter Druck geplant werden. Es ist gut sich zu einigen und die Zeit auch nicht unnötig auszudehnen. Andererseits sollten sich die Fachleute auch Zeit nehmen.
- Fallverstehen – also ›richtig‹ verstehen. Hier gibt es inzwischen auch gesicherte Methoden wie z. B. die Sozialpädagogische Familiendiagnose.
- Beziehung aufbauen. Beziehung sind eine wichtige Grundlage, wenn wir die Familien erreichen wollen, wobei Beziehungen meint: Verlässlichkeit, Klarheit, zur Stelle sein, wenn es nötig ist, eine solidarische Grundhaltung haben.
- Das, was gemeinsam erarbeitet wird, sollte auch festgehalten werden. In der Regel sollten die Eltern und Kinder die Ergebnisse auch mitnehmen können ggf. als Kopie, auch dafür, dass die Familien zu Hause und miteinander weiter nachdenken können.
- Flexibilität (Orte, Zeiten, Zugänge).
- Offen sein für die Probleme der Familien.
- Durch Fragen Verständnis erzeugen und deutlich werden lassen.
- Aushalten können auch dann, wenn es schwierig wird und uns die Familien vor schier unlösbare Aufgaben stellen.
- Machtpositionen aufweichen/aufgeben, weil die Menschen autonome und freie Bürger*innen sind, die wir unterstützen wollen und sollen und nur, wenn wirklich Gefahr droht, soll der Schutzgedanke in den Vordergrund treten. Und das sollte in jeder Zusammenarbeit mit Familien klar sein (vgl. Fachseminar-Werkstatt 2017).

Und hier eine Aufstellung der wichtigen Grundlagen, die von Seiten der Eltern benannt wurden:

- Wertschätzung, Würdigung, Respekt,
- Vertrauen, Offenheit, Ehrlichkeit,

- Transparenz im Hilfeprozess,
- Ressourcenorientierung,
- Berücksichtigung der entstandenen Beziehungen zwischen Fachkräften und Familien,
- Mitsprache und Partizipation,
- geeignete Hilfe für Kind und Eltern (vgl. ebd.)

Deutlich wird auch bei dieser Gegenüberstellung, dass es im Sinne der guten Voraussetzungen von Beteiligung und gelingenden Hilfen wiederum Ähnlichkeiten gibt.

Die Ergebnisse dieser Befragungen sind ein Beleg dafür, dass eine intensive Beteiligung von Eltern wesentlich größere Chancen auf Erfolg hat als Vorgaben im Hilfegeschehen. Beteiligung beginnt, für Fachkräfte und Eltern gleichermaßen, mit einer grundsätzlichen Wertschätzung der jeweils anderen Person.

4.8   Beteiligung von Kleinkindern

Die Beteiligung von Kindern im Alter von der Geburt bis zum Schuleintritt geht von Seiten der Fachkräfte häufig mit Unsicherheiten einher. Häufig werden Befürchtungen geäußert, die Kinder zu überfordern oder gar zu (re-)traumatisieren (für einen Überblick vgl. Biesel 2013). In der Sozialpädagogischen Familienhilfe wurde die Beteiligung von Kindern in der Vergangenheit deutlich vernachlässigt. Dies führte wiederholt zu Kritik, gerade dann, wenn Kinder in ihren Familien zu Schaden kamen und den Fachkräften nachweisbar vorgeworfen wurde, dass sie sich im Kontakt lediglich auf die Eltern konzentriert hatten. Dabei wurde die Perspektive der Kinder nicht beachtet. Fachkräfte müssen aber z. B. wissen, ab welchem Alter Kinder im Kontext der Sozialpädagogischen Familienhilfe beteiligt werden können, wie Gespräche mit Kindern geführt und deren Aussagen verstanden werden sollten. Häufig bestehen in den Familien auf Seiten der Kinder und der Eltern gemeinsame Interessen. Manchmal stimmen diese jedoch nicht durchgängig überein. Neben der Wahrnehmung und Beteiligung der Eltern muss also auch die Lebenssituation der Kinder wahrgenommen werden und diese ggf. gegenüber den Eltern thematisiert werden. Dies bedeutet, dass Fachkräfte einen direkten Kontakt zu den Kindern herstellen müssen (vgl. Biesel u. a. 2019, S. 189–202).

Kinder können bereits ab ihrer Geburt an sie betreffenden Entscheidungen beteiligt werden. Durch die Kindheitsforschung und -pädagogik ist belegt: Kinder sind ab Beginn ihres Lebens Akteur*innen und handelnde Subjekte, die ihre Umwelt sehr genau wahrnehmen, sich darin verorten, kommunizieren und sich äußern. Sie gestalten von Anfang an ihre Familie mit. Sie eignen sich handelnd ihre räumliche und soziale Umgebung an. Ihr Aktionsraum wird im Zeitverlauf immer größer. Sie entwickeln zunehmend mehr Selbstständigkeit. Da die Wahrnehmung der Kinder auf die Welt eine eigene ist, muss diese aus sich selbst heraus erschlossen werden. Es gilt also, Kinder in ihren Äußerungen zu verstehen. Auch eine sprachliche Verständigung muss der jeweiligen Entwicklungsphase des Kindes entsprechen. Erwachsene sind gefordert, die frühkindlichen Äußerungen und Interaktionen wahrzunehmen und zu deuten. Dazu sind ein sensibles Herangehen sowie eine ausgeprägte Reflexionskompetenz erforderlich (ebd.).

Mit Bezug auf internationale Befunde empfiehlt Biesel (2013, S. 43f.) fünf Formen der Beteiligung von (kleinen) Kindern. Diese sind für den Kontext der Hilfeplanung und des Hilfeprozesses, aber auch für mögliche Gefährdungseinschätzungen geeignet:

- Kinder müssen *angesehen* werden, etwa indem Fachkräfte sich einen Eindruck von den Entwicklungsumständen und dem Gesundheitszustand verschaffen.
- Kinder müssen *beobachtet* werden, etwa in der häuslichen Umgebung und in den Interaktionen und Reaktionen im Kontakt mit den Eltern, Geschwistern und anderen Bezugspersonen.
- Kinder müssen in die Kinderschutzpraxis *aktiv einbezogen* werden, bspw. durch die Gestaltung einer Arbeitsbeziehung zwischen Fachkräften und dem Kind, in der ihnen verständlich wird, was gerade geschieht und welche Entscheidungen warum getroffen werden.
- Mit Kindern muss *gesprochen* werden. Dazu gehört zunächst, ihnen zuzuhören sowie ihre Äußerungen und Vorstellungen ernst zu nehmen und ihre Gefühle, wie Sorgen, Ängste, Schuldgefühle und Loyalitätskonflikte thematisieren zu können.
- Mit Kindern müssen *Aktivitäten unternommen* werden, die ihnen Freude bereiten, die kindliche Lebenswelt umfassen und einen weiteren Zugang der Fachkräfte zu ihnen ermöglichen (vgl. auch Biesel u.a. 2019, S. 194f.).

Wichtig ist, dass den Kindern aufmerksam zugehört und ihnen geglaubt wird. Es muss ihnen ein aufrichtiges Interesse entgegengebracht werden. Sie müssen über den Verlauf des Hilfeprozesses informiert werden. Und sie müssen wissen, dass sich jemand für ihre Interessen einsetzt (vgl. Biesel 2013, S. 43f.). Transparenz und Offenheit ist dabei auch gegenüber den Eltern von großer Bedeutung. Die Eltern müssen z.B. wissen, dass mit den Kindern allein gesprochen wird, warum dies notwendig ist und was Inhalt des Gespräches ist (vgl. ebd.). Sie müssen die Kontakte mit ihren Kindern im Kontext der Sozialpädagogischen Familienhilfe zulassen.

4.9 Beteiligung von Kindern und Jugendlichen

Die Beteiligung von Kindern und Jugendlichen wurde ab den 1970er Jahren vor allem im Bereich der offenen Kinder- und Jugendarbeit entwickelt und später auch auf den Bereich der kommunalen Stadtplanung und Politik erweitert. Grundlage dafür war die oben dargestellte Stufenleiter der Partizipation und es wurden etliche Methoden der Beteiligung entwickelt. Auch im Kontext der Hilfen zur Erziehung hat sich in Bezug auf die Beteiligung von Kindern und Jugendlichen in den letzten Jahren einiges getan. So z.B. der Anspruch, Kinder und Jugendliche in den Alltag von Heimgruppen einzubeziehen und sie dazu zu motivieren, im Sinne von Beschwerdemanagement aktiv zu werden, wenn sie sich ungerecht oder gar bedrohlich behandelt fühlen (vgl. Wolff/Hartig 2013). Jugendhilfe-Organisationen haben des Weiteren Sprecher*innenräte oder Kinderparlamente entwickelt. Und es wurden Vertrauenspersonen außerhalb der Einrichtungen, Ombudsfrauen oder -männer, benannt, an die sich die Kinder und Jugendlichen wenden können (vgl. Urban-Stahl 2011). Es wurden spezielle Organisationen gegründet, die sich um die Einhaltung der Rechte der jungen Menschen kümmern, wie z.B. unabhängige Rechtshilfevereine in den Bundesländern. Ein Beispiel ist der Berliner Rechtshilfefonds Jugendhilfe e.V. (BRJ e.V.), der inzwischen eine lange Tradition und Erfahrung in der Unterstützung von jungen Menschen und Familien hat. Auch in der Hilfeplanung und -gestaltung sollen Kinder und Jugendliche stärker mitreden können als bisher. So strebt die Bundesregierung an, die Kinderrechte im SGB VIII zu stärken.

Dennoch gibt es in Sachen Beteiligung noch viel zu tun. Im bereits erwähnten Landesmodellprojekt in MV stellten 25 junge Menschen, die alle im Bereich der stationären Erziehungshilfen leben, zum Thema Hilfekonferenz gemäß § 36 SGB VIII folgende Probleme[21] dar:

- Manchmal sagen alle Beteiligten im Hilfeplangespräch nur das, was die anderen hören wollen. Man ist im Hilfeplangespräch nicht ehrlich, weil man Stress vermeiden und nicht zu viel Zeit investieren möchte. Es geht schneller, wenn man sagt, was die*der andere hören möchte.
- Es ist schwer auszuhalten, wenn viele negative Dinge über einen gesagt werden. Man steckt oft mehr ein, als man vor hatte einzustecken.
- Oft kann man nicht verstehen, was die Erwachsenen entscheiden.
- Die Kinder werden oft nicht gehört und nur die Erwachsenen reden miteinander.
- Man hat den Eindruck, man wird gefragt, aber es wird trotzdem nur beschlossen, was die Erwachsenen wollen – das macht man dann nicht. Es sollte deshalb nur um die eigenen Ziele gehen.
- Die Ziele sind viel zu allgemein. Deshalb kann man denen auch immer zustimmen, aber eigentlich ist egal, ob man zustimmt oder nicht.
- Die Welt, in der die Hilfeplanung stattfindet und in der man lebt, ist nicht die gleiche.
- Als Kind ist man während der Hilfekonferenz in der Unterzahl. Einige können damit nicht umgehen und sind eingeschüchtert (z.B. auch von ihren Eltern).

---

21 Dies ist eine Auswahl jener Problembeschreibungen, die für die Kinder und Jugendlichen zentral, also besonders prägnant waren. Aus dem Bereich der ambulanten Sozialpädagogischen Familienhilfe liegen keine Befunde einer solchen Befragung vor. Die Ergebnisse können jedoch auf diesen Bereich übertragen werden.

- Es gibt viele voreingenommene Fachkräfte, die schon eine feste Meinung von den Kindern/Jugendlichen und dem haben, was sie brauchen. Manchmal wissen die sogar schon, was richtig ist, obwohl sie das Kind/die*den Jugendliche*n noch gar nicht kennen.
- Man darf nicht über Ängste sprechen. Nicht darüber, dass man seine Familien verliert oder auch seine Gruppe, wenn man wieder nach Hause gehen soll (vgl. Krause 2019, S. 61).

In der Umkehrung erläutern die Kinder und Jugendlichen dann, was Voraussetzungen für gelingende Beteiligung und damit für gelingende gemeinsame Hilfekonferenzen sein können:

- Unvoreingenommenheit,
- Wirkliches Interesse an dem Kind oder dem Jugendlichen,
- Keine vorgefertigten Meinungen,
- Persönliche und vertrauliche Gespräche zu zweit,
- Zuhören und zuhören können,
- Sich Zeit nehmen,
- Verlässlichkeit und Kontinuität,
- Beziehungen – jemanden an seiner Seite haben,
- Freundlichkeit und Offenheit,
- Ehrlichkeit, sagen was Sache ist, nichts hinter dem Rücken machen (vgl. Krause 2019, S. 65).

Die genannten Aspekte machen deutlich, dass die Fachkraft ein solidarischer, ehrlicher, interessierter und vertrauenswürdiger Mensch sein soll. Es geht also um eine gelebte Praxis im Sinne der Beteiligung von Kindern und Jugendlichen. Deutlich wird auch, dass es im Rahmen von Mitwirkung nicht um eine weiche, kumpelhafte Beziehung geht, sondern um Klarheit, Offenheit und Eindeutigkeit. Wenn es um Beteiligung der Kinder, Jugendlichen und Eltern geht, scheint es also vor allem eine Sache der professionellen Haltungen (▶ Kap. 2) zu sein.

Die Beteiligung von Kindern und Jugendlichen kann in unterschiedlichen Zusammenhängen von Bedeutung sein. Die Bereiche sind:

- die eigene Lebenssituation durchdenken und verstehen,
- die familiäre Herkunft, Vergangenheit und Zusammenhänge erkennen und nachvollziehen,
- Probleme gemeinsam besprechen und Hintergründe durchdenken,
- die eigenen Ressourcen erkennen und erschließen,
- die Ressourcen der Familie und der Freunde und Bekannten erforschen und einbeziehen,
- gemeinsames Überlegen was getan werden kann, um Konflikte und Probleme zu überwinden,
- die ersten Schritte, die gegangen werden sollten, ergründen (die man selber gehen will und die die Familie/Eltern gehen sollten),

- die Suche nach möglichen Kooperationspartner*innen innerhalb und außerhalb der Familie,
- die Stolpersteine, die im Weg liegen könnten, erkennen und überlegen, wie man mit diesen umgehen, wie man sie überwinden könnte,
- die Entwicklung von Prognosen: Was könnte wie erreicht werden? Was müsste passieren, damit das und jenes eintreten könnte?
- die Planung der Hilfe und der Verlauf der Hilfemaßnahmen (vgl. auch Rätz/Schröer/Wolff 2014, S. 238–251).

All diese Zusammenhänge können Kinder ab einem Alter von sechs oder sieben Jahren (je nach Entwicklungsstand) durchaus bedenken und gemeinsam mit Erwachsenen und Fachleuten erörtern. Die immer wieder aufkommende Auffassung, dass Kinder keine ausreichenden Möglichkeiten hätten, aktiv an entsprechenden Prozessen teilzunehmen, ist in Frage zu stellen. Kinder und Jugendliche machen sich über das, was sie persönlich betrifft, aber auch die Eltern, die Familie und die Geschwister anbetrifft, intensiv Gedanken. Sie beobachten, was geschieht, und versuchen, es zu analysieren und in den Rahmen der Verhältnisse einzubauen. Sie können die Rollen der Eltern einschätzen und wissen, was sie von Vater und Mutter erwarten können, was ihnen helfen könnte und was problematisch ist. In diesem Prozess besteht Beteiligung darin, dass Erwachsene (Fachkräfte) sich anbieten, Partner*innen der Kinder zu sein und diese in den Auseinandersetzungen zu unterstützen.

Ein anderer Aspekt, gerade in der Abwehr von nötiger Beteiligung, ist der oft geäußerte Schutzgedanke. Nach dieser Auffassung sollen Kinder und Jugendliche vor Konflikten bewahrt und nicht zu stark mit Schwierigkeiten und Konflikten konfrontiert werden. Das mag im Hinblick auf Paarprobleme durchaus seine Berechtigung haben. Kinder können den Eltern in dieser Sache in aller Regel nicht helfen. Aber im Verhältnis der Eltern zu ihren Kindern haben sie nicht nur einen Anspruch einbezogen, gehört und verstanden zu werden, sie haben auch ein Recht darauf, in Lösungsprozesse und sie betreffende Entwicklungen und Entscheidungen eingreifen zu dürfen.

Methoden der Beteiligung von Kindern und Jugendlichen, die im Zusammenhang von Sozialpädagogischen Familienhilfen eingesetzt werden können, gibt es inzwischen etliche (siehe bspw. unten ▶ Kap. 5). Problematisch ist jedoch, Methoden nur in Ansätzen oder als Alibi zu benutzen. Das bringt kein Ergebnis, weder für die jungen Menschen noch für die Fachkräfte. Entweder es gibt eine ernst gemeinte Beteiligung oder es gibt keine. Ein bisschen Beteiligung wird auf der Seite der jungen Menschen als Veralberung wahrgenommen, bewirkt also genau das Gegenteil.

4.10 Voraussetzungen einer gelingenden Beteiligung

Im Verlaufe dieses Kapitels sind bereits zahlreiche Bedingungen für gelingende Beteiligung dargestellt worden. Diese seien hier zusammenfassend noch einmal benannt:

- demokratische Grundhaltung der Professionellen,
- solidarisches Interesse der Fachkräfte an den Kindern, Jugendlichen, Eltern, Familien,
- Wissen über Methoden der Beteiligung und die Fähigkeit diese anzuwenden,
- Akzeptanz von Lebensentwürfen und unterschiedlichen kulturellen Besonderheiten von Menschen,
- Klarheit in den Aufgabenstellungen der Professionellen und Herstellen ausreichender Transparenz,
- Akzeptanz unterschiedlicher Interessen von Menschen und die Fähigkeit Kompromisse zu suchen und umzusetzen,
- Informationsweitergabe von Rechten an die Betroffenen,
- Befähigung zur Kommunikation im Rahmen von Beteiligungsvorgängen (vgl. Krause 2019, S. 31).

Einige dieser Voraussetzungen sollen nun noch einmal mit knappen Worten erläutert werden.

Soll Beteiligung wirklich stattfinden und gewinnbringend Anwendung finden, müssen nicht nur die entsprechenden professionellen Haltungen vorhanden sein, die das ermöglichen und zur Grundlage der Arbeit werden. Die Menschen müssen auch wissen, was ihre eigenen Möglichkeiten sind und um was es bei dieser Form der Mitgestaltung eigentlich geht. Grundlage hierfür sind gesetzliche Regelungen und die Kenntnis von dem, was Familien ausmacht und was sie insbesondere gegenüber den Kindern in ihren Leben zu leisten haben. Mit anderen Worten: Die Eltern wie auch die Kinder müssen in Kenntnis gesetzt sein, was geltendes Recht ist (vgl. Liebel 2013).

Eine weitere Voraussetzung ist die Fähigkeit, sich in angemessener Form in die Dialoge oder Diskurse einzubringen. In der Regel ist das die Sprache. Doch genau in diesem Zusammenhang kommen Kinder und Eltern oft an ihre Grenzen. Nicht nur, weil sie ggf. eine andere Sprache als die Helfer*innen sprechen, sondern auch, weil sie vielleicht überhaupt nicht sprechen können, ihre Ausdrucksmöglichkeiten über Sprache verloren haben oder über wenige Fähigkeiten der Gesprächsführung verfügen. Es geht also darum, diese Fähigkeiten zunächst zu erzeugen oder auch Ersatzhandlungen zu entwickeln, die Menschen in die Lage versetzen, sich eben doch zu äußern, z. B. über kreative Formen wie Zeichnen, Theater und Musik.

Beteiligung bedeutet in aller Regel, dass es kulturelle Rahmungen gibt. Innerhalb dieser finden Diskurse statt. Manche Menschen können jedoch diese Rahmungen nicht nutzen, z. B. weil sie zu erregt, zu irritiert, zu ängstlich sind oder überhaupt keinen Zugang finden können. Es gehört also zu einer weiteren Voraussetzung, die Rahmungen so zu gestalten, dass sie genutzt werden können.

4.11 Eine Kultur von Beteiligung schaffen

Menschen im Rahmen von Hilfeplanung und Hilfegestaltung ausreichend zu beteiligen, sie zum Mitdenken, zum gemeinsamen ›Erfinden‹ und Entscheiden anzuregen, sollte zu den professionellen Ansprüchen von Mitarbeiter*innen in der ambulanten Sozialpädagogischen Familienhilfe gehören. Die aktuellen Diskurse der letzten Jahre machen deutlich, dass dies nur dann wirklich umgesetzt werden kann, wenn die verantwortlichen Jugendhilfeorganisationen die nötigen Bedingungen hierfür schaffen. Und das bedeutet insbesondere, dass alle Bereiche in diesen Organisationen grundlegend Beteiligung ermöglichen und gestalten. Es geht dabei auch um die Beteiligung der Fachkräfte und aller weiteren Personen, die in und um die jeweilige Organisation aktiv sind. Oder um es anders zu sagen: Beteiligung muss zur Kultur in den Einrichtungen und Organisationen werden (vgl. Krause 2019).

4.12 Kinder und Jugendliche konkret beteiligen

In diesem Abschnitt sollen nun noch einige konkrete Beteiligungsmöglichkeiten erörtert werden. Diese konzentrieren sich auf die Einbeziehung von Kindern, auch von Kleinkindern, und Jugendlichen in die Hilfeplanung und Hilfegestaltung. Wie oben bereits erwähnt, gibt es gerade im Hinblick auf die Beteiligung von (kleineren) Kindern und Jugendlichen immer wieder Zweifel, ob dies überhaupt möglich ist. Die Antwort ist klar: Natürlich funktioniert das! Erfahrene Fachkräfte bestätigen dies, so wie es auch durch wissenschaftliche Studien belegt ist. Wichtig ist, dass sich die Sozialpädagog*innen wirklich für das interessieren, was die Kinder und Jugendlichen denken, fühlen und sagen. Und dass über die Auseinandersetzung mit der eigenen Lebenssituation und der Vergangenheit konkrete Ansätze und Themen der Beteiligung herausgearbeitet werden können, die sowohl den einzelnen jungen Menschen betreffen als sich auch in der Gemeinschaft der Familie entfalten können.

Dabei geht es grundsätzlich nicht darum, Kinder und Jugendliche zu befragen, um dann deren Antworten entweder eins zu eins zu übernehmen oder therapeutisch auszulegen. Es geht stattdessen um die Akzeptanz, dass junge Menschen ihre eigene Sicht auf die Welt, auf ihre Familie und sich selbst haben. Sie sind bemüht, die Welt, in der sie leben zu verstehen und mit sich selbst in Bezug zu setzen. Dabei entwickeln sie eigene Sichtweisen. Dies ist zuallererst zu akzeptieren. Im nächsten Schritt geht es darum, deren Verständnis und deren Erklärungen wahrzunehmen und schließlich das Kind oder den Jugendlichen dabei zu unterstützen, die Situation um sich selbst und die Familie, soweit es eben geht, zu verstehen. In der Folge wird gemeinsam nach Wegen gesucht, die auf der gemeinsamen Verstehensbasis

Möglichkeiten eröffnen mögen, die Dinge zum Guten zu wenden und die nächsten Handlungsschritte anzugehen.

Als ein grundsätzliches Kriterium sollte gelten, dass es sich bei angestrebten Beteiligungsformen immer um ein sozialpädagogisches Geschehen handelt und nicht um ein psychotherapeutisches oder psychoanalytisches. Es geht darum, Kindern und Jugendlichen die Möglichkeit zu geben, teilzunehmen, in das gemeinsame Nachdenken, in die Verstehensprozesse einbezogen zu sein und wirklich aktiv einzugreifen. Dieses Geschehen als grundsätzlich dialogisch zu begreifen und zu gestalten, scheint hier die günstigste Variante zu sein, wenn es darum geht, erfolgreich Hilfe zu gestalten. Das setzt voraus, dass Fachkräfte Kenntnisse über dialogische Ansätze (vgl. Bohm 1996/2017) verfügen und in der Lage sind, eine solidarische Haltung einzunehmen bei gleichzeitiger Distanz zu den vorhandenen Problemen, die im Raume stehen. Es geht also um ein gemeinsames Überlegen, bei dem im Kern das Verstehen steht. Und zwar das Verstehen des jungen Menschen in seinen Zusammenhängen – auf Seiten des Kindes und auf Seiten der Person, die mit dem Kind im Gespräch ist. So gesehen sind die hier aufgeführten Methoden eigentlich Hilfsmittel, um miteinander nachzudenken und zu sprechen.

Dass Kinder sehr wohl über auch missliche Lebenslagen nachdenken und sprechen, konnte in den oben bereits erwähnten Qualifizierungsprojekten und Landesmodellprojekten immer wieder festgestellt werden. Bei Befragungen sagen Kinder und Jugendliche, dass es gut ist, wenn jemand zuhört, dass es wichtig ist, gemeinsam über Probleme und die Zukunft nachzudenken. Kinder und Jugendliche wünschten sich bspw. vor einer Hilfekonferenz oder ähnlichen Treffen eine Gesprächsrunde nur mit der zuständigen Fachkraft des Jugendamts, möglichst in abgeschirmter, ruhiger Atmosphäre. Zeit zu haben für den persönlichen Austausch, sich vertrauen und anvertrauen können ist dabei wichtig und von Bedeutung. Dieses bereits beschriebene gemeinsame Nachdenken, Verstehen und Verstanden-Werden, all das kann schwerlich in einem Gesprächskreis von sieben oder acht Personen erzeugt werden, wie es häufig bei Hilfekonferenzen der Fall ist.

Bedeutsam ist in derlei Zusammenhängen natürlich auch, und vielleicht gar besonders bei kleinen Kindern, eine Absprache, welche Inhalte des Gesprächs auch in der Teilöffentlichkeit, sprich: das Hilfeplangespräch, angesprochen werden können und was nicht. Hier liegt die besondere Verantwortung der*des erwachsenen Gesprächspartner*in darin, abzuschätzen, was dem Kind schaden könnte, selbst wenn es zustimmt, diese oder jene Aussage öffentlich zu machen.

Außerdem ist zu betonen, dass ein Kind natürlich eine vertraute Person hinzuziehen kann. Das sollte auch als wirkliches Angebot vor einem Gespräch angesprochen und entschieden werden.

4.13 Methoden der Beteiligung von Kindern, Jugendlichen und Erwachsenen in der Sozialpädagogischen Familienhilfe

Die nachfolgenden Methoden sind gleichermaßen für die Beteiligung von Kindern, Jugendlichen und Erwachsenen geeignet. Sie können, je nach der konkreten Situation, angepasst werden. Wie oben erwähnt, geht es häufig zunächst darum, in der fallbezogenen sozialpädagogischen Arbeit einen Verstehensrahmen zu erarbeiten, dessen Ergebnisse wiederum in die weitere Gestaltung des Hilfeprozesses einfließen. Dabei gilt in erster Linie, dass Kinder, Jugendliche und Eltern sich selbst verstehen! Das methodengeleitete Verstehen des Falls durch die Fachkräfte bildet die Basis für begründete Einschätzungen, Diagnosen und Berichte (vgl. Krumenacker 2004). Zum methodischen Vorgehen in der Beteiligung von Kleinkindern wird auf den Abschnitt oben in diesem Kapitel verwiesen. Die nachfolgend aufgeführten Methoden sind ebenso für die Beteiligung von Kleinkindern geeignet, wenn sie entsprechend alters- und entwicklungsgemäß adaptiert werden. Wir haben u. a. in der Auswahl der Methoden einen Schwerpunkt auf die Beteiligung von Kindern und Jugendlichen gelegt, da diese häufig (noch) vernachlässigt wird. Unser Anliegen ist, dazu zu ermutigen, Kinder und Jugendliche uneingeschränkt am Hilfegeschehen zu beteiligen! Weitere Methoden der Beteiligung sind in Kapitel 5 zu finden (▶ Kap. 5). Wir werden in der Folge mit der Methode »Sozialpädagogische Familiendiagnose« beginnen, die wir etwas breiter erörtern, um deutlich zu machen, dass neuere Methoden sowohl in ihrer Gesamtheit als auch im Kontext zur Beteiligung (insbesondere bei Kindern und Jugendlichen) gedacht und verwendet werden können.

4.13.1 Sozialpädagogische Familiendiagnosen – mit Eltern, aber auch mit Kindern und Jugendlichen

Ende der 1980er Jahre wurden Sozialpädagogische Diagnosen (damals vor allem bei und mit Jugendlichen, Mollenhauer/Uhlendorff 1992, 1995; Uhlendorff 1997) erstmals in der heute aktuellen Form entwickelt und angewendet. Inzwischen hat dieser Methodenansatz in der Praxis und Wissenschaft einen beachteten Platz erobert. Ab der Jahrtausendwende wurden diese diagnostischen Ansätze auch im Rahmen Sozialpädagogischer Familiendiagnosen verwendet (Uhlendorff/Cinkl/Marthaler 2008; Cinkl/Krause 2014).

Bei der Methode der Sozialpädagogischen Familiendiagnose wird im Kern davon ausgegangen, dass Eltern wie auch Kinder und Jugendliche über umfangreiche Kenntnisse verfügen, welche Ressourcen und welche Lösungsansätze es geben könnte, um konfliktreiche oder problematische Situationen zu überwinden. Und dass sie auch wissen, wer hierbei Unterstützung leisten kann. Die Schwierigkeit besteht darin, dass häufig Konflikte die Lebenssituation der Familie bestimmen und überlagern können, so dass keine Auswege und Lösungen mehr gesehen und schließlich auch nicht mehr gesucht werden, teils, weil Eltern alle Hoffnungen auf Verbesserung der Lage verloren haben, teils, weil die Konflikte sich zu bedrohlichen Monstern aufgeblasen haben, oder auch, weil sich die handelnden Personen in der konflikthaften Dynamik zu sehr miteinander verstrickt haben und jedes Handeln zu einer vermeintlichen Verschärfung führen kann. Diese Schwierigkeiten werden mit der Methode angegangen, indem der Versuch einer Versachlichung unternommen wird, bei dem alle Beteiligten gezielt zu Wort kommen. Darauffolgend werden Kinder, Jugendliche und Eltern selbst zu Expert*innen, die notwendige Hilfen annehmen und nutzen können.

Die Methode der Sozialpädagogischen Familiendiagnose ist inzwischen in vielen Bereichen der Sozialen Arbeit implementiert und, wie bspw. auch im Rahmen von Kinderschutz (vgl. Cinkl/Krause 2014), umfangreich evaluiert worden (vgl. Cinkl 2011).

Die Sozialpädagogische Familiendiagnose besteht aus den folgenden Arbeitsschritten:

- Familien (bspw. Väter, Mütter, Kinder, Jugendliche) erzählen im Beisein von sozialpädagogischen Fachkräften und auf der Basis von leitfadengestützten Interviews über ihre Familie. Sie beschreiben Probleme, Ressourcen, Lösungsmöglichkeiten, erste Schritte, um ›aus dem Schlamassel herauszukommen‹, Personen, die dabei behilflich sein könnten, mögliche Kooperationen usw. Das Ganze wird phonetisch aufgezeichnet.
- Fachkräfte (mindestens zwei ausgebildete Personen) werten den Mitschnitt in der Folge aus und versuchen zu verstehen, was das Erzählte bedeutet. Sie schreiben die Ergebnisse ihrer gemeinsamen Überlegungen auf Flipchartpapier, und zwar zu den vorgegebenen Themenbereichen (Problembeschreibungen, Ressourcen usw.). Sie bilden Schwerpunkte, entwickeln Reihenfolgen von gravierend bis weniger bedeutsam.
- Die Eltern/Kinder/Jugendlichen werden mit diesen Papieren konfrontiert. Sie erleben also das Ergebnis aus ihren, mit den Fachkräften dialogisch erzeugten Selbstsichten und treten nunmehr in einen eigenen Dialog mit den vorgeschlagenen Resultaten. Dabei können sie diese verändern bspw. Punkte abwählen, die Reihenfolgen neu ordnen und Sichtweisen neu erzeugen bzw. weitere Gedanken hinzufügen. Sie können nun ihrerseits Reihenfolgen festlegen bzw. besonders Wichtiges hervorheben usw.
- Aus diesem Prozess entwickeln Eltern, Kinder und/oder Jugendliche gemeinsam mit den Fachkräften eine gemeinsame Strategie. Dabei können nachfolgende Fragen hilfreich sein: Womit wird angefangen, um etwas im Sinne einer positiven Entwicklung zu verändern? Wer soll ein*e Bündnispartner*in werden? Worauf kann die Familie aufbauen? Was wird gebraucht? Welche Wege sollen beschritten werden? Woran werden die Familienangehörigen merken, dass es besser wird? Wann soll auch mal Rast gemacht werden? Und: Was sind ›Fallen‹, in die man geraten könnte?

Der gesamte Prozess verläuft in Phasen, braucht Zeit und kann durchaus zwei Wochen dauern. Involviert sollte ein Team von diesbezüglich ausgebildeten und

4.13 Methoden der Beteiligung von Kindern, Jugendlichen und Erwachsenen

möglichst erfahrenen Fachkräften sein. Wichtig ist eine professionelle Haltung, die beinhaltet, dass die Familienangehörigen als Expert*innen gesehen und geachtet werden. Auch ist ein dialogisches Herangehen erforderlich. Die Ergebnisse werden nicht im Sinne von falsch und richtig oder gewinnbringend oder nicht diskutiert, sondern als Gedanken betrachtet, die in der Schwebe gehalten, hin und her gewendet, nochmals und nochmals bedacht werden. Und das in einem Prozess, an dem alle in gleicher Weise beteiligt sind.

Der Ablauf der Methode in Kurzform im Überblick:

- Vorstellen der Methode,
- Interview gemäß gezielten, vorgegebenen Fragekomplexen/Leitfaden (wird phonetisch aufgezeichnet),
- Auswertung im Team der sozialpädagogischen Fachkräfte,
- Herausstellen der Themen der Familien, der Problemkonstellationen, der Ressourcen usw.,
- Vorstellen der Ergebnisse am Flipchart gemeinsam mit den Eltern/Jugendlichen/Kindern,
- gemeinsames Arbeiten am Flipchart (neu ordnen, erweitern, streichen) mit Eltern und Kindern bzw. Jugendlichen,
- Festlegen der ersten und nächsten Schritte insbesondere durch die Eltern und Kinder bzw. Jugendlichen selbst,
- weiter darüber nachdenken, andere befragen (das Flipchart-Papier mitnehmen Freund*innen, Bekannten zeigen, weiter darüber nachdenken),
- Vorstellung im Jugendamt durch die Betroffenen selbst als weitere Grundlage der Hilfeplanung.

Eine sehr gute Übersicht über die Methode zeigt sich in ihren Wirkfaktoren, die im Zusammenhang mit der Evaluation in einem Bundesmodellprojekt an sieben Standorten mit 40 Familien entstanden sind. Es konnten zehn zentrale Wirkfaktoren herausgearbeitet werden:

- Begegnung und Haltung (hier also eine dialogische, interessierte Haltung der Fachkräfte gegenüber den Familien),
- Exposition (auf dem Papier geschrieben und damit sichtbar),
- Probleme hin und her tragen können (die Notizen und bearbeitete Themen können mit anderen Partner*innen diskutiert werden),
- Selbstkonstruktion (das, was notiert ist, die Konflikte, Ressourcen, ersten Schritte usw. sind eigene Erkenntnisse),
- Dialog (die Ergebnisse werden dialogisch hin und her gewendet),
- gemeinsames Verstehen (dabei entstehen gemeinsame Erkenntnisse, die eine hohe Akzeptanz haben),
- Versachlichung/Objektivierung (in dem Prozess entstehen Inhalte, die weniger moralisch belegt sind, die nicht nach Schuld und Fehler fragen, sondern eher als objektiv und damit als bearbeitbar gesehen werden),
- Zerlegung der Probleme und Lösungen,

- Selbstrepräsentanz (die Mütter/Väter/Jugendlichen/Kinder können über ihre eigenen Probleme, Lösungsmöglichkeiten usw. selbst reden),
- veränderte Sicherheit in der Begegnung (so vorbereitet ist die Hilfekonferenz aus den Augen der Familien wesentlich sicherer zu gestalten) (vgl. Cinkl/Krause 2014, S. 155).

Auch Kinder nehmen die umgebende Lebenssituation in der Weise wahr, dass sie ggf. als bedenklich, bedrohlich, schwierig erlebt wird. Auch sie suchen nach Lösungen und Veränderungsmöglichkeiten. Und sie können erkennen, was in ihren Familien gut läuft, was angenehm und einfach toll ist – und was die Eltern gut können, was sie als Vater oder Mutter im guten Sinne auszeichnet. Mitunter haben Kinder sogar einen klareren Blick auf das, was die Familie derzeit ausmacht, was ihr fehlt, was gerade besonders problematisch ist und wo Hilfe herkommen kann.

All diese Fragen können mit Kindern erörtert werden. So, wie es die Methode der Sozialpädagogischen Familiendiagnose vorgibt, können die Antworten der Kinder phonetisch aufgezeichnet und später ausgewertet und dann wiederum mit dem Kind besprochen werden. Aber es geht auch anders. So können die Antworten auch auf ein Flipchartpapier geschrieben werden. Das Lesen kann man gemeinsam gestalten – und auch mit Zeichnungen arbeiten. Gemeinsam mit dem Kind kann man dann im Sinne einer dialogischen Auswertung vor dem Flipchart Platz nehmen und alles gemeinsam durchgehen. Was fällt noch ein? Stimmt das überhaupt? Sollten wir noch etwas ändern?

Sollten die Aufzeichnungen des Kindes, die die Fachkraft ggf. verschriftlicht, nicht zu kompromittierend für die Eltern sein, kann darüber nachgedacht werden, dass das Kind, gemeinsam mit der*m erwachsenen Gesprächspartner*in, die Ergebnisse diesen vorstellt und dann gemeinsam bespricht.

Auch hier ist wichtig: Das Flipchartpapier bleibt Eigentum des Kindes. Es ist zu überlegen wie damit umzugehen ist. Vielleicht kann es sinnvoll sein, dass es für das Kind aufbewahrt, oder auch, dass es vernichtet wird.

Gemeinsam mit dem Kind wird am Flipchart erarbeitet:

- Was ist prima in der Familie?
- Was können Vater, Mutter, Geschwister besonders gut?
- Was bringt das Kind selbst in die Familie mit ein? Was kann das Kind besonders gut?
- Was war früher besser und was könnte getan werden, damit es wieder so wird, wie es gewesen ist?
- Welcher Mensch fehlt, ist weggegangen? Und wer könnte nun dessen Platz einnehmen?
- Wer hat der Familie geholfen? Wer könnte der Familie helfen?
- Wie könnte diese Person der Familie helfen?
- Was sollte sich unbedingt ändern?
- Wie könnte sich etwas ändern? Was fällt dem Kind hierzu ein?
- Welche Hilfe braucht das Kind ganz persönlich, was wäre hierzu eine gute Idee? Wer könnte hierzu gefragt werden?

- Welche Unterstützung brauchen die Eltern? Gibt es Dinge, die unbedingt gebraucht werden? Woher könnten diese Dinge geholt werden?
- (Eigene Entwicklung von möglichen Fragestellungen; diese können auch mit Jugendlichen gestellt werden.)

Die Erfahrungen mit der Methode sind eindeutig. Kinder erleben die Nachfragen als gute Möglichkeit einbezogen und also beteiligt zu sein. Sie können in aller Regel gut und eindrücklich über sich im Kontext zu ihren Familien sprechen. Der Dialog darüber gelingt, insoweit der zwischenmenschliche Kontakt das ermöglicht und die Fachkraft es versteht, dialogische Situationen zu erzeugen.

Wenn es gelingt und angemessen ist, wirkt sich eine positive Konfrontation der Ergebnisse im Hinblick auf die Eltern außerordentlich günstig aus. Das Kind erlebt sich als beteiligt und die Eltern profitieren von der Sicht des Kindes auf die Situation und dessen Vorschläge zur Veränderung.

4.13.2 Fundstücke aus meinem Leben

Viele Gegenstände, die ein Mensch besitzt, haben eine eigene Geschichte. Manche der Geschichten sind vergessen, andere werden wiederentdeckt, weil sich doch wieder daran erinnert wird. Viele Geschichten hängen mit Menschen zusammen, die eine Bedeutung hatten oder immer noch haben. Manche Gegenstände erwecken Emotionen oder auch Erinnerungen an emotionale Geschehnisse. Man muss sich nur umschauen und schon findet man diese Gegenstände, die für einen Menschen von ganz besonderer Bedeutung sind. Deshalb kann man diese Dinge auch Fundstücke nennen, Fundstücke, die ich in meinem Leben entdecke.

Wollen Fachkräfte also ins Gespräch kommen und etwas über die Lebenswelt und die Themen der Familienmitglieder erfahren, so dürfte es leicht sein, eine Brücke über besagte Dinge zu bauen. Noch bedeutsamer wird dieser Zusammenhang jedoch, wenn ein Mensch aufgefordert wird, besagte Fundstücke selbst auszuwählen, zu suchen und sich für das eine oder andere zu entscheiden. Ein Buch, ein Foto, ein Glitzerstein, eine Feder, ein T-Shirt. Denn die Suche und die Auswahl stellt das Kind, den Jugendlichen, die*den Erwachsene*n vor wichtige Entscheidungen und führt dazu, sich mit der eigenen Vergangenheit zu beschäftigen bzw. Rückschlüsse zu ziehen, was diese Erinnerungen mit dem Heute zu tun haben.

In der Praxis ist zu beobachten, dass Kinder gerne an einer Suche nach Fundstücken teilnehmen und auch intensiv darüber nachdenken, was ihnen das Bild, der Stein usw. bedeutet und was es auch im Nachhinein bei Ihnen Emotionen auslöst. Jugendliche sind hier vorsichtiger. Sie haben das Gefühl, dass die Türen, die sich bei einem solchen gemeinsamen Nachdenken öffnen, zu viel preisgeben können. Es ist wichtig, zu vermitteln, dass nicht die Fachkraft wissen will, was die Dinge für die jeweilige Person bedeuten, sondern viel eher der Mensch selbst. Er soll dabei unterstützt werden, sich selbst besser zu verstehen, um daraus folgend zu verstehen, was getan werden könnte, damit sich die Lebenslage der jungen Menschen oder auch der ganzen Familie im gemeinsamen Handeln verbessern könnte. Manchmal sind es wichtige Bezüge, die deutlich werden, die aber wiederhergestellt werden müssen. Manchmal verweisen die Erinnerungen auf Menschen, die aus dem Blick geraten sind, die aber vielleicht aktuell helfen könnten. Manchmal sind es auch Erinnerungen, auf die sich in der Folge die ganze Familie einlassen kann und damit die Idee verknüpft, sich zu besinnen und an einer Stelle einen Neuanfang zu machen, die bislang als unzugänglich erschien. Und nicht selten kann das Erinnern auch Trauer auslösen, z. B. wenn sich Kinder und Erwachsene an einen wichtigen Menschen erinnern, der verstorben ist, der aber noch immer irgendwie doch ›in ihrer Nähe‹ ist.

Fundstücke und das Darüber-Nachdenken können auch dabei dienlich sein, die Person zu stärken. Machen doch die Erinnerungen deutlich, dass man eine Geschichte hat mit der die*der Einzelne auch verbunden ist. Und im Hinblick auf die Familie kann das Erinnern auch bedeuten, dass sie eine Gemeinschaft ist, die vielfältig Verknüpfungen und eben eine gemeinsame Geschichte hat – eine gute und wichtige Grundlage gemeinsam über Konflikte, Krisen oder nächste Schritte nachzudenken.

Mögliche Fragestellungen:

- An was erinnert dich dieses Fundstück, was ist dir dabei wichtig, was verbindet diese Erinnerungen mit dem Heute?
- Was war damals anders, was war damals schön oder gut? Was würdest du dir davon zurückwünschen?
- An wen erinnert dich das Fundstück, was macht diesen Menschen für dich bedeutsam, was ist dir dabei wichtig?
- Wenn du dich erinnerst, was wäre dir heute wichtig, was sollte geschehen, damit du dich wieder gut fühlst?
- Wenn das Fundstück magische Kräfte hätte und dir Wünsche erfüllen könnte, was würdest du dir dann wünschen?
- Ein Fundstück wird man ja bestimmt nicht wegwerfen. Wenn du dir dieses in fünf Jahren anschaust, was wird dann bei Dir und deiner Familie passiert sein? Und was wünschst du dir, was passiert sein soll?

4.13.3 Fotoanalyse mit Kindern

Eine weitere Methode ist die der Fotoanalyse. Kinder schauen sich in aller Regel gerne Fotos an. Sie beobachten dabei nicht nur Veränderungen, wie z. B. das körperliche Wachstum, sie beobachten auch, was auf den Bildern geschieht. Sie können durchaus Zusammenhänge zu der damaligen und der aktuellen Lebenssituation herstellen. Sie beschreiben Personen und deren Wirkungen auf sie oder innerhalb der Familie. Und sie können Schlussfolgerungen ziehen, wenn es um das hier und heute geht. Damit öffnen sich Zugänge ins Leben der Kinder, die diese selbst und gemeinsam mit der sozialpädagogischen Fachkraft nutzen können, um besser zu verstehen, in welcher Lebenssituation sie und ihre Familie sich befinden, um dann gemeinsam nach Lösungswegen bei Konflikten usw. zu suchen.

Hier sei in Kurzform die Methode beschrieben. Gemeinsam schauen sich die erwachsene Person und das Kind (auch Geschwisterkinder) die Fotos an. Es wird gesammelt:

- Erste Eindrücke und Empfindungen (Das Kind kann frei assoziieren).
- Beschreibung: Was ist zu sehen? Was sieht/beschreibt das Kind/der Jugendliche? Was drückt das aus, was zu sehen ist? Was ist die Geschichte, die das Bild erzählt?
- Personen und Umstände: Wie sehen die abgebildeten Gegenstände oder Personen aus Kleidung, Körperhaltung, Mimik)? Wie ist ihr Verhältnis untereinander?
- Die*der Betrachter*in und das Bild: Wie beschreibt sich das Kind im Verhältnis zu den abgebildeten Personen und der Atmosphäre auf dem Bild? Wo würde es sich selbst auf dem Bild sehen?
- Was ist die Gesamtinterpretation? Wie können die Ergebnisse zusammengefasst werden und was ist die Gesamtaussage des Bildes aus der Sicht des Kindes?
- Verstehen: Was kann das Kind aus dieser Bildanalyse besser als zuvor über sich und seine Familie verstehen (vgl. Marotzki/Stoetzer 2006)?
- Daraus folgt: Was sehen wir?
- Was können wir interpretativ erzeugen im Kontakt zu den historischen Zusammenhängen?
- Was löst das Gesehene in mir und in dir aus?
- Was bedeutet das subjektive Erleben im Kontext zu aktuellen Diskursen?

Die mit besagter Analyse verbundene Auswertung der Fotos und damit zugleich auch die Stärkung der Bedeutsamkeit des Lebenslaufs des jeweiligen Kindes tragen dazu bei, dass Kinder bewusst und sicherer mit ihrer aktuellen Situation und den Erlebnissen umgehen können. Auch bei diesem methodischen Ansatz wird das Verstehen gefördert (vgl. Holzbrecher/Tell 2006, S. 107 ff.). Der dialogische Rahmen mit seinem »Was sehe ich und was siehst du? Wie nehme ich das auf dem Foto Sichtbare wahr und wie du?« ermöglicht Interpretationen und gemeinsames Nachdenken über die Zusammenhänge des auf dem Foto Sichtbaren mit der realen Welt, so wie diese das Kind wahrnimmt und erklärt. Und auch hier gilt: Die Fotos sind keine Beweismittel, sie können nicht als Interpretationsbelege für irgendwelche Schlussfolgerungen der Erwachsenen dienen und sie sind und bleiben im Besitz der Kinder.

Fotoanalysen können natürlich auch mit Jugendlichen und Erwachsenen durchgeführt werden.

4.13.4 Mit Playmobilfiguren das Leben nachspielen

Die Arbeit mit Puppen hat in der Kinder- und Jugendhilfe schon eine lange Tradition. Puppen können Kontakte ermöglichen und fördern, Gefühle zeigen und spiegeln, Gespräche gestalten. Der Zugang über Hand-, Marionetten- oder andere Puppen zu Kindern ist oft gerade dann leichter, wenn Kinder in kritischen Lebenssituationen sind (Brächter 2016).

Die Arbeit mit Lego- oder Playmobilpuppen hingegen ist relativ neu im Praxisfeld und wurde insbesondere von Uwe Uhlendorff (2014) als Arbeitsansatz eingebracht. Da diese Spielfiguren in unterschiedlichen Zusammenhängen eine große Verbreitung und Akzeptanz unter Kindern haben, finden Kinder gut und rasch einen Zugang zu ihnen. Dabei sind ihnen Rollenspiele geläufig. Diese beziehen sich dann zwar auf die jeweiligen Spielthemen (Wikingerschiff, Star Wars, Ninjas, Dschungelsafari, Polizeistation, Bauernhof), dennoch kennen sich Kinder in der Regel mehr oder weniger gut aus im Umgang mit den Figuren und deren Handeln.

Von daher sollte es gut möglich sein, Kindern die Figuren anzubieten, um mit Ihnen über familiäres Leben, aber auch über Situationen in der Kita oder der Schule nachzudenken. Familienleben lässt sich ohne weiteres wie auf einer kleinen Bühne erzeugen. Die entscheidende Besonderheit an dieser Methode liegt in der Übertragung eigener Erlebnisse, Erfahrungen und Emotionen auf die Figuren.

Gerade bei diesem Methodenansatz neigen Fachkräfte immer wieder dazu, eigene Interpretationen und analytische Gedankenspiele vorzunehmen. Darum geht es jedoch nicht. Das Kind soll vielmehr im Spiel, das dialogisch begleitet werden sollte, sich selbst und seine Umwelt verstehen und den Fachkräften erklären, was geschieht und was das bedeutet. So kann herausgearbeitet werden, wie das Kind seine Welt wahrnimmt, was es als wichtig, angenehm, förderlich, lebensbejahend erlebt und was es als falsch, bedenklich, ärgerlich erlebt und auch so beschreibt. In der Umkehrung kann es darstellen, wie es besser wäre, wie man etwas ändern könnte, was vielleicht geschehen müsste, welche Personen hilfreich sind oder sein könnten, wie es sein eigenes Handeln sinnvoll verändern könnte, damit sich die Lage zum Guten wendet.

So können bestimmte Szenen, Abläufe, Handlungen gespielt, nachempfunden und diskutiert werden. Z. B.: Das Kind spielt mit den Legofiguren Szenen in seiner Familie/Heimgruppe/Pflegefamilie nach. Szenen können sein:

- das morgendliche Aufstehen – Frühstück,
- die Hausaufgabenphase,
- gemeinsames Spielen,
- mein Geburtstag,
- Abendbrot,
- Zubettgehsituationen.

Das Kind spielt frei. Es spielt die Szenen noch einmal, indem es zeigt, wie es sich die Situationen wünscht, wie es besser wäre. Es beschreibt die Rollen der Figuren in dem Spiel und wie es sich die Rollen wünscht.

Bei dieser Methode kann es im Übrigen sinnvoll sein, das Kind zu ermuntern, die Szenen auch für die Mutter, den Vater usw. vorzustellen. Allerdings muss darauf geachtet werden, dass das Kind die Eltern in solch einer Situation nicht kompromittiert oder gar denunziert. Vielleicht genügt es ja, wenn das Kind eine Szene vorspielt, wie es sich eine Alltagssituation wünscht: So stelle ich mir eine schöne Abendbrotsituation vor. Das Kind spielt die Szene und gemeinsam wird darüber nachgedacht, wie der Wunsch, soweit es eben geht, realisiert werden könnte.

4.13.5 Mit Kindern Geschichten erfinden – Was wäre wenn?

Kinder sind in ihrer Phantasie in aller Regel offen und kreativ – und das obwohl ihre Erfahrungen von der Beeinflussbarkeit der familiären Umgebung diese Fähigkeiten eher belasten. Andererseits können Kinder ein Problem damit haben, relativ prägnante Rahmenbedingungen außer Acht zu lassen oder sogar zu ignorieren. Doch gerade das kann im Rahmen der Hilfeplanung ein Gewinn sein. So können Kinder spontan sagen: »Als Oma noch da war, da war es besser, da war Mama noch fröhlicher, da hat es Ausflüge gegeben, da konnte ich zu ihr hingehen, wenn ich Sorgen hatte«. Dieser Umstand macht deutlich, dass Kinder z.B. rückblickend einschätzen können, was damals anders war, was möglicherweise hilfreich gewesen ist, was Ordnung erzeugt hat und Verlässlichkeit. Oder welche emotionalen ›Energiequellen‹ es gab, wer das soziale Klima in einer Familie beeinflusst hat. Aber auch, was die Struktur der Familie ausmachte oder anders gesprochen: Was im Sinne des Systemerhalts bedeutsam war und immer noch ist.

Die entsprechenden Fragestellungen sind aus dem Systemischen Arbeiten entnommen. Diese können auch bei der Gestaltung von Hilfekonferenzen eingesetzt werden. Bei der Arbeit mit Kindern kann z.B. die Frage »Was müsste passieren, damit sich etwas ändert – damit sich die Dinge zum Guten wenden, damit es besser wird?« Eingang finden. Kinder haben viele Ideen, wenn sie mit dieser Frage konfrontiert werden. Dabei kann der Phantasie freien Lauf gelassen werden, so können auch Wunder oder Zauberer ins Kalkül gezogen werden.

Auch auf die Frage: »Woran würdest Du merken, dass es in deiner Familie besser geworden ist – alles in Ordnung gekommen ist …?« können Kinder viel sagen. Vielleicht beschreiben sie Situationen, die zum Alltag gehören, an denen man merkt, dass alles gut ist. Vielleicht gelangen sie auch zu grundsätzlichen Aussagen: »Mama muss nicht mehr schreien …« oder, »Dann fahren wir zusammen an einen See, wo wir schon mal waren, und machen Ferien.«

Es geht also bei diesem methodischen Ansatz vor allem darum, dass Kinder erzählen, was ihnen widerfahren ist, was gut in der Familie ist oder war, was man tun könnte, damit es wieder besser wird, oder was vielleicht die ersten Schritte sein könnten, die gegangen werden sollten, damit sich die Lage wieder bessert. Die Fragestellungen haben durchaus Bezüge zur Systemischen Arbeit, bei der Frageansätze ja sehr zentral sind (vgl. Patrzek 2015/2017).

Impulse könnten sein:

- Erzähle mir, was ist in deiner Familie los. Was ist da wirklich toll und was macht dir vielleicht auch Sorgen.
- Kannst du dich daran erinnern, wann es richtig gut war in deiner Familie? Was fällt dir ein? Und wie ist es dir damals ergangen? Was war denn gut? Was hast du erlebt?
- Welche Menschen sind in deiner Familie für dich wichtig und warum sind sie wichtig?
- Und außerhalb deiner Familie, wen gibt es da noch? Wer ist auch wichtig für dich?

- Wenn du etwas in deiner Familie ändern würdest, was würde das sein?
- Wenn du zaubern könntest, was würdest du zaubern, damit alles schöner wird?
- Woran würdest du merken, dass dein Zauber funktioniert hat?
- Wir wollen ja gemeinsam überlegen, was getan werden sollte, damit es in deiner Familie besser/noch besser wird.
- Wen brauchst du an deiner Seite, damit sich die Dinge zum Guten wenden? Was sollte dieser Mensch tun, damit du dich gut fühlst?
- Wenn es schwierig wird, wer wäre die*der erste, den du um Hilfe bitten würdest?

Dieser methodische Ansatz erscheint zunächst als jener, der im Alltag der Hilfeplangespräche Anwendung findet. Doch Vorsicht, ganz so einfach ist es nicht. Denn es kommt ja darauf an, dass die Fachkräfte diese Geschichten nicht deuten oder irgendwie im Rahmen ihrer eigenen Annahmen und der Fallkonstruktion verwenden. Vielmehr handelt es sich um einen Beitrag aus dem Blickwinkel eines Kindes, der Eingang in die gemeinsamen Überlegungen finden kann und sollte. Dass es dabei auch zu einer möglichen ›Konfrontation‹ mit den Ansichten der Eltern kommen kann, muss beachtet werden. Das Kind sollte so weit als möglich davor bewahrt werden, dass seine Sichtweisen als illoyale Positionen begriffen werden.

Das Wesentlichste ist auch bei dieser Methode das bessere Verstehen, insbesondere auf der Seite des Kindes. In welcher Lage bin ich mit meiner Familie, was tut mir gut, was könnten Wege sein, die wir gemeinsam gehen, welche Person kann uns unterstützen und woran würden wir merken, dass der Weg der richtige ist.

4.13.6 Familienrat – Die Familie kennt sich aus!

Der Familienrat wurde ursprünglich in Neuseeland – Family Group Conference – als Fortentwicklung einer Lösungsstrategie der Maori, der dortigen indigenen Bevölkerungsgruppe, methodisch erkannt und in das Methodenspektrum der ressourcenorientierten Sozialpädagogik aufgenommen. Der strukturierte Familienrat ist eine gute Methode, um die Ressourcen einer Familie, in Bezug auf eine Problemsituation, zu mobilisieren und zu deren Lösung dieser beizutragen.

Verschiedene Akteur*innen, oft die Sozialarbeiter*innen des Jugendamtes, regen die Einsetzung eines Familienrates an, in dem eine Sorge formuliert wird und mit der Familie die verschiedenen Lösungsmöglichkeiten erarbeitet werden. Der Familienrat stellt hohe Anforderungen an die Kooperationsbereitschaft der Familien, da alle Beteiligten sich einem kommunikativen Regelwerk unterwerfen und lösungsorientiert diskutieren und ggf. handeln müssen.

Es können neben den Personensorgeberechtigten, den Kindern bzw. Jugendlichen oder auch jungen Volljährigen und anderen relevanten Familienmitgliedern auch andere Bezugspersonen in den Familienrat einbezogen werden. Er eignet sich für alle Familiensysteme in den unterschiedlichsten Ausprägungen (vgl. Früchtel/Roth 2017).

4.13 Methoden der Beteiligung von Kindern, Jugendlichen und Erwachsenen

Die Problematiken können sehr vielfältig sein. Auch im Fall von Kindeswohlgefährdungen kann diese familiäre Unterstützung angezeigt sein, z. B. indem mit den Beteiligten Notfallpläne für Krisensituationen erarbeitet werden.

Der Familienrat wird von zertifizierten Fachkräften, in der Regel Mitarbeiter*innen freier Träger, intensiv mit der Familie vorbereitet und während der Durchführung fachlich begleitet.

Der Familienrat ist eine meist eintägige Veranstaltung, die sich in drei Phasen gliedert:

- Informationsphase:
  Alle am Prozess beteiligten Menschen und die*der zuständige*n Sozialarbeiter*in des Jugendamtes stellen ihre Sicht auf die Problemlage dar.
- Familienphase:
  Die Familie und die von der Familie bestimmten Vertrauten diskutieren allein die Problemfelder, suchen nach Lösungen und sichern diese schriftlich.
- Die Ergebnisse werden von der Familie und den zuständigen Sozialarbeiter*innen des Jugendamtes auf deren Realisierungsmöglichkeiten hin überprüft und schriftlich festgehalten.

Der von der*dem zuständigen Sozialarbeiter*in im Jugendamt angenommene Ergebnisplan des Familienrates ersetzt eine weitere Hilfeplanung.

Der Familienrat kann

- innerfamiliäre und andere Ressourcen für die Lösung einer Problemsituation erkennen und neue Ressourcen entstehen lassen,
- die Kommunikation und das familiäre Verständnis fördern,
- von der Familie und dem Umfeld akzeptierte Lösungsansätze erarbeiten und deren Umsetzung überwachen,
- Einrichtungen, wie Kitas, Schulen, Fachkliniken und Jugendhilfesysteme, auf Probleme aufmerksam machen und dazu animieren, Familien zu unterstützen,
- die Vernetzung in einer Region, in einem Stadtteil fördern,
- Unterstützungsangebote des Jugendamtes transparent und deren Umsetzung möglich machen,
- den Familien positive Perspektiven aufzeigen und ihnen Zuversicht vermitteln.

Diese methodischen Ansätze sind, wie bereits erwähnt, Beispiele. Diese aufgegriffenen und kurz beschriebenen Methoden sind, wie sicher auch beim Lesen deutlich wurde, zum Teil noch in der Entwicklung und teilweise auch nicht oder nur in Anfängen evaluiert. Sie sind Bestandteile von Praxen in Jugendämtern oder in Jugendhilfeeinrichtungen, also im konkreten Arbeitsfeld und auch in den ambulanten Familienhilfen. Es lohnt an der Entwicklung, Verbreitung und ggf. eben auch an der Evaluierung mitzuwirken. Dazu laden wir Sie ein!

4.14 Hilfen für das Selbststudium

4.14.1 Zusammenfassung

Beteiligung in der Sozialpädagogischen Familienhilfe ist im SGB VIII gesetzlich geregelt und muss u. a. im Hilfeplanverfahren gemäß § 36 SGB VIII sichergestellt werden. Die Regelungen durch Verfahren sind aber nicht ausreichend. Beteiligung muss vor allem auch im Alltag hergestellt und mit Blick auf die Gestaltung des Hilfeprozesses umgesetzt werden. Hierfür bedarf es einer grundsätzlichen Bereitschaft von Seiten der Fachkräfte zu einer partnerschaftlichen Zusammenarbeit mit Kindern, Jugendlichen und Familien. Diese wird maßgeblich von der eigenen professionellen Haltung (▶ Kap. 2) geprägt. Die Entwicklung einer beteiligungsorientierten Grundhaltung kann durch das Erlernen und Anwenden geeigneter Methoden der Beteiligung von Kindern, Jugendlichen und Eltern unterstützt werden. Bei diesem methodischen Arbeiten eröffnet sich für junge Menschen, deren Eltern und die Fachkräfte gleichermaßen ein Reflexions- und Verstehensrahmen, dessen Erkenntnisse wiederrum als Beteiligung in die Hilfeplanung und Hilfeausgestaltung einfließen.

4.14.2 Übungsaufgaben für das Selbststudium oder in der Gruppe

1. In diesem Kapitel wurden einige Methoden, mit denen Beteiligung durch das Eröffnen eines Reflexions- und Verstehensrahmens möglich wird, vorgestellt. Wählen Sie eine Methode aus, lesen Sie diese noch einmal durch und erproben Sie diese in einem geeigneten Kontext. Reflektieren und systematisieren Sie im Anschluss Ihre Erfahrungen mit dieser Methode.
2. Wenn Sie bei einem Träger der Kinder- und Jugendhilfe angestellt sind: Erforschen Sie diesen Träger bzw. die eigene Organisation auf Beteiligungsstrukturen! Erstellen Sie eine Übersicht, aus der hervorgeht, wo genau Beteiligung vorgesehen und ermöglicht wird. Unterscheiden Sie dann in strukturelle, also formale, Beteiligung wie bspw. Betriebsrat, Sprecher*innenrat, Mehrheits- oder Minderheitsvotum, Evaluationen und informelle Beteiligung wie bspw. Anhören von Meinungen, transparente Informationenweitergabe, Akteneinsicht für Kinder, Jugendliche, Eltern. Wie lautet Ihr Resultat?

Literatur zum Weiterlesen

Cinkl, Stephan/Krause, Hans-Ullrich (2014): Praxishandbuch Sozialpädagogische Familiendiagnosen. Verfahren – Evaluation – Anwendung im Kinderschutz. 2., durchgesehene Auflage. Opladen: Budrich.
Krause, Hans-Ullrich (2019): Beteiligung als umfassende Kultur in den Einrichtungen der erzieherischen Hilfen. Praxis und Forschung, Bd. 36. Frankfurt: IGFH.
Wolff, Reinhart/Stork, Remi (2013): Dialogisches ElternCoaching und Konfliktmanagement. Ein Methodenbuch für eine partnerschaftliche Bildungsarbeit (nicht nur) in den

Hilfen zur Erziehung. Reihe: Erziehungshilfe-Dokumentation, Bd. 33. 2., unveränderte Auflage. Frankfurt: IGfH (Erstauflage 2012).

5 »Jede Familie tickt anders.«
Die Gestaltung des Hilfeprozesses gemeinsam mit Kindern, Jugendlichen und Eltern

In diesem Kapitel wird die Gestaltungsphase, also die Phase nach der Kennenlernphase und vor der Schlussphase im Kontext der Sozialpädagogischen Familienhilfe thematisiert. In dieser Phase lassen sich die Familie und die*der Familienhelfer*in auf einen intensiven Arbeitsprozess ein. Dazu ist es erforderlich, die Themen, Probleme und Anliegen, aber auch Vorhaben und Ziele der Familie gemeinsam mit dieser herauszuarbeiten, im Kontext der Lebenswelt zu verstehen und zu bearbeiten. Ebenso geht es häufig um die materielle und ökonomische Sicherung (▶ Kap. 7), bspw. regelmäßiges Einkommen, Klärung der Wohnsituation, Versorgung mit Nahrung, Kleidung, Wohnungseinrichtung, kindgerechte Ausgestaltung der Wohnung, Kontaktaufnahme zu Institutionen und Antragstellung auf Sozialleistungen sowie ggf. Suche nach einer geeigneten regelmäßigen Erwerbsarbeit bzw. Beschäftigung, Aufbau sozialer Kontakte, bspw. in der Nachbarschaft und im Sozialraum, Ideen zur Gestaltung der Freizeit.

Die sozialpädagogische Tätigkeit besteht im Kern gemeinsam mit den Familienmitgliedern in der Bearbeitung von zunächst nicht äußerlich sichtbaren Themen, Problemen und Dynamiken der Familie wie bspw. die sozialen Beziehungen und Bindungen der Familienmitglieder, Generationenaufträge oder auch -konflikte, Sackgassen im Erziehungsgeschehen, Äußerungen der Kinder, die nicht verstanden werden. etc. Es geht darum, Veränderungsprozesse zu initiieren, Neues zu lernen und insgesamt im Prozess der Sozialpädagogischen Familienhilfe eine Verbesserung der Lebenssituation der Familie zu erreichen. Dies bedeutet für die Familienmitglieder, den Hilfeprozess selbst zu gestalten oder – falls ihnen dies nicht möglich ist – mitzugestalten und sich auch auf Alternativen zur bisherigen Lebensführung sowie Alltagsgestaltung einzulassen. Flankierend hierzu ist ein Selbstverstehen und eine Selbstreflexion hilfreich, bspw. mit Blick auf lebens- und familiengeschichtliche Erfahrungen (Biografie- und Genogrammarbeit), der Bewältigung des Tagesablaufs, der Gestaltung sozialer Beziehungen, der Lösung von Konflikten innerhalb der Familie. Weiterführend ist in dieser Phase auch das soziale Umfeld der Familie dahingehend zu untersuchen, welche persönlichen, sozialen und ökonomischen Ressourcen der Unterstützung es bereithält. Diese sollen perspektivisch, also auch für die Zeit nach Beendigung der Sozialpädagogischen Familienhilfe, erschlossen werden (▶ Kap. 8). Intensive Reflexionsprozesse gehen jedoch auch die Fachkräfte ein, um sich selbst, die Eltern und die Kinder sowie die Geschehnisse im jeweiligen Kontext verstehen und damit konstruktiv weiterarbeiten zu können.

In der sozialpädagogischen Arbeit mit Familien muss berücksichtigt werden, dass jede Familie anders ist – oder, wie in der Überschrift dieses Kapitels benannt, anders ›tickt‹. Es können also keine pauschalen Angebote und Lösungen an die Familien unterbreitet werden, sondern es erfordert einen fallbezogenen Zugang (▶ Kap. 8), um die geeigneten Arbeitsformen gemeinsam mit der Familie zu entwickeln. Vor diesem Hintergrund wird in diesem Kapitel folgender Frage nachgegangen.

> **Zentrale Fragestellung**
>
> Wie können Familien in ihrer Unterschiedlichkeit verstanden und durch passgenaue sozialpädagogische Arrangements unterstützt werden?

> **Kernaussage**
>
> Der Alltag einer Familie ist der Arbeitsplatz der Familienhelfer*in. Es gilt, das Alltagsgeschehen zu beobachten und gemeinsam mit den Eltern und Kindern zu verstehen, worin Stärken, Entwicklungs- und Lernmöglichkeiten sowie Veränderungspotenziale bestehen. Hierbei sind eine prozessorientierte Perspektive und ein Methodenkoffer gute Begleiter der Familienhelfer*innen.

5.1 Der Arbeitsalltag in der Sozialpädagogischen Familienhilfe

Familienhelfer*in zu sein bedeutet, viel unterwegs und mobil zu sein. Im übertragenen Sinne gilt das auch für den Arbeitsalltag im Umgang mit den Unterschiedlichkeiten und der Vielfalt von Familien. Jede Situation wird von Familie zu Familie anders erlebt, bewertet und bewältigt. Deshalb können auch Wissensbestände der Fachkräfte nicht eins zu eins auf eine bzw. jede Familie übertragen werden. Um die Bewältigungsmuster zu verstehen, also um den Hintergrund des Verhaltens bzw. Handelns zu ergründen, kann es erkenntnisreich sein, die Eigensinnigkeiten der Familie und ihre Lebenswelt zu erforschen. Oft kann das die Eintrittskarte in einen gelingenden Hilfeprozess sein. Dabei stellen sich für jede Fachkraft in jeder Familie die Fragen: Wie weit werfe ich mein Netz zur Erkenntnisgewinnung aus? Warum bleibt es unter Umständen leer? Warum ist der Fang so verwirrend? Und im Kontakt und in der Beschäftigung mit der jeweiligen Familie wird gefragt: Kann ich mich einlassen? Will ich mich einlassen? Wie weit lasse ich mich ein? Werde ich eingelassen?

Lebenswelt, Alltag und Familiengeschichte zu erfassen und zu verstehen ist im Hilfeprozess ein komplexer Vorgang. Schon bei der Terminfindung eröffnet sich dem/der aufmerksamen Helfer*in ein Teil des Alltags einer Familie, die eingebunden in Kita, Schule, Arbeit und Freizeitgestaltung ist. Erste Verhandlungsprozesse können auf Prioritäten deuten und den Rhythmus vorgeben. Und es eröffnet sich wiederrum eine Frage: In welchem Takt setzt die Familienhilfe ein und wie wird sie integriert? (Zur Bedeutung des Hilfeanfanges und deren Gestaltungsmöglichkeiten ► Kap. 3)

Der Alltag in der Familie gleicht einem Strickmuster von Handlungsverläufen, das sich im Laufe des Bestehens einer Familie als sinn- und wertvoll, weil Orientierung und Sicherheit gebend, entwickelt hat. So entstehen Routinen und Abläufe. Manchmal funktionieren sie jedoch für die Beteiligten nicht gut, so dass Veränderungen angezeigt sind. Diese sind jedoch häufig sehr schwer zu realisieren, denn jede Familie bildet aufgrund ihrer individuellen Erfahrungen und den daraus entstandenen Werten sowie Handlungsmöglichkeiten bzw. -grenzen ein für sie und ihre Erfordernisse entsprechendes alltagstaugliches Handlungskonzept. Diese Flexibilität wird in Familien sehr unterschiedlich gelebt und verstanden.

Fallbeispiel: Alleinerziehende Mutter mit drei Kindern

Eine Mutter berichtet während eines Hausbesuchs schon morgens am Rand ihrer Kräfte zu sein. Sie schildert, früh aufzustehen, schnell ins Bad zu gehen, das Frühstück für alle zu zubereiten, dann alle zu wecken (drei Kinder im schulpflichtigen Alter 8, 10, 14), die Kinder anzuziehen, mit ihnen zu frühstücken, die Schulbrote zu machen und dann alle drei zur Schule zu bringen. Anschließend fahre sie noch schnell nach Hause zurück, räume die Wohnung auf, damit die Kinder am Nachmittag in eine ordentliche Wohnung kämen und fahre dann zur Arbeit. Auf der Fahrt zur Arbeit würde sie oft mit den Tränen kämpfen, weil das morgendliche Ritual ihr so viel Kraft abverlangen würde und sie sich über die Jahre als Alleinerziehende immer ausgebrannter fühlen würde.

Im Verlauf der Hilfe wurden unterschiedliche, die Mutter belastende Alltagssituationen von den Helfer*innen begleitet und gemeinsam mit der Mutter anschließend analysiert.

Deutlich wurde in den Gesprächen, dass die Mutter ihren Kindern aus vielfältiger Motivation ein, trotz Trennung vom Kindsvater, unbeschwertes und geregeltes Leben bieten wollte. Dieser Anspruch stellte, begründet in ihrer eigenen Biografie, einen hohen Wert für sie dar. Diesen Wert anzupassen an die Alltagsrealitäten der Kinder, ihnen mehr Eigenverantwortung und damit Selbstwirksamkeitserfahrungen zu ermöglichen, stellte einen Teil der Inhalte in den Gesprächen mit der Mutter dar. Ein anderer Teil war, die Kinder in die Veränderung bspw. ihres morgendlichen Rituals aktiv einzubeziehen und ihnen mehr zuzutrauen, aus der Perspektive der Mutter also, den Mut zu haben, die Kinder selbstständiger werden zu lassen, ohne Verlust- oder Versagensangst zu spüren.

Der morgendliche Alltag konnte für die Familie deutlich an dem Punkt entlastet werden, an dem die Mutter sich auf Veränderungen einließ, diese gestattete, positive Erfahrungen mit ihren Kindern machte, sie als verlässlich (Wecker stellen) und selbstständig (anziehen, Schulbrote selbst machen) erlebte und die Kinder ihre Mutter als weniger gereizt und gehetzt wahrnahmen.

Morgensituationen werden im Alltag in jeder Familie anders gestaltet und erlebt. In Gewissheit dieser Grundannahme lohnt es sich für die Helfer*innen, in diesen ›einzutauchen‹ und ein Stück ›mit zu schwimmen‹, zu begleiten, zu beobachten und zuzuhören. Dabei ist Familienalltag nicht zwangsläufig regelhaft, er kann genauso aus Unstetigkeit und Unterbrechungen bestehen, die für die Mitglieder des Familiensystems sinnstiftend sind. Im Hilfeprozess geht es um gemeinsame Erkenntnisgewinnung, um das Verstehen des Warums und um die Frage, ob es mögliche Handlungsalternativen gibt.

Alltag bietet Familien ein Handlungsgerüst, um diesen gelingend zu bewältigen, und stellt somit einen Pfeiler jeder Familienstruktur dar. Er bietet Verlässlichkeit und eröffnet den Mitgliedern des Familiensystems unterschiedliche Handlungsmöglichkeiten und Entfaltungen, aber auch Handlungsbegrenzungen. Woraus dieses Gerüst gebaut wurde, wie fest es im Boden verankert ist, aus wie vielen Gerüststangen es besteht und wie diese angeordnet sind, bestimmen die Bedürfnisse der einzelnen Familienmitglieder und deren Aushandlungsprozesse, die wiederum von der Position eines jeden Familienmitglieds im System geprägt ist und deren Möglichkeiten, sich an Aushandlungsprozessen zu beteiligen.

Alltag in Familien zu begreifen bedeutet also auch, ›hinter die Kulissen zu schauen‹ in Form von Erkunden und Verstehen der jeweiligen Lebenswelt und nachzuvollziehen, welchen Nutzen oder welche Logik jedes einzelne Familienmitglied verfolgt.

Die Sozialpädagogische Familienhilfe findet, wie vergleichsweise keine andere Hilfeart, intensiv im und teilweise auch mitten im Alltag der Familien statt. Dies wurde im vorherigen Abschnitt bereits ausgeführt. Die Familienhelfer*innen stellen sich der Komplexität der Lebenswelt und Dynamik der Familien, indem sie kaum bzw. wenig in einem Büro arbeiten, sondern die Familien dort, wo sie leben und wohnen, aufsuchen (Stichworte: ambulante Hilfe, Lebensweltorientierung). Sie gehen im wahrsten Sinne des Wortes mitten hinein in diese Lebenswelt. Dabei können sie nur dann hilfreich sein, wenn sie gleichermaßen einerseits zugewandt und empathisch den Kontakt zur Familie suchen sowie andererseits das Gesamtgeschehen inklusive ihrer eigenen Handlungen und Tätigkeiten fortwährend aus einem distanzierteren Blick, verstehend und analytisch, betrachten und ggf. auch intervenieren. In der Sozialen Arbeit wird diese zweite Perspektive auch häufig als Metaebene bezeichnet.

5.2 Methodische Entwicklungen, Annahmen und Vorgehen im Kontext einer lebensweltorientierten Familienhilfe

Anfänge der Sozialpädagogischen Familienhilfe gab es bereits mit dem Beginn der Sozialen Arbeit Anfang des 20. Jahrhunderts. Dies belegen u. a. die wegweisenden

Publikationen zur »Sozialen Diagnose« von Mary Richmond (1917, 1922/1971) und Alice Salomon (1926/2004) sowie Aufzeichnungen wie das »Tagebuch einer Fürsorgerin«, geschrieben von Hedwig Stieve (1925/1983, zit. n. Müller 1994, S. 36–40). Doch vor dem Hintergrund der sozialen Bewegungen der 1970er Jahre erlangte die Sozialpädagogische Familienhilfe ab den 1980er Jahren zunehmende Bedeutung und dann auch ihren Platz im § 31 KJHG/SGB VIII als eigenständige Hilfeform. Seitdem wurde das methodische Repertoire vor allem um systemische und verstehende Ansätze ausgebaut und es stiegen die Fallzahlen bei der Inanspruchnahme der Sozialpädagogischen Familienhilfe kontinuierlich an (▶ Einleitung). Dies belegt, bei aller Komplexität und häufig auch Unübersichtlichkeit im Alltagsgeschehen, den Erfolg der ambulanten Familienhilfe.

In den 1980er Jahren galt die Sozialpädagogische Familienhilfe gewissermaßen als Beleg einer Wende im Hilfesystem. Die Menschen sollten sich fortan nicht mehr unreflektiert den normativen Erwartungen der Gesellschaft sowie den Hilfeinstitutionen und deren Logik anpassen (Komm-Struktur), sondern die Hilfeleistungen sollten passend zur Lebenswelt der Familien entwickelt werden (Geh-Struktur) und damit Entwicklungs-, Lern- und Bewältigungsmöglichkeiten in der Passung zwischen (auch normativen) Anforderungen der sozialen Umwelt inklusive deren Institutionen und den jeweiligen Handlungsmöglichkeiten der Familien freisetzen. Ein wichtiger Aspekt bei dieser Entwicklung war u. a. die Kritik an der Heimerziehung und deren restriktiven sowie autoritären Formen, die zu weitreichenden Beschädigungen der Kinder und Jugendlichen und eben auch der Familien führten (Stichwort: Heimkampagne vgl. Ahlheim u. a. 1972/1978). Hinzu kam die Einsicht, dass die Trennung der Kinder von den Eltern einer nachhaltigen Verbesserung der Lebenssituation von Familien in vielen Fällen zumeist nicht dienlich ist und auch häufig Kinder in ihren Herkunftsfamilien verbleiben können, wenn es gelingt, die dortigen Bedingungen zu verbessern. Vernachlässigt wurden hingegen in dieser Betrachtung die materiellen Lebenslagen der Familien, die erst wieder im vergangenen Jahrzehnt mit dem Anstieg von Armutslagen und neuen sozialen Ungleichheiten deutlicher in den Blick gerieten.

Entscheidend ist jedoch, dass die Lebenswelt (vgl. das Paradigma der Lebensweltorientierung, siehe Einleitung) zum zentralen Bezug der Familienhilfe wurde und nach wie vor ist.

Lebensweltorientierung bezieht sich »auf die Bewältigungs- und Verarbeitungsformen von Problemen in der Lebenswelt der AdressatInnen, gewissermaßen auf die Spielregeln, in denen die Vorgaben, Themen und Strukturen bearbeitet werden, die sich aus der gesellschaftlichen Situation, den biographisch geprägten Lebenserfahrungen und den normativen Ansprüchen ergeben« (Thiersch 1993, S. 12).

Der Alltag der jeweiligen Familie, dessen Routinen und Bewältigungshandeln ist im Konzept der Lebensweltorientierung zentral. So beschreibt Hans Thiersch als Ziel sozialarbeiterischer Unterstützungen einen »gelingenderen Alltag« (Thiersch 1986/2006, S. 48; Thiersch/Grunwald/Köngeter 2012, S. 178). Dies macht die Richtung deutlich: Das Leben der Familie soll sich im Vergleich zum Beginn der Hilfe verbessern. Damit wird der Erfolg der Hilfe fallbezogen messbar. Aber auch die Begrenzung der Bemühungen wird benannt: Das Leben wird nach der Inanspruchnahme einer Sozialpädagogischen Familienhilfe nicht sorgen- und problemlos werden. »Ein gelingenderer Alltag ist eine Aufgabe; ein gelungener wäre die Vollendung« (Engelke/Borrmann/Spatscheck 2018, S. 429).

Mit der Lebensweltorientierung wird davon ausgegangen, dass:

- der Alltag von Familien unterschiedlich ist (Stichwort: Pluralisierung von Lebenswelten);
- der Alltag von Familien unabhängig von äußeren Kategorisierungen wie soziale Lage, kulturelle Zugehörigkeit, Lebensalter etc. – die häufig auch Zuschreibungen darstellen und auf die konkrete Familien gar nicht zutreffen, also fehlerhaft sind – jeweils individuell verstanden werden muss;
- der Alltag konkreten Regeln und Routinen unterliegt und dass diese sowie der Umgang mit konkreten Problemen grundsätzlich sinnhafte Handlungen und Strukturen darstellen; es sind jene, die den Familien zur Bewältigung der Anforderungen zum gegenwärtigen Zeitpunkt möglich sind;
- diese sinnhaften Handlungen und Strukturen den Beteiligten häufig selbst nicht bewusst sind, d.h. von den Beteiligten verstanden und reflektiert werden müssen, u.a. um nachhaltige Veränderungen resp. Verbesserungen zu erreichen;
- normative Erwartungen der sozialen Umwelt und der Gesellschaft vor dem Hintergrund der möglichen Handlungen und biografischen/familiengeschichtlichen Lebenserfahrungen bewältigt werden müssen und diesbezüglich auch soziale Ungleichheiten bestehen;
- einen Fall zu verstehen, d.h. das Nachvollziehen der Regelhaftigkeiten in den sozialen Handlungen und Routinen, Voraussetzung für gelingende Hilfe ist;
- die Familien resp. die einzelnen Familienmitglieder selbst ein Verständnis/eine Theorie davon haben, wie ihr Alltag funktioniert und was davon besser bzw. schlechter gelingt;
- die Beteiligung und Partizipation der Familien einerseits demokratisch-rechtlich gesichert und andererseits Teil des Hilfeprozesses ist;
- es im Grunde um ganzheitliche Lernprozesse geht;
- …

Vor diesem Hintergrund stellen sich folgende Fragen: Wie können Familien je in ihrer Eigenlogik bzw. weiter gefasst in ihrer jeweiligen Kultur[22] überhaupt verstanden werden? Und worin bestehen – aufbauend bzw. auch parallel zu diesen Verstehensprozessen – sozialpädagogische Lernsituationen im Alltag? Wie kann der Hilfeprozess gemeinsam mit Kindern, Jugendlichen und Eltern überhaupt gelingend gestaltet werden?

Zunächst geht eine lebensweltorientierte Familienhilfe davon aus, dass als positiv erlebte Veränderungen über gemeinsame Erfahrungen und Handlungen im Alltag ermöglicht werden (vgl. Dewey 1986/1994, 1916/2000) – dies als Grundlage

---

22 Wir gehen von einem weiten Kulturbegriff aus, der die Regeln, Routinen und Alltagspraktiken der Lebenswelt einer jeden Familie umfasst und sich nicht anhand äußerer Merkmale erfassen lässt.

von Lern- und Entwicklungsprozessen. Dies bedeutet, etwas Neues auszuprobieren, Routinen zu verlassen, Abläufe anders zu strukturieren etc.

Damit diese ›Erprobungen‹ jedoch erfolgreich sein können, müssen sie zur jeweiligen Familie ›passen‹. Diese Passungen können hergestellt werden, indem:

- die Geschichte der Familie erforscht und verstanden wird;
- die Lebensthemen und Selbstdeutungen der einzelnen Familienmitglieder oder der gesamten Familie ausgesprochen und von den Beteiligten als Anknüpfungspunkte für Veränderungen ernst genommen werden;
- Motivationen zur Veränderung ergründet werden (ist diese nicht vorhanden, macht die Familienhilfe zumeist keinen Sinn).

Der Prozess der Sozialpädagogischen Familienhilfe wird im Austausch der Sichtweisen der Familie und derjenigen der Fachkräfte realisiert. Vor diesem Hintergrund erst können konkrete Vorhaben und Ziele von Veränderungen im Alltag formuliert werden. Hierbei geht es natürlich auch darum, neue Verstehenszusammenhänge und Einsichten/Erkenntnisse zu formulieren.

Astrid Woog (1998, S. 185 ff) unterscheidet unter einer lebensweltorientierten Perspektive in der Unterstützung des Lern- und Entwicklungsprozesses von Familien drei Phasen als Dimensionen pädagogischen Handelns: die Einstiegsphase, die Zusammenarbeitsphase und die Stabilisierungsphase. Diese Phasen überlappen sich im Prozess des Geschehens häufig (▶ Abb. 3).

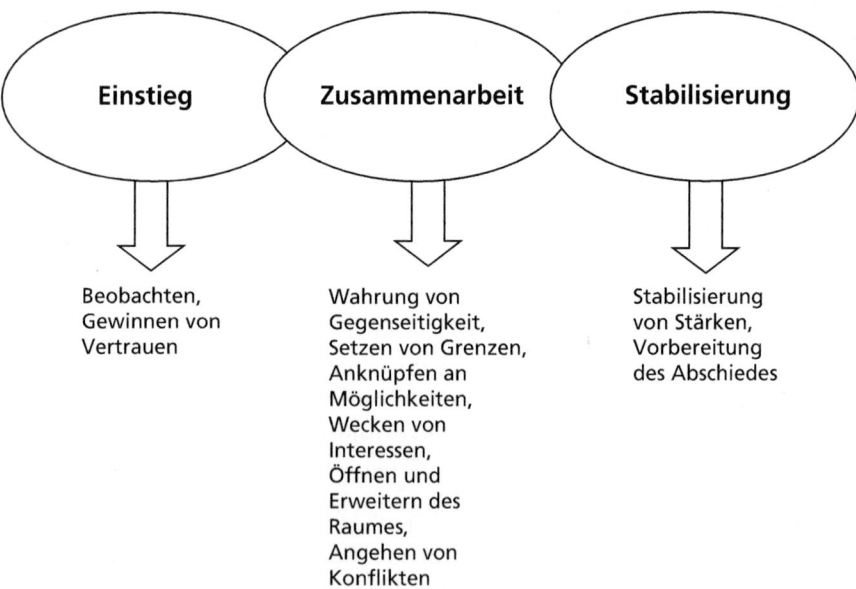

Abb. 3: Dimensionen pädagogischen Handelns nach Woog (eigene Darstellung)

Die Einstiegsphase dient der Vorbereitung der Zusammenarbeit mit der Familie. Zu dieser gehören die Dimensionen ›Beobachten‹ und ›Gewinnen von Vertrauen‹. Ersteres erschließt Informationen darüber, wie die Familie ihren Alltag und ihre Beziehungen lebt und strukturiert. Das ›Gewinnen von Vertrauen‹ hingegen ist die Grundlage dafür, dass die Familie sich auf Veränderungsprozesse überhaupt einlassen kann. In der Zusammenarbeitsphase werden gemeinsam mit der Familie die Lerninhalte entwickelt und umgesetzt. Voraussetzung hierfür sind die Dimensionen ›Wahren von Gegenseitigkeit‹, Setzen von Grenzen', auch in der Gratwanderung von Nähe und Distanz, das ›Anknüpfen an Möglichkeiten‹, das ›Wecken von Interessen‹ das ›Öffnen und Erweitern des Raumes‹ sowie das ›Angehen von Konflikten‹ u. a. mit dem Ziel der Kompetenzerweiterung. In der Stabilisierungsphase geht es um das Verstetigen des Erlernten sowie um die ›Stabilisierung von Stärken‹. Zu dieser Phase gehört auch die schrittweise Zurücknahme der Unterstützung durch die Sozialpädagogische Familienhilfe und der beginnende Abschied (▶ Kap. 8). Der so strukturierte Prozess der Sozialpädagogischen Familienhilfe wird gerahmt durch konkrete die Lebenswelt der Familie erforschende Tätigkeiten der Fachkraft. Hierzu gehört: die Erkundung der Lebenswelt der Familie (das Wohngebiet resp. der Sozialraum, Sammlung von Informationen über die Familie, die zunächst nicht bewertet werden), das behutsame Kennenlernen, die Erfassung des Alltagsgeschehens, die Begleitung der Familie im Alltag, das Herantasten an konkrete Lern- und Entwicklungsmöglichkeiten, die schrittweise gemeinsam mit der Familie herausgearbeitet werden (vgl. ebd. S. 51 ff.).

Fallbeispiel: Alleinerziehende Mutter mit drei Kindern (Fortsetzung)

Im oben erwähnten Beispiel trafen die Helfer*innen auf eine alleinerziehende Mutter von drei Kindern, die sich deutlich an ihrer Belastungsgrenze befand. Wichtig für den Einstieg war möglichst schnell eine spürbare Entlastung für die Mutter zu schaffen, damit sie Kraft und Mut für einen Veränderungsprozess schöpfen konnte. Die Helfer*innen begleiteten einerseits die Kinder an den Nachmittagen und erkundeten deren Lebenswelt (Kinder- und Jugendclubs, Tischtennisplatten, geheime Orte etc.). Bei diesen Interaktionen fanden auch Gesprächsmomente statt, in denen die Kinder ohne Anwesenheit ihrer Mutter mit den Helfer*innen über belastende Themen sprechen konnten. Sie wurden von den Helfer*innen ermutigt, diese auch in die Familiengespräche einzubringen. Andererseits wurden mit der Mutter in Einzelgesprächen die täglich wiederkehrenden Stresssituationen analysiert und in Familiengesprächen mit allen nach möglichen Lösungen gesucht. Deutlich wurde in den Gesprächen, dass wenig gemeinsame Kommunikation zwischen allen Familienmitgliedern stattfindet, jede*r ihr*sein ›eigenes Süppchen kocht‹ und es einen Wunsch nach mehr Gemeinsamkeit gibt. Um diesen Wunsch zu erfüllen, fanden die Kinder in den Familiengesprächen kreative Lösungen, die sie, zum Erstaunen der Mutter, auch in den Alltag gut integrierten. So fanden in der Hilfe relativ zügig Entlastungsmomente für alle statt. Diese Erfahrung war besonders für die Vertrauensgewinnung der Mutter wichtig, die sich nun für die Arbeit mit dem Zeitstrahl (siehe unten) öffnen konnte und so der Helferin einen tieferen Einblick in ihre Biografie gewährte.

5.3 Probleme, Unsicherheiten und Herausforderungen in der Praxis

Der Umgang mit Unsicherheiten und Ungewissem ist ein wichtiger Bestandteil der Praxis in der Sozialpädagogischen Familienhilfe und er bringt einige Stolpersteine mit sich. Diese können sein:

- Vorhandenes Wissen wird vorschnell auf eine konkrete Familie übertragen (bspw. auch von vermeintlich kulturellen Prägungen oder Kausalbeziehungen – wenn-dann) und dabei die Eigenlogik der Familie nicht berücksichtigt.
- Unübersichtlichkeit vs. Struktur: Je hochstrittiger eine Familie oder je komplexer ein Fall (bspw. wenn viele Personen beteiligt sind) umso schwieriger wird es, eine gute Übersicht über die Prozesse zu behalten.
- ›Verdeckte Themen‹ oder ›Familiengeheimnisse‹ werden nicht erkannt und behindern den Hilfeverlauf (siehe Beispiel unten).
- Krisen in Familien werden nicht als Angebot an das Hilfesystem gedeutet, sondern primär als Versagen der Familie und/oder der eigenen Arbeit.
- Angst der Fachkräfte vor schwierigen Gesprächen mit der Familie oder vor Konfrontationen/Angst vor ›wirklicher‹ Begegnung mit dem Risiko einer überbordenden Beziehung.
- Erfolgs- und/oder Konkurrenzdruck, initiiert durch Institutionen oder andere Systeme, an die die Familie gebunden ist oder die ebenfalls in der Familie arbeiten.
- Und letztlich nicht vergessen: Alle Veränderungen müssen von den Familienmitgliedern initiiert und getragen werden, nicht von den Fachkräften. Sonst bleiben sie wirkungslos.

Fallbeispiel: Das vergessene Kind

Um einen Eindruck von möglichen Fallstricken zu zeichnen hier ein Praxisbeispiel. Zwei Helfer*innen erfuhren nach einer einjährigen Familienhilfe in einem Gespräch mit der Großmutter zufällig, dass neben den vier ihnen bekannten Kindern noch ein fünftes Kleinkind existierte. Dieses Kind lebte seit der Geburt bei seiner Tante und war auch dem Jugendamt nicht bekannt. Dieses fünfte, nicht anwesende Kind hatte eine deutliche Wirkung auf die Dynamik in der Familie, die sich die Helfer*innen bis dato nicht hinreichend erklären konnten. Neben der Möglichkeit, dass die Familie dieses ›Geheimnis‹ für sich bewahren wollte, stellten die Helfer*innen im Rahmen der Fallsupervision fest, dass die Wahl der diagnostischen Methoden der Anamnese bisher nicht passend für die Familienkonstellation war. Diese Nicht-Passung wirkte sich deutlich auf die Arbeitsbeziehung zwischen Familie und Helfer*innen aus. Es bestätigte sich für die Helfer*innen u. a. der Eindruck, in Familiengesprächen oft oberflächlich zu bleiben. Mit dem Bekannt-Werden dieser neuen Information änderte sich also das Hilfegeschehen komplett.

5.4 Handlungskompetenzen und Methodenkoffer

Wir bieten nachfolgend eine Auswahl an Methoden an, die dazu geeignet sind, genau diese bis hierhin aufgezeigten Prozesse hilfreich zu gestalten. Diese Auswahl erhebt keinen Anspruch auf Vollständigkeit, sondern soll lediglich Anregungen zum sozialpädagogischen Handeln geben. Es sind Methoden, die eine dialogische Zusammenarbeit zwischen Fachkräften und Familie fördern, die Beteiligung und Partizipation unterstützen sowie Methoden der Selbstreflexion, des Selbstverstehens, der Biografiearbeit, der Rekonstruktion von Familiengeschichten und der Genogrammarbeit, des Systemischen Arbeitens (vgl. Völter/Reichmann 2017).

Dabei geht es insbesondere – jeweils in der Wechselseitigkeit, dass sowohl die Familien sich selbst als auch die Fachkräfte die Familien verstehen – darum,

- den Alltag von Familien wahrzunehmen und zu verstehen/die Sinnhaftigkeit der Abläufe/den Nutzen für das Familiensystem zu erkennen,
- die Geschichte der Familie und der einzelnen Familienmitglieder kennenzulernen/Allianzen/›Altlasten‹/unausgesprochene Aufträge/die Mission der Eltern- die Mission der Kinder,
- Beteiligung und Partizipation von Kindern, Jugendlichen und Familien im Hilfeprozess, um nicht einseitig ›an‹ der Familien, sondern gemeinsam ›mit‹ der Familie zu handeln,
- Krisen und deren Bewältigung zu verstehen,
- Lebensthemen und Selbstdeutungen zu verstehen,
- Vergangenheit zu verstehen,
- Motivationen zur Veränderung zu ergründen oder auch Motivation zur Nichtveränderung zu ergründen/verstehen/Sichtweisen auf das Problem zu verändern,
- sich selbst und andere anders/neu zu sehen,
- Alltagsorganisation zu unterstützen,
- Handlungsalternativen zu entdecken und auszuprobieren,
- mit Widerstand der Familien reflektiert und konstruktiv umzugehen.

5.4.1 Beobachten und Wahrnehmen

Das Beobachten und Wahrnehmen ist Bestandteil des gesamten Hilfeprozesses. Im Sinne eines ethnografischen Vorgehens (▶ Kap. 3; siehe Übung zur Befremdung der eigenen Praxis) geht es darum, Lebenswelten in ihrer Eigenlogik als sinnhaft zu verstehen und sich darin angemessen zu bewegen und zu verhalten. Astrid Woog (1998) beschreibt es als Basis dafür nachzuvollziehen, wie die Familie ihren Alltag und ihre Beziehungen lebt und strukturiert. Dieses Verständnis bildet die Grundlage dafür, dass die Familie Vertrauen zu den Interventionen der Familienhilfe gewinnen und sich überhaupt auf Veränderungs- und Lernprozesse einlassen kann.

Beobachtungen finden zumeist nebenher und unstrukturiert im Alltag statt. Sie bilden jedoch in der Sozialpädagogischen Familienhilfe eine wesentliche Quelle für Einschätzungen und Entscheidungen der Fachkräfte. Im professionellen Handeln ist entscheidend zu wissen und zu reflektieren, wie genau beobachtet wird und wie die Beobachtungen als Grundlage und belegbare Wissensbasis für die Familie und weitere Fachkräfte eine intersubjektiv nutzbare Basis darstellen kann.

Zentral ist dabei zu lernen und fachlich zu reflektieren, dass beim Beobachten nicht die eigenen Erfahrungen, Werte und Interpretationen auf die Lebenssituation der Familie kritisch übertragen werden. Es ist von großer Bedeutung, sich vorurteilsfrei auf völlig andere Lebenswelten und Lebenslagen einlassen zu können.

Das methodische Repertoire für das Beobachten ist aus der sozialwissenschaftlichen Forschung zu entnehmen. Hier wird beim Beobachten für eine offene Grundhaltung und das Prinzip der Befremdung des Gewohnten, scheinbar Selbstverständlichen plädiert (vgl. Schütze 1994). Das Ziel besteht darin, Beobachtetes einerseits aus der Perspektive des Alltagshandelns und der Alltagslogik der Familie zu verstehen, andererseits aber auch neue Erkenntnisse über die Struktur des Alltagshandelns und von Alltagskommunikationen zu erlangen.

Im Vordergrund steht beim Beobachten und der darauffolgenden Analyse resp. Reflexion die Rekonstruktion und das Verstehen von sozialem Handeln und von Interaktion der Familie. Das bedeutet nachzuvollziehen, wie es dazu kommt, dass die Familienmitglieder sich in einer bestimmten Form äußern, etwas Bestimmtes tun oder auf eine spezifische Weise miteinander umgehen. Es geht aber auch darum zu verstehen, wie die soziale Umwelt, bspw. Nachbar*innen, sowie institutionelle Kontexte wie Kita und Schule agieren und inwiefern sie wie an der Herausbildung von lebens- und familiengeschichtlichen Erfahrungen sowie von Handlungs- und Deutungsmustern der Familie beteiligt sind.

Bei der teilnehmenden Beobachtung, denn um diese handelt es sich im Arbeitsfeld, ist es methodisch wichtig, so weit wie möglich selbstreflexiv analytisch zu trennen zwischen:

- Wahrnehmung, d. h.: Was ist das faktische Handlungsgeschehen?
- Interpretation, d. h.: Wie bewerte/verstehe ich das Geschehen?
- Eigenen Gefühlen, Erinnerungen, d. h.: Was löst dies emotional in mir aus? Erinnert mich die Situation an biografisch selbst Erlebtes?
- Des Weiteren werden unterschiedlichen Perspektiven differenziert, d. h. bspw. ist zu fragen: Wer hat welche Sicht auf das Geschehen? Wer hat welches Problem?

- Zeitebenen: In welcher zeitlichen Reihenfolge ist das Geschehen abgelaufen (Unterscheidung in Vergangenheit, Gegenwart, Zukunft)?

Diese analytische Trennung ist aufschlussreich dafür, das tatsächliche Handlungsgeschehen in der Familie und dessen Strukturiertheit zu begreifen. Zur Veranschaulichung greifen wir an dieser Stelle auf das oben genannte Beispiel der alleinerziehenden Mutter zurück:

Fallbeispiel: Alleinerziehende Mutter mit drei Kindern (Fortsetzung)

Die Familie kommt zur ersten Hilfekonferenz. Bei der Mutter fallen schwarze Augenränder unter den Augen auf. Sie bewegt beständig ihren Kopf und Körper hin und her. Mit den Händen sucht sie fortlaufend etwas in ihrer Handtasche. Sie wirkt übermüdet, angespannt und nervös. Während des Gesprächs unterbricht oder korrigiert sie häufig die Erzählungen ihrer Kinder, die ihr dann widerstandslos die Beendigung ihrer Sätze überlassen. Ihre beiden älteren Söhne schreiben sich etwas auf einen Zettel, den sie bemüht unauffällig hin und her schieben. Auf die Frage der Sozialarbeiterin, ob sie das Geschriebene laut sagen wollen, wehren sie ab. Die Mutter reagiert mit der Bemerkung, das sei immer so, die Jungen würden immer hinter ihrem Rücken machen, was sie wollen.

Ich (die Familienhelferin) selbst spüre, wie das ständige Sanktionieren der Mutter mich ungeduldig macht und ich mich mit den zettelschreibenden Jungen solidarisiere. Ich beobachte, wie die Jungen sich einen Weg geschaffen haben, sich nonverbal auszudrücken und wahrscheinlich damit den Kommentierungen der Mutter oder auch anderer Erwachsener zu entgehen. Zeitgleich interpretiere ich das Agieren der Mutter aus einer Verzweiflung und Enttäuschung heraus und erinnere mich an eigene biografische Erlebnisse in meiner eigenen Mutterrolle. Im anschließenden Reflexionsgespräch mit meinem Kollegen erarbeiten wir uns unterschiedliche Gesprächssettings, um die Familie kennenzulernen. Wir verabreden ein erstes Familiengespräch, dann organisiere ich ein Einzelgespräch mit der Mutter und mein Kollege widmet sich in Einzelgesprächen den drei Jungen. Im Ergebnis erfahren wir vier unterschiedliche Einschätzungen der Familienmitglieder zur momentanen Situation in der Familie, die wir der Familie übermitteln. Diese Einschätzung und Verständigung werden zum zentralen Baustein der folgenden Schritte.

5.4.2 Biografiearbeit

Bei der Biografiearbeit geht es darum, insbesondere Lebenszusammenhänge und deren Auswirkungen nachzuvollziehen. Dabei steht nicht das Einsammeln wichtiger oder auch ›richtiger‹ Daten und Ereignisse im Vordergrund, wie das von Fachkräften bisweilen fälschlich verstanden wird. Stattdessen geht es um ein Nachdenken, Nachsinnen, sich Einfühlen, die eigene Geschichte sozusagen zum Sprechen zu bringen und zu verstehen (sich selbst verstehen), was in einem gemeinsamen Prozess dialogisch erzeugt wird. Biografiearbeit findet Anwendung bei

Eltern, aber auch bei Jugendlichen und Kindern, die über ihr Leben erzählen wollen und gemeinsam mit Fachkräften darüber nachdenken, was z.B. Wendepunkte, kritische Situationen, positive Erlebnisse usw. waren und sind. Daraus werden dann Ideen für aktuelle Bewältigungsanforderungen oder neue Entwicklungswege gestaltet (vgl. Köttig/Rätz-Heinisch 2005; Rätz-Heinisch/Köttig 2007; Marotzki/Tiefel 2005; Lattschar/Wiemann 2018).

Bei allen Arbeitsansätzen geht es darum, Verstehen und Selbstverstehen zu ermöglichen und zu fördern. Im Grunde basiert die Methode auf der Annahme, dass Menschen nicht einfach im Hier und Jetzt denken, fühlen und handeln, sondern dass sie in all diesen Punkten auf ihre eigene Entwicklung zurückgeworfen sind und mit anderen Personen, Orten, Geschehnissen, Erfahrungen verknüpft sind. Diese Zusammenhänge zu bedenken, ohne sie im Sinne von Realität wirklich erfassen zu können, ist die Aufgabe der Biografiearbeit (vgl. Brenner 2013; Ruhe 2009/2012; Gudjons/Wagener-Gudjons/Pieper 2008; Lattschar/Wiemann2018).

Um diesen Arbeitsansatz zu verstehen, macht es Sinn, einmal innezuhalten und grundsätzlich nachzudenken: Jeder Mensch hat eine Geschichte, es ist seine Geschichte. Diese ist verbunden und verwoben mit den Geschichten anderer Menschen und den Bedingungen der sozialen Umwelt sowie der Gesellschaft. Zu diesen gibt es vielfache Berührungen, Anstöße und Beeinflussungen. Will sich ein Mensch selbst begreifen und seinem eigenen Leben einen Sinn geben sowie Handlungswirksamkeit erfahren, muss er Kontakt mit seiner Geschichte aufnehmen, muss nachdenken über das, was geschehen ist, muss analysieren und die Dinge hin und her wenden. Er wird auf diese Weise über die anderen Menschen und die umgebenden Bedingungen nachdenken, die ihn beeinflusst, begleitet, angestoßen haben und die Wirkungen, die sie hinterließen.

Dabei geht es vor allem um Deutungen. Denn es ist unmöglich und auch gar nicht sinnvoll die Geschehnisse oder die Menschen, um dies es geht, wirklich zu erfassen, sondern zu fragen, wie sie heute und in den heutigen Zusammenhängen verstanden und wahrgenommen werden können. Von daher sind die Ergebnisse von Biografiearbeit immer auch Konstruktionen, die individuell entstehen oder gemeinsam erzeugt werden.

Fachkräfte im Zusammenhang sozialpädagogischer Arbeit müssen dabei den Weg über das Verstehen des Anderen gehen. Biografiearbeit ist ein Überbegriff für eine breite Vielfalt an Methoden, die sowohl in der Begleitung von Kindern und Jugendlichen, Eltern und Familien, Paaren und älteren Menschen eingesetzt werden.

Einige ganz konkrete methodische Ansätze von Biografiearbeit seien hier beispielhaft genannt:

- Autobiografie verfassen und verstehen,
- die Biografie meiner Begegnungen mit anderen Menschen,
- meine Erfolge und meine Niederlagen – das Auf und Ab des Lebens,
- Tagebuch verfassen und analysieren,
- Briefe an mich oder Briefe die ich nicht geschrieben habe,
- Foto- Albumanalyse,
- ein Archiv anlegen,

- Fundstücke sammeln und darüber nachdenken,
- Stammbaum,
- Wohnortbiografie – wo habe ich gewohnt und was ist mitgenommen worden,
- Familiengeschichten und ihre Bedeutungen.

Auch mit Kindern ist Biografiearbeit eine geeignete Methode. Primär geht es um das Erzählen, Zuhören, Verstehen und den dialogischen Austausch. Die subjektive Sicht der Kinder, Jugendlichen, Eltern auf ihr Leben wird damit nachvollziehbar. Auch Kinder gehen dabei in einen aktiven Auseinandersetzungsprozess. Ebenfalls ist es kleinen Kindern möglich, z. B. ihnen wichtige Personen, bedeutsame Erlebnisse, wichtige Schnittpunkte zu erkennen, zu erzählen und darüber nachzudenken und zu kommunizieren (vgl. Lattschar/Wiemann 2018). In den USA und Großbritannien ist deshalb die Methode der Biografiearbeit mit Kindern akzeptiert und wird bei Jugendhilfeprozessen wie z. B. in Adoptionsverfahren systematisch angewendet (vgl. Frampton 2011).

Es kann aber zunächst auch ganz offen gefragt und damit den Kindern, Jugendlichen und Erwachsenen die Chance gegeben werden, eigene für sie bedeutsame Ereignisse, Erfahrungen und Erinnerungen zu thematisieren. Geeignete Erzählaufforderungen dafür wären z. B.: Möchtest du mir etwas aus deinem Leben erzählen?[23] Kannst du dich an Erlebnisse aus deiner frühen Kindheit erinnern und darüber erzählen? Erzähle mir bitte etwas von deinen Erfahrungen aus der Schule. Bei Rückfragen, was die Fachkraft interessiert, würde dann angeschlossen werden: das, was dir wichtig und für dich von Bedeutung ist. In einem dialogisch gestalteten Gespräch eröffnet die Gesprächspartner*in einen Erzählrahmen und hört aufmerksam zu, unterbricht zunächst nicht, sondern wartet, bis die selbststrukturierte Erzählung abgeschlossen ist, fragt dann erst nach, so dass Erinnerungen und Erfahrungen erzählend vertieft werden können, sagt, was verstanden wurde und hört dem Gegenüber zu, wie das Gesagte selbst reflektiert wird. In der Folge werden gemeinsam Ideen entwickelt, wie mit dem gegenwärtigen Lebenszusammenhang und den möglicherweise benannten Problemen umgegangen werden könnte (vgl. Köttig/Rätz-Heinisch 2005; Rätz-Heinisch/Köttig 2007, 2010). Damit können Menschen in aller Regel besser verstehen, was mit ihnen und ihrer Familie passiert, welche Zusammenhänge es gibt und was getan werden könnte, um angemessen und originell nach Lösungen zu suchen. Diese Ergebnisse können dann im Rahmen erweiterter Gespräche offen und partizipativ eingebracht werden.

Diese und viele andere Methoden können sowohl allein mit einem Kind, einem Jugendlichen oder einem erwachsenen Menschen gestaltet werden als auch mit Familien, Elternpaaren, Gruppen. Im Zusammenhang mit ambulanter Sozialpädagogischer Familienhilfe sind diese Methoden äußerst hilfreich wenn es darum geht, die Familie und die Teile der Familie zu verstehen. Darüber hinaus können Familien und die Mitglieder der Familie einen Zugewinn erreichen, wenn sie sich selbst, den gegenwärtigen Zustand der Familie, die bestehenden Konflikte und Zusammenhänge aus Vergangenheit, Gegenwart und Zukunft usw. besser erken-

---

23 Die Beispielfragen ggf. an die ›Sie-Form‹ anpassen.

nen und verstehen können. Es kann sinnvoll sein, über die Entfernung zum eigenen Leben und das der Familie neue Dinge zu entdecken, andere Blickwinkel einzunehmen, neue Erkenntnisse zu erzielen, Dinge wahrzunehmen, die lange verschüttet waren oder an die noch nie gedacht wurde.

5.4.3 Der Zeitstrahl

Eine Möglichkeit, Informationen zur Lebens- und/oder Familiengeschichte zu dokumentieren und zu ordnen ist die Arbeit mit dem Zeitstrahl. Probleme und deren möglichen Lösungsversuche werden in einer zeitlichen Dimension kontextualisiert und mit einer geschichtlichen Entwicklung in Zusammenhang gebracht, um Erklärungs- und Sinnzusammenhänge für ein bestimmtes Problem zu finden. Dabei werden Probleme als vorübergehend definiert, die in Wechselwirkung mit der Entwicklung innerhalb eines Systems stehen. Mit Hilfe der Dokumentation des Zeitstrahls können Hypothesen über die Verbindungen von Lebensgeschichte und Problem gebildet und somit Ansätze für weiteres professionelles Handeln gefunden werden (Schwing/Fryszer 2015).

Fallbeispiel: Alleinerziehende Mutter mit drei Kindern (Fortsetzung)

An dieser Stelle wird nochmals unser Eingangsbeispiel aufgegriffen: Die Mutter formulierte als ein großes Problem ihre permanente Überlastung, die sie auch oft in der Beziehung zu ihren Kindern belastete, und sie entwickelte die Frage, wann und warum sich dieses Lebensgefühl in ihr Leben einschlich.

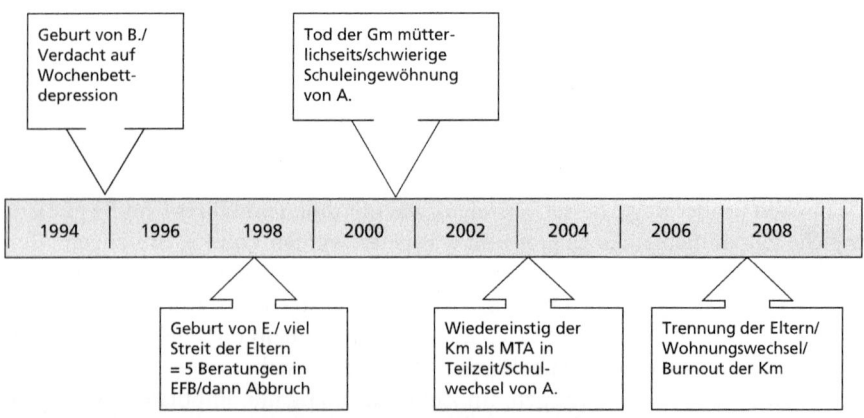

Abb. 4: Auszug aus Zeitstrahl der Familie G. (eigene Darstellung)
Abkürzungen: EFB – Erziehungs- und Familienberatungsstelle; Km – Kindesmutter; Gm – Großmutter; MTA – Medizinisch-technische Assistentin

Im Gespräch mit der Mutter während der Erarbeitung des Zeitstrahls (▶ Abb. 4) bildete sie u. a. zu dem dargestellten Auszug folgende Hypothesen: Auf die diagnostizierte Wochenbettdepression erfolgte keine Therapie oder anderweitige Behandlung, die sie aber gebraucht hätte. Dies hat wahrscheinlich zur Folge, dass sie bis heute in abgeschwächter Form an Depression leidet. Erstaunt bemerkt sie anhand der mittigen Zeitlinie, dass dies seit zehn Jahren so ist.

Der abgebrochene Beratungsprozess in der Erziehungs- und Familienberatungsstelle führte zu einer erneuten Frustration des Elternpaares. Die Mutter führt die Schuleingangsschwierigkeiten von A. auf die häufigen Streitigkeiten innerhalb der Partnerschaft zurück und erkennt einen zeitlichen Zusammenhang.

5.4.4 Soziale Netzwerke und soziale Unterstützung

Die Erstellung einer Netzwerkkarte ermöglicht über soziale Beziehungen, deren Bedeutung und Funktionen sowie Möglichkeiten sozialer Unterstützung zu reflektieren (▶ Kap. 8). Soziale Netzwerke bestehen aus informellen (wie bspw. Familie, Freund*innen, Nachbar*innen) und aus formellen (Institutionen wie bspw. Schule, Jugendamt) Bezügen. Auch Institutionen werden durch Personen vertreten, die bei der Netzwerkanalyse von Bedeutung sein können.

Die Netzwerkkarte gliedert sich in vier Sektoren auf, wobei die Person, die die Netzwerkkarte erstellt, mittig eingezeichnet wird. Je bedeutender eine Person oder Institution ist, umso dichter ist sie an der betreffenden Person. Gute Beziehungen zwischen den einzelnen Personen können auf der Karte mit Pfeilen gekennzeichnet werden, so entstehen Gewichtungen innerhalb der Karte. Um einen optimalen Hilfeprozess gestalten zu können ist es nützlich, eine Netzwerkkarte frühzeitig zu erstellen. Die Interpretation sollte immer gemeinsam mit den Familienmitgliedern erfolgen, letztlich entscheidend sind hinter der grafischen Abbildung die Geschichten, die die einzelnen Mitglieder einer Netzwerkkarte miteinander verbinden (▶ Abb. 5).

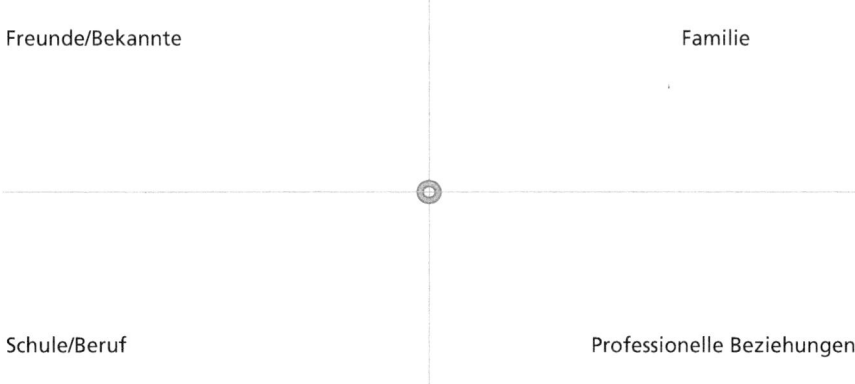

Abb. 5: Netzwerkkarte 1 (eigene Darstellung)

Zusätzlich ermöglicht die Grafik die Ermittlung der Netzwerkdichte. Die Dichte kann ein Indikator dafür sein, wie die Personen eines Netzes miteinander interagieren und wie Kommunikationskanäle bzw. Austausch funktioniert. Netzwerke mit hoher Dichte (größer als 0,5) bspw. können die Autonomie der Person und damit verbundene Ressourcen einschränken (Pantuček 2019, S. 188 ff.).

5.4.5 Dialogisches Elterncoaching und Konfliktmanagement

Das Eltern- bzw. Familiencoaching kann als eine Weiterentwicklung der Elternbildung beschrieben werden. Der entscheidende Unterschied ist das Verhältnis von Lehrenden und Lernenden oder gar Belehrenden und Belehrten. Die Themen im Coaching werden nicht im Sinne von Lernen bearbeitet, sondern als dialogisches Geschehen gestaltet. Dabei nehmen alle Beteiligten eine Position des gemeinsamen Nachdenkens und Forschens ein. Die Grundlage stellt ein dialogischer Ansatz (vgl. Bohm 1996/2017) dar. Dabei wird deutlich, dass Fachkräfte wie Eltern in ähnlichen Zusammenhängen leben und sich entwickeln, dass sie sozusagen Bestandteil einer Welt sind. Alle haben ihre Kindheit, alle waren zumeist Schüler*innen, sind mit den Konflikten dieser Welt konfrontiert, haben Ängste und Hoffnungen, sind vielleicht Mann und Frau, in einer Ehe oder Eltern bzw. Großeltern und erleben sich in den jeweiligen Rollen. Diese Annäherung ermöglicht es Eltern aus unterschiedlichen Zusammenhängen Interesse an einem offenen Austausch zu entwickeln. Dabei wird deutlich, dass sich auch komplizierte Entwicklungen analysieren und verstehen lassen und dass die Beteiligten zwar ihre jeweilige und damit verschiedene Sicht auf die Dinge haben, dass es gerade deshalb gelingen kann, neue, förderliche, schließlich auch spezifische Gedanken und Ideen zu entwickeln.

Alle daraus in der Folge weiterentwickelten Methodenansätze haben neben dieser besonderen Art der Begegnung aller Beteiligten immer einen dialogischen Hintergrund. Die Probleme, aber auch inhaltlichen Themen und Wissenszusammenhänge werden in dialogisch gestalteten Prozessen behandelt (vgl. Wolff/Stork 2013).

Im Rahmen eines mehrseitig gestalteten Programms wird gemeinsam mit betroffenen Familien und Fachkräften nachgedacht, was die zentralen Konflikte sind, welche Möglichkeiten in den jeweiligen Familien vorhanden sind und wie das soziale Umfeld wirkt und zwar sowohl im Sinne einer kritischen Analyse, als auch im Sinne konkreter Unterstützung (ebd., S. 37 ff.). Im Folgenden zwei Beispiele.

Die Figurengalerie: Das bin ich als Mutter/als Vater ... und das sind meine Stärken

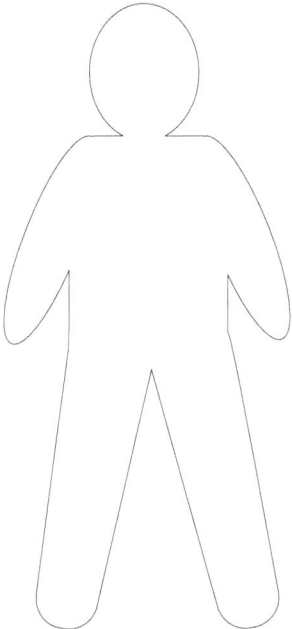

Abb. 6: Beispiel Köperumriss für die Figurengalerie (eigene Darstellung)

»In einer Partnerarbeit zeichnen wir unsere Körperumrisse auf große Bögen Packpapier. Wir beschriften die Rückseite mit: ›Das ist unsere Herkunftsfamilie‹ und kleben dort Fotos unserer Eltern, Geschwister und ggf. unseres Hauses auf. Auf der Vorderseite kleben wir ein Lieblingsfoto von uns auf und skizzieren stichwortartig: das bin ich als Mutter/Vater ... und das sind meine Stärken als Mutter oder Vater ... Anschließend hängen wir die Umrisse an Wäscheleinen im Raum auf, damit man sie von vorne und hinten sehen kann. Nach einem ersten Rundgang durch die Galerie lassen wir uns ein oder zwei Umrisse in der Großgruppe vorstellen und fragen nach. Nach Möglichkeit stellt auch eine Fachkraft ihren Umriss vor. Es zeigt sich nämlich hierbei, wie schwierig es ist, von seinen Stärken vor anderen zu reden, da dies im Alltag als ›Angeberei‹ sanktioniert ist« (Wolff/Stork 2013, S. 40; ► Abb. 6).

Die Selbstanalyse

»Im Folgenden wird ein Beispiel für einen Selbstanalysebogen – den wir immer wieder variieren – abgedruckt:

Fragen an mich selbst:

- Was bestimmt entscheidend mein Leben? Was macht mein Leben aus?
- Wie arbeite ich? Wie sorge ich für mich und meine Familie und beschaffe unseren Lebensunterhalt?
- Wie sieht meine Wohnungssituation aus?
- Wie sehe ich die Konflikte, die mich belasten?

- in meiner Familie?
- bei meinem Kind/meinen Kindern?
- bei mir selbst?

- Wie sehe ich meinen Entwicklungsbedarf:
  - Auf welche Weise soll sich meine Familie entwickeln?
  - Welchen Entwicklungsbedarf habe ich selbst?
  - Welchen Entwicklungsbedarf hat mein Kind/haben meine Kinder?

- Welche Entwicklungsvorhaben stelle ich mir vor:
  - aktuell, jetzt sofort
  - mittelfristig
  - auf lange Sicht

Und schließlich nach der Vorstellung und Erörterung der Antworten auf diese Fragen wird ein vorläufiger Veränderungskalender ausgefüllt« (ebd., S. 44f.; ▶ Tab. 3)

Tab. 3: Mein Veränderungskalender (Mit welchen Veränderungen ich wann anfangen will)

Veränderungsaktion	Start am ...

Eigene Darstellung

5.4.6 Genogrammarbeit

Die Erstellung eines Genogramms nutzt die Familienhilfe, um in der Explorationsphase einer Hilfe viele unterschiedliche Informationen in ihrer Komplexität zu erfassen, zu sortieren, zu deuten und zu visualisieren.

Die grafische Darstellungsweise des Genogramms hilft dabei, Informationen so aufzubereiten und visuell darzustellen, dass sie verdichtet werden, um Strukturen sichtbar zu machen. Diese bilden die Basis für die Entwicklung von Hypothesen. Dabei wird das Genogramm genutzt, um beschriebene Probleme in einen Zusammenhang zu setzen. Es geht darum, diese zu kontextualisieren. Dies bezieht sich auf das Sichtbar-Machen und Verstehen von Wechselbeziehungen, denen ein bestimmter Einfluss auf Inhalt und Bedeutung des Problems zugeschrieben wird.

Das Genogramm stellt die verwandtschaftlichen Beziehungen innerhalb einer Familie auf den verschiedenen Generationsebenen dar. Die verwendeten Symbole orientieren sich in ihrer Darstellung an McGoldrick, Gerson und Petry (1985/2016). Bei der Erarbeitung eines Genogramms liegt der Focus dabei nicht auf der Erstellung der Grafik, sondern auf den Geschichten, die sich hinter den einzelnen Symbolen (Personen) verbergen. Da jedes soziale System eine hohe Komplexität besitzt, also mit jedem System verbunden ist, geht es um Reduktion von Informationen, um dann gemeinsam mit den Familien bzw. Familienmitgliedern zu überlegen, welche Zusammenhänge es zwischen den visualisierten Konstellationen und dem aktuellen Problem geben könnte.

Das Genogramm wird mit den Familien gemeinsam auf Flipchart-Bögen erstellt. Da Familiensysteme sehr komplex sind, empfiehlt es sich, mit der aktuellen Kinderebene zu beginnen und sich anschließend von Generation zu Generation weiterzubewegen. Dabei können Fragen nach Besonderheiten der Personen, nach Allianzen, Mythen oder Symptomen hilfreich sein, Entwicklungen innerhalb des Familiensystems anders zu betrachten und zu interpretieren. Manche Familien bringen auch Fotos mit. Diese ermöglichen ihnen einen direkten Einstieg in das Erzählen.

Fallbeispiel: Lisa

Die fünfjährige Lisa besucht unregelmäßig die nahe am Wohnort gelegene Kita. Die Erzieherinnen beschreiben ihr soziales Verhalten in der Gruppe als schwierig, sie sondere sich besonders im freien Spielen oft ab und suche selten Kontakt zu Gleichaltrigen. Durch ihre unregelmäßige Anwesenheit habe sie Lücken in der Vorschule und zeige sich zunehmend demotivierter, sich zu beteiligen. Außerdem habe Lisa während des Mittagsschlafes wiederholt eingenässt, obwohl sie seit Ende des zweiten Lebensjahres trocken ist.

Nach intensiver Exploration ergibt sich folgender Kontext: Lisas Mutter hat viele negative Erinnerungen an ihre eigene Schulzeit und diese ohne Abschluss beendet. Sie würde gern arbeiten gehen, findet aber keine passende Stelle, die es ihr als Alleinerziehende ermöglicht, gleichzeitig den Alltag mit den Kindern zu meistern. Lisa ist das ›Nesthäkchen‹ und sie möchte Lisa gut umsorgen und beschützen. Ihrer Ansicht nach kann eine Kitaerzieherin dies nicht besser als die eigene Mutter. Sie selbst war die Jüngste von drei Geschwistern und beschreibt ihre Kindheit als geprägt von Vernachlässigung und Gewalt. Generell ist sie Institutionen gegenüber misstrauisch.

Lisas Vater lebt seit zwei Jahren getrennt von der Familie. Er geht einer Arbeit nach und wohnt seit sechs Wochen mit einer neuen Lebensgefährtin und deren Sohn zusammen. Die Trennung von seinen Kindern fällt ihm schwer, zumal die Umgänge nur sporadisch stattfinden und die Trennung sich konfliktreich gestaltete. In seiner Herkunftsfamilie haben Bildung und Arbeit einen hohen Wert.

Lisas Entwicklung wird von den Eltern sehr unterschiedlich eingeschätzt: Die Mutter möchte ihr Kind weitestgehend selbst umsorgen/schützen und sie möglichst selten in die Kita bringen. Der Vater hingegen macht sich ernsthaft Sorgen um die Entwicklung seiner Tochter und sieht daraus erwachsende Probleme besonders zum Schuleintritt. Es kommt darüber immer wieder zu Auseinandersetzungen zwischen den Eltern.

Betrachtet man die Probleme in einem familiären und außerfamiliären Rahmen, ergibt Lisas Verhalten in der Kita sowie die Dynamik innerhalb des Elternpaares einen Sinn und es entstehen Ideen von möglichen Rückwirkungen:

Die negativen Schulerfahrungen der Mutter erlauben wahrscheinlich deren Vorbehalte gegenüber Bildungs- und Betreuungseinrichtungen, die sich in der Unregelmäßigkeit des Kitabesuches und ihrer Abneigung gegenüber der Vorschule bereits äußern. Lisa spürt die Abneigung ihrer Mutter gegen die Kita. Sie übernimmt diese durch Verweigerung in der Vorschule. Ebenso kann der mangelnde Kontakt zu Gleichaltrigen in diesem Kontext verstanden werden. Möglicherweise solidarisiert sie sich mit diesen Handlungen mit ihrer Mutter und versucht, deren Erwartungen zu entsprechen. Auf der Elternebene könnte es sich um einen unterdrückten (latenten) Konflikt zwischen den Bildungserwartungen der Eltern handeln. Zu diesem kommen die Erfahrungen einer bis in die Gegenwart belastenden Trennung, die einen konstruktiven Dialog zwischen den Eltern erschweren. Ausdruck findet dies u. a. in der Unregelmäßigkeit der Umgänge des Vaters mit seinen Kindern, die zur andauernden Alltagsbelastung der Mutter beiträgt und auch für die Kinder folgenreich in der Kontakt- und Beziehungsgestaltung zum Vater ist.

Aus der hier skizzenhaft aufgezeigten Kontextualisierung lassen sich Arbeitsansätze herleiten, die für die gesamte Familie hilfreich sein könnten. Dabei wird die Problemfokussierung auf Lisas Verhalten verlassen. Stattdessen wird dieses in einem familiären und außerfamiliären Zusammenhang betrachtet (▶ Abb. 7).

5.4.7 Systemische Fragetechniken

Bevor die systemischen Fragetechniken vorgestellt werden, folgt hier eine kurze Einführung in das systemische Denken und Arbeiten (vgl. Hosemann/Geiling 2013). Systemisch zu denken und zu arbeiten bedeutet, soziale Entwicklungen und Ereignisse in einer Wechselwirkung zu betrachten, also zu kontextualisieren. Dabei ist es wichtig festzulegen, wer zum System gehört, und dies möglichst sinnvoll zu bestimmen. Dies erfolgt unter der Berücksichtigung der Schwierigkeit, dass soziale Systeme keine sichtbaren Grenzen besitzen. Der Konstruktivismus basiert auf verschiedenen Ansätzen unterschiedlicher Wissenschaften: Wichtige Vertreter sind der Physiker und Kybernetiker Heinz von Foerster, die Biologen und Erkenntnistheoretiker Francisco Varela und Humberto Maturna sowie die Psychologen Paul Watzlawick und Ernst von Glasersfeld. Sie vereint die Grundannahme, dass Konstruktionen einer*eines Beobachtende*n die Grundlage ihrer*seiner Erkenntnis sind. Der Konstruktivist definiert sich als beteiligter Beobachter und ist somit Bestandteil der Selbstorganisation der ›Wirklichkeit‹.

Maturana und Varela (1987) beschreiben, dass jede Konstruktion immer in einem Kontext steht und in unsere Erfahrung passen muss. Die ›Realität‹ ist demnach keine Wahrheit an sich, sondern eine Wirklichkeitskonstruktion. Aussagen über ihre Beschaffenheit sind abhängig von unseren eigenen Konstruktionsleistungen. Menschliche Wahrnehmungen sozialer Wirklichkeit sind daher durch die spezielle Perspektive der Beteiligten geprägt und nicht mit einer objektiven Wahrheit gleichzusetzen. In der sozialen Praxis ist oft bedeutsamer als Wahrheit, ob das, was wahrgenommen wurde, brauchbar oder variabel ist (vgl. Glasersfeld 1986/

5.4 Handlungskompetenzen und Methodenkoffer

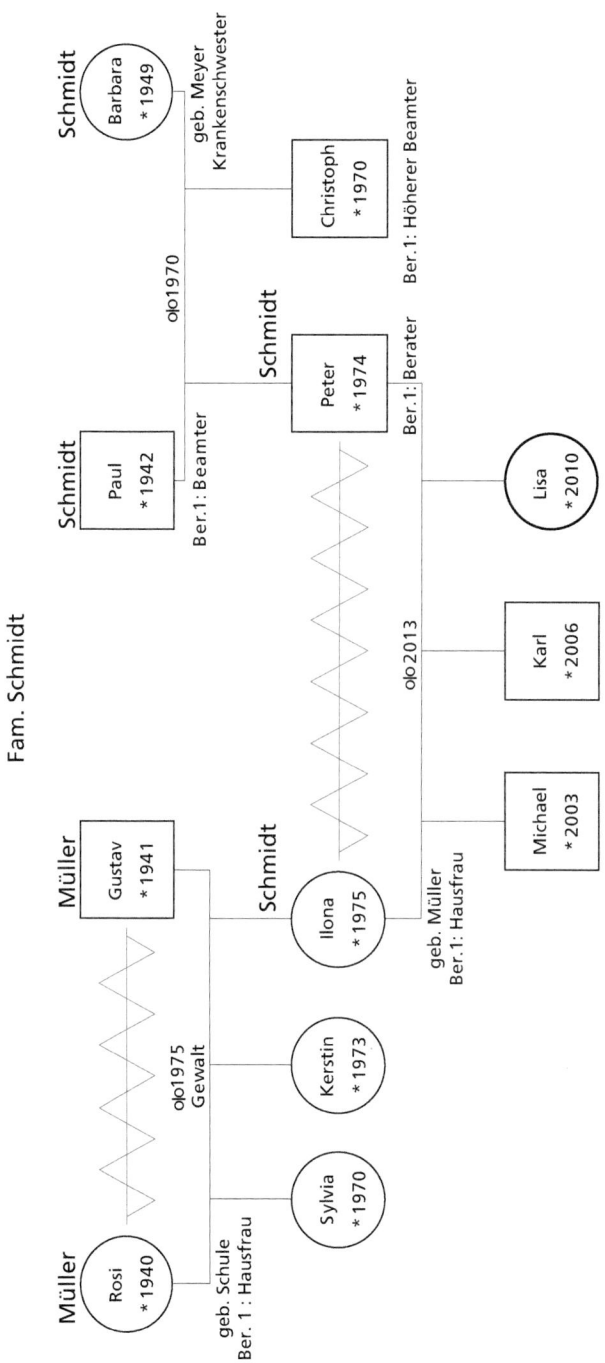

Abb. 7: Beispiel für Genogrammarbeit (eigene Darstellung)

2010). Durch diesen individuellen subjektabhängigen Blick auf die Welt sind wir angewiesen auf unsere soziale Eingebundenheit, um gemeinsam mit anderen Menschen Erfahrungswerte bzw. Wirklichkeitsmodelle auszuhandeln, die uns als Orientierungsrahmen unserer Alltagswirklichkeit dienen. Das Erleben eines stabilen Alltags bspw. resultiert aus dem fortlaufenden Abgleich dessen, was wir wahrnehmen, mit unserem sozialen Kontext.

Eng verknüpft mit der Theorie des Konstruktivismus ist die Theorie sozialer Systeme, die u. a. maßgeblich von Niklas Luhmann (1987) entwickelt wurden. Diese beschreibt das Zusammenspiel der Systeme Person, Familie und der sie umgebenden Umwelteinflüsse basierend auf der Annahme, dass jedes lebende System die Elemente, aus denen es besteht, selbst produzieren und reproduzieren kann und so seine Einheit definiert (Autopoiese). Die*der Beobachtende ist selbst Teil der Beobachtung, d. h. sie*er beobachtet und bewertet immer selektiv auf der individuellen Grundlage von beschränkten Wahrnehmungsprozessen und einer Biografie, die wiederum auf einem individuellen Sozialisationsprozess basiert. Die daraus entstehende begrenzte Sicht bestimmt, was wir sehen, beschreiben und welche Bedeutung wir herauslesen.

Arist von Schlippe und Jochen Schweitzer (2016), zwei Psychologen und wichtige Vertreter der Systemischen Therapie und Praxis, verstehen Familien als selbstorganisierte Systeme, die Werte und Normen innerhalb einer Gemeinschaft vermitteln und so die Funktionstüchtigkeit des Einzelnen und der nachfolgenden Generationen prägen. Familien werden als funktionale Systeme verstanden, in denen jedes Individuum eine definierte Position einnimmt, an die ein bestimmtes Verhalten gekoppelt ist, die das Zusammenleben innerhalb einer Familie regelt.

Beliebte und in der Praxis der Sozialen Arbeit bewährte Fragetechniken aus der Systemischen Arbeit (Systemische Fragetechniken) sind die folgenden.

- Zirkuläre Fragen – die*der Befragte ändern ihre*seine Perspektive, in dem sie*er nach einer dritten Person befragt wird: Was glaubst Du, würde Dein Freund dazu sagen?
- Skalierungsfragen: Auf einer Skala von 1 bis 10, wo würden Sie sich gerade einordnen?
- Die beliebte Wunderfrage: Wenn jetzt eine Fee hereinkommt und ihren Zauberstab schwingt, was würden Sie sich wünschen und woran würden Sie am nächsten Tag merken, dass Ihr Wunsch in Erfüllung gegangen ist? Oder: Was würde sich ändern, wenn das Problem morgen nicht mehr da wäre?
- Hypothetische Fragen: Was wäre, wenn …? Es können Lösungswege auf die Machbarkeit der Umsetzung überprüft werden. An dieser Stelle kann auch die Verschlimmerungsfrage (Was müssen Sie tun, um Ihr Problem zu erhalten oder zu verschlimmern?) hilfreich sein.
- Paradoxe Fragen: Was können Sie tun, um ihre Kinder richtig zu ärgern? Der Befragte wird durch die Verstärkung des Problems verblüfft/verstört.
- Lösungsorientierte Fragen – sie zielen auf verborgene Ressourcen und Chancen ab: Was muss passieren, damit die guten Zeiten überwiegen? Wer könnte Sie dabei unterstützen? Welche Ihrer Fähigkeiten schätzen Sie besonders? Wie haben Sie es geschafft, die Situation zu bewältigen?

5.5 Hilfen für das Selbststudium

5.5.1 Zusammenfassung

Familien können in ihrer Unterschiedlichkeit verstanden werden, indem methodisch daran gearbeitet wird, Selbstverstehensprozesse anzuregen, zu Erkenntnissen zu gelangen, neue Sichtweisen zu entwickeln sowie alternative Handlungen auszuprobieren. Diese Prozesse gehen mit Fremdverstehensprozessen der Fachkräfte über Strukturen und Dynamiken der Familie, aber auch der Familien- und Lebensgeschichte einher. Passgenaue sozialpädagogische Arrangements können durch ein konsequentes Fallverstehen (jede Familie stellt einen einzigartigen Fall dar) u. a. in der gemeinsamen Betrachtung von Selbst- und Fremdverstehen, aber auch der Familiengeschichten und Entstehungszusammenhängen von Phänomenen hergestellt werden. Dieser Prozess des Fallverstehens findet fortwährend statt. Er kann im Grunde nicht abgeschlossen werden, da immer wieder neue Informationen und Erkenntnisse mit und über den Fall erlangt werden können.

Die Benennung kultureller Unterschiede bildet keine valide Basis für Problemzuschreibungen und Diagnosen. Familien aus den Familienhelfer*innen nicht bekannten Kulturkreisen oder Lebenslagen kann nur geholfen werden, wenn ganzheitlich deren Lebenswelt und deren Bewältigungshandeln analysiert und gemeinsam mit den Familienmitgliedern nachvollzogen wird (vgl. Jagusch/Sievers/Teupe 2012). Dies verweist wiederum auf eine Hinwendung zum Einzelfall und zum Fallverstehen. Es gilt also, Zuschreibungen und Stigmatisierungen bspw. aufgrund von Kultur, Geschlecht, Sprache, Hautfarbe, Gewohnheiten der Haushaltsführung, des Essens, der Kleidung, von Behinderungen kritisch zu reflektieren und sich stattdessen den Menschen in ihrem Lebenskontext zuzuwenden, mit ihnen zu kommunizieren und sich dialogisch zu verständigen – manchmal auch ohne Sprache. Die Fähigkeit zur Selbstreflexion hat jeder Mensch bzw. kann diese lernen. Ein Problem der Fachkräfte kann darin bestehen, dass sie Familien diese nicht zutrauen und es deshalb gar nicht erst probieren oder sogar abwehren. Allerdings zeigen empirische Forschungen das Gegenteil: In der Evaluation der Sozialpädagogischen Familienhilfen wurde bspw. deutlich, dass mit diesem methodischen Verfahren Eltern, die es vorher nicht gewohnt waren, sich mit Worten und durch Denken auszudrücken, gelernt haben, intensiv zu reflektieren, dies zu verbalisieren und die Erkenntnisse in Handeln umzusetzen (vgl. Cinkl/Krause 2014). Wir plädieren dafür, diese Prozesse zu unterstützen bzw. ganz neu zu lernen, auch oder gerade wenn es konfliktreich ist sowie wenn Kinderschutzfragen (▶ Kap. 6) im Raum stehen. Auch für so genannte ›schwer erreichbare‹ oder ›herausfordernde‹ Familien, sind diese Arbeitsformen geeignet.

Der Prozess des Fallverstehens wird geleitet von ausgewählten Methoden. Auch diese Wahl kann nicht einmal erfolgen und dann für den gesamten Hilfeprozess gelten. Methoden müssen auf ihre Geeignetheit geprüft und ggf. angepasst oder korrigiert werden. Manchmal werden fallbezogen auch neue erfunden.

Soziale Lern- und Erkenntnisprozesse brauchen Zeit! Die Betonung an dieser Stelle entspringt der Erfahrung, dass Zeit zunehmend verknappt wird und den

Familien häufig zügig Veränderungen abverlangt werden. Dies funktioniert aber oft nicht. Deshalb ist es bedeutsam, dass Fachkräfte auch bei einer hohen Fallauslastung, Zeit zum für Lernen, Entwicklungen und Veränderungen organisieren.

5.5.2 Übungsaufgaben in der Gruppe

Übung an einem Fallbeispiel: Familie S.

Frau S. lebt mit ihren zwei Kindern Rosi (9) und Tom (12) in einer kleinen Zwei-Zimmer-Wohnung. Sie ist seit vielen Jahren arbeitssuchend und möchte gern in ihren Beruf (Einzelhandelskauffrau) wieder einsteigen. Frau S. hat große finanzielle Schwierigkeiten da sie in der Vergangenheit u. a. Kredite für ehemalige Partner aufgenommen hat. Seit ca. zwei Jahren öffnet sie keine Post mehr. Sie ist deswegen unregelmäßig in einer Schuldnerberatungsstelle.

Außerdem konsumiert sie regelmäßig übermäßig Alkohol und ist dann für ihre Kinder nicht mehr ansprechbar. Der Vater von Rosi und Tom, Herr S., kümmert sich regelmäßig um seine Kinder. Es gibt auch Kontakte zwischen ihnen außerhalb der verabredeten Zeiten. Frau S. und der Vater ihrer Kinder verstehen sich gut. Herr S. versucht, für seine Kinder da zu sein, wenn Frau S. betrunken ist. Er lebt in einer kleinen Wohnung in der Nähe der Kinder. Rosi hat sich mittlerweile aus ihrer Umwelt zurückgezogen. Sie geht zwar regelmäßig zur Schule, vermeidet aber sonst den Kontakt nach außen. Nach Schulschluss ist sie bis zum Abend in den digitalen Medien unterwegs, oft auch nachts. Tom versucht, sich möglichst wenig zu Hause aufzuhalten. Er geht zum Fußball und hat dort viele Freunde, die er nicht zu sich nach Hause einlädt, weil er sich wegen der Unordnung schämt. Im Gegensatz zu Rosi hat Tom viele Außenkontakte, er besucht auch häufig seine in der Nähe lebende Tante, die ihm auch den Fußballverein zahlt.

Frau S. merkt, dass ihr aufgrund der Alkoholerkrankung der Alltag aus den Händen gleitet und sucht sich Unterstützung im Jugendamt.

Versuchen Sie ein Rollenspiel: Wählen Sie für Frau und Herrn S., Rosi, Tom, die Tante und die Sozialarbeiterin im Jugendamt Personen aus der Gruppe, die eine jeweilige Rolle annehmen wollen. Spielen Sie das Erstgespräch im Jugendamt. Wer könnte welches Anliegen haben und wie agieren?

Die restliche Gruppe beobachtet. Sammeln Sie nach Spielende und (wichtig!) Entlassung der Spieler*innen aus ihren Rollen die Anliegen, Probleme und ggf. Vorbehalte der jeweiligen Person. Wählen Sie dann eine der aufgeführten Methoden und überlegen Sie, wie Sie in der Sozialpädagogischen Familienhilfe ansetzen würden.

Literatur zum Weiterlesen

Woog, Astrid (1998): Soziale Arbeit in Familien. Theoretische und empirische Ansätze zur Entwicklung einer pädagogischen Handlungslehre. Reihe: Edition soziale Arbeit. Weinheim: Juventa (4., unveränderte Auflage 2010).
Hosemann, Wilfried/Geiling, Wolfgang (2013): Einführung in die Systemische Soziale Arbeit. Neuausgabe. München: Reinhardt.
Völter, Bettina/Reichmann, Ute (Hrsg.) (2017): Rekonstruktiv denken und handeln. Rekonstruktive Soziale Arbeit als professionelle Praxis. Reihe: Rekonstruktive Forschung in der sozialen Arbeit, Bd. 14. Opladen: Budrich.

6 Die Gretchenfrage: »Und was ist mit dem Kindeswohl?« Gefahren und Gefährdungen erkennen und helfen

Während der Durchführung von Sozialpädagogischen Familienhilfen kann es auch zu Situationen kommen, in denen Familienhelfer*innen in der Lage sein müssen, Gefahren und Gefährdungen von Kindern und Jugendlichen durch Handeln oder Unterlassen von Eltern oder anderen Personen zu erkennen, diese einzuschätzen und zu beurteilen – und anschließend darauf basierend natürlich entsprechend zu handeln.

Grundsätzlich ist das Jugendamt als Gewährleister einer Sozialpädagogischen Familienhilfe in der Verantwortung, im Rahmen des staatlichen Wächteramtes (gemäß Art. 6 Abs. 2 Satz 1 GG; §§ 1 Abs. 2, 8a Abs. 1 SGB VIII) zur Abwendung von Gefährdungssituationen von Kindern und Jugendlichen tätig zu werden. Aber auch eine Familienhelfer*in muss Informationen über Gefährdungssituationen, die ihr*ihm bei der Durchführung einer Sozialpädagogischen Familienhilfe bekannt werden, wahrnehmen, im Regelfall direkt mit der Familie kommunizieren und auf die Abwendung der Gefährdung hinarbeiten[24].

Im Rahmen des § 8a SGB VIII Abs. 4 sind Fachkräfte, deren Träger entsprechende Vereinbarungen mit dem Jugendamt abgeschlossen haben, verpflichtet, bei Bekanntwerden »gewichtiger Anhaltspunkte« (ebd.) für die Gefährdung eines von ihnen betreuten Kindes oder Jugendlichen eine »Gefährdungseinschätzung« (ebd.) vorzunehmen. Dabei muss eine »insoweit erfahrene Fachkraft« beratend hinzugezogen werden. Die Erziehungsberechtigten sowie das Kind oder die*der Jugendliche sind im Regelfall in die Gefährdungseinschätzung einzubeziehen. Nur, wenn der »wirksame Schutz« des jungen Menschen dadurch nicht gesichert werden kann, darf davon abgewichen werden. Weiterhin heißt es, dass die Fachkräfte auf die Inanspruchnahme von Hilfen durch die Familien hinwirken und das Jugendamt informieren, falls die Gefährdung nicht anders abgewendet werden kann (ebd.).

Es gilt in diesen Fällen auch, fachliche Beratung und Unterstützung im eigenen Team zu suchen und wahrzunehmen, ggf. die Leitung hinzuzuziehen und mit dem Jugendamt zusammenzuarbeiten. Zur Abwendung von Gefährdungen des Kindeswohls müssen alle Beteiligten kooperieren. Gefährdungssituationen dürfen nicht tabuisiert werden. Nur so kann die Lage der jungen Menschen und ihrer

---

24 Wir empfehlen auch hier die Nutzung der in Kapitel 4 und 5 vorgestellten Methoden zur Ergründung, zur Reflexion und zum Selbst- und Fremdverstehen – fokussiert auf die Abwendung von Gefahren und Gefährdungen von Kindern und Jugendlichen in den Familien (▶ Kap. 4; ▶ Kap. 5). Bei akuter Kindeswohlgefährdung muss natürlich sofort gehandelt werden, d. h., das Jugendamt muss unverzüglich informiert werden, um den bzw. die jungen Menschen ggf. in Obhut nehmen zu können.

6 Die Gretchenfrage: »Und was ist mit dem Kindeswohl?«

Familien positiv verändert werden. Häufig umfasst die Kooperation auch das Hinzuziehen von Expert*innenwissen anderer Professionen wie bspw. der Medizin. In manchen Fällen bedarf es auch der Entscheidung des Familiengerichts.

An dieser Stelle soll jedoch ebenso darauf hingewiesen werden, dass sich durch die Analyse von Fallgeschichten und der Krisenarbeit in den letzten Jahren und insbesondere mit dem Inkrafttreten des KJSG vieles weiterentwickelt hat. Hintergrund ist insbesondere die Beteiligung der Familien, also der Eltern und Kinder, in allen sie betreffenden Angelegenheiten. Und damit ist nicht nur die Einbeziehung in die Handlungen gemeint, sondern auch das Verstehen der rechtlichen, inhaltlichen, strukturellen und inhaltlichen Zusammenhänge. Dies ist für die Sozialpädagogische Familienhilfe insgesamt von grundlegender Bedeutung. Bei den neuen Erkenntnissen ist es unerheblich, ob es sich um ein stationäres oder ambulantes Hilfeangebot handelt. So arbeiten viele stationäre Krisenprojekte inzwischen mit den Eltern in unmittelbarer Weise zusammen. Die sorgeberechtigten Mütter/Väter sind, wenn möglich und sinnvoll, täglich in der Wohngruppe anwesend. Sie werden in die normalen Alltagshandlungen einbezogen, können für ihr Kind/ihre Kinder sorgen. Sie bleiben aber unter sozialpädagogischer Obhut, werden ggf. angeleitet und erhalten Unterstützung. Auf diese Weise können Beziehungen zwischen Kindern und Eltern erhalten und gemeinsames Verstehen (Clearing) gefördert werden. Außerdem ist die Wahrscheinlichkeit, dass Hilfe angenommen und genutzt wird, wesentlich größer. So kann unter dieser geschützten Rahmung auch eine ambulante Hilfeform, also konkrete eine Sozialpädagogische Familienhilfe besser vorbereitet und geplant werden. Ebenso ist der Übergang von einer Sozialpädagogischen Familienhilfe in eine stationäre Einrichtung vor allem für die Kinder, aber auch die Eltern, sensibler und damit angemessener gestaltbar.

Zentrale Fragestellungen

In diesem Kapitel wird nachfolgenden Fragen nachgegangen:

- Was wird unter Kinderschutz, Kindeswohl und Kindeswohlgefährdung im Kontext der Sozialpädagogischen Familienhilfe verstanden?
- Wie können Gefahren und Gefährdungssituationen von Kindern und Jugendlichen erkannt werden?
- Wie können Familienhelfer*innen mit Gefahren und Gefährdungssituationen umgehen?
- Wie können gleichzeitig Kinder geschützt und den Familien geholfen werden?
- Welche rechtlichen Aspekte ergeben sich für Familienhelfer*innen?

Kernaussagen

- Es ist wichtig, die Balance zwischen dem Erkennen von Gefährdungen sowie ggf. dem Intervenieren und dem Kontakt zu Kindern und Eltern sowie der

> Initiierung von Hilfen, die die Lebenssituation von Kindern und Jugendlichen verbessern, zu halten.
> - Auf sehr kleine Kinder muss im Kinderschutz besonders geachtet werden.
> - Es ist unabdingbar, sich selbst als Fachkraft im Team Unterstützung bei der Gefährdungseinschätzung zu suchen und sich fachlich nach außen mit anderen Institutionen/Professionen zu vernetzen.

Zunächst als Einstieg ins Thema die Schilderung einer Familiensituation aus der Praxis.

Fallbeispiel: Familie B.

Eine Familienhelferin kommt zum vereinbarten Gespräch in die Wohnung der Familie. Es ist Abendessenszeit.

Die Kinder, Fritz (3,5 Jahre) und Lisa (6 Jahre), sitzen sehr in sich zurückgezogen mit den Eltern vor dem Fernseher. Die Eltern wenden sich der Familienhelferin zu und erzählen, dass Fritz schon wieder seinen Joghurt auf den Teppich hat fallen lassen. Die vorangegangene Familiensituation wird besprochen. Die Eltern bemängeln, dass die Kinder so wenig bereit sind, gerade beim Abendessen, das grundsätzlich vor dem Fernseher eingenommen wird, aufzupassen, dass sie nicht mit dem Joghurt »kleckern«. »Man könne doch von Kindern in dem Alter erwarten, dass sie ordentlich essen«, sagen sie.

Die Familienhelferin versucht, die Perspektive zu verändern. Sie bringt ein, dass Essensrituale, auch ohne und gerade ohne Fernsehen ggf. am Esstisch wichtige Familienzusammenkünfte sein können und auch die Konzentration der Kinder auf das Abendessen durchaus fördern würden. Sie spricht auch über die altersgemäße Entwicklung der Kinder und welche Verhaltensweisen von ihnen deshalb erwartet werden können und welche nicht.

Als die Familienhelferin später mit den Kindern allein im Kinderzimmer spielt, erzählt Fritz, dass er von seinem Vater vorhin eine Ohrfeige bekommen hat, weil ihm der Joghurt aus der Hand gerutscht und auf den Teppich »gekleckert« sei. Er beschwert sich darüber bei der Familienhelferin. Lisa ergänzt, dass der Vater oft ungeduldig und aufbrausend sei und dass ihm schon mal die »Hand ausrutscht«. Die Familienhelferin fragt die Kinder, ob sie diese Information im Gespräch mit den Eltern thematisieren dürfe. Die Kinder bejahen dies.

Später thematisiert die Familienhelferin im Gespräch mit den Eltern die geschilderte Situation und hört anschließend den Eltern zu. Dabei wird deutlich, dass der Vater seine Kinder schlägt, wenn er, wie er sagt, sich nicht anders zu helfen wisse. Dies geschieht, wie gemeinsam analysiert wird, in Situationen mit den Kindern, die die Eltern als großen Stress erleben. Zu diesen gehört auch das Kleckern mit dem Joghurt, denn der Teppich muss sauber bleiben. Das ist klar. Wäre er dreckig, würden andere, u.a. die Familienhelferin und das Jugendamt, denken, dass sie, die Eltern, nicht auf Sauberkeit in der Wohnung achten würden. Ist der Teppich verschmutzt und kann nicht mehr gereinigt werden, müsste ein neuer gekauft werden. Aber dafür ist kein Geld vorhanden. Herr B. findet sein Verhalten gegenüber den Kindern im Grunde auch nicht weiter schlimm. Es seien lediglich leichte Ohrfeigen, die er verteilen würde. Er selbst sei von seinem Vater sehr häufig und viel stärker geprügelt worden. Er weiß, dass das Schlagen nicht gut für Kinder sei. Das habe er selbst erfahren. Deshalb gebe er sich schon Mühe, nicht so oft und nicht so doll, also nur, wenn es sein muss, Ohrfeigen zu verteilen. Frau B. äußert sich nicht zu der Situation. Die Familienhelferin hat den Eindruck, dass sie dieser ziemlich hilflos gegenübersteht.

Die Familienhelferin weist auf das Recht der Kinder auf gewaltfreie Erziehung hin (vgl. § 1631 Abs. 2 BGB), das seit 2000 besteht, und äußert die deutliche Erwartung, dass die Kinder nicht mehr geschlagen werden. Sie bietet den Eltern zugleich an, bei den nächsten Terminen die angedeuteten Stresssituationen gemeinsam mit ihnen genauer zu analysieren. Auch mit den Kindern sollen die Situationen, die zum Stress führen, besprochen werden. Dies alles mit dem Ziel, diese im Alltag erstens zu verringern und zweitens Handlungsalternativen, die ohne Gewaltanwendung einhergehen, zu finden und einzuüben. Die Eltern sind von diesem Vorschlag angetan und stimmen diesem Vorgehen zu.

Die Familienhelferin ist sich nicht sicher, ob tatsächlich beide Eltern motiviert dafür sind. Vor allem beim Vater hat sie Zweifel daran, ob er verstanden hat, wie wichtig es ist, gewaltfreies Erziehungshandeln zu lernen. Sie informiert, wie sie es auch mit den Eltern besprochen hat, das zuständige Jugendamt schriftlich über das Ereignis und das Vorgehen innerhalb der Hilfe.

6.1 Kinderschutz, Kindeswohl und Kindeswohlgefährdung im Kontext der Sozialpädagogischen Familienhilfe

In der Fallschilderung wird eine Situation dargestellt, in der ein durch die Aussagen der Kinder und der Eltern begründeter Verdacht auf eine Kindeswohlgefährdung zutage tritt. Diese wird in der Familie thematisiert. Es geht nun in einem weiteren Schritt darum, die Gefährdung von den Kindern abzuwenden. Zu diesem Zwecke informiert die Familienhelferin die Eltern, formuliert eindeutige Erwartungen an die Veränderung des elterlichen Handelns und bietet konkrete Hilfe und Unterstützung beim Erlernen einer gewaltfreien Erziehung an, die den Eltern aus eigener Erfahrung unbekannt ist und die sie also lernen müssen.

Bei der Abwendung von Gefahren und Gefährdungen von Kindern und Jugendlichen durch eine Veränderung des elterlichen Handels soll das Wohl der Kinder (wieder) gewährleistet sein. Dabei gilt der Grundsatz: Hilfe vor Eingriff. Denn: Deutschland hat ein hilfeorientiertes sowie familienorientiertes Kinderschutzsystem und kein straforientiertes (vgl. Wolff/Biesel/Heinitz 2011). Dies gilt als Grundlage für sozialpädagogische Tätigkeiten, aber auch für Entscheidungen des Familiengerichts. Die Hilfen sowie ggf. weitere Maßnahmen in Kooperation mit dem Jugendamt und anderen Akteur*innen und Unterstützer*innen dienen dem Kinderschutz.

> **Kinderschutz**
>
> »Kinderschutz stellt, weit gefasst, die gesellschaftliche Bemühung und Bewegung dar, Kinder vor Verhältnissen und Maßnahmen zu schützen, die dazu führen, dass das Recht der Kinder auf ein menschenwürdiges Leben, freie Entfaltung der Persönlichkeit und wirkliche Förderung beschnitten wird.
>
> Im engeren Sinn heißt Kinderschutz: Schutz und Hilfe bei Misshandlungen und Vernachlässigungen von Kindern innerhalb und außerhalb der Familie zu gewähren (Gewalt in Familien), d.h., bei einer gewaltsamen, nicht zufälligen physischen oder psychischen, das Wohl und die Rechte eines Kindes beeinträchtigenden oder bedrohenden Schädigung, durch die ein Kind verletzt, in seiner Entwicklung gehemmt oder sogar zu Tode gebracht wird, helfend einzugreifen« (Wolff 2017, S. 576; Abkürzungen ausgeschrieben).

Von maßgeblicher Bedeutung zur Gestaltung einer Hilfe zur Abwendung von Gefahren und Gefährdungen von Kindern und Jugendlichen ist eine tragende und verlässliche Zusammenarbeit mit den Eltern, die auf Einbeziehung und Beteiligung der Familien basiert. So ist es auch gesetzlich geregelt bspw. gemäß §§ 8a, 36 SGB VIII. Als Hilfe steht das gesamte Spektrum von Sozialleistungen im SGB VIII zur Verfügung, angefangen bei allgemeinen Angeboten an alle Kinder und alle Eltern (bspw. gemäß §§ 16 ff. SGB VIII) bis hin zu einzelfallbezogenen Leistungen gemäß § 27 SGB VIII. Im Kontext der Sozialpädagogischen Familienhilfe könnten also weitere geeignete Hilfen ergänzt werden. Bei akuter Gefährdung ihres Wohls wird dem Jugendamt gemäß § 42 SGB VIII das Recht und die Pflicht eingeräumt, Kinder und Jugendliche (also: Minderjährige) in Obhut zu nehmen.

> **Nicht-Gewährleistung und Gefährdung des Wohls von jungen Menschen**
>
> Aus juristischer Perspektive wird unterschieden in: ›Nicht-Gewährleistung‹ und ›Gefährdung‹ des Wohls des Kindes oder des Jugendlichen. Die ›Nichtgewährleistung‹ setzt auf einer niedrigeren Stufe an als die ›Gefährdung‹ und begründet einen rechtlichen Anspruch auf Hilfen zur Erziehung gemäß § 27 Abs. 1 SGB VIII. Hier heißt es: »Ein Personensorgeberechtigter hat bei der Erziehung eines Kindes oder eines Jugendlichen Anspruch auf Hilfe (Hilfe zur Erziehung), wenn eine dem Wohl des Kindes oder des Jugendlichen entsprechende Erziehung nicht gewährleistet ist und die Hilfe für seine Entwicklung geeignet und notwendig ist« (§ 27 Abs. 1 SGB VIII). Zuständig ist in diesem Fall das Jugendamt. Die Aufgabe ist bei der ›Nichtgewährleistung‹ des Kindeswohls vom Staat an die Kinder- und Jugendhilfe mit den sozialpädagogischen Leistungsangeboten adressiert.

> Eine Gefährdung des Kindeswohls hingegen begründet das Tätigwerden des Familiengerichts, mit dem Ziel, diese abzuwenden. Im § 1666 Abs. 1 BGB wird dies geregelt: »Wird das körperliche, geistige oder seelische Wohl des Kindes oder sein Vermögen gefährdet und sind die Eltern nicht gewillt oder nicht in der Lage, die Gefahr abzuwenden, so hat das Familiengericht die Maßnahmen zu treffen, die zur Abwendung der Gefahr erforderlich sind.« Die Intervention des Familiengerichtes bezieht sich auf Entscheidungen zur Limitierung der Rechte von Eltern bzw. zur Einschränkung in der Ausübung der elterlichen Sorge. Sie können aber auch Gebote wie z. B. Leistungen der Kinder- und Jugendhilfe und der Gesundheitsfürsorge in Anspruch nehmen (§ 1666 Abs. 3 BGB).

Im Beispiel wird auch deutlich, dass eine eindeutige Bestimmung des Wohls der Kinder sowie deren Gefährdungen innerhalb der Familie nicht ganz einfach sind. Die Grundlage für eine diesbezügliche fachliche Einschätzung bilden in dem Beispielfall die übereinstimmenden Berichte der Kinder und der Eltern. Diese werden der Familienhelfer*in vermittelt; sie selbst war nicht Zeugin des Geschehens. Es obliegt also ihrer Interpretation, als wie stark gefährdend sie auf der Basis der Schilderungen von Kindern und Eltern die Gefahren und Gefährdungen einschätzt und daraus Schlüsse für ihr fachliches Handeln zieht, also ob sie bspw. der Familie Zeit für Lernprozesse und Veränderungen zugesteht oder ob sie sofort interveniert, Letzteres in welcher Stärke und Massivität. In dem hier dargestellten Fall wird zunächst eingeschätzt, dass eine Abwendung der Gefährdungen innerhalb der Familie möglich ist. Zu dieser Einschätzung tragen sicherlich weitere Faktoren bei wie die Gesamtsituation in der Familie bezüglich bspw. Versorgung, Beziehung, Erziehung und Schutz der Kinder, die der Familienhelfer*in bekannt ist, auf der sie ihre Einschätzung aufbaut und begründet. In der Praxis hat sich in den letzten Jahren durchgesetzt, Gefährdungseinschätzungen nach dem Vier-Augen-Prinzip, also durch zwei Fachkräfte, vorzunehmen. Vielerorts werden diese in einem so genannten Kinderschutzbogen dokumentiert. Diese Kinderschutzbögen variieren je nach Kommune. Sie können über das jeweils zuständige Jugendamt angefordert werden. Die Einschätzungen erfolgen jeweils am Einzelfall und sind im Ergebnis fallspezifisch. Sie erfordern sozialpädagogische Kompetenzen der Gesprächsführung und des Fallverstehens, u. a. um den Kooperationswillen der betroffenen Familie zu stärken und keine Abwehrhaltung gegen das Hilfesystem zu erzeugen. Im Anhang dieses Buches finden Sie als Beispiel den Berliner Kinderschutzbogen für die Altersgruppe drei bis sechs Jahre. Wir geben Ihnen jedoch weiter unten in diesem Kapitel einen Leitfaden, um Kindeswohlgefährdungen im Arbeitsalltag zu erkennen, einzuschätzen und um zu helfen.

6.1.1 Zu den Begriffen Kindeswohl und Kindeswohlgefährdung

Die Begriffe ›Kindeswohl‹ und ›Kindeswohlgefährdung‹ sind Schlüsselbegriffe des Kinderschutzes. Sie sind jedoch, wie oben bereits deutlich wurde, nicht eindeutig definiert, sondern müssen jeweils am Einzelfall konkretisiert werden. Diese Begriffe werden nicht nur von der Sozialen Arbeit, sondern auch von anderen Professionen und dann jeweils aus deren Perspektive betrachtet. Für die Sozialpädagogische Familienhilfe ist insbesondere die entwicklungspsychologische, sozialwissenschaftliche und familienrechtliche Einordnung ein wichtiger Wissensbestand. In den vielfältigen fachlichen, rechtlichen und gesellschaftlichen Diskussionen wird deutlich, dass es sich in der Betrachtung von ›Kindeswohl‹ und ›Kindeswohlgefährdung‹ nicht um neutrale Tatsachen handelt. Die jeweiligen Begründungen sind abhängig von unterschiedlichen Wahrnehmungs- und Beobachtungsstandpunkten und von deren Deutungen, Erkenntnissen und Wertungen (vgl. Biesel/Urban-Stahl 2018, S. 33). Was aus einer sozialpädagogischen Perspektive unter dem Wohl eines Kindes oder Jugendlichen verstanden wird, ist abhängig von aktuell vorherrschenden Normen und Werten, aber auch von persönlichen Einstellungen und fachlichen Perspektiven. Dies wird auch im Beispiel oben deutlich. Die Begriffe ›Kindeswohl‹ und ›Kindeswohlgefährdung‹ sind demnach soziale Konstrukte, deren Inhalte und Bedeutungen sich im Zeitverlauf auch verändern (ebd.). Sie müssen jeweils fallspezifisch begründet werden. Für die Auslotung sozialpädagogischen Handelns ist entscheidend, ob Eltern und Kinder kurz- und langfristig lernen können, die konkreten Gefahren und Gefährdungen abzuwenden, d. h. mit der Unterstützung durch die Hilfe konkrete Schritte der Veränderung zu initiieren und umzusetzen, damit das Wohl der Kinder, deren Entwicklung, Erziehung und ein gesundes Aufwachsen gesichert sind.

Übung

Tauschen Sie sich untereinander über die Begriffe ›Kindeswohl‹ und ›Kindeswohlgefährdung‹ aus. Formulieren Sie im nächsten Schritt jeweils eine Definition. Übertragen Sie Ihre Definition auf ein Plakat und stellen sie diese im Plenum vor. Geben Sie den Teilnehmenden dabei zu folgenden Fragen Auskunft:

- Was haben Sie bei der Erstellung des Plakates diskutiert?
- Woran haben Sie die Begriffe ›Kindeswohl‹ und ›Kindeswohlgefährdung‹ festgemacht?
- Wie können Sie Ihre Definition auf den Einzelfall beziehen (in Anlehnung an Biesel/Urban-Stahl 2018, S. 39f.)?

Trotz der oben genannten Einschränkungen einer eindeutigen Begriffsbestimmung soll nun eine Konkretisierung des Begriffs ›Kindeswohl‹ vorgenommen werden.

»Der Begriff des Kindeswohls verweist auf die Frage, was Kinder brauchen, um gesund und glücklich aufzuwachsen« (ebd., S. 33). In der Sozialen Arbeit haben sich zwei grundlegende Perspektiven auf das Kindeswohl durchgesetzt: eine, die sich an den *Grundrechten* von jungen Menschen, und eine, die sich an deren

Grundbedürfnissen orientiert. Maywald (2008/2010) führt diese Perspektiven auf die Rechte und Bedürfnisse von Kindern und Jugendlichen zusammen. Er konkretisiert diese mit einer fallspezifischen Perspektive, indem er heraushebt, die für das Kind jeweils günstigste Handlungsalternative auszuwählen (ebd., S. 57). In den Hilfen zur Erziehung und also auch in der Sozialpädagogischen Familienhilfe wurden bisher mehr die Bedürfnisse der Kinder und diese vornehmlich aus der Perspektive der Erwachsenen wahrgenommen. U. a. vor dem Hintergrund internationaler Entwicklungen werden zunehmend auch die Kinderrechte zur Bestimmung des Kindeswohls relevant (vgl. Liebel 2017).

6.1.2 Kindeswohl mit Bezug auf Kinderrechte

Das Wohl von Kindern und Jugendlichen kann danach bestimmt werden, inwieweit dieses mit der Gewährleistung ihrer grundlegenden Rechte übereinstimmt. Mit Bezug auf die UN-Kinderrechtskonvention (UN-KRK; UN 1989) erweitert diese Perspektive den Blick von der einzelnen Familie auf die Bedingungen der sozialen und ökologischen Umwelt und auch der Gesellschaft. Es geht im Grunde darum, ob Kinder und Jugendliche bei Entscheidungen von Politik, Verwaltung, Wirtschaft in allen Lebensbereichen beachtet und berücksichtigt werden. Ob bspw. Straßen und Wege sicher sind oder ausreichend Spielmöglichkeiten im Sozialraum zur Verfügung stehen, liegt in der gesellschaftlichen Verantwortung. Diesbezüglich haben auch die Kommunen eine große Verantwortung. Und in diesem Kontext sind auch die Bestrebungen zu verstehen, Kinderrechte explizit in das Grundgesetzt aufzunehmen.

Nachfolgend ist es nicht Anliegen, die Kinderrechte zusammenfassend und systematisch darzustellen. Hierzu empfehlen wird den Überblick von Kay Biesel und Ulrike Urban-Stahl (2018, S. 34–36). Es wird hingegen eine Auswahl für den Kontext der Sozialpädagogischen Familienhilfe getroffen.

Mit Blick auf die Verhältnisse in den Familien können die in der UN-Kinderrechtskonvention geregelten Grundrechte auf Förderung/Bildung, Versorgung, Schutz und Beteiligung von Kindern und Jugendlichen jeweils im Einzelfall konkretisiert werden. Auch im BGB und im SGB VIII sind Förderungs-, Beteiligungs- und Schutzrechte von Kindern und Jugendlichen definiert. Insbesondere bei der Ausübung der elterlichen Sorge sollen »die wachsende Fähigkeit und das wachsende Bedürfnis des Kindes zu selbständigem verantwortungsbewusstem Handeln« (§ 1626 Abs. 2 BGB) durch die Eltern berücksichtigt und Einvernehmen hergestellt werden. Der Gesetzgeber strebt eine partnerschaftliche Erziehung in den Familien an. Hervorgehoben werden soll an dieser Stelle auch noch einmal das Recht auf gewaltfreie Erziehung gemäß § 1631 Abs. 2 BGB.

> »Der Gesetzgeber hat aber deutlich gemacht, dass mit dem Recht auf gewaltfreie Erziehung keine Kriminalisierung der Eltern verbunden sein soll. Deshalb hat er zur gleichen Zeit flankierend in § 16 SGB VIII die Verpflichtung aufgenommen, dass Angebote zur Förderung der Erziehung in der Familie auch Wege aufzeigen sollen, wie Konfliktsituationen in der Familie gewaltfrei gelöst werden können (§ 16 Abs. 1 Satz 3 SGB VIII)« (Biesel u. a. 2019, S. 78).

Von zentraler Bedeutung für die Sozialpädagogische Familienhilfe ist der § 8 SGB VIII zur »Beteiligung von Kindern und Jugendlichen«. Hier wird geregelt, dass Kinder und Jugendliche entsprechend ihrem Entwicklungsstand an allen sie betreffenden Entscheidungen der öffentlichen Jugendhilfe zu beteiligen sind und dass sie in geeigneter Weise auf ihre Rechte im Verwaltungsverfahren sowie im Verfahren vor dem Familiengericht und dem Verwaltungsgericht hinzuweisen sind (Abs. 1). Des Weiteren wird im Absatz 2 formuliert: »Kinder und Jugendliche haben das Recht, sich in allen Angelegenheiten der Erziehung und Entwicklung an das Jugendamt zu wenden.« Im Absatz 3 heißt es: »Kinder und Jugendliche haben Anspruch auf Beratung ohne Kenntnis des Personensorgeberechtigten, solange durch die Mitteilung an den Personensorgeberechtigten der Beratungszweck vereitelt würde.«

Mit dem Grundprinzip des Rechts auf Gleichbehandlung im Art. 2 Abs. 1 UN-KRK (UN 1989) sollen die Grundrechte von Kindern und Jugendlichen, unabhängig von der Rasse (sic!), der Hautfarbe, dem Geschlecht, der Sprache, der Religion, der politischen oder sonstigen Anschauung, der nationalen, ethnischen oder sozialen Herkunft, des Vermögens, einer Behinderung, der Geburt oder des sonstigen Status des Kindes, seiner Eltern oder seines Vormunds, sichergestellt werden.

6.1.3 Kindeswohl mit Bezug auf Grundbedürfnisse

Die Bestimmung von Grundbedürfnissen von Kindern und Jugendlichen wird häufig anhand von Modellen vorgenommen, von denen wohl die Bedürfnispyramide von Maslow (1954/1981) am bekanntesten ist. Am weitesten verbreitet in der Fachdebatte um die Bestimmung des Begriffs ›Kindeswohl‹ ist inzwischen das Modell der sieben Grundbedürfnisse von Kindern nach Brazelton und Greenspan (2000/2002).

- das Bedürfnis nach beständigen liebevollen Beziehungen,
- das Bedürfnis nach körperlicher Unversehrtheit, Sicherheit und Regulation,
- das Bedürfnis nach individuellen Erfahrungen,
- das Bedürfnis nach entwicklungsgerechten Erfahrungen,
- das Bedürfnis nach Grenzen und Strukturen,
- das Bedürfnis nach stabilen, unterstützenden Gemeinschaften und kultureller Kontinuität,
- das Bedürfnis nach einer sicheren Zukunft (vgl. auch die zusammenfassenden Erläuterungen bei Biesel/Urban-Stahl 2018, S. 36–38; Maywald 2008/2010, S. 58–62).

> »Würden diese Grundbedürfnisse von Kindern (und Jugendlichen) in der Gesellschaft anerkannt und von Eltern oder anderen zentralen Bezugspersonen befriedigt, stehe nach Ansicht von Brazelton und Greenspan (2000/2002) einer gesunden Entwicklung von Kindern nichts mehr entgegen« (Biesel/Urban-Stahl 2018, S. 38).

Die vorgenannten Bedürfnisse sind immer im Kontext mit den familiären Gegebenheiten und auch in Wechselwirkung untereinander zu sehen und in ihrem Resultat voneinander wechselseitig abhängig. Sie werden in Kapitel 7 näher ausgeführt (▶ Kap. 7). Sie machen deutlich, welche Versorgungssituationen und Interaktionsformen in einer Familie gesichert sein müssen, damit ein Kind oder ein Jugendlicher gedeihlich aufwachsen kann. Es gehören bspw. nicht nur die Erfüllung körperlicher Bedürfnisse und der Schutz vor Gefahren zu einer förderlichen Erziehung, sondern auch Wertschätzung, Anerkennung und geistige Anregung. Allerdings muss auch berücksichtigt werden, dass Kinder »genügend gut« (Winnicott 1971/1987, S. 20) aufwachsen können, wenn nicht alle Bedürfnisse gleichermaßen perfekt befriedigt werden. Vielmehr sind Kinder Akteur*innen ihrer Entwicklung und auch ihres Schutzes und zeigen sich häufig widerstandsfähig gegenüber Risikofaktoren (vgl. Werner 1997). Es gilt deshalb, beständig die Balance zwischen Risiko- und Schutzfaktoren in den Blick zu nehmen. Dabei kommt wiederum der sozialen Umwelt eine wichtige unterstützende Funktion zu, die neben der Familie in entscheidendem Maße stabilisierend und fördernd sein kann.

Es wurde sich im bisherigen Text dem Begriff ›Kindeswohl‹ über die Rechte und die verschiedenen Bedürfnisse von Kindern und Jugendlichen angenähert. Dieses erscheint notwendig, um einen handlungsorientierten Zugang zur Begrifflichkeit Kindeswohlgefährdung zu erhalten. Zusammenfassend lässt sich sagen:

> »Das Kindeswohl ist ein unscharfer und normativ hoch aufgeladener Begriff. Es kann nicht einfach bestimmt werden, sondern ist interpretationsbedürftig. Zwar gibt es Modelle, anhand derer man sich darüber verständigen kann, was Kinder und Jugendliche für ihr Wohl brauchen. Sie verdeutlichen aber die unterschiedlichen Perspektiven und Normsetzungen der jeweiligen Betrachter(innen). Wie Dettenborn hervorgehoben hat, existiert das Kindeswohl an sich nicht. Es ist das Ergebnis von Beobachtungs- und Bewertungsprozessen. Er schlägt deshalb vor, Kindeswohl als ›die für die Persönlichkeitsentwicklung eines Kindes oder Jugendlichen günstige Relation zwischen seiner Bedürfnislage und seinen Lebensbedingungen zu verstehen‹ (Dettenborn 2017, S. 51)[25]. Eine günstige Relation ist für ihn gegeben, wenn die Lebensbedingungen von Kindern und Jugendlichen *nicht* der Befriedigung ihrer Grundbedürfnisse entgegenstehen, zumindest sollten sie nicht den sozialen und altersmäßigen Durchschnittserwartungen an körperliche, geistige und seelische Entwicklung von Kindern und Jugendlichen in unserer Gesellschaft widersprechen (vgl. ebd.). Auch hier zeigt sich aber das Erfordernis der Deutung und Interpretation:
>
> - Was sind Durchschnittserwartungen?
> - Woran kann man das Wohl eines Kindes oder Jugendlichen festmachen?
> - Wann geht es einem Kind oder Jugendlichen gut, wann schlecht?
> - Was ist das Beste für ein Kind oder einen Jugendlichen?
> - Welche Bedürfnisse von Kindern und Jugendlichen sind in welcher Entwicklungsphase zwingend zu befriedigen?
> - Welche Bedürfnisse können hintenanstehen?
>
> Der Versuch der positiven Bestimmung des Begriffs *Kindeswohl* erfordert also – ebenso wie die Klärung des Begriffs Kindeswohlgefährdung – die Auseinandersetzung mit normativen Konzepten und Vorstellungen über gelingende Erziehung und Bildung von Kindern« (Biesel/Urban-Stahl 2018, S. 39, Herv. i. O.).

In der Kinderschutzarbeit wurde als fachliche Prämisse formuliert, dass die für die zukünftige Entwicklung des Kindes am wenigsten schädlichste Alternative die geeignetste ist (vgl. Goldstein/Freud/Solnit 1974, S. 49–57; 1979/1982, S. 17).

---

25 Das Zitat von Dettenborn wurde gegenüber der Zitation in Biesel/Urban-Stahl aktualisiert.

6.1.4 Familienrechtlicher Kontext

Im familienrechtlichen Kontext sind die Begriffe ›Kindeswohl‹ oder auch ›Wohl des Kindes‹ sowie ›Kindeswohlgefährdung‹ von immenser Bedeutung. Allerdings wird auch juristisch der Begriff ›Kindeswohl‹ nicht eindeutig bestimmt. Maßstab für die gerichtliche Intervention in die Elternrechte ist dessen Gefährdung. Auch diese muss im Einzelfall begründet werden. So heißt es im § 1666 Abs. 1 BGB als Legitimation eines staatlichen Eingriffs in die elterliche Sorge, dass das körperliche, geistige oder seelische Wohl des Kindes oder sein Vermögen gefährdet sein muss und die Eltern nicht gewillt oder nicht in der Lage sind, die Gefahr abzuwenden.

Reinhold Schone (2008) macht deutlich, dass der Begriff ›Kindeswohl‹ »trotz seiner Unbestimmtheit zwei wichtige Aufgaben erfüllen soll. Er dient zum einen als Legitimationsgrundlage für staatliche Eingriffe und zum anderen als sachlicher Maßstab in (familien-)gerichtlichen Verfahren, an dem sich die Notwendigkeit gerichtlicher Maßnahmen festmachen lässt« (ebd., S. 25). Insbesondere im familienrechtlichen Kontext wird sich dem Begriff des ›Wohl des Kindes‹ aus zwei Perspektiven genähert. Die Frage, welche Maßnahmen dem Wohl dienen, hebt auf die Perspektive ab, während das Abwenden einer Gefährdung auf einen gegenwärtigen Zustand deutet (vgl. Kinderschutz-Zentrum Berlin 2009, S. 20 ff.).

Der Begriff ›Kindeswohl‹ steht daher in einem direkten Zusammenhang mit der Wahrnehmung von Kindeswohlgefährdungen. Dies betrifft sowohl die sozialpädagogische als auch die juristische Perspektive.

6.2 Was ist eine Kindeswohlgefährdung?

Der Begriff der ›Kindeswohlgefährdung‹ stammt ursprünglich aus dem Familienrecht (siehe oben; § 1666 BGB). Inzwischen wird er als Oberbegriff für potenziell denkbare und/oder bereits eingetretene Gefahren, Gefährdungen, Schädigungen, Beeinträchtigungen und/oder Unterlassungen in Bezug auf das Wohl von Kindern verwendet. Bis vor ca. zwanzig Jahren wurde dafür mehrheitlich der Oberbegriff der Kindesmisshandlung genutzt (vgl. Kinderschutz-Zentrum Berlin 2009, S. 28 f.). Als allgemeine Definition wird unter Kindeswohlgefährdung »ein das Wohl und die Rechte eines Kindes … beeinträchtigendes Verhalten oder Handeln bzw. ein Unterlassen einer angemessenen Sorge durch Eltern oder andere Personen in Familie oder Institutionen« verstanden, das »zu nicht-zufälligen Verletzungen, zu körperlichen und seelischen Schädigungen und/oder Entwicklungsbeeinträchtigungen eines Kindes führen kann« (ebd., S. 32). Die Einschätzung, ob eine Kindeswohlgefährdung vorliegt oder nicht, kann nur im Einzelfall nach einer Überprüfung und Begründung getroffen werden. Dazu müssen verschiedene Wissensbestände herangezogen werden sowie der Austausch zwischen mehreren Fachkräften und die Einbeziehung von Kindern und Eltern gewährleistet werden (ebd.: S. 28 ff.). Es muss in jedem Fall spezifisch eingeschätzt und wieder überprüft werden, ob eine – und wenn ja, welche – Form von Kindeswohlgefährdung vorliegt. Ebenso müssen Aussagen zum Ausmaß getroffen werden, und ob einvernehmliche Hilfen zur Abwendung ausreichen oder ob gerichtliche Maßnahmen zum Eingriff in die Rechte von Eltern, also in die elterliche Sorge, zur Abwendung der Kindeswohlgefährdung ergriffen werden müssen.

6.3 Formen von Kindeswohlgefährdung[26]

In der fachlichen Diskussion werden zur inhaltlichen Bestimmung des unbestimmten rechtlichen Begriffs der Kindeswohlgefährdung im Wesentlichen die folgenden vier Formen unterschieden (▶ Abb. 8).

- *Körperliche Misshandlung:* Körperliche Misshandlungen von Kindern werden einerseits bewusst praktiziert, z. B. wenn Kinder von ihren Eltern oder anderen Bezugspersonen zu Disziplinierungszwecken, zur Bestrafung oder religiös bzw. kulturell motiviert geschlagen, verprügelt, verbrüht, verbrannt, gewürgt oder gebissen werden (mit und ohne Einsatz von Waffen). Anderseits können sie sich auch nicht-intentional in Gestalt impulsiver oder reaktiver Wut- bzw. Gewaltausbrüche ereignen; oft vorkommend in akuten und sich zuspitzenden Krisen- und Stresssituationen, in denen Eltern oder andere Bezugspersonen versuchen, gewaltsam Kontrolle über das Verhalten des Kindes zu erlangen. Im Extremfall können körperliche Misshandlungen zum Tod eines Kindes führen (vgl. Kinderschutz-Zentrum Berlin 2009, S. 38 f.).
- *Psychische/emotionale Misshandlung:* Psychische/emotionale Misshandlungen äußern sich in Handlungen und Beziehungsformen von Eltern oder anderen Bezugspersonen, die dazu dienen, das Kind zu erniedrigen, zu terrorisieren, zu ängstigen, zu isolieren, zu korrumpieren, auszubeuten oder chronisch zu überfordern. Sie sind Kern einer jeden Kindeswohlgefährdung und können erhebliche Schädigungen zur Folge haben, besonders wenn das Kind sehr jung ist und regelmäßig psychischen/emotionalen Misshandlungen ausgesetzt ist. Als Spezialformen der psychischen/emotionalen Misshandlung werden das Miterleben häuslicher Gewalt sowie heftig eskalierende Trennungs- und Sorgerechtskonflikte rund um das Kind angesehen (vgl. ebd., S. 45 f.).
- *Sexuelle Gewalt (häufig auch umschrieben mit dem Begriff ›sexueller Missbrauch‹):* Sexuelle Gewalt gegenüber Kindern stellt eine grenzverletzende bzw. -überschreitende Handlung dar, der die davon betroffenen Kinder aufgrund ihres Entwicklungsstandes nicht bewusst und frei zustimmen können. Sie umfasst die

---

26 Der nachfolgende Abschnitt ist dem Buch »Deutschland schützt seine Kinder« (Biesel, Kay/Brandhorst, Felix/Rätz, Regina/Krause, Hans-Ullrich (2019): Deutschland schützt seine Kinder! Eine Streitschrift zum Kinderschutz. Reihe: X-Texte zu Kultur und Gesellschaft. Bielefeld: transcript, S. 44–46) entnommen.

sexuelle Belästigung, die Masturbation, den oralen, analen, genitalen Verkehr, die sexuelle Nötigung, die Vergewaltigung und die sexuelle Ausbeutung. Sie wird von Eltern oder anderen Bezugspersonen des Kindes auf der Basis vorhandener Macht-, Autoritäts- und Abhängigkeitsverhältnisse gegen den Willen der Kinder vorgenommen und kann je nach Schweregrad, Dauer und Alter des Kindes und den Umständen und Folgen der Enthüllung zu schwerwiegenden Traumatisierungen führen (vgl. ebd., S. 40 ff.; Deegener 2005, S. 38). Sie ereignet sich nicht nur in der realen Welt, sondern auch im Internet, z. B. wenn Jugendliche oder Erwachsene Kinder in Chatforen oder auf Social-Media-Kanälen sexuell belästigen oder sie gezielt anschreiben, um sich ihr Vertrauen zu erschleichen und sich in der Folge mit ihnen persönlich treffen und sie sexuell ausbeuten zu können (so genanntes *grooming*).

- *Vernachlässigung:* Unter einer Vernachlässigung versteht man eine andauernde, sich wiederholende Unterlassung fürsorglichen Handelns von Eltern oder anderen Bezugspersonen, die die Befriedigung elementarer Grundbedürfnisse des Kindes beeinträchtigt und zur Verletzung seiner Rechte führt. Vernachlässigungen umschreiben einen chronischen Zustand mangelnder Fürsorge, was auch materielle Überversorgung bei emotionaler Unterversorgung einschließt. Sie sind Ausdruck gestörter Eltern-Kind-Beziehungen und können, insbesondere bei sehr jungen Kindern, auch tödliche Folgen haben. Man unterscheidet in der Fachliteratur die körperliche Vernachlässigung, die kognitive und erzieherische Vernachlässigung, die emotionale Vernachlässigung und die unzureichende Beaufsichtigung des Kindes (vgl. Galm/Hees/Kindler 2010, S. 25; Gelles 2002, S. 1049; Kindler 2006).

Aufmerksamkeitsrichtung mit Blick auf Vernachlässigung

Das heißt z. B.: Eine kindgerechte Ernährung muss gesichert sein. Die häuslichen Rahmenbedingungen wie Wohnungseinrichtung (eigenes Bett), Möglichkeit zum Spielen, ausreichende Heizmöglichkeiten, Sauberkeit + Hygiene im Mindestmaas (z. B. Trennung von Hundefressnapf und Kindergeschirr, auch abgewaschenes Geschirr sollte vorhanden sein, Bodenbeläge sollten begehbar und nicht völlig verdreckt sein).

Aufmerksamkeitsrichtung mit Blick auf körperliche Misshandlung

Das heißt z. B.: Die Kinder und Jugendliche dürfen nicht geschlagen, eingesperrt und/oder festgebunden werden.

Sie dürfen nicht z. B. in der Badewanne längere Zeit gegen ihren Willen ›aufbewahrt‹ werden.

Sie dürfen nicht außergewöhnlicher Kälte oder Wärme ausgesetzt werden. Sie müssen witterungsgerecht gekleidet werden.

Aufmerksamkeitsrichtung mit Blick auf psychische Misshandlung

Das heißt z. B.: Der Wille und die Wünsche von Kindern und Jugendlichen dürfen nicht ständig ignoriert und übergangen werden. Ihnen darf nicht gedroht und keine Angst gemacht werden. Kinder und Jugendliche dürfen nicht gedemütigt, verhöhnt und verspottet werden.

Sie haben das Recht auf den Umgang mit beiden Eltern, der Wahl eigener Freunde, auf Freizeit und Erholung. Sie dürfen nicht gezwungen werden, ihre Freunde nicht mehr zu treffen. Ihnen darf der Kontakt zu ihrer Peergroup oder ihren Verwandten nicht dauerhaft untersagt werden (wenn diese keine Gefährdungssituationen produzieren, z. B. Drogenhandel).

Aufmerksamkeitsrichtung mit Blick auf sexuelle Gewalt

Das heißt z. B.: Kinder und Jugendliche dürfen nicht zu sexuellen Aktionen (übertriebene Körpernähe zu Erwachsenen, Streicheln von Geschlechtsteilen geschweige denn zur Penetration) motiviert und/oder gezwungen werden.

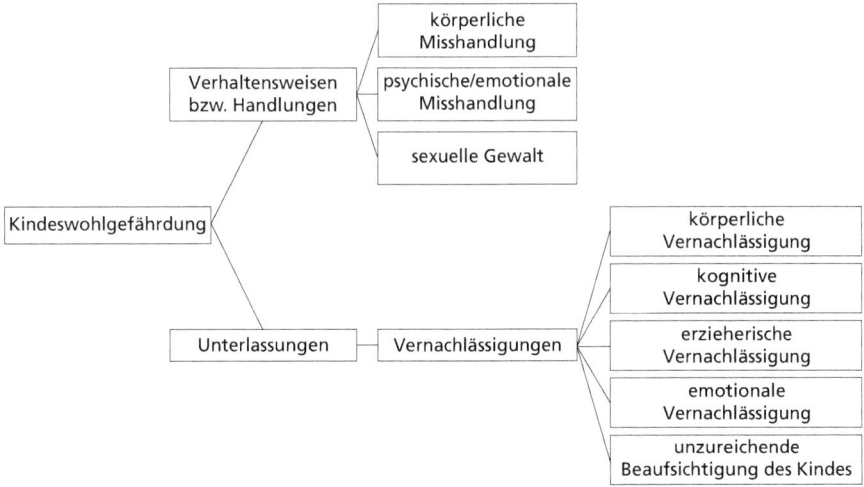

Abb. 8: Formen von Kindeswohlgefährdungen (modifiziert nach Biesel, Kay/Brandhorst, Felix/Rätz, Regina/Krause, Hans-Ullrich (2019): Deutschland schützt seine Kinder! Eine Streitschrift zum Kinderschutz. Reihe: X-Texte zu Kultur und Gesellschaft. Bielefeld: transcript, S. 46; Wiederverwendung mit Genehmigung durch den transcript Verlag (2019))

6.4 Gefahren und Gefährdungssituationen von Kindern und Jugendlichen erkennen, einschätzen und helfen

Gefahren und Gefährdungssituationen von Kindern und Jugendlichen im Kontext der Sozialpädagogischen Familienhilfe zu erkennen, ist häufig nicht einfach. Denn diese sind nur selten so eindeutig, wie in dem Fallbeispiel oben, in dem Kinder und Eltern übereinstimmend von körperlicher Misshandlung bzw. Gewalt berichten. Häufig sind eher Anzeichen zu beobachten, die nicht eindeutig auf Gefährdungen hinweisen, aber diese vermuten lassen. Oder die Kinder bzw. Eltern deuten lediglich etwas an oder senden latente Botschaften und verstummen bei weiterer Nachfrage. Es stellt sich für die Fachkräfte die Herausforderung, ob sie ihre Wahrnehmungen (oder manchmal auch Gefühle) substanziell untersetzen und überprüfen können und ob und wie sie die Sorge um die Kinder gegenüber den Eltern und/oder anderen Fachkräften ansprechen können. Dabei geht es in erster Linie nicht darum, Verdachtsmomente zu bestätigen, um Eltern das Gefährdungshandeln nachzuweisen. Stattdessen geht es darum, vorrangig und zeitnah den Kindern und Jugendlichen zu helfen und diese nachhaltig zu schützen. Dies bedeutet, dass die Wahrnehmungen, Gefühle und Sorge gegenüber Kindern und Eltern so angesprochen werden, dass ein anschließender Hilfeprozess eröffnet und ermöglicht wird (vgl. Rätz 2025). Sind die Eltern nicht dazu in der Lage, ihr gefährdendes Handeln oder Unterlassen aufzugeben sowie Handlungsalternativen zu lernen und sind die Kinder in akuter Gefahr, muss sofort das Jugendamt informiert werden. Das Jugendamt ist dann berechtigt, die Kinder gemäß § 42 SGB VIII in Obhut zu nehmen. Wenn die Personensorgeberechtigten mit der Inobhutnahme nicht einverstanden sind, muss unverzüglich das Familiengericht informiert und einbezogen werden.

Wir geben Ihnen nachfolgend einen Leitfaden, um Gefahren und Gefährdungssituationen von Kindern und Jugendlichen sensibel zu erkennen, einzuschätzen und um zu helfen.

> **Sie machen sich Sorgen um einen jungen Menschen, der bspw. ...**
>
> - traurig oder verängstigt wirkt?
> - in Konflikten schnell mit überforderten Handlungen, wie Gewalt oder weinen reagiert?
> - Schwierigkeiten damit hat, die Grenzen seiner Mitmenschen zu achten?
> - motorisch einen überhöhten Bewegungsdrang aufzeigt?
> - keine Freunde hat oder nicht so leicht welche findet?
> - häufig verletzt ist und/oder Hämatome hat und unklar ist, weshalb?
> - nicht gerne zur Kita oder in die Schule geht, oft fehlt oder häufig verspätet erscheint?
> - häufig krank ist?

- oftmals hungrig ist?
- vermehrt körperlich ungepflegt oder wetterunangemessen gekleidet ist?
- ...

Wichtig!

- Bleiben Sie ruhig.
- Signalisieren Sie dem jungen Menschen, dass Sie ihn*sie wahrnehmen.
- Zeigen Sie Verständnis für seine*ihre Situation.
- Hören Sie dem Kind bzw. der*dem Jugendlichen zu.
- Bekräftigen Sie das Kind bzw. die*den Jugendliche*n in seinen*ihren Stärken.
- Notieren Sie ihre Beobachtungen.

Was können Sie tun?

- Suchen Sie sich eine*n Kolleg*in Ihres Vertrauens, tauschen Sie sich über Ihre Wahrnehmungen aus und beraten sie sich. Äußern Sie Ihre Ängste und Sorgen.
- Beraten Sie sich mit der insoweit erfahrenen Fachkraft im Kinderschutz ihres Trägers. Gibt es in der Nähe ein Kinderschutz-Zentrum, das Sie zur Beratung aufsuchen können?
- Stimmen Sie das weitere Vorgehen im Team ab. Sie sind nicht allein verantwortlich!
- Sollten sich die Anhaltspunkte im Sinne einer Gefährdung des jungen Menschen erhärten, beraten Sie sich über das weitere Vorgehen mit Ihrer Leitung und dem zuständigen Jugendamt.
- Suchen Sie das Gespräch mit den Eltern bzw. Erziehungsberechtigten.
- Bereiten Sie dieses Gespräch gut vor und nehmen Sie sich Zeit.

Sinnvolles für den Kontakt mit den Eltern

- Beachten Sie: Eltern wollen in der Regel das Beste für ihr Kind, sind an ihrem Kind interessiert und machen sich auch Sorgen.
- Begegnen Sie den Eltern auf Augenhöhe.
- Gestalten sie den Kontakt in einer angenehmen Atmosphäre.
- Schaffen Sie Vertrauen.
- Lassen Sie sich von der Situation der Familie erzählen.
- Hören Sie zu.
- Gehen Sie auf die Stärken der Eltern ein.
- Halten Sie Kontakt zu den Eltern.
- Dokumentieren Sie die Kontakte und treffen Sie gemeinsame Vereinbarungen.
- Informieren Sie sich über geeignete Unterstützungsangebote.

Dokumentation der Gefährdungseinschätzung

- Füllen Sie die Checkliste des Kinderschutz Meldebogens aus, der in Ihrer Region eingesetzt wird. (Formulare sind zumeist im Internet oder über das Jugendamt erhältlich und sicherlich auch bei Ihrem Träger.) Überprüfen Sie damit Ihre Beobachtungen und bewahren ihn als Dokumentation auf.
- Fragen Sie bei Ihrem Träger nach dem Handlungsleitfaden oder einer Kooperationsvereinbarung mit Ihrem Jugendamt zum Thema »Kinderschutz«. So können Sie sich einen Überblick verschaffen, wie Sie weiter vorgehen müssen.

Beachten Sie, dass eine Gefährdung des Kindeswohls mehrschichtig ist und immer durch mehrere Faktoren beeinflusst wird.

- Es gibt viele Merkmale/Anhaltspunkte und sie treten kumulativ auf.
- Die Anhaltspunkte treten über einen längeren Zeitraum auf.
- Die Qualität des Kontaktes zu den Eltern ist ein wichtiger Faktor für den Schutz der Kinder.

Wo können Sie sich Beratung und Unterstützung holen?

- In Ihrem Team/in der Fallsupervision,
- bei Ihrer Leitung,
- bei Ihrem Jugendamt im Tagesdienst (vgl. § 8b SGB VIII), bei der Kinderschutzhotline oder in einem Kinderschutz-Zentrum.

Sollte ein Kind Ihnen gegenüber die Befürchtung oder die Tatsache der Bedrohung seiner körperlichen, seelischen und geistigen Unversehrtheit (bspw. durch Misshandlung) äußern, und/oder es sind deutliche Verletzungen sichtbar, so stimmen Sie sich direkt mit Ihrer Leitung und dem Jugendamt über die weitere Vorgehensweise ab! Bestehen gewichtige Anhaltspunkte auf eine unmittelbare Gefährdung, ist das Jugendamt sofort hinzuziehen (vgl. Schorn 2016, Anp. v. Verf.; vgl. zu Gefährdungseinschätzungen im Kinderschutz auch Biesel/Urban-Stahl 2018, S. 246–287).

6.5 Wie gleichzeitig Kinder schützen und Familien helfen?

6.5.1 Entschleunigung

Es erscheint dringend notwendig darauf hinzuweisen, dass Aufgeregtheit und wilder Aktionismus bei Vermutung oder nach Wahrnehmung einer Gefährdungssituation kaum hilfreich für die Kinder und Jugendlichen sind. Vielmehr ist es wichtig, zunächst Ruhe zu bewahren, genau zu prüfen, was überhaupt an Fakten gesammelt wurde, zu überlegen, welche Informationen noch hinzugeholt werden müssen, und besonnen zu handeln. Dann ist das weitere Vorgehen abzuwägen:

- Mit wem kann oder muss ich meine Wahrnehmungen beraten? Ist es gut, zunächst mit einer*einem Kolleg*in im Träger in den Fachaustausch zu gehen? Kann eine Kinderschutzfachkraft beim Träger einbezogen werden? Gibt es andere Institutionen, die einbezogen werden könnten (vgl. SGB VIII § 8b)?
- Welche Möglichkeiten gibt es, mit der Familie zu reden?
- Welche Einrichtungen/Institutionen (z. B. Schule/Kita) können einbezogen werden?

Konkret mit Blick auf das obige Fallbeispiel der Familie B.

Der 3,5-jährige Fritz und die 6-jährge Lisa sind nicht unbedingt akut gefährdet, wenn Fritz eine Ohrfeige bekommt. Dennoch ist die Situation mit den Eltern zu bearbeiten. Hier muss unmittelbar reagiert werden (siehe oben). Langfristig ist es überaus hilfreich, wenn der*die Familienhelfer*in für sich in kollegialer Beratung/in der Fallsupervision eine langfristige Strategie zum Umgang mit der Gewaltbereitschaft des Vaters entwickelt.

6.5.2 Kontakt zu Kindern und Eltern halten und den Fall verstehen

Es ist wichtig, direkt mit den Kindern zu kommunizieren, d. h. mit ihnen Zeit zu verbringen, ihnen zuzuhören, mit ihnen altersgemäß zu spielen, sie in ihren Handlungen und sozialen Interaktionen zu beobachten, sie über ihre Rechte zu informieren und auch mit ihnen über die eigenen Wahrnehmungen und Unsicherheiten darüber, ob ihr Wohl gesichert ist, zu reden. Es ist wichtig, den Kindern Hilfe anzubieten. Gleichzeitig gilt es, den Kindern Sicherheit zu vermitteln und ihnen deutlich zu machen, dass sich die Hilfe nicht gegen sie oder die Eltern bzw. die Familie richtet. Diesbezügliche Ambivalenzen oder Loyalitätskonflikte müssen – sofern es irgendwie möglich erscheint – thematisiert und sozialpädagogisch bearbeitet werden. Kinder signalisieren in der Regel, was sie brauchen und was ihnen guttut – auch sehr kleine Kinder. Sie können häufig auch äußern, wenn sie ihre Familie verlassen möchten und an anderen Orten für sich eine bessere Alternative zum Aufwachsen sehen. Von herausragender Bedeutung ist, dass die Kinder angehört werden und Entscheidungsoptionen erhalten. Und vor allem, dass sie verstehen, was passiert – dies insbesondere, wenn zu ihrem Schutz Interventionen in die Familie bis hin zur Inobhutnahme geschehen. Diese sind häufig für die jungen Menschen, auch wenn sie vor unmittelbaren und zukünftigen Gefahren sowie Gefährdungen geschützt werden, mit gravierenden Veränderungen und massiven Eingriffen in ihre Lebenswelt verbunden, wie bspw. einem Wohnortswechsel, häufig auch einem Kita- oder Schulwechsel, der Veränderung des Beziehungsgefüges und von Bezugspersonen. Solch eine umfassende Veränderung muss sozialpädagogisch, sensibel und verstehend begleitet werden (vgl. Biesel u. a. 2019, S. 189 ff.).

Zeitgleich müssen die Fachkräfte den Kontakt zu den Eltern halten. Es ist – von hochriskanten Ausnahmefällen abgesehen, in denen jeder Kontakt mit den Eltern eine Gefahr für die Kinder darstellt und jede Perspektive einer Verbesserung ausgeschlossen ist (▶ Kap. 6) – darauf hinzuarbeiten, dass diese sich mit ihrem eigenen Handeln auseinandersetzen, dieses im Sinne der Kinder verändern und ein positives Bild von ihren Kindern entwickeln[27]. Es geht nicht um eine Polarisierung oder Gegenüberstellung der Interessen von Kindern und Eltern, sondern um die Entwicklung einer gemeinsamen Lebensform, in der Kinder nicht gefährdet werden. Kinder wollen ihre Eltern. Sie wollen, dass sich ihre Eltern verändern und ihnen gute Eltern sind (vgl. ebd., S. 135). Eltern müssen, um dies zu erreichen, lernen. Sie müssen lernen, ihre Kinder von Beginn deren Lebens an als eigenständige Menschen wahrzunehmen, um deren Rechte zu wissen, sie am Familienalltag und am Erziehungsgeschehen zu beteiligen und deren Wohl zu sichern. Eltern müssen sich auch mit ihrem eigenen Scheitern in der Elternrolle und mit ihren eigenen Krisen auseinandersetzen (vgl. Biesel/Urban-Stahl 2018, S. 136). Auch wenn dies Eltern nicht ausreichend gelingt und die Kinder außerhalb der eigenen Familie längerfristig untergebracht werden, kommt es im Regelfall mit Blick auf die weitere Entwicklung der Kinder und deren Unterstützung darauf an, dass Eltern den Kontakt zu ihren Kindern angemessen halten und weiterhin Verantwortung für die Kinder übernehmen. Es gibt auch Familienkonstellationen, in denen Kinder eine längere, manchmal lebenslange, Trennung von den leiblichen Eltern bewältigen müssen. Sie sind dann gefordert, diese positiv in ihr Leben und ihre Biografie zu integrieren. Denn es gibt auch Eltern, die ihre Kinder ablehnen oder sogar bewusst feindlich und gewalttätig gegenüber ihren Kindern agieren. Dies sind jedoch Ausnahmefälle (vgl. ebd.). Auszuloten, welche Möglichkeiten oder Grenzen einer Veränderung in den Familien hin zur Sicherung des Kindeswohls möglich sind, gehört zur sozialpädagogischen Begleitung und Unterstützung dieser Prozesse. Analytisch hilfreich ist dabei die Betrachtung vielfältiger Ursachen und Erscheinungen in Wechselwirkung in einem systemischen Modell, in dem der soziokulturelle Kontext, der familiale Kontext, der individuelle Kontext der Eltern sowie der Kinder und der Krisenkontext betrachtet werden (vgl. ebd. S. 137 ff.).

---

27 Dies setzt häufig voraus, zunächst ein positives Bild von sich selbst zu entwickeln.

Eltern haben häufig dieselben Sorgen und Ängste um ihre Kinder wie Fachkräfte (vgl. Eggers 2018). Sie wissen häufig darum, wenn sie nicht richtig an ihren Kindern handeln, versuchen es aber eher zu verschweigen als offen darüber zu reden. Denn gefährdendes Handeln an Kindern ist gesellschaftlich tabuisiert. In der Regel wird nicht darüber gesprochen, wenn in der Familie etwas nicht funktioniert. Gerade Gewalt in Familien jeglicher Form wird häufig verdeckt und versteckt. Eltern geraten dann häufig in eine Sackgasse, da sie aus eigener Kraft keine Veränderung realisieren können. Gelingt es, im Hilfeprozess offen über Gefahren und Gefährdungen an den Kindern und Jugendlichen mit allen Beteiligten zu kommunizieren und Veränderungen zu beginnen, kann die Abwendung derselben durch elterliches Handeln und mit der notwendigen Unterstützung gelingen.

6.5.3 Reflexivität in Bezug auf Migrationsgeschichten, Diversität und Rassismuserfahrungen

In der Studie »Migrationssensibler Kinderschutz« (vgl. Jagusch/Sievers/Teupe 2012) wurde nachgewiesen, dass es keine kausalen Rückschlüsse zwischen einem ›Herkunftsland‹ und dem Erziehungsverhalten in Familien gibt. Eine vorschnelle Klassifizierung aufgrund einer so genannten kulturellen und/oder religiösen Zugehörigkeit von Familien verhindert den Blick der Fachkräfte auf die eigentlichen, häufig dahinter liegenden Problemlagen von Familien. Diese sind, gerade im Kinderschutz, komplex und mehrdimensional.

> »Es lässt sich demzufolge festhalten, dass es nicht die Migrationsgeschichten sind, die dazu führen, dass Kinder von ihren Eltern nicht hinreichend geschützt werden können bzw. von diesen selbst gefährdet werden, sondern dass u. a. prekäre Lebenslagen die Lebensbedingungen von Familien wesentlich charakterisieren« (Jagusch 2018, S. 209).

Es geht auch darum, »Diversität anzuerkennen und zu thematisieren, wenn sie für die Familien Relevanz besitzt, ohne aber Stereotypen aufzusitzen« (ebd., S. 210). Dies gilt auch für die Thematisierung von Diskriminierungs- und Rassismuserfahrungen und deren Auswirkungen auf das Verhalten von Eltern und Kindern. Rassismuserfahrungen werden bisher in sozialpädagogischen Kontexten kaum angesprochen (ebd., S. 215). Es kommt also darauf an, die Pluralität der Lebenssituationen und Lebenslagen und einen konsequenten Fallbezug zu berücksichtigen, der immer wieder eine selbstreflexive Haltung (▶ Kap. 2) erfordert.

6.5.4 Kollegiale Beratung

Es hat sich als äußerst hilfreich erwiesen, sich gerade in Kinderschutzfällen intensiv mit Kolleg*innen im Team zu beraten. Zum einen trägt diese kollegiale Beratung zur fachlichen Fundierung der Einschätzungen entscheidend bei, zum anderen hat diese auch einen entschleunigenden Effekt. Weiterhin ist die Einschätzung zur Gefährdungssituation durch mindestens zwei Fachkräfte mit Blick auf anschließende Handlungen oder Handlungsoptionen fachlich sinnvoll.

Konkret mit Blick auf das obige Fallbeispiel der Familie B.

Ein Ergebnis der kollegialen Beratung könnte nachfolgende Einschätzung und Denkrichtung zur Familie B. sein: Der 3,5-jährige Fritz und die 6-jährige Lisa sind nicht akut gefährdet aber möglicherweise durch die Gewaltstruktur des Vaters immer wieder Gefahren ausgesetzt. Die Familienhelferin ist sich nicht sicher, ob der Vater es – auch bei gutem Willen – schafft, in erlebten Stresssituationen anders als mit Gewalt zu reagieren. Es ergibt sich die Frage, ob und wie die Mutter diesbezüglich einbezogen werden könnte. Wäre sie in der Lage, die Kinder zu schützen? Und wenn ja: wie? Um hier weiter zu einer fundierteren Einschätzung zu gelangen, wird die kollegiale Beratung fortgesetzt. Sie ist eine hilfreiche Methode der Reflexion und des Fallverstehens, zumal wenn diese Beratungen im multiprofessionellen Kontext stattfinden.

6.5.5 Aufträge und Auflagen

Bei Unklarheiten zur Einschätzung der Gefährdungssituation von Kindern und Jugendlichen durch ihre Eltern bzw. anderer Personen im Umfeld der Familie und zur Ermittlung der Kooperationsbereitschaft der Familie kann die Formulierung von Aufträgen an die Eltern zur Klärung der Situation hilfreich sein. Aufträge haben keine rechtsverbindliche Grundlage, sondern bedürfen der Kooperationsbereitschaft zwischen Familienhelfer*in und Familie. Deren Annahme durch die Familie ist im Grunde freiwillig, aber häufig mit einem hohen sozialen Druck verbunden. Aufträge müssen klar und eindeutig formuliert werden. Sie müssen erfüllbar sein und eine zeitliche Frist haben. Deren Sinnhaftigkeit muss von den Eltern und Kindern verstanden werden. Aufträge können z. B. sein: Vorstellung der Kinder und Jugendlichen bei (spezialisierten) Ärzt*innen oder Psycholog*innen, bei einer Kinderschutzambulanz, beim Gesundheitsdienst, Aufräumen der Wohnung, Unterstützung bei Nachbar*innen suchen, mit der*dem Klassenlehrer*in im Kontakt bleiben, ein Elternseminar besuchen. Die Ergebnisse aus der Erfüllung der Aufträge tragen wesentlich zur Fundierung einer Gefährdungseinschätzung, aber auch zur Zusammenarbeit mit den Eltern und Kindern bei. Entscheidend dafür ist, mit den Eltern und Kindern über den Prozess und die Ergebnisse zu kommunizieren, also im Gespräch zu bleiben und die nächsten Schritte zu planen. Ansonsten besteht die Gefahr, dass die Familie das Vorgehen nicht nachvollziehen kann, sich überwiegend kontrolliert fühlt und sich schließlich aus dem Hilfeprozess zurückzieht.

Auflagen dürfen hingegen nicht durch Familienhelfer*innen oder Jugendämter erteilt werden. Nur das Familiengericht ist im Zuge eines dort anhängigen Verfahrens befugt, Auflagen zu erteilen (Rechtsgrundlage § 1666 BGB).

Konkret mit Blick auf das obige Fallbeispiel der Familie B.

Dem Vater könnte hier der Auftrag (z. B. vom Jugendamt) gegeben werden, sich in einer Erziehungs- und Familienberatungsstelle (EFB) beraten zu lassen, um

Strategien zu entwickeln, wie er in Stresssituationen gewaltfrei auf seine Kinder einwirken kann.

Wenn diese Beratung nicht erfolgreich ist, könnte es daran liegen, dass es sich um kein geeignetes Angebot für den Vater handelt, und es wäre eine andere Beratungsstelle oder ein Coaching zu suchen. Wird allerdings kein geeignetes Angebot gefunden und durch die Fachkräfte eingeschätzt, dass sich der Vater ›völlig uneinsichtig‹ zeigt, dann könnte der/die Familienhelferin anregen, dass das Jugendamt eine Auflage beim Familiengericht zur Beratung erwirkt. Ob diese Maßnahme dann allerdings erfolgreich sein wird, bleibt dabei zunächst offen. Auf jeden Fall würde ein hoher sozialer Druck auf den Vater und die Familie entstehen, der möglicherweise – im Sinne eines Katalysators – Veränderungen auslöst. Dabei muss berücksichtigt werden, dass Druck unerwünschte Nebenwirkungen auslösen kann, z. B. dass sich die Familie dem zu entziehen versucht, sogar wegzieht, vor der Familienhilfe und dem Jugendamt die reale Situation verleugnet und verdeckt, im Extremfall kann die Gewalteskalation verstärkt werden. All diese Möglichkeiten müssen in die Überlegungen der Fachkräfte einbezogen werden.

6.5.6 Klassifikation der Familien in ›Fälle im Gefährdungsbereich‹

Auf der Grundlage des § 8a Abs. 1 SGB VIII ist das Jugendamt verpflichtet, sobald »gewichtige Anhaltspunkte für die Gefährdung des Wohls eines Kindes oder Jugendlichen« bekannt werden, das »Gefährdungsrisiko« einzuschätzen. Diese Gefährdungseinschätzung soll »im Zusammenwirken mehrerer Fachkräfte« geschehen und die Erziehungsberechtigten sowie der betroffene junge Mensch müssen in die Gefährdungseinschätzung einbezogen werden, soweit »der wirksame Schutz dieses Kindes oder dieses Jugendlichen [dadurch] nicht in Frage gestellt wird«. Und weiter heißt es: »Hält das Jugendamt zur Abwendung der Gefährdung die Gewährung von Hilfen für geeignet und notwendig, so hat es diese den Erziehungsberechtigten anzubieten.«[28]

Auf dieser gesetzlichen Grundlage basieren Fälle, in denen im Ergebnis dieses beschriebenen Vorgehens ein so genannter ›Gefährdungsbereich‹ für Kinder und Jugendliche in den Familien eingeschätzt wird. Die Gefährdung soll dann durch die Hilfe, hier die Sozialpädagogische Familienhilfe, abgewendet werden. In diesen Fällen ist also das Thema Kindeswohlgefährdung von Beginn der Hilfe an präsent und wird offen thematisiert. Im Hilfeplan gemäß § 36 SGB VIII (▶ Kap. 9) muss die Abwendung der Kindeswohlgefährdung als ein Inhalt der Hilfe festgeschrieben sein, zu der sich die Eltern mit der Inanspruchnahme der Sozialpädagogischen Familienhilfe verpflichten. In diesen Fällen kann also direkt über das Problem einer potenziellen Gefährdung der Kinder mit den Familien gesprochen werden

---

28 Anmerkung: Die Verfahrensvorschrift im § 8a SGB VIII regelt im Abs. 1 das Vorgehen der Jugendämter und im Abs. 4 der freien Träger, mit denen entsprechende Vereinbarungen abgeschlossen wurden.

und von Anfang an sollten geeignete Ziele und Handlungsschritte zu dessen Abwendung vereinbart werden. Wichtig ist, dass auch in diesen Fällen der Aufbau eines Kontakts und einer Arbeitsbeziehung mit den Eltern und Kindern (▶ Kap. 3) von entscheidender Bedeutung für das Gelingen der Hilfe ist. Die Voraussetzungen dafür sind nicht immer einfach. Mit Widerständen und Konflikten von Seiten der Eltern, aber auch der Kinder, muss gerechnet werden (vgl. Gedik 2016). Dies bedarf eines offenen und sensiblen Herangehens von Seiten der Familienhilfe.

In diesen Fällen ist es ebenso wichtig, von Beginn an mit den Fachkräften des Jugendamts und mit der Familie zu vereinbaren, in welchen Situationen zum Schutz der Kinder bzw. Jugendlichen interveniert werden muss. Eine enge Kooperation zwischen den Beteiligten ist unerlässlich. Möchte die Familie die Sozialpädagogische Familienhilfe vorzeitig beenden, muss das Jugendamt sofort informiert werden, um direkt handeln zu können, damit die Familie im Hilfesystem, dann ggf. mit anderen Leistungen, verbleibt.

Achtung!

Die Sozialpädagogische Familienhilfe kann nur bei der Abwendung einer Gefährdung des Wohls von jungen Menschen tätig werden. Bleibt eine Gefährdungssituation in der Familie bestehen, welche für Kinder und Jugendliche gefährlich oder sogar lebensbedrohlich werden kann, ist die Grenze sozialpädagogischer Möglichkeiten erreicht. In diesen Fällen muss das Jugendamt ggf. im Zusammenwirken mit dem Familiengericht tätig werden (vgl. § 8a Abs. 2 SGB VIII). In manchen Fällen ist es auch erforderlich, die Polizei hinzuzuziehen, um Kinder vor akuter Gefährdung ihres Wohls zu schützen.

Kommt es im Kontakt mit dem Jugendamt nicht zu einem zufriedenstellenden Fortgang der Kinderschutzangelegenheit ist die Einschaltung des zuständigen Familiengerichts durch die Familienhelfer*in bei der Rechtantragsstelle möglich. Nicht nur das Jugendamt, jede*r Bürger*in kann Anträge beim Familiengericht stellen. Hier ist die Abstimmung mit dem Jugendamt durchaus hilfreich, aber nicht zwingend notwendig. Strukturierte Informationen an das Familiengericht und gleichzeitig Transparenz gegenüber den Eltern und den Kindern sind gute Voraussetzungen für eine gelingende Gefährdungsbearbeitung.

Konkret mit Blick auf das obige Fallbeispiel der Familie B.

Bei Übernahme des Falls durch die Familienhelferin ist deutlich zu klären, ob dem Jugendamt aus der Vergangenheit bereits Gewaltsituationen in der Familie bekannt sind. Wenn Gewaltsituationen in der Familie bereits Thema waren und eine Gefährdungseinschätzung vorliegt, würden die Aufarbeitung der Gewalterfahrungen und Abwendung neuer Gewaltsituationen von Anfang an zum Auftrag der Familienhilfe gehören. Hier wird deutlich, dass die partnerschaftliche Zusammenarbeit zwischen dem Jugendamt und der Familienhelferin sowie des Trägers, bei dem sie tätig ist, eine der wichtigsten Kommunikationsstrukturen darstellt. Die Familie muss um diese Zusammenarbeit wissen.

6.5.7 Kommunikation zwischen dem Jugendamt und der Sozialpädagogischen Familienhilfe

In allen wahrgenommenen Gefahren- und Gefährdungssituationen ist eine enge Zusammenarbeit zwischen Familienhelfer*in und Jugendamt unabdingbar, die eine konstruktive Gesprächskultur benötigt. Festgestellte Fakten müssen umgehend dem Jugendamt schriftlich mitgeteilt werden, damit das Jugendamt handeln kann, wenn es zur Ausübung des staatlichen Wächteramts tätig werden muss. Weiterhin ist darauf zu achten, dass im Jugendamt auch die notwendigen Schritte zur Abwendung der Gefährdungssituation eingeleitet werden, die über die Sozialpädagogische Familienhilfe hinausgehen und jederzeit im Fallverlauf zur Verfügung stehen.

Konkret mit Blick auf das obige Fallbeispiel der Familie B.

Es ist notwendig dem Jugendamt mitzuteilen, wenn der Sozialpädagogischen Familienhilfe z. B. bekannt wird, dass es in der Familie in der Vergangenheit bereits massive körperliche Gewalt gegeben hat – also das Ausmaß weitaus größer ist als bisher gedacht. Weiterhin muss besprochen und geplant werden, welches weitere Vorgehen zum Schutz der Kinder und zur Hilfe für die Familie sinnvoll ist. Speziell muss vorgedacht werden, wer wann was macht – je nach hypothetisch denkbarem Entwicklungsverlauf in der Familie. Wichtig ist, hierbei mehrperspektivisch zu denken und mehrere mögliche Entwicklungen in Betracht zu ziehen, um schließlich gut vorbereitet zu sein für den Weg, den die Familie mit der passgenauen Hilfe geht.

6.5.8 Weitere Aspekte: Kooperationen, Sozialraum, Familiale Ressourcen, Vernetzung

Der Kooperationswille der Eltern zur Abwendung der Gefährdungssituation bzw. die Fähigkeit dazu muss in die Beurteilung der Situation einbezogen werden. Hier kann es Scheinkooperationen geben, nur um das Hilfesystem zu beruhigen.

Es ist weiterhin zu prüfen, ob die Eltern geistig, seelisch und körperlich in der Lage sind, die Gefährdungssituation abzuwenden.

Das soziale Umfeld (z. B. Nachbarschaft, Peergroup und andere Institutionen wie Kita oder Schule) kann bei der Abwendung einer Kindeswohlgefährdung unterstützend wirken und sollte einbezogen werden, um konkrete Ressourcen zu akquirieren.

Soziales Umfeld/Sozialraum

Dabei ist allerdings unbedingt zu vermeiden, dass die Familie in ihrem Umfeld diskreditiert und stigmatisiert wird. Die Aufgabe von Familienhelfer*innen in der Gratwanderung von vertrauensvoller Arbeit mit der Familie und Kontrolle der Familie besteht auch darin, im sozialen Umfeld, Stadtteil, Sozialraum über Ursachen und Erscheinungen von Kindeswohlgefährdungen sowie möglichen Hilfen aufzuklären, damit der Umgang damit unbefangen und hilfeorientiert sein kann (▶ Kap. 3).

Zur Einschätzung von Gefährdungssituationen sollten Kita/Hort, Schule, Kinderärzt*innen, Kinder- und Jugendpsychiatrie einbezogen werden (Anmerkungen zum Datenschutz siehe weiter unten).

Konkret mit Blick auf das obige Fallbeispiel der Familie B.

Der 3,5-jährige Fritz hat einige blaue Flecken vorne an den Beinen. Die Eltern geben an, dass diese in der Kita entstanden sind. Nach einigen Diskussionen willigen diese ein, dass die Familienhelferin in der Kita nachfragt. Die Erzieherin berichtet, dass Fritz bereits am Morgen über Schmerzen an den Beinen geklagt hat. Er hatte berichtet, dass er gestern auf der häuslichen Treppe gefallen sei, als er mit seinem Vater herumtobte. Eine weitere Nachfrage bei Fritz ergibt, dass er auf der Treppe zu Hause gefallen sei.

Hier wird deutlich, dass Kinderschutzarbeit teilweise mit Nachforschung zu tun hat. Transparenz den Eltern gegenüber ist in allen Phasen wichtig. In diesem Fall ist ein klärendes Gespräch mit den Eltern notwendig, um den entstandenen Widerspruch aufzuklären.

Familiale Ressourcen

Bei der Einschätzung zu Gefährdungssituationen sind immer auch die familialen Ressourcen einzubeziehen:

- Sind die Eltern bereit und in der Lage, die Gefährdungssituation zu bearbeiten und abzuwenden?
- Gibt es im familiären Umfeld Nachbar*innen, Freund*innen oder andere Personen, die hier hilfreich zur Seite stehen könnten?
- Gibt es andere Ressourcen im Umfeld (z.B. Institutionen, Familienzentren, Treffpunkte), die hier nutzbar gemacht werden können?

Konkret mit Blick auf das obige Fallbeispiel der Familie B.

Hier könnte bspw. geprüft werden, ob die Eltern selbst Verwandte (z.B. Geschwister oder Großeltern) haben, die bei Stress in der Familie entlasten könnten, z. B. indem die Kinder einen Abend oder auch ein Wochenende bei Tante oder Onkel verbringen können.

Vernetzung, Kooperationen

Weiterhin können andere Institutionen hilfreich zur Abwendung einer Gefährdung zur Verfügung stehen.

- Selbsthilfegruppen und andere Gruppen in Stadtteil- bzw. Familienzentren könnten unterstützen.
- Beratungs- und Unterstützungsangebote, die themenbezogen sind (z. B. Frühe Hilfen, Sucht, Erziehung, und/oder Vereinsamung),
- professionelle Netzwerke wie Arbeitskreise zum Kinderschutz sollten ergründet bzw. aufgebaut und nutzbar gemacht werden.

Konkret mit Blick auf das obige Fallbeispiel der Familie B.

In der Kita von Familie B. ist im letzten Jahr ein Familienzentrum entstanden. Dort ist eine Elternberatung eingerichtet in die die Mutter von Lisa und Fritz sich mit einer Sozialarbeiterin zu den ›Ausrutschern‹ ihres Mannes beraten hat. Hier wurden ihr Vorschläge unterbreitet, wie sie in den entsprechenden Situationen zum Schutz ihrer Kinder, aber auch ihres Mannes vor der eigenen Gewalt und natürlich zu ihrem eigenen Schutz, handeln kann. Es wurde ihr eine Gruppe empfohlen, in der sie sich mit ähnlich Betroffenen über Möglichkeiten der gewaltfreien Konfliktbearbeitung austauschen kann und die sie bei der Bewältigung der häuslichen Situationen unterstützt. In einem weiteren Schritt möchte sie auch ihren Mann dazu motivieren, an den Gruppentreffen teilzunehmen.

Es ist an dieser Stelle angezeigt, auf die Arbeit von Familienzentren hinzuweisen, die sich sehr bewährt haben, insbesondere jene, die sich im Kontext von Kindertagesstätten um Kinder und Familien kümmern, die aber auch im Stadtteil, also Sozialraum, ihre Möglichkeiten entfalten. Varianten dieser Arbeitsform reichen von eigenen Räumen an oder in einer Kita bis hin zur sozialpädagogischen Arbeit in den Kitas selbst (Stichwort: Kitasozialarbeit). Je nach Kommune oder Bundesland haben sich eigenständige Strukturen entwickelt. Im Kern geht es dabei immer um Unterstützung von Eltern und Familien, damit diese den Kindern zugutekommt. Hintergrund sind die Bemühungen seit ca. 2010, »Frühe Hilfen« zu etablieren, also Familien mit kleinen Kindern frühzeitig zu unterstützen und gegebenenfalls auf konflikthafte Entwicklungen in Familien mit jungen Kindern fachlich gesichert zu reagieren. Gleichzeitig sollen jedoch auch die Kindertagesstätten dabei unterstützt werden, klug und versiert auf schwierige Entwicklungen in Familien zu reagieren: also Kinder zu unterstützen, Eltern gut zu beraten und ggf. Hilfe im Rahmen der Kita anzubieten.

An vielen Familienzentren sind nicht nur Eltern aktiv und unterstützen sich gegenseitig, vielmehr sind diese sozialpädagogischen Hilfeorganisationen oft auch der fachliche Sammelpunkt für sogenannte »Stadtteilmütter/-väter«. Hierbei handelt es sich um Menschen, die meist ohne sozialpädagogische Ausbildung, aber mit Herz und Verstand und oft auch mit anderem Sprachhintergrund anderen Familien im Kietz zur Seite stehen. Eine wertvolle Ressource, die Soziale Arbeit als Profession nicht ersetzen, aber sehr gut ergänzen kann. Über diese Stadtteilmütter/-väter können Familien erreicht werden, die vielleicht sonst gar nicht bemerkt worden wären, obwohl sie in einer misslichen Situation dringend Unterstützung brauchen könnten. Es geht um Vermittlung, Übersetzung, solidarisches Zur-Seite-Stehen. Stadteilarbeit dieser Art wird in aller Regel sozialpädagogisch unterstützt und angeleitet.

6.6 Rechtliche Aspekte: Strafrecht, Garantenstellung und Datenschutz

6.6.1 Das Strafrecht im Kinderschutz

In der Praxis stellen sich immer wieder Fragen, welche gesetzlichen Regelungen und daraus resultierenden Pflichten es für Fachkräfte der Sozialpädagogischen Familienhilfe bei einer vermuteten oder festgestellten Gefährdung des Wohls von Kindern und Jugendlichen gibt. Deshalb hier einige klärende Informationen.

> Zunächst als Grundsatz: Der Kinderschutz in Deutschland, so wie er auch rechtlich geregelt ist, basiert nicht auf Misstrauen gegenüber Familien. Können Eltern nicht ausreichend gut für ihre Kinder sorgen, deren Wohl nicht gewährleisten oder es sogar gefährden, haben sie Anspruch auf Hilfe nach dem SGB VIII mit dem Ziel, zu lernen ihre Kinder ausreichend gut zu versorgen und zu schützen. Nicht die Logik des Verdachts, sondern die Logik der Anerkennung soll dabei tragend sein (vgl. Wolff u. a. 2013, S. 25). Die Einschätzung von Kindeswohlgefährdungen ist deshalb im Regelfall unter Einbezug der davon betroffenen Eltern und Kinder vorzunehmen und zur Abwendung der Gefährdung ist auf die Annahme von Hilfe hinzuwirken.

Werden kindeswohlgefährdende Handlungen oder Unterlassungen festgestellt, so gibt es in Deutschland keine gesetzliche Pflicht zu einer Anzeige (vgl. Biesel u. a. 2019, S. 145). Die Jugendämter, als Kerneinrichtungen des Kinderschutzes, nehmen auch keine Anzeigen, sondern Informationen oder Meldungen entgegen. Auf der Basis dieser Informationen ergründen sie den Fall, schätzen diesen ein und bieten ggf. Hilfe an. In Deutschland gibt es kein Gesetz, das Fachkräfte dazu verpflichtet, Kinder im Verdachtsfall in entsprechenden Ambulanzen oder in Kliniken

6.6 Rechtliche Aspekte: Strafrecht, Garantenstellung und Datenschutz

zur Sicherung von Spuren und Beweisen vorzustellen. Es gibt auch keine rechtliche Regelung dafür, Eltern oder andere Bezugspersonen bei der Polizei anzuzeigen. Nur, wenn eine Fachkraft sowie auch jeder andere Mensch, im Vorfeld davon erfährt, dass eine schwere Straftat begangen werden soll, gibt es eine Anzeigepflicht gegenüber »der Behörde oder dem Bedrohten« (§ 138 StGB; vgl. auch Meysen/Hagemann-White 2011, S. 162f., 186).

Von Seiten des Staates ist allerdings vorgesehen, dass Gefährdungen des Wohls von Kindern auch strafrechtlich verfolgt werden. Dies ist in Deutschland im Strafgesetzbuch (StGB) geregelt. Strafrechtlich relevante Formen von Kindeswohlgefährdungen sind:

- sexueller Missbrauch von Schutzbefohlenen (§ 174 StGB),
- sexueller Missbrauch von Kindern (§§ 176, 176a, 176b StGB),
- sexueller Missbrauch von Jugendlichen (§ 182 StGB),
- Förderung sexueller Handlungen Minderjähriger (§ 180 StGB),
- Verletzung der Fürsorge oder Erziehungspflicht (§ 171 StGB),
- Misshandlung an Schutzbefohlenen (§ 225 StGB).

Hinzu kommen die allgemeinen im StGB geregelten Tatbestände Körperverletzung (§§ 223 ff. StGB), Totschlag (§ 212 StGB) oder Mord (§ 211 StGB), die strafrechtlich verfolgt und geahndet werden.

Fachkräfte in der Sozialpädagogischen Familienhilfe müssen jeweils im Einzelfall abwägen, ob zur Abwendung von kindeswohlgefährdenden Handlungen oder Unterlassungen die Polizei bzw. Staatsanwaltschaft hinzugezogen werden sollte oder nicht. Die diesbezügliche Entscheidung muss mit Blick auf das betroffene Kind bzw. den betroffenen Jugendlichen, dessen akuter Gefährdung, den Möglichkeiten der Abwendung und dessen Zukunft getroffen werden. Kindeswohlgefährdungen können einmalig oder phasenhaft in Familien bspw. bei Krisen oder in Stresssituationen auftreten. Werden die diesbezüglichen Muster erkannt und von den Eltern bearbeitet, bedarf es keiner Anzeige bei der Polizei oder Staatsanwaltschaft. Diese würde sogar wahrscheinlich den Hilfeprozess behindern und von den Kindern nicht verstanden werden, wenn die Anhörungen zeitlich später stattfinden. Hinzu kommt: Straftaten innerhalb von Familien unterliegen besonderen Konstellationen. Es gibt Opfer und Täter, aber auch (leibliche oder nichtleibliche) Eltern und Kinder, die in einem engen Beziehungsgeschehen miteinander verbunden sind und ihr Leben lang bleiben. Häufig werden Probleme, Konflikte und Krisen in Familien nicht durch eine Strafanzeige gelöst, sondern es kann lediglich eine akute Bedrohung oder Verletzung temporär gestoppt werden – was in manchen Fällen existenziell ist. Bedacht werden muss auch, dass polizeiliche Ermittlungen sowie ein Strafverfahren eine große Belastung für die kindlichen Zeugen darstellen und für die Kinder auch mit Schuldgefühlen und Loyalitätskonflikten einhergehen können (vgl. Kinderschutz-Zentrum 2009, S. 104). Hinzu kommt, dass eine Bestrafung der*des Täter*in auch nicht zwangsläufig zum Schutz des Kindes führt (vgl. Herrmann 2013, S. 60; vgl. zu diesem Abschnitt auch Biesel u.a. 2019, S. 131 ff.).

Das Strafrecht wird im Kinderschutz jedoch auch relevant, wenn Kinder und Jugendliche geschädigt wurden oder gar zu Tode gekommen sind und die Familie bspw. eine Sozialpädagogische Familienhilfe bereits in Anspruch genommen hat. Polizei und Staatsanwaltschaft können dann ermitteln, ob sich die sozialpädagogischen Fachkräfte durch ihr Handeln oder Unterlassen selbst strafbar gemacht haben. Grundlage dafür ist der § 13 StGB. Es wird dann geprüft, ob die Fachkraft eine so genannte Garantenstellung innehatte, aus der sich eine Garantenpflicht ableitet (vgl. auch Mörsberger 2018). Eine strafrechtliche Verantwortung ergibt sich, »wenn die Gefahr für das Kind bei rechtmäßigem bzw. ordnungsgemäßen Handeln mit an Sicherheit grenzender Wahrscheinlichkeit hätte abgewendet werden können« (Meysen/Nonninger 2019; zit. n. Biesel/Urban-Stahl 2018, S. 206).

Der Gesetzgeber ist sich bewusst darüber, dass Hilfesysteme bessere Zugänge zu den Lebenswelten von Familien haben als eine ›Kinderschutzpolizei‹, aber auch darüber, dass menschliche Systeme fehleranfällig sind und Risiken beinhalten. Sie können allerdings Kinder dennoch besser schützen als eine pure Strafverfolgung (vgl. Mörsberger 2018, S. 60f.). Trotz dieser Einsichten kam es seit Ende der 1990er Jahren vereinzelt zu Ermittlungsverfahren gegen Fachkräfte in den Jugendämtern und auch der Familienhilfe, die bisher jedoch – spätestens in der zweiten Instanz – eingestellt wurden (vgl. ebd.) Deshalb ist es wichtig, das Tätig-Werden und den Hilfeverlauf zu dokumentieren. Dokumentationen müssen einer gerichtlichen Überprüfung standhalten! Zudem muss deutlich werden, welche Interventionen bereits mit welcher Wirkung erfolgt sind und wie die Perspektive des Kindes und dessen Lebenslage beurteilt wird (vgl. zur Dokumentation Reichmann 2022).

> **Konkret mit Blick auf das obige Fallbeispiel der Familie B.:**
>
> Monate später kommt es zu einer Strafanzeige einer Nachbarin, die angibt, wiederholt körperliche Übergriffe des Vaters auf Fritz und Lisa beobachtet zu haben. Im Ermittlungsverfahren wird zunächst auch gegen die Familienhelferin ermittelt, da diese von den Übergriffen gewusst habe, aber dagegen nichts unternommen habe – so der Vorwurf. Die Familienhelferin sucht sich Unterstützung bei einem Anwalt, der sie zunächst beruhigt, ihre Tätigkeiten zum Schutz der Kinder Fritz und Lisa aus den vorliegenden Dokumentationen der Familienhelferin belegen kann und einen entsprechenden Schriftsatz an die Staatsanwaltschaft verfasst. Die Kosten für den Anwalt werden von dem freien Träger, bei dem die Familienhelferin tätig ist, übernommen. Auch das Jugendamt schreibt an die Staatsanwaltschaft und entlastet die Familienhelferin. Das Verfahren wird eingestellt.

6.6.2 Weitergabe von Daten beim Kinderschutz

Beim Datenschutz und den entsprechenden Gesetzen werden im Wesentlichen die Erhebung, Speicherung und Weitergabe von personenbezogenen Informationen geregelt, um jedem*jeder Bürger*in das Recht auf informationelle Selbstbestimmung zu garantieren. Beim Kinderschutz kann ein Spannungsverhältnis zwischen

»dem Schutz des Vertrauensverhältnisses zu den Familien, die ihnen sehr persönliche Informationen anvertrauen, und der Notwendigkeit zum Austausch von Informationen mit anderen Stellen, um Hinweise auf Kindeswohlgefährdung angemessen einschätzen und darauf reagieren zu können« (Biesel/Urban-Stahl 2018, S. 204), entstehen. Grundlage für den Datenschutz im Kinderschutz und auch zur Gestaltung des aufgezeigten Spannungsverhältnisses sind die §§ 8a und 61 ff. SGB VIII, die Datenschutzvorschriften des SGB I und X sowie die Konkretisierung für Berufsgruppen außerhalb der Kinder- und Jugendhilfe in § 4 KKG.

Grundsätzlich gilt, dass Sozialdaten direkt bei Betroffenen zu erheben sind – auch im Kinderschutz. Nur wenn dies nicht möglich ist oder dies die Hilfe gefährden würde, wird durch § 62 SGB VIII eine Erweiterung der Befugnis zur Datenerhebung bei Dritten zulässig, die jedoch dem Verhältnismäßigkeitsgrundsatz entsprechen muss und eine Ausnahme darstellen sollte.

> Es gilt also: Reden Sie mit der betroffenen Familie und erkunden Sie mit ihr gemeinsam, was deren Probleme, Konflikte und Krisen sind, die zur Gefahr und Gefährdung für die Kinder werden (können) und verabreden Sie die geeigneten Schritte der Hilfe! Dies auch, wenn es unangenehm ist, schwierige oder belastende Themen anzusprechen.

Ist es notwendig, Daten bei Dritten zu erheben, sollte eine eindeutige Einwilligung der Betroffenen vorliegen – am besten schriftlich. In der Fallbesprechung beim Zusammenwirken mehrerer Fachkräfte, auch aus anderen Professionen, sind die Daten in der Regel zu anonymisieren oder pseudonymisieren. Bei Erfordernis der Weitergabe von Informationen bspw. an die Kindertageseinrichtung oder Schule, sind diese Dritten gemäß § 78 SGB X zur Geheimhaltung verpflichtet. Darauf muss hingewiesen werden (vgl. Biesel/Urban-Stahl 2018, S. 203–205).

Grundsätzlich dürfen nur notwendige und nicht auch hilfreiche Daten weitergegeben werden (siehe hierzu auch §§ 61–65 SGB VIII). D. h., dass nur die Daten an andere mitgeteilt werden dürfen, die unmittelbar zur Abwendung einer Gefährdungssituation zwingend erforderlich sind.

Wenn eine Schweigepflichtentbindung der Betroffenen vorliegt, können auch hilfreiche Daten anderen mitgeteilt werden. Dieses Dokument ist immer zweckgebunden und führt auch die vorgesehenen Adressat*innen der Datenübermittlung auf.

Konkret mit Blick auf das obige Fallbeispiel der Familie B.

Die Kita fragt bei der Familienhelferin nach, welche Diagnosen es zu Lisa und Fritz nach einer Begutachtung beim Kinder- und Jugendpsychiatrischen Dienst gibt. Diese Auskünfte dürfen nicht ohne Einwilligung der Eltern an die Kita gegeben werden, da sie zwar zur Betreuung in der Kita möglicherweise hilfreich wären, aber zur Bearbeitung der Kinderschutzangelegenheit nicht von Nöten sind.

6.7 Wie gehe ich mit Druck von außen/der Öffentlichkeit um?

Das Jugendamt muss nach § 8b SGB VIII die fachliche Beratung und Begleitung zum Schutz von Kindern und Jugendlichen zur Verfügung stellen. Hier besteht für Familienhelfer*innen die Möglichkeit, sich außerhalb der eigenen Institution fachlichen Rat einzuholen.

Die Kinderschutzkoordinator*innen des Trägers und/oder des Jugendamts sollte einbezogen werden, um die Verantwortung für die in einem Fall auftretenden Gefährdungssituationen zu teilen. Weiterhin ist es durchaus hilfreich, wenn Vorgesetzte in die Bearbeitung dieser einbezogen oder zumindest informiert werden.

Wichtig ist es weiterhin, die eigene Arbeit transparent und nachvollziehbar zu gestalten und zu dokumentieren, um jederzeit in der Lage zu sein, die fachlichen Grundlagen der Sozialpädagogischen Familienhilfe darzustellen und damit die Hilfe und auch den Umgang mit der jeweiligen Gefährdungssituation darzulegen und zu rechtfertigen. Vernetzung, Dokumentation und Transparenz sind also hilfreich, um bei Anfragen von Akteur*innen außerhalb des Hilfesystems die Öffentlichkeit – auch bei kritischen Anfragen – besonnen und sachlich informieren zu können. Darüber hinaus sollte es ein Konzept beim Träger zum Umgang mit der Öffentlichkeit geben (▶ Kap. 11).

> **Tipp**
>
> Es ist in jedem Fall hilfreich für Familienhelfer*innen selbst, der Öffentlichkeit (Presse, Rundfunk, Fernsehen, soziale Medien) mit dem Hinweis auf ein schwebendes Verfahren keine Auskünfte zu geben. Diesbezüglich ist das Jugendamt in der Auskunftspflicht.

Was passiert, wenn Kinder/Jugendliche zu Schaden kommen?

Zunächst: Es ist tragisch, wenn Kinder oder Jugendliche zu Schaden kommen und es gibt dafür keine Entschuldigung. Neben der Erschütterung über ein solches Ereignis geht dies mit hohen Emotionen einher. Deshalb muss deutlich gesagt werden: Es ist nicht auszuschließen, dass Kinder und Jugendliche trotz hoher Fachlichkeit der Familienhelfer*innen körperlich und/oder seelisch zu Schaden kommen. Helfer*innen sind nicht rund um die Uhr vor Ort und können nicht alle Handlungen und Entgleisungen der Betroffenen (meist der Eltern) voraussehen.

Wenn trotz Einhaltung aller gebotenen Fachstandards körperliche und/oder seelische Verletzungen geschehen sind, dürfen keinesfalls schnelle Schuldzuweisungen an wen auch immer erfolgen.

Beim Träger muss eine genaue Auswertung des Arbeitsprozesses, in dem die Kinder/Jugendlichen beeinträchtigt wurden, vorbehaltlos, aber wertschätzend stattfinden. Dies muss der Arbeitgeber unterstützen. Es bedarf auch einer Fehleranalyse, um daraus für die Zukunft lernen zu können (Wolff u. a. 2013; Biesel/Wolff 2013).

Der Aufarbeitungsprozess muss mit dem Jugendamt transparent und offen gestaltet werden. Dort haben die Kinderschutzkoordinator*innen die Aufgabe, diesen Prozess zu gestalten. Die Evaluation durch unabhängige Fachkräfte ist fachlich geboten. Ggf. sind Polizei/LKA einzubeziehen.

6.8 Hilfen für das Selbststudium

6.8.1 Zusammenfassung

Beim Bekanntwerden gewichtiger Anhaltspunkte einer Kindeswohlgefährdung müssen Familienhelfer*innen wie auch andere Fachkräfte helfend tätig werden. Es geht dann darum, Kinder zu schützen, Eltern zu unterstützen und Familien zu stärken. Hierfür müssen gemäß § 8a SGB VIII auch Gefährdungseinschätzungen vorgenommen werden, u. a. um zwischen einer Nicht-Gewährleistung und einer Gefährdung des Kindeswohls zu unterscheiden. Eltern sollen dazu ermutigt und dabei unterstützt werden, dass Wohl ihrer Kinder zu sichern und dieses nicht mehr zu gefährden. Hierfür bedarf es der Initiierung von Lernprozessen, die sozialpädagogisch begleitet werden. Die Kinder- und Jugendhilfe verfügt über ein breites Spektrum an Hilfen, die ergänzend zur Sozialpädagogischen Familienhilfe genutzt werden können. Aber auch Kooperationen mit anderen Leistungen, bspw. des Gesundheitssystems, sollten genutzt werden.

6.8.2 Übungsaufgaben für das Selbststudium oder in der Gruppe

Diskutieren Sie in Kleingruppen die Frage: Worin besteht die Aufgabe der Sozialpädagogischen Familienhilfe beim Kinderschutz?
Systematisieren Sie Ihre Ergebnisse und visualisieren diese!
Sehen Sie sich den Film »Der Fall Bruckner« an! Diskutieren Sie anschließend:

- Welche Anzeichen auf Kindeswohlgefährdung hat die Sozialarbeiterin Frau Bruckner wahrgenommen?
- Was hat sie unternommen, um ihre Wahrnehmungen empirisch zu überprüfen?
- Wie konnte dem Kind schließlich geholfen werden?

Literatur zum Weiterlesen

Biesel, Kay/Urban-Stahl, Ulrike (2018): Lehrbuch Kinderschutz. Reihe: Studienmodule Soziale Arbeit. Weinheim: Beltz Juventa.

Biesel, Kay/Wolff, Reinhart (2013): Das dialogisch-systemische Fall-Labor. Ein Methodenbericht zur Untersuchung problematischer Kinderschutzverläufe. Expertise. Reihe: Beiträge zur Qualitätsentwicklung im Kinderschutz, Bd. 4. Köln: NZFH. https://www.fruehehilfen.de/fileadmin/user_upload/fruehehilfen.de/pdf/Publikation_QE_Kinderschutz_4_Expertise_Falllabor.pdf [Zugriff: 31.03.2020].

7 »Erst muss ich mich mal darum kümmern, dass meine Kinder satt werden.« Grundbedürfnisse und Grundsicherung von und für Kinder und Eltern

Frei nach dem Zitat im Titel bzw. frei nach Bertolt Brechts berühmtem Zitat »Erst kommt das Fressen, dann kommt die Moral« soll in diesem Kapitel darauf hingewiesen werden, dass sozialpädagogisches Arbeiten, so wie es in den vorangegangenen Kapiteln entwickelt wurde, voraussetzungsvoll ist. Es ist, wie eingangs bereits erwähnt, in die sozialen und ökonomischen Ungleichheitslagen der Gesellschaft eingebunden, von der nachweislich Familien in steigendem Maße betroffen sind. So gehört es – und dies wohl auch in zunehmendem Maße – zu den Aufgaben der Sozialpädagogischen Familienhilfe, gemeinsam vor allem mit den Eltern die Lebensgrundlagen bezüglich Wohnraum und Einkommen zu sichern. In einem weiteren Schritt müssen die Grundbedürfnisse der Familienmitglieder, also der Kinder und der Eltern, in den Blick genommen werden. Wenn Brecht (1928/1973) in der Dreigroschenoper nach dem obigen Zitat weiter schreibt: »Erst muß es möglich sein auch armen Leuten/Vom großen Brotlaib sich ihr Teil zu schneiden« (ebd., S. 103), wird in diesem Kapitel nicht die Veränderung der Gesellschaft mit Blick auf Umverteilung des Reichtums und soziale Gerechtigkeit Gegenstand sein, sondern stattdessen wird die Ebene des Bewältigungshandelns thematisiert, indem Verweise auf konkrete Hilfen für Familien zur sozialen Sicherung sowie theoretische Grundlagen von Bedürfnisansätzen dargelegt werden. Wir betonen jedoch, dass dies keine Abkehr von der Thematisierung der sozialen Probleme der Gesellschaft bedeutet, die in jedem Einzelfall mit reflektiert werden müssen – vor allem, wenn sozialstaatliche Sicherungen an ihre Grenzen gelangen. So werden wir auch einige alternative Blicke entwerfen.

> **Zentrale Fragestellungen**
>
> Welche Grundbedürfnisse der Familien müssen gesichert sein, damit Kinder und Eltern sich möglichst förderlich entwickeln können? Welche sozialstaatlichen Unterstützungsmöglichkeiten gibt es dafür? Was braucht ein Kind, um gesund und seinen Bedürfnissen entsprechend aufzuwachsen?

> **Kernaussage**
>
> Die Sicherung von Grundlagen des Lebens wie Wohnraum, Einkommen und häufig auch Erwerbsarbeit in einem förderlichen sozialökologischen und räumlichen Kontext stellt eine Voraussetzung für Familien und insbesondere für

Eltern dar, um sich offen auf Veränderungen und Verbesserungen des Alltags einzulassen – und um Hoffnungen auf die Gestaltung einer Zukunft zu entwickeln. Diese Aussage sollte im Umkehrschluss jedoch nicht so verstanden werden, dass es Familien in unsicheren Lebenslagen unmöglich wäre, sich auf Veränderungsprozesse einzulassen. Entscheidend ist hier wiederum, gemeinsam mit den Familien geeignete Schritte zu gehen (Stichwort: Beteiligung) und fallbezogen zu verstehen sowie zu entscheiden, welche Veränderungen für die konkrete Familie möglich sind (▶ Kap. 4; ▶ Kap. 5).

Die Dimension des Themas wird in einem Ausspruch einer Familienhelferin deutlich:

> »In den Familienhilfen arbeiten wir oft mit Familien, die weit von ›materieller Sicherheit‹ entfernt sind – trotz Beratung und Unterstützung im Ämterdschungel. Es gibt immer mal Zeiten, in denen es finanziell besser läuft und dann kommt Weihnachten oder ein anderes Fest oder die Waschmaschine geht kaputt etc. Dann reicht das Geld wieder nicht.
> Es ist wichtig, sich der psychischen Ausmaße von permanenter Geldknappheit und dem damit verbundenen Dauerdruck auf Familien bewusst zu sein. Meine Erfahrung ist: Viele Familien leiden unter diesem Druck, vor allem aber unter der Scham, ihren Kindern ›nichts bieten zu können‹« (Ramin 2019, o. S.).

Grundsicherungen und damit die Befriedigung von Grundbedürfnissen zu gewährleisten ist, wenn nicht von Erwerbsarbeit gelebt werden kann, in Deutschland äußerst erschwert. Dies ist allerdings für etliche Familien Realität, gerade wenn die Eltern im so genannten Niedriglohnsektor tätig sind. Eltern haben dann häufig mehrere Jobs zur Existenzsicherung der Familie – und dann Zeit für ihre Kinder. Sind Familien auf sozialstaatliche Leistungen angewiesen, müssen unübersichtliche Antrags- und Leistungsverfahren bei mehreren Ämtern bewältigt werden. Auch diese Tätigkeit bindet Zeit und Energie, die sich auf das Familienleben auswirken kann. Neben der oben genannten Scham erzeugt dies Stress bis hin zur Erschöpfung (vgl. Lutz 2012).

7.1 Exkurs: Bedingungsloses Grundeinkommen zur Verbesserung von Erziehungssituationen in Familien?

Ein Verweis auf die Realität der angesprochenen Zusammenhänge zeigen Initiativen zum Bedingungslosen Grundeinkommen. Bspw. sammelt der Verein »Mein Grundeinkommen« seit 2014 per Crowdfunding Geld, um tatsächlich Erfahrungen mit dem Bedingungslosen Grundeinkommen zu erproben (vgl. www.mein-grundeinkommen.de). Immer wenn 12.000 Euro zusammengekommen sind, werden sie an eine Person verlost. Diese Person erhält dann ein Jahr lang monatlich 1.000 Euro. Diese Zahlung ist unabhängig vom sonstigen Einkommen, Vermögen und wird ohne irgendeine Gegenleistung gezahlt. Interessant ist die Frage, wie diese bedingungslose regelmäßige Zahlung das Leben in Familien verändert. Dazu gibt es erste Befunde: »Die Mehrheit lebt fast wie zuvor, aber mit weniger Existenzängsten. Stattdessen sind sie entspannter, gesünder und mutiger« (Rövekamp 2019, o. S.). Des Weiteren wird resümiert, dass ein Engagement für die unmittelbare Umgebung entsteht.

> »Die Gewinnerinnen und Gewinner ordnen ihre Freundschaften bewusst, kehren zurück zu ihren Ehepartnern, nehmen sich Zeit für ihre Kinder. Sie entwickeln im Alltag einen umsichtigeren Blick für ihre Mitmenschen … . Sie helfen anderen und haben plötzlich Kraft, sich über die politischen Auswirkungen ihres Handelns Gedanken zu machen. Mit den Existenzängsten sind auch die Berührungsängste verschwunden« (Bohmeyer/Cornelsen 2019, S. 281).

Die Veränderungen sind also vor allem im solidarischen sozialen Miteinander und im Abbau von Stress zu verzeichnen, womöglich leisten sie sogar einen wesentlichen Beitrag für mehr Toleranz und die Gestaltung demokratischen Lebens in der Gesellschaft. Die dokumentierten Erfahrungen mit dem Bedingungslosen Grundeinkommen sind nicht unerheblich für Erziehungssituationen in Familien und das Aufwachsen von Kindern. So sagt der 13-jährige Apuan: »Meine Eltern sind lässiger unterwegs und machen sich nicht mehr so viele Sorgen ums Geld« (Anonym 2019, o. S.). Und eine Mutter berichtet:

> »Durch das Jahr mit Grundeinkommen hatten wir weniger Druck und somit mehr Zeit und Geld für gemeinsame Aktivitäten. Die psychische Entlastung hat uns mehr Leichtigkeit und Spaß beschert, so sind wir in der Familie enger zusammengerückt … Wir haben gemerkt, dass es um mehr geht als Geld. Es geht um Freiheit und Sicherheit. Grundeinkommen führt zu mehr Toleranz, da es einen sanfteren Blick auf die Mitmenschen und mehr Zeit für Gespräche zulässt. Früher habe ich quasi nur auf den Teller vor mir geschaut, die Tage abgearbeitet« (Anonym 2015, o. S.).

So wird auch an anderer Stelle das Bedingungslose Grundeinkommen gerade mit Blick auf Familien diskutiert. Ein Ziel dabei ist, Eltern und Kindern mehr gemeinsame Zeit zu ermöglichen. In diesem Zusammenhang wird vorgeschlagen, elterliche Erziehungsleistungen überhaupt zu honorieren. Eltern und Kinder sollen durch das Grundeinkommen weitestgehend vom Bezug von (ergänzenden) Sozialleistungen befreit werden und damit auch keinen Stigmata mehr ausgesetzt werden (vgl. Hobrack 2018).

Obwohl das Thema Bedingungsloses Grundeinkommen im gesellschaftlichen Diskurs sehr unterschiedlich diskutiert wird und es Pro und Kontra-Argumente gibt, haben wir bisherige Erfahrungen in dieses Kapitel aufgenommen. Wir möchten damit aufzeigen, dass, mit nochmaligem Verweis auf das Brecht-Zitat am Anfang des Kapitels, der Zusammenhang zwischen »Fressen« und »Moral«, auch in der Verkettung zwischen der Aufhebung von Existenzängsten, dem Erkennen von eigenen Bedürfnissen sowie der Erweiterung des Blicks auf Bedürfnisse anderer Menschen und die Gemeinschaft sichtbar wird. »Sobald ich erkenne, welche Bedürfnisse und Gefühle das Bedingungslose Grundeinkommen in mir erschließt, bin ich in der Lage, mich für die Bedürfnisse der Mitmenschen zu öffnen« (Bohmeyer/Cornelsen 2019, S. 282) – also auch für die der Kinder. Doch zurück zur Praxis der Sozialpädagogischen Familienhilfe.

7.2 Grundsicherung im Kontext der Sozialpädagogischen Familienhilfe

Bei jeder Sozialpädagogischen Familienhilfe sind Kenntnisse über die materiellen Grundausstattungen der konkreten Familie wichtig. Diese sichern die Existenz und auch Bedürfnisse der einzelnen Familienmitglieder, der Kinder und der Eltern. Häufig sind diese auch von Bedeutung, um weitere Familienproblematiken und -dynamiken zu verstehen und fachlich hilfreich handeln zu können.

Oftmals geht es in der Sozialpädagogischen Familienhilfe nicht nur um die Erhebung der materiellen Grundausstattungen der Familie, sondern auch um die Unterstützung bei deren Sicherung. Hier ist es auch notwendig, gemeinsam mit der Familie die Ämter wie z. B. Jobcenter, Sozialamt oder Gesundheitsamt aufzusuchen, um ggf. die Kommunikation zwischen Familie und Ämtern, aber auch zwischen den verschiedenen Institutionen zu moderieren und zu befördern. Dies mit dem Ziel, die materiellen Grundlagen der Familie möglichst nachhaltig, also nicht nur kurzfristig, zu sichern. Diese Moderator*innentätigkeit steht nicht im Widerspruch dazu, Selbsthilfepotenziale der Familie zu erkennen und diese gemeinsam nutzbar zu machen.

Weiterhin können sozialräumliche Institutionen wie Familienzentren, Kinder- und Jugendfreizeiteinrichtungen und Beratungsstellen wichtige Anlauforte für die Familien zur Information, Beratung und ggf. auch Antragstellung zur Sicherung der materiellen Lebensgrundlagen darstellen. Auch medizinische Einrichtungen und Fachpersonen wie z. B. Ärzt*innen, Ambulanzen, Hebammen und Familienhebammen stellen diesbezüglich eine Ressource für die Familien dar.

Die Analyse der materiellen Lebensgrundlagen einer Familie muss wiederum jeweils am Einzelfall, also gemeinsam mit der konkreten Familie, vorgenommen werden. Erst daraus können darauf folgende Schritte zur Verbesserung konkretisiert werden.

Wir empfehlen zu diesem Zwecke einen Haushaltsplan gemeinsam mit der Familie aufzustellen und durchzugehen. Der Haushaltsplan verschafft häufig überhaupt erst einmal einen Überblick über das Familieneinkommen und die Ausgaben der Familie (▶ Abb. 9). Vorhaben und Ziele zur Sicherung der materiellen Grundlagen können daraus abgeleitet werden. In dem Prozess der Erstellung des Haushaltsplans ergeben sich meistens die für die Familie relevanten Themen bezüglich der materiellen Sicherung und dahinter liegender Problematiken.

7.2 Grundsicherung im Kontext der Sozialpädagogischen Familienhilfe

Haushaltsplan für: Herrn/Frau/Fam.:   Stand:

Einnahmen	eigene	Partner	Ausgaben			
Lohn/Gehalt			Wohnung		Versicherung	
Rente			Miete (kalt)		Haftpflicht	
Krankengeld			Nebenkosten		Hausrat	
Unterhalt			Heizkosten		Unfall	
Unterhaltsvorschuss			Stromkosten		Risiko-Leben	
Kindergeld			Garage/Stellplatz		Krankenver.	
Erziehungsgeld			Summe Wohnung		Rechtschutz	
Arbeitslosengeld I			Verkehr		Sonstiges	
Arbeitslosengeld II			Steuer/Versicherung		Summe Versicherung	
Sozialgeld			Benzin		Sonstiges	
Grundsicherung			Wartung, Pflege		Rauchen	
sonstige Einnahmen			Kredit-Leasing-Rate		Beiträge (Verein)	
sonstige Einnahmen			ADAC, sonstiges		Haustiere	
sonstige Einnahmen			Öffentliche Verkehrsmittel		Unterhaltszahlungen	
sonstige Einnahmen			Summe Verkehr		Taschengeld	
			Kommunikation		Kindergarten/Tagesmutter	
			Telefon, keine Handykosten		Nachzahlung Reparaturen	
			Handy		Sonstiges	
Bitte tragen Sie in diesen Plan Ihre monatlichen Kosten ein! Rechnen Sie quartalsweise anfallende Kosten auf den Monat um!			Internet			
			GEZ		Summe Sonstiges Ausgaben	
			Kabel		Schulden	
			Pay-TV		Girokonto inkl. Überziehung	
			Summe Kommunikation		Ratenzahlung	
			Lebenshaltung		Ratenzahlung	
			Ernährung		Ratenzahlung	
			Bekleidung		Ratenzahlung	
			Körperpflege		Ratenzahlung	
			Sonstiges		Ratenzahlung	
			Summe Lebenshaltung		Summe/Schulden	
Zwischensumme		+	Zwischensumme		+	
Gesamt ⟶			Gesamt ⟶			

Gesamteinnahmen
− Gesamtausgaben ⟵
frei verfügbar

Die Ausgaben, alleine für die Ratenverpflichtungen, belaufen sich monatlich auf: ⟵

Abb. 9: Haushaltsplan (Quelle: https://www.awo-gf.de/CM/images/dokumente/haushaltsplan.pdf/ [Zugriff: 14.04.2020])
Aufgabe an die Eltern: »Bitte tragen Sie in diesen Plan ihre monatlichen Kosten ein! Rechnen Sie quartalsweise anfallende Kosten auf den Monat um!«
Während die Eltern die Einträge vornehmen, hören die Familienhelfer*innen ihnen zu und erfahren so von den Problemlagen und Potentialen der Sicherung des Familieneinkommens.

Konkretisierung an einem Fallbeispiel

Aufgrund einer ›Kinderschutzmeldung‹ der Schule wurde Familie Rose von der zuständigen Sozialarbeiterin zum Gespräch in das Jugendamt eingeladen. Die Familie beschrieb einen Bedarf an Beratung und Begleitung ihrer zehnjährigen Tochter Marie, die oft die Schule schwänzte und auch schon einige Male von zu Hause weggelaufen sei. Die Familie stellte einen Antrag auf Hilfe zur Erziehung gemäß § 27 Abs. 1 SGB VIII in Form einer Einzelfallhilfe (bzw. Erziehungsbeistand, Betreuungshilfe) nach § 30 SGB VIII, die vom Jugendamt gewährt wurde. Während der Kennenlernphase in den ersten sechs Wochen berichtete die Familie der Einzelfallhelferin von einer Wohnungskündigung und Androhung einer sofortigen Räumung durch den Eigentümer, da in den letzten vier Monaten Mietschulden entstanden seien, die die Familie nicht begleichen kann. Ebenso verpasste die Mutter Gesprächstermine im Jobcenter. Dies wiederum zog Sanktionen durch Kürzung des ALG II nach sich. Inzwischen war die Familie hoch verschuldet. Das Geld für Maries Klassenfahrt konnte nicht aufgebracht werden und aus Scham und Ärger darüber sei sie besonders in der letzten Zeit nicht zur Schule gegangen. Für die Finanzierung eines Ausflugs mit der Klasse habe sich Marie Geld bei ihrer Tante geborgt. Dies habe wiederum einen großen Familienstreit ausgelöst, da Mutter und Tante sich nicht gut verstehen. Für den Sportunterricht sollte Marie Turnschuhe mit weißer Sohle mitbringen, auch dafür reichte das Geld nicht.

Marie berichtete, schon seit der ersten Klasse immer wieder in die Streitigkeiten ihrer Eltern einbezogen zu sein, die sich meistens um Geld drehten. Sie habe große Angst davor, nach der Schule nach Hause zu kommen und nicht mehr in die elterliche Wohnung zu können.

Bei einem Hausbesuch sahen die Helfer*innen eine 1,5-Zimmer Wohnung für drei Personen. Marie schlief in einem kleinen Zimmer, in das noch ein Kleiderständer passte. Ihre Eltern schliefen im Wohnzimmer auf einer Schlafcouch. Die Eltern berichteten, vor den Mietschulden immer wieder nach größeren Wohnungen gesucht zu haben. Nachdem es aber immer schwieriger wurde, die Miete pünktlich zu zahlen, stellten sie auch das ein, weil sie für eine neue Wohnung eine Mietschuldenfreiheitsbescheinigung des Vermieters benötigen. Spätestens ab Mitte des Monats besorgen sie ihre Lebensmittel über die Berliner Tafel.

Die Helfer*innen besprachen mit der Familie aufgrund des hohen Bedarfs der ganzen Familie den Wechsel der Hilfeform in eine Familienhilfe gemäß § 31 SGB VIII i.V.m. § 27 SGB VIII. Die Eltern wünschten sich schnellstmögliche Unterstützung, um die Wohnungsräumung zu verhindern und um die Schulden anzugehen. Marie wünschte sich, an der Klassenfahrt teilnehmen zu können und Unterstützung bei einem Problem: Eine Klassenkameradin hatte sie mit ihren Eltern beim Anstehen nach Lebensmitteln bei der Berliner Tafel gesehen und mache sich nun öffentlich über sie lustig.

Übung

Stellen Sie sich vor, Sie sind in der Familie als Familienhelfer*in tätig:

- Welche Schritte zur Sicherung der sozialen Situation der Familie würden Sie mit der Familie in welcher Reihenfolge realisieren? Schreiben Sie diese der Reihe nach auf!
- Welchen Zusammenhang erkennen Sie zwischen familiären Problematiken und materiellen/existenziellen Unsicherheiten sowie Erfahrungen von Stigmatisierung?

Soziale Sicherung in Deutschland

»In Deutschland werden Leistungen der sozialen Sicherung im Rahmen eines gegliederten Systems erbracht. Die traditionelle Form der sozialen Sicherung in Form von Körperschaften des öffentlichen Rechts mit Selbstverwaltung gilt für die gesetzliche Krankenversicherung, Unfallversicherung, Rentenversicherung und Pflegeversicherung. Eine bes. Form der Selbstverwaltung gilt für die Bundesagentur für Arbeit, die vor allem die Arbeitslosenversicherung administriert. Ergänzend erbringen allg. staatliche oder kommunale Verwaltungen Leistungen in den Bereichen Sicherung der Familie und von Kindern, Grundsicherung Erwerbsfähiger (Arbeitslosengeld II), Sozialhilfe, Wohnungspolitik (soziale Sicherung des Wohnens), Eingliederung behinderter Menschen, soziale Sicherung von Wehrpflichtigen und Zivildienstleistenden und Absicherung von Kriegsfolgen« (Werding 2018, o. S.).

Soziale Sicherung im Überblick

Hier finden Sie alle aktuellen Leistungen, die Familien in der BRD zustehen (vgl. BMAS 2023).

»Die Broschüre ermöglicht einen zusammenfassenden Überblick über das System der sozialen Sicherung in der Bundesrepublik Deutschland.

Behandelt werden unter anderem die Renten- und Unfallversicherung, die Bereiche Arbeitsförderung, Arbeitsrecht, Bürgergeld, die Rehabilitation von Menschen mit Behinderungen und Sozialhilfe« (ebd., o. S.)

Die Broschüre wird jährlich aktualisiert und steht als Download zur Verfügung (https://www.bmas.de/DE/Service/Publikationen/Broschueren/a721-soziale-sicherung-ueberblick.html; Zugriff 20.09.2024).

In der Familienhilfe geht es also nicht nur um die Unterstützung der Eltern in der Erziehung und/oder um die Stärkung der Beziehungen und Bindungen der Kinder zu ihren Eltern und umgekehrt, sondern ganz entscheidend um die tagtägliche Sicherung der materiellen Existenz der Familien. Familienhelfer*innen sollten auch hier zunächst mit den Familien, meist den Eltern, über die materiellen

Grundlagen sprechen, Unterstützungsmöglichkeiten ausloten und konkret vereinbaren (vgl. Tammen 2015).

> **Familienportal – ein Online-Service des Bundesfamilienministeriums**
>
> Familien finden unter www.familienportal.de alle wichtigen Informationen und Beratungsangebote zu Ansprüchen, Antragsverfahren und Leistungen in den unterschiedlichen Lebenslagen. Ob Elterngeld, Kinderzuschlag, Unterhaltsvorschuss, Arbeitslosengeld, Sozialhilfe, Ausbildungsförderung – durch einfache Eingabe der Familiendaten kann schnell in Erfahrung gebracht werden, welche Leistungen der Familie zustehen. Ebenso kann durch die Eingabe der Postleitzahl in Erfahrung gebracht werden, welche Ämter und Beratungsstellen in der Nähe sind und wo Leistungen beantragt werden können.

> **Übung: Welche Grundbedürfnisse der Familien müssen gesichert sein?**
>
> Bitte vervollständigen Sie die Aufzählung! Sie können dazu auch in der Gruppe arbeiten:
>
> - Wohnen und Einkommen
> - soziale Infrastruktur wie Verkehrsmittel, Grünflächen, Spielplätze, Einkaufmöglichkeiten
> - Essen
> - Kleidung
> - Kulturelle Möglichkeiten, Zugang zu Bildung
> - ...

7.3   Stufen der menschlichen Grundbedürfnisse

Aus der Entwicklungspsychologie ist bekannt, dass alle Menschen bestimmte Grundbedürfnisse haben. Als Grundbedürfnisse gelten diejenigen, deren *Befriedigung Voraussetzung für das körperliche und seelische Wohlbefinden* und die Entfaltung der menschlichen Persönlichkeit im jeweilgen Kulturkreis sind. Abraham Maslow (ein Vertreter der humanistischen Psychologie) hat zur Veranschaulichung der menschlichen Grundbedürfnisse eine so genannte Bedürfnispyramide entworfen (vgl. Maslow 1943), die, trotz Kritik an dem schematischen Stufenaufbau, nach wie vor Orientierung gibt. Entscheidend an diesem Modell ist, dass eine neue Stufe der Bedürfnisbefriedigung erst erreicht werden kann, wenn die vorangegangenen abgedeckt sind bzw. es äußerst erschwert ist, ohne die Befriedigung physiologscher Grundbedürfnisse bspw. die Bedürfnisse nach Anerkennung oder Selbstverwirkli-

7.3 Stufen der menschlichen Grundbedürfnisse

chung zufriedenzustellen (▶ Abb. 10; Maslow 1943, 1954/1981; vgl. auch Bundschuh u. a. 2012, S. KA-102). Und somit stützt diese Pyramide die Aussagen der Mutter oben im Kapitel.

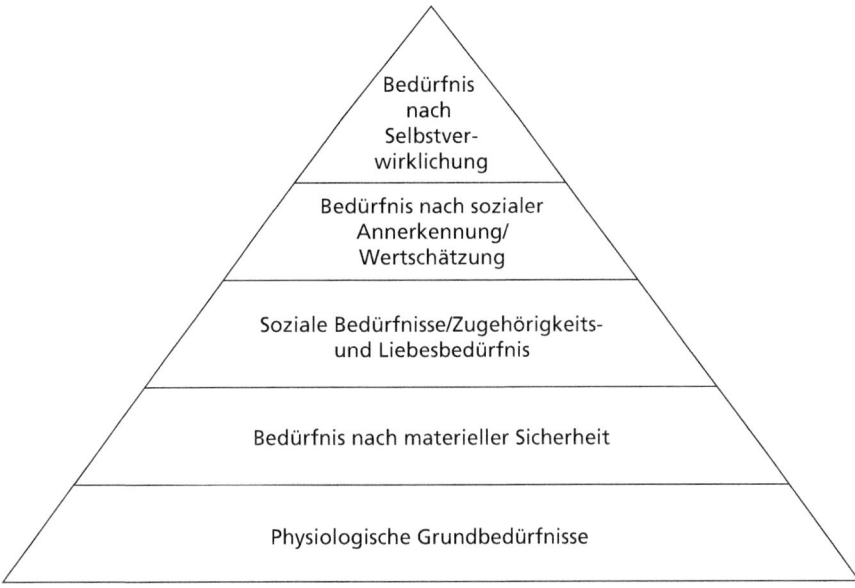

Abb. 10: Bedürfnispyramide nach Maslow (eigene Darstellung)

Zu den *physiologischen Grundbedürfnissen* gehören bspw. Nahrung, Flüssigkeit, Schlafen/Ausruhen, Bekleidung, Bewegung, körperliche Erfahrungen/Sexualität. *Materielle Sicherheit* umfasst bspw. ein finanzielles Einkommen, eine stabile ökonomische Lebenssituation, berufliche Sicherheit, eine sichere Wohnsituation. *Soziale Bedürfnisse/Zugehörigkeits- und Liebesbedürfnis* beinhalten soziale Beziehungen und Begegnungen, Austausch, Kommunikation, gemeinsame Erlebnisse mit anderen Menschen, Gruppenzugehörigkeit, Freundschaften, Liebe und Partnerschaft. *Soziale Anerkennung und Wertschätzung* wird durch Ich-Stärke sowie Selbstbewusstsein/Selbstachtung oder die positive Resonanz von anderen Menschen erfahren. Hierzu gehört auch die Erfahrung, Einfluss auf das Geschehen zu nehmen, Dinge bewirken zu können, also auch Selbstwirksamkeit bis hin zu Macht und Einfluss zu entfalten. Das *Bedürfnis nach Selbstverwirklichung* umfasst u. a. das Ausleben von Individualität sowie das Entwickeln von Güte und Gerechtigkeit gegenüber anderen Menschen, das Leben nach eigenen Vorstellungen und Interessen bspw. auch im Ausleben kreativer Momente bei gleichzeitigem Blick auf die Gemeinschaft/Gesellschaft und dem Bestreben, einen produktiven Einfluss auf das zwischenmenschliche Miteinander zu entfalten.

7.4 Was braucht ein Kind, um gesund und entsprechend seiner Bedürfnisse aufzuwachsen?

Eine hierarchische Aufstellung der Bedürfnisse von Kindern, wie in der Maslow'schen Bedürfnispyramide, ist insofern schwierig, weil dadurch angenommen werden könnte, dass bestimmte Bedürfnisse wichtiger oder andere unwichtiger seien (vgl. Maywald 2009, S. 40). Doch bei Kindern ist die Befriedung von bspw. physischen Grundbedürfnissen ebenso existenziell wie die nach Sicherheit, Zugehörigkeit und Liebe. Allerdings hat sich vor dem Hintergrund von gravierenden Vernachlässigungen von sehr kleinen Kindern, die in den letzten Jahren in den öffentlichen Blick und fachlichen Diskurs geraten sind, ein Zugang zu den basalen Bedürfnissen von Kindern wieder etabliert. Diese sind nun wieder stärker im Fokus als vor dieser Entwicklung. So heißt es bspw. in einer Handreichung für die Praxis vom Deutschen Kinderschutzbund:

> »Bei Kindern ist die Befriedigung der Grundbedürfnisse Voraussetzung dafür, dass sie sich körperlich, geistig und seelisch gut entwickeln und ihrem Alter entsprechende Fähigkeiten und Fertigkeiten entfalten und ausbauen können. Im Gegensatz zu Erwachsenen benötigen Kinder zur Befriedigung dieser Grundbedürfnisse allerdings die Unterstützung durch andere. Denn: Im Vergleich zu Tieren ist der Mensch, wenn er auf die Welt kommt, sozusagen eine physiologische Frühgeburt. Das bedeutet, er ist bei der Geburt noch völlig hilflos und auf die Vollversorgung durch andere zur Befriedigung der Grundbedürfnisse angewiesen« (Bundschuh u. a. 2012, S. KA-104).

Damit soll u. a. deutlich werden, dass gerade bei Säuglingen und Kleinkindern die Versorgung mit Nahrung von elementarer Bedeutung ist. In diesem Alter treten bspw. massive körperliche Beeinträchtigungen bereits nach einigen Stunden ein, wenn die Kinder keine Flüssigkeit zu sich nehmen können.

Kleinere Kinder sind aber auch in ihrer Entwicklungsphase der vollständigen Abhängigkeit von erwachsener Versorgung zunehmend hilflos, wenn sie keine emotionale Zuwendung durch ihre Bezugspersonen erfahren.

> »Um aus dieser Hilflosigkeit heraustreten zu können und mit zunehmendem Alter selbstständiger und kompetenter die eigene Bedürfnisbefriedigung übernehmen zu können, braucht der Mensch fortlaufende und an das jeweilige Alter angepasste Anregung, Förderung und Anforderung« (ebd.).

7.5 Was brauchen Kinder für ihr Wohl?

Als weitreichendes Konzept der Formulierung von kindlichen Grundbedürfnissen hat sich in der Fachliteratur der bereits kurz in Kapitel 6 erwähnte Katalog von Brazelton und Greenspan (2000/2002) etabliert (▶ Kap. 6). Vor dem Hintergrund ihrer Erfahrungen als Pädiater bzw. Kinder- und Jugendlichenpsychiater haben Brazelton und Greenspan sieben Grundbedürfnisse von Kindern und Jugendlichen formuliert (vgl. dazu auch Maywald 2009, S. 42–46; 2008/2010, S. 58–62), die wir hier ausführlich erklären (siehe Kästen im Folgenden).

7.5.1 Das Bedürfnis nach beständigen, liebevollen Beziehungen

»Um gedeihen zu können, benötigen Kinder eine warmherzige und verlässliche Beziehung zu erwachsenen Betreuungspersonen. Feinfühligkeit im Umgang mit Kindern bedeutet, ihre Signale wahrzunehmen, sie richtig zu interpretieren und sie angemessen und prompt zu beantworten. Wärme, Feinfühligkeit und Halt machen es Kindern möglich, ihre Gefühle zu spüren und später in Worte zu fassen und auch weiterzugeben. Verlässliche und sichere Beziehungen unterstützen die psychische Entwicklung im Bereich des Denkens, der Sprache, von Wertvorstellungen und sozialen Kompetenzen« (Kinderschutz-Zentrum Berlin 2009, S. 22).

> Kinder- und Jugendliche brauchen liebevolle Zuwendung von ihren Eltern und/oder kontinuierlichen Bezugspersonen. Sie benötigen positive Rückmeldungen und Bestätigungen zu ihrer Person und zu ihren Handlungen.
> Ritualisierte Kommunikationsstrukturen z. B. bei gemeinsamen Mahlzeiten, gemeinsamen Aktivitäten und/oder gemeinsamen häuslichen Arbeiten geben wichtige Anhaltspunkte zur Beurteilung von Beziehungsstrukturen.

7.5.2 Das Bedürfnis nach körperlicher Unversehrtheit, Sicherheit und Regulation

»Kinder brauchen eine gesunde Ernährung, ausreichend Ruhe, Bewegung und Gesundheitsfürsorge (Vorsorgeuntersuchungen, Impfungen), um gesund aufwachsen zu können. Dazu zählen auch die adäquate Versorgung der Kinder bei auftretenden Krankheiten sowie das Unterlassen aller Formen von Gewalt gegen Kinder, weil diese physische und psychische Verletzungen nach sich ziehen« (ebd., S. 23).

> Kinder und Jugendliche brauchen ausreichende und gesunde und abwechslungsreiche Nahrungsmittel. Gerade für Säuglinge und Kleinkinder müssen im Haushalt der betreuten Familien entsprechende Lebensmittel vorhanden sein. Familienhelfer*innen sollten sich nicht scheuen, dies zu überprüfen.
> Regelmäßige Arztbesuche, ggf. Wahrnehmung von Vorsorgeuntersuchungen und überhaupt Achtsamkeit für die gesundheitliche Situation der Kinder und Jugendlichen gehören dazu.

> Das Unterlassen von körperlicher Züchtigung, also auch das Schlagen zur Disziplinierung junger Menschen, ist ein wichtiger Faktor für deren gedeihliches Aufwachsen.

7.5.3 Das Bedürfnis nach individuellen Erfahrungen

»Jedes Kind ist auf seine Weise einzigartig und braucht Zuwendung und Wertschätzung aufgrund dieser Einzigartigkeit. Manche Kinder sind unruhiger oder aktiver als andere, aufgeschlossener oder auf sich zurückgezogener. Die Kunst der Erwachsenen besteht darin, Kinder mit ihren individuellen Besonderheiten anzunehmen und zu fördern« (ebd.).

> Kinder und Jugendliche müssen in ihrer Individualität und Einzigartigkeit wahrgenommen werden. Zunächst sollten Eltern in der Lage sein, ihre eigene Situation reflektiert zu sehen, um dann überhaupt die Sensibilität aufbringen zu können, ihre Kinder als Einzelpersönlichkeiten zu behandeln. Pauschalisierte Verhaltensweisen und Erziehungsmethoden fördern nicht die positive Entwicklung junger Menschen.

7.5.4 Das Bedürfnis nach entwicklungsgerechten Erfahrungen

»Erziehungsansprüche und Forderungen der Bezugspersonen sind dem jeweiligen psychischen Entwicklungsstand des Kindes anzupassen: Über- oder Unterforderungen führen zu nicht ausbalancierten Entwicklungsverläufen bzw. psychischer Instabilität von Kindern. Kinder meistern entsprechend ihres Alters unterschiedliche Entwicklungsaufgaben. Sowohl drängendes Fordern als auch überbehütende Haltungen können zu Verzögerungen oder Störungen der intellektuellen, emotionalen und sozialen Entwicklung führen« (ebd.).

> Eltern sollten ihre Kinder altersgemäß wahrnehmen und auch so mit ihnen umgehen. Die Verantwortungsbereiche, die jungen Menschen zugeschrieben werden, müssen deren Entwicklungsstand entsprechen, z. B. können Kinder erst mit Erreichen des Jugendalters Verantwortung für Haustiere übernehmen. Säuglinge und Kleinkinder sind entsprechend ihrem Entwicklungsstand sehr hilflos und müssen in dieser Situation aufmerksam wahrgenommen werden.

7.5.5 Das Bedürfnis nach Grenzen und Strukturen

»Klare und wertschätzende Begrenzung und Strukturierung hilft Kindern, sich ihre Umwelt zu erobern und gleichzeitig Gefährdungsmomenten aus dem Weg zu gehen. Durch sinnvolle Grenzsetzung erleichtern Bezugspersonen die Entwicklung der Kinder. Wichtig ist hierbei, dass Grenzsetzung nicht strafend und gewaltsam daherkommt, sondern in einem Aushandlungsprozess zum Verstehen führen kann. Grenzziehungen, die gewaltsam durchgesetzt werden, tragen zu unsicherer, instabiler Entwicklung der Kinder bei. Grenzen bieten Gelegenheit zum Aushandeln und zum miteinander auseinandersetzen. Kinder lernen mit sicherer Rahmung, Räume zu erforschen und mit Herausforderungen umzugehen« (ebd.).

Junge Menschen brauchen Klarheit in den häuslichen Gegebenheiten. So sind gemeinsame Essens- und Schlafrituale ein wichtiger Bestandteil des Alltags.
Weiterhin erscheint Klarheit in den Grenzsetzungen als ein wichtiger Teil der Wahrnehmung der Eltern durch die Kinder. Dazu gehört auch Konsequenz bei erfolgten Ge- und Verboten.

7.5.6 Das Bedürfnis nach stabilen, unterstützenden Gemeinschaften und kultureller Kontinuität

»Kinder sind sehr auf ein überschaubares Umfeld wie Kitas, Schulen, Nachbarschaften usw. angewiesen, die zum sozialen Lernfeld werden können. Freundschaftliche Beziehungen zu Gleichaltrigen gewinnen mit dem Wachsen eine zunehmende Bedeutung für eine gesunde psychische Entwicklung. Unterstützende Bedingungen im Umfeld erleichtern die Entwicklung von Selbstsicherheit und Identität« (ebd., S. 23 f.).

Die Konstruktion und der Erhalt verlässlicher Institutionen im Alltag junger Menschen haben eine große Bedeutung für ein sicheres Aufwachsen junger Menschen. Dazu gehört auch die Kontinuität der Wohnsituation von Kindern und Jugendlichen. Diese gibt Sicherheit und Geborgenheit als sichere Basis für ein gedeihliches Aufwachsen.

7.5.7 Das Bedürfnis nach einer sicheren Zukunft

»Das Kindeswohl in einer globalisierten Welt hängt zunehmend davon ab, wie es gelingt, Bedingungen für sichere Perspektiven von Menschen weltweit zu schaffen. Hier geht es um Verantwortung von Gesellschaft und Politik« (ebd., S. 24).

Junge Menschen brauchen Sicherheit und sichere Perspektiven in ihrer näheren Umgebung, aber auch in ihrem weiteren Umfeld. Hierzu gehört auch die Sicherheit der Arbeitsplätze der Eltern als auch eine Gesellschaft, die sich um friedvolle Auseinandersetzungsformen bemüht.

Die vorgenannten Bedürfnisse sind immer im Kontext mit den familiären Gegebenheiten und auch in Wechselwirkung untereinander zu sehen und in ihrem Resultat voneinander wechselseitig abhängig. Sie sind eine Idealbeschreibung und somit als Orientierung geeignet. Sie sind auch jeweils unter kinderrechtlichen Gesichtspunkten zu reflektieren (vgl. Maywald 2008/2010).

7.6 Erscheinungsformen einer gesunden Entwicklung

»Wir alle haben eine Vorstellung davon, wie Kinder sind, sich verhalten, sich darstellen, wenn es ihnen gut geht und sie entsprechend körperlich und seelisch gesund sind. Sie sind fröhlich, lebendig, lachen; sie zeigen Interesse und Neugier an ihrer Umwelt, wollen neue Welten erobern; sie haben ein gesundes Aussehen, Bewegungsdrang, wachsen und gedeihen etc. Aus der Erfahrung wissen wir allerdings auch, dass das Verhalten und das Erscheinungsbild für sich allein genommen noch nicht ausreichend sind für eine angemessene Einschätzung des kindlichen Entwicklungsstandes. Erst, wenn wir beides in Beziehung setzen zum Alter eines Kindes, können wir einschätzen, wie es um die Entwicklung eines Kindes bestellt ist. Ein aufgewecktes dreijähriges Kind etwa, das mit Bauklötzen spielt, aber nur einzelne Wörter formuliert, ist mindestens sprachlich nicht altersgemäß entwickelt« (Bundschuh u. a. 2012, S. KA-107).

Als »Anhaltspunkte für eine gesunde Entwicklung« (ebd.) werden auf der Basis einschlägiger Literatur der Entwicklungspsychologie in Abhängigkeit vom jeweiligen Alter des Kindes und unter Berücksichtigung von spezifischen Entwicklungsschüben nachfolgende Entwicklungsphasen als Orientierungsrahmen voneinander abgegrenzt:

- »Vorgeburtliche Entwicklung
- Säuglingsalter (Neugeborenenzeit von 0 bis ca. 3 Monate und Zeit des ›kompetenten‹ Säuglings von 3 bis 12 Monate)
- Kleinkindalter (2 bis 3 Jahre)
- Vorschulalter (4 bis 5 Jahre)
- Kindheit (Grundschulalter von 6 bis 10 Jahre und späte Kindheit von 10 bis 13 Jahre)
- Jugendalter« (ebd.).

Im »Handbuch Kindeswohlgefährdung« (Kindler u. a. 2006) finden sich im Kapitel »Kindliche Entwicklung, Gefährdungsaspekte und Folgen« für die Praxis relevante Erläuterungen dazu (Download des Handbuchs unter www.dji.de/fileadmin/user_upload/bibs/asd_handbuch.pdf).

In diesen Phasen werden, auch unter Berücksichtigung medizinischer Aspekte, jeweils sechs Kompetenzbereiche betrachtet (Bundschuh u. a. 2012, S. KA-108; ▶ Abb. 11).

Diese Entwicklungsphasen und Kompetenzbereiche auch im Hinblick auf Grundbedürfnisse von Kindern zu berücksichtigen, erscheint in der Sozialpädagogischen Familienhilfe fachlich sinnvoll. Dies sollte jedoch nicht schematisch erfolgen, sondern eine Orientierung geben. Die Entwicklung und Ausbildung von Kompetenzen verlaufen bei jedem Kind individuell.

»Grundsätzlich haben Untersuchungen und Vergleichsstudien in der Vergangenheit immer wieder gezeigt, dass es innerhalb der einzelnen Entwicklungsphasen eine große Variationsbreite gibt und individuelle Entwicklungsverläufe auch bei gut versorgten und körperlich gesunden Kindern sehr unterschiedlich sein können. Kinder entwickeln sich mitunter in einem Kompetenzbereich sehr schnell, drehen sich bspw. schon früh und krabbeln auch früh. Gleichzeitig gehören sie in anderen Kompetenzbereichen eventuell eher zu den ›Spätentwicklern‹, fangen vielleicht erst vergleichsweise spät zu sprechen an. Ebenso gibt es Kinder, die bestimmte Entwicklungsschritte, z. B. das Krabbeln, ganz überspringen« (ebd., S. 108).

7.6 Erscheinungsformen einer gesunden Entwicklung

Abb. 11: Sechs Kompetenzbereiche in den Phasen der frühkindlichen Entwicklung (eigene Darstellung)

Fachspezifisches Wissen ist im Kontext der Sozialpädagogischen Familienhilfe also wiederum im Einzelfall anhand der konkreten Fragestellung, die sich aus den Beobachtungen und sozialen Interaktionen ergeben, zu vertiefen.

Jean Piaget (1896–1980)

Heutzutage angewandte Stufenmodelle von in der kindlichen Entwicklung aufeinander aufbauenden Entwicklungsphasen und Kompetenzbereichen, die in einem bestimmten Alter erreicht werden sollen, basieren im Grunde auf den Arbeiten von Jean Piaget. Der Schweizer Forscher Jean Piaget gilt als Pionier der kognitiven Entwicklungspsychologie sowie Begründer der genetischen Epistemologie. Obwohl er in vielen groß angelegten empirischen Studien die kognitive Entwicklung von Kindern untersucht hat und dabei eine Stufenfolge herausgefunden hat, war ihm eine andere Erkenntnis in diesem Zusammenhang deutlich wichtiger (vgl. Bringuier/Piaget 1977/1996). Er hat nämlich das Kind als selbstständigen Akteur bei all diesen Entwicklungsvorgängen erkannt. Dies bedeutet, dass ein Kind, obwohl es von der Versorgung erwachsener Menschen abhängig ist, ganz aktiv bei der eigenen Bedürfnisbefriedigung (mit-)handelt – ein Aspekt, der heute manchmal vergessen wird. Laut Piaget ist das Kind in permanenter Auseinandersetzung mit der Umwelt. Dadurch eignet es sich neues Wissen und Können an. Im Inneren des Kindes wirken dabei so genannte Aktionsschemata. Das sind im Grund Strukturen, nach denen ein Kind die Ereignisse der äußeren Welt versteht, für sich selbst denkend einordnet (konstruiert) und darauf bezogen handelt. Neue Eindrücke (Informationen, Reize) können in dieses Aktionsschema entweder assimiliert (also angepasst und integriert) werden. Oder, wenn dies nicht gelingt, dann finden so genannte Akkomodationsvorgänge statt. Das bedeutet, dass das Aktionsschema des Kindes sich verändern muss, um Neues zu integrieren. In diesen Prozessen von Assimilation und Akkomodation, die in dem Bestreben der beständigen inneren Anpassung als Adaption bezeichnet werden, werden im Altersverlauf jeweils neue Stufen der

Entwicklung erklommen. Diese unterteilt Piaget in seinen Werken in vier Stufen: die sensomotorische Phase (bis zwei Jahre), die voroperative Phase (etwa zwei bis fünf Jahre), das konkret-operative Denken (etwa sechs bis zehn Jahre) und das formal-operative Denken (bis zum Erwachsenenalter) (vgl. Kegan 1982/1994, S. 49 ff.).

Anlässe für Entwicklungen sind Störungen (Pertubationen genannt) oder auch innere bzw. äußere Konflikte sowie Krisen (vgl. ebd.). Ohne diese wäre Entwicklung gar nicht möglich. Dabei geht es wiederkehrend darum, ein Gleichgewicht zwischen Assimilation und Akkomodation herzustellen, das als Äquilibration bezeichnet wird. Einen weiteren wichtigen Prozess in der Entwicklung sieht Piaget in der Organisation, in der bereits angelegte Schemata zu größeren kognitiven Strukturen zusammengefügt werden (vgl. Piaget 1937/1974, 1959/1975).

Mit den Arbeiten von Jean Piaget geriet die eigene Aktivität des Kindes in den Blick entwicklungspsychologischer Untersuchungen zur Kind-Umwelt-Beziehung (Subjekt-Objekt-Bezug). Dies betrifft auch Bereiche wie Essen, Spielen, emotionale Zuwendung. Piaget (1959/1975) versteht nämlich die Entwicklung des Kindes als »eine wirkliche Tätigkeit, die sich auf eine eigene Struktur stützt und sich immer mehr äußere Gegenstände assimiliert« (ebd., S. 412).

7.7 Hilfen für das Selbststudium

7.7.1 Zusammenfassung

In diesem Kapitel wurde der Blick auf die soziale und materielle Sicherung von Familien gerichtet. Dies auch, um deutlich zu machen, dass die Befriedigung von Grundbedürfnissen von Eltern und Kindern Voraussetzung für ein gesundes und gelingendes Aufwachsen von jungen Menschen ist. Des Weiteren wurden die Grundbedürfnisse von Kindern und Jugendlichen konkretisiert und vor allem auf die Abhängigkeit sehr kleiner Kinder von der Bedürfnisbefriedigung durch Erwachsene hingewiesen.

Familienhelfer*innen sollen motiviert werden, die Grundbedürfnisse von Kindern und Jugendlichen und deren Familien im Blick zu behalten.

7.7.2 Übungsaufgaben für das Selbststudium oder in der Gruppe

Diskutieren Sie die folgenden Aussagen aus diesem Kapitel in Kleingruppen. Überlegen Sie auch, ob Ihnen Beispiele dazu einfallen:

- Eine hierarchische Aufstellung der Bedürfnisse von Kindern, wie in der Maslowschen Bedürfnispyramide, ist insofern schwierig, weil dadurch angenommen werden könnte, dass bestimmte Bedürfnisse wichtiger oder andere unwichtiger seien (vgl. Maywald 2009, S. 40). Doch bei Kindern ist die Befriedung von bspw. physischen Grundbedürfnissen ebenso existenziell wie die nach Sicherheit, Zugehörigkeit und Liebe.
- Diese Entwicklungsphasen und Kompetenzbereiche auch im Hinblick auf Grundbedürfnisse von Kindern zu berücksichtigen, erscheint in der Sozialpädagogischen Familienhilfe fachlich sinnvoll. Dies sollte jedoch nicht schematisch erfolgen, sondern eine Orientierung geben. Die Entwicklung und Ausbildung an Kompetenzen verlaufen bei jedem Kind individuell.

Literatur zum Weiterlesen

Brazelton, T. Berry/Greenspan, Stanley I. (2002): Die sieben Grundbedürfnisse von Kindern. Was jedes Kind braucht, um gesund aufzuwachsen, gut zu lernen und glücklich zu sein. Weinheim: Beltz (engl. Orig. 2000).

Tammen, Britta (2019): Grundsicherungsrecht und Sozialhilfe. In: Merchel, Joachim (Hrsg.): Handbuch Allgemeiner Sozialer Dienst (ASD). 3., aktualisierte und erweiterte Auflage. München: Reinhardt, S. 106–125.

8 »Abschiede sind Tore in neue Welten.« Gestaltung des Abschieds, Ressourcen, Netzwerke und Unterstützung im Sozialraum

Sozialpädagogische Familienhilfen sind zeitlich befristet. Dabei ist auch die Beendigung der Hilfe als Teil der professionellen Tätigkeit zu verstehen und dementsprechend zu gestalten. Zur Beendigung können sich nachfolgende Fragen stellen.

> **Zentrale Fragestellungen**
>
> Wie kann das Ende einer Sozialpädagogischen Familienhilfe sowie der Abschied zwischen Familie und Familienhelfer*in für beide Seiten bewusst und gelingend gestaltet werden? Welche Ressourcen, Netzwerke und Unterstützungen können Familien nach der Beendigung der Sozialpädagogischen Familienhilfe im Sozialraum nutzen?

In diesem Kapitel werden die Schlussphase von Sozialpädagogischen Familienhilfen sowie unterschiedliche Konstellationen der Beendigung vorgestellt. Und es werden ausgewählte Methoden präsentiert, die geeignet sind, einen Abschied und Übergänge zu gestalten.

Fallbeispiel

Frau A. hatte sich von ihrem Mann getrennt. In der Trennungsphase wurde bei ihr eine Parkinson-Erkrankung festgestellt, weshalb sie ihren Beruf aufgeben musste. Sie war nun mit der Situation, weitestgehend allein für ihre zwei Kinder zu sorgen, überfordert. Die Sozialpädagogische Familienhilfe wurde zur Unterstützung in dieser krisenhaften Situation eingesetzt. Es gelang, einen geeigneten und zuverlässigen Rahmen für das weitere Familienleben aufzubauen. Es konnten die finanzielle Situation geklärt sowie die Kontakte der Kinder zum Vater zuverlässig geregelt werden. Frau A. erreichte eine psychische Stabilität. Nach ca. anderthalb Jahren wurde die Besuchsfrequenz der Sozialpädagogischen Familienhilfe auf größere Abstände hin reduziert, um den Abschied einzuleiten. Es wurden bewusst Hilfeinstitutionen im Sozialraum besucht, bei denen die Familie Ansprechpartner*innen fand. In einem Familienzentrum lernten Frau A. und die Kinder andere Familien kennen, mit denen sie sich fortan regelmäßig trafen. Zum Abschied erarbeitete die Familie mit der Familienhelferin eine Ressourcenkarte. Nach einem gemeinsamen Essen in einem Restaurant endete die Hilfe zur Zufriedenheit aller Beteiligten (aus einem mündlichen Bericht einer Familienhelferin an eine der Autor*innen).

An diesem Beispiel wird deutlich: Die Sozialpädagogische Familienhilfe war in der Phase zur Überwindung einer Krise die richtige Unterstützung für die Familie. Sie war temporär, also zeitlich befristet, angelegt. Nach der Bewältigung der Krise wurde sie nicht mehr benötigt. Die Beendigung konnte schrittweise von den Beteiligten gestaltet werden.

Nicht jede Sozialpädagogische Familienhilfe hat solch einen eindeutigen Verlauf. Es existieren nicht selten Konstellationen, in denen die Beendigung für alle Beteiligten herausfordernder ist, wie nachfolgendes Beispiel verdeutlicht.

Fallbeispiel

Im Rahmen einer empirischen Studie zu Fachkräftekonflikten in der Jugendhilfe berichteten Sozialarbeiter*innen immer wieder von »Maßnahmeketten« (Reichmann 2018, S. 212), bei denen über lange Zeiträume Jugendhilfemaßnahmen, häufig Sozialpädagogische Familienhilfen, aufeinander folgten (vgl. ebd.). Als typisches Beispiel entwickelte sich z. B. bei Familie David, einer ›sozial benachteiligten Alleinerziehendenfamilie‹ mit vier Kindern, ein Fallverlauf, bei dem Familienhilfe immer wieder eingesetzt, von Phasen der Eigenständigkeit unterbrochen und in Krisenzeiten durch andere Hilfen begleitet wurde. In den Unterlagen des Jugendamts waren vier Familienhilfen dokumentiert – mit regulärer Beendigung, Abbrüchen oder Betreuungswechseln –, daneben mehrmals Bereitschaftspflege, stationäre Unterbringung eines Kindes auf Dauer, zeitweise begleitend ambulante Einzelbetreuung für einen Sohn, soziale Gruppenarbeit, Integrationsmaßnahmen und ambulante Therapien in der Kita usw.

Frau David lebte mit einer schwer belasteten biografischen Vorgeschichte, wechselnden Partnerschaften, geringen Ressourcen im sozialen Umfeld und ohne Schulabschluss. Sie war nicht erwerbstätig und Leistungsbezieherin von Hartz IV bzw. ALG II. Sie schwankte zwischen dem Wunsch nach Autonomie auf der einen Seite, wodurch sie dazu neigte, auch bei geringen Fortschritten die Familienhilfe beenden zu wollen, und Krisen der Selbstüberforderung auf der anderen Seite, bei denen die Kinder nicht mehr ausreichend versorgt wurden. Dennoch konnten im Rahmen der Sozialpädagogischen Familienhilfe wesentliche positive Veränderungen bei der Versorgung und Erziehung der Kinder erreicht werden. So bewältigte Frau David ihre Tendenz zum Alkoholmissbrauch, verzichtete zuverlässig auf Gewalt in der Erziehung und konnte die Beziehung zu ihren Kindern wesentlich verbessern (vgl. ebd., S. 200f.).

Dieses Beispiel einer so genannten »Maßnahmekette« (Reichmann 2018, S. 212), kann u. a. so verstanden werden, dass Familien in mehrseitig benachteiligten Lebenslagen auf beständige Hilfen angewiesen sind, um das gesunde Aufwachsen ihrer Kinder gewährleisten zu können. Es wird deutlich, dass die Sozialpädagogische Familienhilfe als eine zeitlich befristete Hilfe in diesen Fällen wiederholt eine unterstützende Funktion hat. Sie muss aber sinnvoll eingebettet und vernetzt mit anderen Hilfestrukturen der Familie agieren. Abschiede gehören auch in diesen Fällen zum Hilfeverlauf.

In der Praxis Sozialpädagogischer Familienhilfe geschehen auch nicht geplante Abbrüche bspw. von Seiten der Familie oder auch der Fachkräfte. Conen (1988) weist darauf hin, dass diese von mindestens einer Seite nicht gewollten Abschiede häufig auf den Beginn der Sozialpädagogischen Familienhilfe verweisen (vgl. auch Helming/Schattner/Blüml 1999/2004, S. 307). Meist ist es am Anfang der Hilfe in diesen Fällen nicht gelungen, einen tragfähigen Kontakt zur Familie als Basis eines Arbeitsbündnisses aufzubauen (▶ Kap. 3). Conen (1988) beschreibt dabei eine mangelnde Reflexion durch die Fachkräfte und eine fehlende Einbeziehung der Familien bei der Zielfindung als hinderlich. Hinzu kommt bei manchen Fällen ein zu starkes Drängen auf Veränderung. Oder es wird die ›positive‹ Bedeutung der Probleme, Auffälligkeiten oder Symptome nicht gewürdigt. Wichtig sei hingegen eine »Haltung der Wertschätzung, eine konsequente Ressourcenorientierung und ein Zielfindungsprozess, der sich an den Familien orientiert, deren Autonomie beachtet« (Helming/Schattner/Blüml 1999/2004, S. 307).

Kernaussagen

Der Verweis auf den Anfang der Hilfe macht den Kreislauf des Prozesses deutlich. Auch die Beendigung einer Sozialpädagogischen Familienhilfe ist Teil eines Lernprozesses für alle Beteiligten. Es kommt darauf an, auch bei Abbrüchen die Beendigung der Sozialpädagogischen Familienhilfe als einen würdevollen Abschied zu gestalten.

8.1 Reguläre Beendigung

Entsprechend den Ergebnissen der Kinder- und Jugendhilfestatistik und des Monitors Hilfen zur Erziehung (vgl. Fendrich u. a. 2023) dauerten Sozialpädagogische Familienhilfen, die 2021 durchgeführt und beendet wurden, durchschnittlich 17,3 Monate (ebd., S. 74). Dabei gaben die Jugendämter bei 62,8 % dieser Hilfen eine Beendigung entsprechend dem Hilfeplan an. Eine durchschnittliche Dauer von knapp 1,5 Jahren sagt aus, dass die Familienhilfe eine mittelfristig angelegte Hilfeform ist. Infolge des manchmal komplizierten Vertrauensaufbaus und der intensiven Beziehungsarbeit werden dabei enge, persönliche Beziehungen zwischen den Fachkräften und den Familienmitgliedern aufgebaut. Daher geht die Beendigung einer Sozialpädagogischen Familienhilfe über die Abarbeitung des formal Notwendigen hinaus. Es ist auch ein zwischenmenschliches Geschehen.

Bei der regulären Beendigung einer Familienhilfe werden folgende Handlungsschritte, die sich in unserer praktischen Tätigkeit bewährt haben, empfohlen.

Der zu Anfang einer Familienhilfe avisierte Beendigungstermin muss unter Umständen im Verlauf der Hilfe angepasst werden. Meist entwickeln sich Problematiken anders als anfänglich gedacht. Da Sozialpädagogische Familienhilfe eine

›Hilfe zur Selbsthilfe‹ darstellt, bildet die Einschätzung der Beendigungsperspektive einen kontinuierlichen Teil der Hilfeplanung.

Etwa ein halbes Jahr vor dem vereinbarten Beendigungstermin sollte dieser im Hilfeplangespräch konkret angesprochen und vorbereitet werden. Dabei werden die angestrebte Zielerreichung und die Situation der Familie mit allen Beteiligten eingeschätzt und der bisherige Verlauf der Hilfe betrachtet und bewertet.

Die Beendigung einer Hilfe kann – vor allem bei vorausgegangenen Krisenverläufen und problematischen Versorgungs- und Erziehungslagen für die Kinder – mit Risiken verbunden sein. Bei einer erneuten Verschlechterung der Situation muss gesichert sein, dass das Jugendamt von der Familie zuverlässig angesprochen wird und schnell reagieren kann – ggfs. indem zeitnah erneut eine Familienhilfe eingesetzt werden kann. Mögliche Probleme, die nach oder infolge der Beendigung aufkommen können, müssen angesprochen werden. Es muss geklärt werden, an wen sich die Familie konkret wendet, wenn erneut Hilfebedarf besteht – und, dass dies ihr begründeter (Rechts-)Anspruch ist und kein persönliches Scheitern.

Vor allem bei einer besonders guten Zusammenarbeit kann sich die Familie an die Unterstützung gewöhnt haben und befürchten, den Herausforderungen nicht auf Dauer allein gewachsen zu sein. Deshalb gehört es zur Beendigungsphase, dass die*der Familienhelfer*in sich ausreichend Zeit nimmt, kritische Situationen gezielt vorzubereiten und einzuüben. Zu diesem Zweck bewährt es sich, die Intensität der Familienhilfe schrittweise herabzusetzen bspw. durch Reduzierung der Stundenzahl bzw. die Verringerung der Frequenz. Eine Möglichkeit besteht auch darin, Testphasen einzuschieben, bspw. Urlaubszeiten der*des Familienhelfer*in, und diese mit der Familie gezielt vor- und nachzubereiten.

Bei einer vorausgehend sehr kritischen familiären Situation oder bei sehr großen Befürchtungen der Familie ist ggfs. die Vereinbarung einer Nachbetreuungsphase sinnvoll. Hierzu bietet es sich an, dass der ASD mit dem Träger die pauschale Vereinbarung einer Nachbetreuungszeit für einen konkreten Zeitraum trifft, so dass die Familie die Familienhelfer*in für einen Übergangszeitraum noch ansprechen und sich beraten lassen kann.

8.2 Ungeplante Beendigungen und Abbrüche

Dass etwa 37 % der Familienhilfen nicht gemäß dem Hilfeplanziel beendet werden (Fendrich u. a. 2023, S. 74), verweist darauf, dass es zu einem erheblichen Anteil zu ungeplanten Beendigungen und Abbrüchen kommt. Als Hilfeabbruch gilt »die einseitige, ungeplante Beendigung der SPFH« (Helming/Schattner/Blüml 1999/2004, S. 305).

Abbrüche, die einseitig von der Familie ausgehen, sind besonders problematisch, wenn eine ausreichende Versorgung und Erziehung der Kinder in der Familie nicht gewährleistet ist und sogar eine Gefährdung des Kindeswohls nicht ausgeschlossen werden kann. In diesen Fällen besteht die Gefahr, dass die Kinder- und

Jugendhilfe den Einblick in die Familie verliert, die Kinder nicht mehr fördern und im Extremfall kaum noch schützen kann.

Einem Abbruch gehen meist Signale voraus, die darauf hindeuten, dass keine ausreichende Akzeptanz der eingesetzten Person oder der Hilfe gegeben ist, dass unterschwellige oder manifeste Konflikte vorliegen oder sonstige Einflüsse die Zusammenarbeit stören. Daher ist die beste Abbruchprävention, frühzeitig Störungen wahrzunehmen, diese gegenüber der Familie anzusprechen und möglichst gemeinsam zu bewältigen. Akzeptanzprobleme und Konflikte im Verlauf der Sozialpädagogischen Familienhilfe sollten zunächst zwischen der Familienhelfer*in und der Familie angesprochen werden. Wenn sie nicht gelöst werden können, muss das Jugendamt informiert und einbezogen werden. Im Rahmen der Hilfeplanung muss dann geklärt werden, wo die Ursachen liegen und wie ihnen begegnet werden kann, bspw. durch eine Moderation, einen Betreuungswechsel, eine Anpassung der Rahmenbedingungen oder einen Hilfe- oder Trägerwechsel.

Ein Abbruch durch die Familie kann auch auf Mängel bei der Hilfeplanung verweisen. Eine Überforderung durch unrealistische Hilfeziele, ein zu hoher Anpassungsdruck, mangelnde Transparenz und Beteiligung oder fehlende Wertschätzung in der Kommunikation können dafür sorgen, dass sich eine Familie zurückzieht (vgl. Reichmann 2018, S. 235 ff.). Ein Abbruch ist besonders kritisch, wenn er ohne Ankündigung abrupt vollzogen wird. Es sollte dann sofort das Gespräch gesucht werden, wobei Schuldzuschreibungen gegenüber der Familie oder einzelnen Familienangehörigen vermieden werden müssen (Helming/Schattner/Blüml 1999/2004, S. 307). Im günstigen Fall kann der Abbruch der Anlass sein, vorausgehende Störungen auszuräumen und einen Neuansatz für die Hilfe zu suchen.

Es kann auch zum Abbruch einer Maßnahme durch die Familie kommen, weil sich die Situation in der Familie in Form einer akuten Krise massiv verschlechtert und infolgedessen die Kontinuität der Zusammenarbeit nicht mehr aufrechterhalten werden kann, bspw. aufgrund einer psychischen Krise, einer Beziehungskrise, einem akuten Rückfall in die Drogensucht usw. Gibt es Hinweise auf eine solche plötzliche Eskalation, kann die – ggf. vorübergehende – kurzfristige Inobhutnahme der Kinder angezeigt sein. Familienhilfe und Jugendamt müssen bei entsprechenden Warnsignalen zeitnah eine Gefährdungseinschätzung vornehmen und geeignete Schritte des Kinderschutzes anbahnen (▶ Kap. 6).

Auch von Seiten der professionellen Beteiligten an der Hilfeplanung, also der Fachkräfte oder der Träger, kann es zu Hilfeabbrüchen kommen. Dies muss damit begründet werden, dass die Sozialpädagogische Familienhilfe zur Verbesserung der Lebenssituation in der Familie nichts (mehr) beitragen kann und von daher nicht als die geeignete Hilfe eingeschätzt wird. Entsprechend einer empirischen Studie zu Fachkräftekonflikten in der Kinder- und Jugendhilfe kam es auch zu dieser Reaktion, wenn es zwischen den Fachkräften der Familienhilfe und dem Jugendamt zu gravierend unterschiedlichen Einschätzungen zur Gefährdungslage der Kinder in der Familie kam (Reichmann 2018, S. 98 ff.). In einigen Fällen wurden die Hilfen vom Träger der Freien Kinder- und Jugendhilfe beendet, weil die Sicherung des Kindeswohls in der Familienhilfe nicht gewährleistet werden konnte (ebd.).

Ein Teil der vorläufigen Schutzmaßnahmen und Inobhutnahmen, die die Kinder- und Jugendhilfe vornimmt, findet aus ambulanten Jugendhilfemaßnahmen heraus statt. Das verweist darauf, dass in diesen Fällen häufig das Wohl der Kinder nicht mehr gewährleistet oder sogar gefährdet ist (▶ Kap. 6)

Es ist dann zumeist sinnvoll, dass der Übergang zwischen ambulanter, familienergänzender und familienersetzender Hilfe durch die Sozialpädagogische Familienhilfe begleitet wird. Vor allem aus der Perspektive der Kinder ist eine Begleitung von Übergängen aus der Familie in bspw. eine Pflegefamilie oder stationäre Unterbringung unabdingbar. Kinder sollten in diesen sensiblen Übergangsphasen nicht allein gelassen werden und benötigen emotionale Unterstützung, um die komplette Veränderung ihres Lebensumfelds bewältigen zu können. Es muss dabei auch mitgedacht werden, dass ihnen ihre leiblichen Eltern ein Leben lang die einzigen Eltern bleiben, auch wenn (temporär oder über eine längere Zeit) andere Erwachsene an deren Stelle treten und für sie sorgen (vgl. Biesel u. a. 2019). Von daher benötigen sie Wissen über ihre Herkunft, ihre biologische Familie, den Grund der Unterbringung und idealerweise auch regelmäßige Kontakte zu Eltern und Geschwistern (vgl. Lattscher/Wiemann 2018). Ein Ziel der Hilfeplanung besteht in der Regel auch in der Rückführung der Kinder in ihre biologische(n) Familie(n), so dass dies beständig auch bei der Unterbringung mitgedacht werden muss. Die ›engmaschige‹ Begleitung einer Inobhutnahme durch die Fachkräfte der Sozialpädagogischen Familienhilfe, auch unter konflikthaften Konstellationen, stellt zumeist eine gute Vorbereitung auf die so skizzierte weitere konstruktive Zusammenarbeit der Familie mit dem Hilfesystem dar.

8.3 Vorschläge zum methodischen Vorgehen bei der Gestaltung von Abschieden

Sinnvoll ist es als Familienhelfer*in zu verinnerlichen: Der Gedanke an den Abschied gehört von Beginn an zur Sozialpädagogischen Familienhilfe, da diese Hilfeform in jedem Fall zeitlich begrenzt ist. Es gilt, das Paradox zwischen der Gestaltung einer professionellen, aber auch zwischenmenschlichen und damit auch emotionalen (Arbeits-)Beziehung und der Trennung als Resultat u. a. des Erfolgs der Hilfe auszubalancieren. Das Ziel der Sozialpädagogischen Familienhilfe besteht im Erreichen einer Unabhängigkeit der Familie vom Hilfesystem und damit auch von den dort tätigen Personen. Es gilt zum einen, Lernerfolge der Familie beständig zu würdigen und zum anderen auch die emotionale Seite menschlicher Beziehungen zu reflektieren. Diese betrifft sowohl die Fachkräfte als auch die Familien, für die der (bevorstehende) Abschied als großer Rückschlag empfunden, auf den mit Gefühlen des Verlustes und mit Trauer reagiert werden kann (aber nicht muss). Ungeplante Abbrüche Sozialpädagogischer Familienhilfen müssen auch für alle Beteiligten angemessen gestaltet werden. Bei der Beendigung Sozialpädagogischer

Familienhilfen können Rituale des Abschieds und der Trauerarbeit, ergänzt mit einem Verstehen der jeweiligen Familie in der Abschiedssituation, hilfreich sein. Zudem geht es um die Erschließung von Ressourcen, Netzwerken und Unterstützungen in der Lebenswelt der Familien und im Sozialraum, gewissermaßen als ›Tore‹, die sich nach der Sozialpädagogischen Familienhilfe in ›neue Welten‹ öffnen. Alle drei Aspekte werden nachfolgend genauer ausgeführt.

8.3.1 Rituale des Abschieds und der Trauerarbeit

Im Zusammenhang mit der Beendigung Sozialpädagogischer Familienhilfen wird thematisiert, dass die Gestaltung häufig nicht einfach ist und von den Beteiligten als ambivalent empfunden wird. So wird von den Familien einerseits Stolz über das Erreichte, aber auch Enttäuschung über den Verlust der*des Familienhelfer*in formuliert (Helming/Schattner/Blüml 1999/2004, S. 309). Es wird von Ängsten der Familie berichtet, (wieder) allein gelassen zu werden, und auch davon, dass vor dem geplanten Ende der Familienhilfe neue Krisensituationen in den Familien entstehen, die dann wiederum eine umfangreichere Aktivität der Familienhelfer*innen hervorbringen (ebd.). Von Bedeutung ist auch, dass Probleme in Familien natürlich weiterhin vorhanden sind und sein werden. Diese müssen weiterhin bewältigt werden – auch nach dem Ende einer Sozialpädagogischen Familienhilfe.

Kaum thematisiert wird in diesem Zusammenhang, dass es sich beim Abschied auch um ein emotionales Erleben handelt. Von Seiten der Familienhilfe wird darüber eine Reflexion vorausgesetzt, die bspw. durch Supervision begleitet werden kann. Wichtig ist jedoch, den Familien ihr emotionales Erleben bei der Ankündigung und der Vorbereitung der Beendigung der Familienhilfe zuzugestehen, dieses zu begleiten und miteinander zu gestalten. Hierbei ist weiterführend zu berücksichtigen, dass es sich auch um das Erleben von Trauer handeln könnte.

Trauer ist ein Bestandteil des Abschieds und vollzieht sich in mehreren Phasen (vgl. Kast 1994/2015, S. 16 f.): Die erste Phase ist davon gekennzeichnet, den (bevorstehenden) Verlust zunächst nicht wahrhaben zu können. Der betroffene Mensch fühlt sich empfindungslos und erstarrt. Ganz alltägliche Dinge können in dieser Phase nicht mehr allein erledigt werden. In der Sozialpädagogischen Familienhilfe kann sich diese Phase so äußern, dass die Familien bzw. die einzelnen Familienmitglieder plötzlich wieder Unterstützung bei alltäglichen Dingen benötigen, die sie längst schon allein konnten. Dies wird von den Beteiligten als Rückschritt erlebt. In der zweiten Phase der Trauer können Emotionen heftig aufbrechen. Die Betroffenen erleben Gefühle von Angst, Wut, Freude und/oder Zorn und sind oft ruhelos. Diese Gefühle können diffus und auch unbewusst sein. Es können körperliche Symptome wie Schlafstörungen auftreten. Häufig wird von den Betroffenen auch jemand als schuldig für diesen Zustand ausgemacht. Hilfreich in dieser Phase des Gefühlschaos ist jemanden zu haben, der*die einfach zuhört. Zeit zum Erzählen und Zuhören ist dabei ganz zentral. Die Ambivalenz kann nun – muss aber nicht – darin bestehen, dass die*der Familienhelfer*in als der*die ›Schuldige‹ für den bevorstehenden Verlust angesehen werden kann und sich dann nicht als zuhörende Person eignet. In diesem Fall erscheint es sinnvoll, in dieser Phase eine unterstützende Person aus der Lebenswelt zu finden, die Zeit zum Zuhören hat. Die dritte Phase bezeichnet Kast (ebd., S. 17) als die des Suchens, Findens und Sich-Trennens. Bewältigt werden kann diese Phase, wenn die verlorene Person zu einem inneren Begleiter wird. Zu dieser kann in einem innerlichen Dialog eine Beziehung gestaltet werden, die sich im weiteren Prozess auch entwickeln und verändern kann. Da die Sozialpädagogische Familienhilfe in einem wesentlichen Aspekt durch eine zwischenmenschliche Beziehung gestaltet wird, ist das Erreichen einer inneren Begleitung auch über die Familienhilfe hinaus ein sehr bedeutsames Ziel. Auf dieses kann hingearbeitet werden, indem die*der Familienhelfer*in der Familie etwas Nützliches hinterlässt, das einerseits ein Erinnerungsstück darstellen und andererseits handelnd angeeignet werden kann. Dies kann bspw. ein Buch mit Haushaltstipps, Rezepten, Sprüchen oder Aufzeichnungen oder ein Bild, ein Fotoalbum, Musik sein. Dieses Erinnerungsstück bildet ein Übergangsobjekt (frei nach Donald Winnicott), d. h., es wird bereits vor dem eigentlichen Abschied eingesetzt. Es kann auch dazu dienen, sich an gemeinsame Erlebnisse und Erfahrungen zu erinnern. Es hat das Ziel, dass die Familie es sich aneignen und weiter gestalten kann. Wird die dritte Phase gelingend gestaltet, kann in der vierten Phase (neuer Selbst- und Weltbezug) der Verlust akzeptiert werden.

Insgesamt geht es darum zu berücksichtigen, dass Trauer und damit verbunden Emotionen den Abschied aus der Sozialpädagogischen Familienhilfe mit begleiten. Zusammenfassend gilt es zu berücksichtigen:

- den Anfang der Sozialpädagogischen Familienhilfe bewusst gestalten (▶ Kap. 3),
- den Abschied von Anfang an mitdenken,
- das Ende der Sozialpädagogischen Familienhilfe frühzeitig gegenüber der Familie thematisieren,
- Gefühle zulassen (sowohl die eigenen als Fachkraft als auch die der Familie), Gefühle der Wut, Trauer, Freude, des Zorns normalisieren,
- Raum zum Erzählen schaffen,
- Zuhören, ohne zu kommentieren und zu bewerten,
- gemeinsame Erinnerungen hervorbringen und daraus
- Erinnerungsstücke anfertigen, diese in der Abschiedszeit von der Familie aktiv aneignen lassen, geeignet für weitere Gestaltung durch die Familien,
- Abschiedsritual für den tatsächlichen Abschluss (bspw. eine gemeinsame Aktivität, gemeinsames Kochen, ein Abschiedskreis mit guten Worten), zeitlich ausreichend vor der eigentlichen Verabschiedung.

Ein weiterführender methodischer Vorschlag in diesem Prozess ist auch die Einschätzung der Hilfe durch die Familien selbst in einem Fragebogen oder einem Gespräch. Hier kann bspw. gefragt werden:

- Aus welchem Anlass haben Sie die Sozialpädagogische Familienhilfe in Anspruch genommen?
- Hat Ihnen jemand die Hilfe empfohlen?
- Welche Angebote empfanden Sie als hilfreich (bspw. Gespräche mit der Schule/Kindertagesstätte, Psychologische oder ärztliche Untersuchungen, Gespräche

mit: Mutter, Vater, beiden Eltern, Kind/Jugendlichen, Planung und Organisation der Finanzen, Hilfe im Umgang mit Behörden …)?
- Gab es etwas, das Sie sich anders gewünscht hätten?
- Wie empfanden Sie die Hilfeplangespräche?
- Wie zufrieden oder unzufrieden sind Sie insgesamt mit der Hilfe?
- Was hat sich durch die Sozialpädagogische Familienhilfe in Ihrer Familie verändert?
- Wie wurde die Hilfe beendet? Sind Sie damit zufrieden?
- Was würden Sie einer guten Freundin oder einem guten Freund über die Hilfe sagen? (Vgl. Landschaftsverband Westfalen Lippe/Landesjugendamt Münster/ Westfälische Schulen 2000, S. 126f.)

8.3.2 Verstehen der jeweiligen Familie in der Abschiedssituation – als Teil des Fallverstehens

Ergänzend zu den Ausführungen im vorherigen Abschnitt, die eher allgemein gültiges Wissen über die Gestaltung des Abschieds darlegen, gilt es zu berücksichtigen, dass jede Familie die Abschiedsphasen subjektiv anders erleben und gestalten wird. Die Reaktionen der jeweiligen Familie auf den bevorstehenden Abschied und die Gestaltung des Endes der Sozialpädagogischen Familienhilfe zu verstehen, ist Teil des professionellen Fallverstehens. Hierbei gilt es, bisherige Erfahrungen der einzelnen Familienmitglieder mit Trennungen und Abschied zu rekonstruieren. Leitend dabei sind die Fragen: Welche Trennungen und Abschiede haben die einzelnen Familienmitglieder bisher gehabt? Wie wurden diese erlebt? Waren es positive oder negativ belastende Erfahrungen? Wie sehen die Betroffenen ihre bisherigen Erfahrungen mit Abschieden selbst? Wie gehen sie damit um? Was befürchten sie? Gibt es etwas, dass ihnen Angst macht? Was gibt ihnen Mut und Kraft?

Ein methodischer Vorschlag, um vergangene Erfahrungen und gegenwärtige Sichtweisen in Bezug auf Trennungen und Abschiede gemeinsam mit der Familie zu reflektieren, ist die Lebenslinie. Hierbei handelt es sich um eine Methode aus der Biografiearbeit (vgl. Gudjons/Wagener-Gudjons/Pieper 2008, S. 58f.). Das Vorgehen ist folgendermaßen: Die Familie – bzw. einzelne Familienmitglieder – werden darum gebeten, sich an Trennungen und Abschiede, die sie in der Vergangenheit erlebt haben, zu erinnern. Diese werden zunächst gesammelt und auf einem Blatt Papier stichpunktartig aufgeschrieben. Dann wird auf einem zweiten Blatt Papier ein Zeitstrahl gezeichnet. Die Familie – bzw. das einzelne Familienmitglied – wird nun aufgefordert, das jeweilige Ereignis auf dem Zeitstrahl einzuzeichnen. Die Längsachse gibt dabei das Alter an und die Senkrechte jeweils eine positive oder negative Einschätzung der Erinnerung. Während die Ereignisse in ihrer zeitlichen Abfolge, also lebenslaufbezogen, sortiert und bewertet werden, hat die Familie – bzw. das einzelne Familienmitglied – Gelegenheit über die Erlebnisse und Erfahrungen zu erzählen und auch darüber, was mit dieser Erinnerung emotional verbunden wird. Die*der Familienhelfer*in hört in dieser Phase zu und unterstützt durch erzählgenerierende Nachfragen (vgl. Rosenthal 2015) den Erinnerungsprozess. Sind alle Ereignisse eingetragen, werden die einzelnen Punkte miteinander verbunden. Es ergibt sich nun eine Linie, die abschließend in ihrer Form und Gestalt sowohl von der Familie als auch von der Familienhelfer*in interpretiert wird. Es wird herausgearbeitet, welche Bedeutung (positive, negative, Befürchtungen, Freude) Abschiede für die Betroffenen haben und woran hier angeknüpft wird. Auch kann eine Struktur sichtbar werden, bspw. ob es häufige Abschiede gab und wie das Leben nach diesen weitergegangen ist (bspw. als freudiger Neuanfang, als Zeit der Trauer, als materielles Risiko etc.) oder ob sich Abschiede bspw. mehr mit der Trennung von Personen oder mit dem Verlassen von vertraut gewordenen Orten verbinden. Auf dieser Basis kann der bevorstehende Abschied mit dem Ziel der gelingenden Bewältigung gemeinsam und dialogisch vorbereitet werden (▶ Abb. 12).

Beispiel: erlebte Trennungen und Abschiede

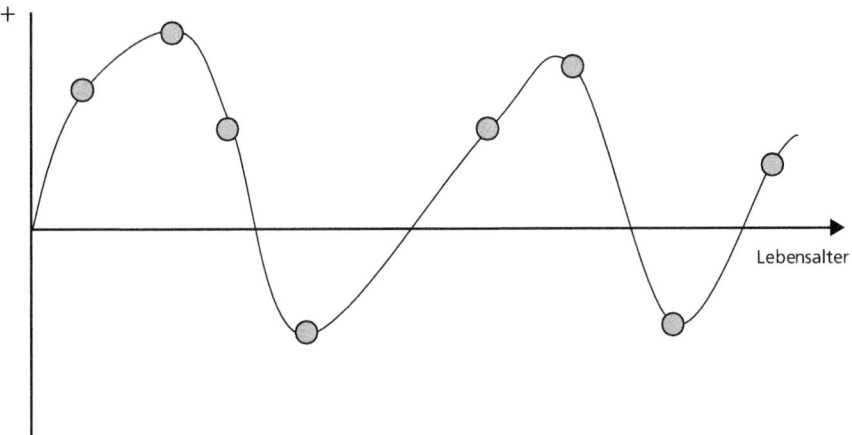

Abb. 12: Lebenslinie (eigene Darstellung)

8.3.3 Erschließung von Ressourcen, Netzwerken und Unterstützungen in der Lebenswelt der Familien und im Sozialraum

Ein Idealziel der Sozialpädagogischen Familienhilfe besteht darin, dass die Familie nach deren Beendigung gänzlich ohne diese auskommt. Dies kann jedoch nur in einer verlässlichen sozialen Verbindung der Familie mit der Lebenswelt und insbesondere dem sozialen Raum, häufig vermittelt über die nähere soziale Wohnumgebung der Familie, realisiert werden. Es gilt, konkret zu wissen, an welche Person(en) oder Institution(en) sich mit welcher Frage oder einem konkreten Problem gewandt werden kann. Denn eines ist sicher: Soziale Schwierigkeiten können zumeist nicht ›repariert‹ und damit einmalig überwunden werden; genauso gehören Krisen und deren Bewältigung zum Leben dazu. Es bedarf also beständiger Unterstützungen von Familien, gerade dann, wenn es um das Aufwachsen und die Erziehung von Kindern geht. Dies ist der Normalfall, der auch in dem afrikanischen Sprichwort: »Um ein Kind zu erziehen, braucht es ein ganzes Dorf« zum Ausdruck kommt. Die Perspektive, dass individuelle sozialarbeiterische resp. sozialpädagogische Unterstützungen die Familien stärker in ihren sozialen Beziehungen und sozialräumlichen Bezügen wahrnehmen, ist seit Beginn der Sozialen Arbeit ein Thema und wurde wiederholt in fachliche Diskurse aufgenommen. Dabei stellen die verschiedenen Paradigmen und Perspektiven unterschiedliche Anliegen und Verstehensrahmen dar. Genannt seien exemplarisch die von Jane Addams geprägten Anfänge der Gemeinwesenarbeit mit einem demokratischen Bildungsansatz und dem Anliegen sozialpolitischer Einflussnahme in Amerika. Des Weiteren seien Zugänge der Stadtteilarbeit mit dem Anliegen der Einflussnahme von Bürger*innen auf Politik und Verwaltung in Deutschland genannt. Aber auch Ansätze der Systemischen Familientherapie mit einem mehrperspektivischen Ansatz auf soziale Bedingungen waren in diesem Zusammenhang prägend. Innerhalb der Kinder- und Jugendhilfe wurden in den vergangenen zwanzig Jahren Konzeptionen der Sozialraumorientierung prominent. Letztere setzten bspw. auf die Entwicklung von Hilfen und Unterstützungen in der unmittelbaren Lebenswelt der Menschen, auf die Erschließung von Ressourcen im Sozialraum und auf die Etablierung sozialer Ressourcennetzwerke.

Am Beispiel des Systemischen Case Managements (vgl. Kleve 2011/2018) wird deutlich, dass systematisch Ressourcen der Familien aufgespürt werden sollen, die als Fähigkeiten oder in der Lebenswelt vorhanden sind, jedoch bisher nicht erschlossen werden konnten. Werden diese bewusst wahrgenommen, können sie aktiviert werden – so die Annahme und das methodische Vorgehen. Entdeckt werden können Ressourcen als persönliche (z. B. Eigenschaften, Fähigkeiten, Stärken, Begabungen der*des Einzelnen), als soziale in der privaten Lebenswelt (z. B. Verwandte, Nachbar*innen, Freund*innen) sowie als soziale im Gemeinwesen/Sozialraum (z. B. soziale Einrichtungen).

Unter Bezugnahme auf den Begriff des Empowerment, der aus der amerikanischen Bürgerrechtsbewegung stammt und auch in Deutschland Eingang in die Soziale Arbeit fand (vgl. bspw. Urban 2001, S. 814), geht es um die Entwicklung eigener Kräfte und Stärken. Persönliche und soziale Ressourcen können somit von den Familien erkannt und erschlossen werden. Sie stehen als Unterstützung zur Verfügung, können in Krisensituationen aktiviert und/oder zur Verwirklichung anstehender Veränderungen eingesetzt werden.

Ressourcen, Netzwerke und Unterstützungen in der Lebenswelt der Familien und im Sozialraum müssen jedoch auch kritisch betrachtet werden. Sie sind nicht trivial erschließbar, sondern im gesellschaftlichen Kontext zu sehen. In der Diskussion um Empowerment wurde nämlich auch deutlich, dass die individuellen Möglichkeiten der Ressourcenfindung maßgeblich von den ökonomischen, sozialen und persönlichen Voraussetzungen abhängen, die der*dem Einzelnen resp. der Familie in ihrer Umwelt bzw. in ihrem sozialen Raum überhaupt zur Verfügung stehen. Zur erfolgreichen Erschließung von Ressourcen müssen in der Regel andere Ressourcen eingesetzt werden (vgl. Bünder 2003, S. 300). Und: Ressourcen sind in der Gesellschaft ungleich verteilt (vgl. Staub-Bernasconi 1994/1996). Sie können nur erschlossen und aktiviert werden, wenn sie in der Lebenswelt und im sozialen Raum der Familien tatsächlich auch vorhanden sind. Soziale Ressourcen im lokalen Raum sind wichtige Voraussetzung dafür, dass die*der Einzelne resp. die Familie eigene persönliche und soziale Ressourcen überhaupt entdecken, erschließen und aktivieren kann. In der Sammlung und Reflexion von Ressourcen mit den Familien muss also mit bedacht werden, ob und welche in der Lebenswelt vorhanden sind und wie genau diese erschlossen und genutzt werden können.

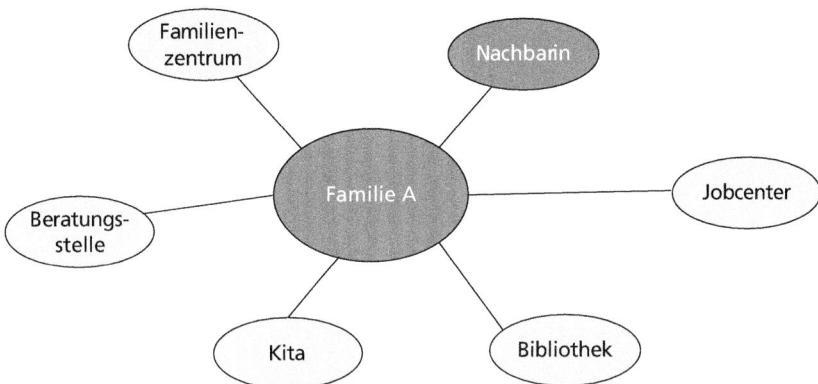

Abb. 13: Beispiel für ein soziales Netz und Ressourcenerschließung (eigene Darstellung)

Ressourcen können über die Darstellung und Analyse sozialer Netzwerke sichtbar werden, wie die Grafik veranschaulicht (▶ Abb. 13).

Weiterführend in diesem Zusammenhang sind zwei Aspekte, die sowohl im von Jacob Levy Moreno (1946) begründeten Psychodrama als auch in der soziologischen Netzwerkforschung herausgearbeitet wurden:

- Netzwerke bestehen aus formellen und informellen sozialen Beziehungen (formell sind Institutionen, informell sind eher persönliche und private Kontakte).
- Die Qualität dieser sozialen Beziehungen ist dafür ausschlaggebend, ob und in welcher Weise die Ressourcen aus diesen Kontakten zur Verfügung stehen bzw. leichter oder schwerer nutzbar sind.
- Soziale Beziehungen sind in jedem Fall Träger von Funktionen, neben der Sammlung von Ressourcen in Netzwerken macht es also Sinn, die jeweiligen Funktionen der konkreten Personen zu analysieren.

Übung: Methodischer Vorschlag: Netzwerk- und Ressourcenkarte (angelehnt an Helming/Schattner/Blüml 1999/2004, S. 264)

Zeichnen Sie auf ein Blatt Papier eine Netzwerkkarte. Die Netzwerkkarte besteht aus konzentrischen Kreisen. Im Mittelpunkt steht der Name des Familienmitglieds, mit dem die Karte angefertigt wird, oder auch der Name der Familie, wenn eine Netzwerkkarte mit der gesamten Familie erstellt wird. Die Kreise werden nun in Segmente eingeteilt, in denen bestimmte Personengruppen eingetragen werden können (bspw. Familie, Freund*innen, Nachbar*innen, professionelle Helfer*innen, Personen aus Organisationen/Ämtern resp. Institution – ggf. auch ohne Namensangabe, wenn nicht bekannt) (▶ Abb. 14).

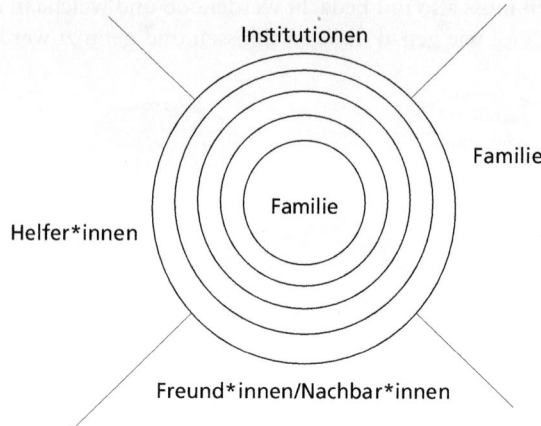

Abb. 14: Netzwerkkarte 2 (eigene Darstellung)

Nun kann folgendermaßen vorgegangen werden:

- Variante 1: Die Person/die Familie sammelt zunächst alle Namen von Personen, die ihr einfallen. Anschließend werden die sozialen Beziehungen zu diesen Personen daraufhin reflektiert, wie nah und wie fern sie ihr ist (Qualität der Beziehung). Daraufhin werden die Personen in die Netzwerkkarte eingetragen. Ein Eintrag näher am Mittelpunkt bedeutet, dass die soziale Beziehung als enger eingeschätzt wird. In einem weiteren Schritt wird nun im Gespräch herausgearbeitet, was genau die jeweilige Person zur Unterstützung der Person/der Familie beitragen kann (Funktion der Beziehung und Ressourcenerschließung). Die dazugehörige Frage lautet: »Wer unterstützt mich/uns wobei?« Von Seiten der Sozialpädagogischen Familienhilfe sollte dabei bedacht werden: Familien resp. einzelne Familienmitglieder, in deren Netzwerk mehrere Personen/Institutionen benannt werden, von denen jeweils konkrete Funktionen realisiert werden können, verfügen über ein stabileres Netzwerk und zahlreichere Ressourcen als diejenigen mit nur wenigen Personen/Institutionen (vgl. Granovetter 1973).
- Variante 2: Es wird eine konkrete Fragestellung formuliert, bspw. »Wer unterstützt mich/uns, nachdem die Sozialpädagogische Familienhilfe beendet ist?« Oder: »An wen kann ich/können wir uns im Krisenfall wenden?« Vor dem Hintergrund dieser Fragestellung werden die Personen dann wie in Variante 1 in die Netzwerkkarte eingetragen und die Funktionen der Beziehungen werden analysiert.

> Die Ressourcenkarte kann auch mehrmals ausgefüllt und reflektiert werden, so dass Entwicklungen und Änderungen im Familiensystem sichtbar werden.

8.4 Hilfen für das Selbststudium

8.4.1 Zusammenfassung

Die Gestaltung des Abschieds ist ein zentrales fachliches Anliegen Sozialpädagogischer Familienhilfe. In dieser Phase zeigt sich, ob die Ergebnisse und Erfolge des Hilfeprozesses auch ohne professionelle Unterstützung in der Lebenswelt der Familie tragend sind. Ein Abschied sollte rechtzeitig vorbereitet und methodisch ausgestaltet werden. Die Äußerung von Emotionen gehört zum Abschiedsgeschehen und sollte zugelassen und professionell bearbeitet werden.

8.4.2 Übungsaufgaben für das Selbststudium oder in der Gruppe

- Entwickeln Sie die Netzwerkkarte weiter, indem Sie überlegen, wie mit einer Familie die Ablösung der Sozialpädagogischen Familienhilfe geübt werden kann. Entwerfen Sie dafür unterschiedliche Settings, bspw. Selbstständigkeit in der Urlaubszeit der Familienhelfer*in ausprobieren, Testphasen erfinden, Kontakte langsam reduzieren und dann beenden, Überlegungen zur Kontaktaufnahme bei auftretenden Krisen und Überlastungen nach der Zeit der Sozialpädagogischen Familienhilfe …
- Erinnern Sie sich an Ihre eigenen Erfahrungen mit Trennungen und Abschieden. Zeichnen Sie dann eine Lebenslinie wie oben beschrieben. Was fällt Ihnen auf?

Literatur zum Weiterlesen

Gudjons, Herbert/Wagener-Gudjons, Birgit/Pieper, Marianne (2008): Auf meinen Spuren. Übungen zur Biografiearbeit. 7., völlig neu bearbeitete und aktualisierte Auflage. Bad Heilbrunn: Klinkhardt.
Kast, Verena (2015): Sich einlassen und loslassen. Neue Lebensmöglichkeiten bei Trauer und Trennung. 25., unveränderte Auflage. Freiburg: Herder (Erstauflage 1994).

9 »Vom Lesen einer Speisekarte werde ich nicht satt.« Administrative Anforderungen an Fachkräfte

Sozialpädagogische Familienhilfe ist in gesellschaftliche Entwicklungen und deren Wandel, Verwaltungshandeln und rechtliche Rahmenbedingungen ›eingebunden‹.

> **Zentrale Fragestellungen**
>
> Was muss eine Fachkraft der Sozialpädagogischen Familienhilfe über Verwaltung und Recht wissen? Wie kann sich unter administrativen Bedingungen fachliches Handeln entfalten? Worin besteht die eigene Rolle als Familienhelfer*in?

In diesem Kapitel werden die administrativen und rechtlichen Rahmenbedingungen, unter denen Sozialpädagogische Familienhilfe realisiert wird, dargelegt. Es werden die unterschiedlichen Aufgaben und Rollen der Akteur*innen benannt und Spannungsverhältnisse sowie strukturelle Widersprüche aufgezeigt. Des Weiteren werden die Handlungsräume der sozialpädagogischen Fachkräfte aufgezeigt.

9.1 Fachlichkeit versus Administration

Die Sozialpädagogische Familienhilfe legitimiert sich an erster Stelle durch ihre fachliche Tätigkeit in und im Austausch mit der Lebenswelt der Familien. Sie wird jedoch überwiegend in Institutionen bzw. Organisationen realisiert. Dies geschieht in einem Wechselverhältnis zwischen Trägern der so genannten öffentlichen und der freien Kinder- und Jugendhilfe unter konkreter politischer Einflussnahme in der jeweiligen Kommune. Deshalb sind die Rahmenbedingungen für die Realisierung Sozialpädagogischer Familienhilfe regional in Deutschland unterschiedlich. Organisationen, in denen bzw. mit deren Kooperation Sozialpädagogische Familienhilfe realisiert werden[29], unterliegen zumeist administrativen Logiken von Recht, Verwaltung und Politik. Hinzu kommt, dass in den vergangenen zwei Jahrzehnten verstärkt Verfahren des Managements Einzug in Verwaltungshandeln

---

29 Organisationsformen sind bspw. e. V., GmbH, GbR, privatrechtliche Träger, staatliche Institutionen.

gehalten haben. Nicht selten sind diese Einflüsse so stark, dass sie die eigentliche fachliche Tätigkeit in den Hintergrund geraten lassen. Denn sozialpädagogisches Handeln unterliegt einer anderen Logik als Managementhandeln. Während Letzteres über die Definition von operationalisierbaren, perspektivisch zu erreichenden Zielen auf kausalem Weg Handlungsschritte definiert, zeichnet sich sozialpädagogisches Handeln durch die prozesshafte Initiierung und Begleitung von Lern-, Entwicklungs- und Veränderungsschritten aus. Diese Prozesse realisieren sich in jedem Fall zirkulär, iterativ und mehrperspektivisch.

Wir plädieren deshalb dafür, die administrativen Bedingungen des Arbeitsfeldes gut zu kennen, aber nicht an Stelle der sozialpädagogischen Tätigkeiten zu setzen. Auf diese zentrale Aussage nimmt auch das Eingangszitat des Kapitels Bezug: Die Speisekarte kann noch so schön gestaltet sein. Sie ist jedoch nicht das Essen selbst und ersetzt die Tätigkeit der Köche und Kellner nicht. Denn ohne diese Berufe kann das Essen und Trinken nicht zubereitet, serviert und gegessen werden.

> **Kernaussage**
>
> Administrative Rahmenbedingungen sind wichtiges ›Handwerkszeug‹ und müssen beherrscht werden. Sie unterliegen einer anderen Logik als die sozialpädagogische Arbeit mit Familien und können nicht an deren Stelle treten. Es gilt, zwischen den Lebenswelten und der Administration immer wieder ›Übersetzungsarbeit‹ zu leisten (vgl. bspw. Müller 2008).

9.2 Wie kommt die Familie zur Hilfe bzw. Leistung? – Administratives Vorgehen

Sozialpädagogische Familienhilfen werden auf der Grundlage des § 31 i. V. m. § 27 Abs. 1 SGB VIII realisiert. Voraussetzung ist ein Antrag der Personensorgeberechtigten, in der Regel sind das Eltern, auf Hilfen zur Erziehung gemäß § 27 Abs. 1 SGB VIII. Dieser Antrag wird an den Träger der öffentlichen Kinder- und Jugendhilfe (konkret an den ASD des Jugendamts; in Berlin an den RSD des Jugendamts) gerichtet. Die Fachkräfte im ASD/RSD des Jugendamts prüfen daraufhin den erzieherischen Bedarf, die Geeignetheit und Notwendigkeit der Hilfe jeweils im Einzelfall. Gemeint ist damit die Einschätzung (Diagnostik) der individuellen Lebenssituation der Familie, aus deren Problemlagen der Rechtsanspruch begründet werden muss. Liegt dieser vor, wird die Hilfe zur Erziehung gewährt. Spätestens an dieser Stelle des Verfahrens sollte eine Hilfekonferenz gemäß § 36 SGB VIII stattfinden. Diese ist unter Beteiligung aller, also der Eltern, der Kinder, der Fachkräfte etc., durchzuführen, und es geht darum, die geeignete Hilfeart als Rechtsfolge (hier die Sozialpädagogische Familienhilfe gemäß § 31 SGB VIII) zu bestimmen. Dabei muss das Wunsch- und Wahlrecht der Familien gemäß § 5 SGB VIII berücksichtigt werden. Die Vorhaben sind in einem Hilfeplan schriftlich festzuhalten. Zumeist werden hier auch zu erreichende Ziele der Hilfe festgelegt, die häufig noch in Richtungs-, Handlungs- und Wirkungsziele unterteilt werden. Dieses Vorgehen in der Hilfeplanung soll die Beteiligung vor allem der betroffenen Familien und Fachkräfte ermöglichen. Es soll außerdem die rechtliche Subjektstellung der Familien im Verfahren sichern. Zudem ist es ein sozialpädagogisches Instrument, da Lern-, Entwicklungs- und Erziehungsprozesse das gemeinsame Handeln der Beteiligten erfordern. Und: Der Hilfeplan ist zugleich ein Verwaltungsakt.

Diese Vielschichtigkeit der Anforderungen führt häufig zu Missverständnissen und Widersprüchen. So war das Hilfeplanverfahren ursprünglich vom Gesetzgeber als prozessorientiert, also die Hilfe begleitend, intendiert. Aktuelle Tendenzen zeigen nunmehr eine Fokussierung auf die zu erreichenden Ziele, also auf das (gewünschte) Ergebnis der Hilfe. Ein wesentlicher Anspruch der Hilfeplanung besteht darin, dass die Hilfen nicht willkürlich von außen in die Lebenswelt der Familien eingreifen, sondern mit den Familien gemeinsam entwickelt werden. Letzteres sichert die Annahme der Hilfen durch die Familien und auch deren Erfolg (Wirkung). Diese gesetzliche Regelung basierte auf Erfahrungen der so genannten Heimkampagne, die in der jüngeren Geschichte aus Sicht der ehemaligen von Heimerziehung betroffenen Kinder und Jugendlichen noch einmal bekräftigt wurden (vgl. Wensierski 2007) und inzwischen durch zahlreiche Studien empirisch belegt sind. Im Kern geht es darum, dass staatliche Hilfen als Willkür empfunden und betrachtet werden und den Familien – vor allem den Kindern – nachhaltig schaden können, wenn Betroffene nicht wissen, um was es geht und was die Tätigkeiten der Fachkräfte in ihrem Leben und ihrer Lebenswelt bewirken sollen. Rechte und Beteiligung, auch als Grundprinzipen einer demokratischen Gesellschaft, wurden zum hohen Gut der Kinder- und Jugendhilfe und deren gesetzlichen Grundlagen im SGB VIII (▶ Kap. 4).

Bei der Sozialpädagogischen Familienhilfe handelt es sich um ein subjektives Recht der Bürger*innen der bundesdeutschen Gesellschaft. Oder anders gesagt: Wenn Eltern resp. Personensorgeberechtigte mit der Pflege und Erziehung ihrer Kinder in Probleme und Schwierigkeiten geraten und/oder das Kindeswohl nicht mehr gewährleistet werden kann, haben sie gemäß § 27 Abs. 1 SGB VIII einen Rechtsanspruch auf Leistungen resp. Hilfen zur Unterstützung, um diese Situation zu bewältigen. Allerdings gibt es auch Konstellationen, in denen Familien unter hohen sozialen Druck bspw. im Jugendamt oder vor dem Familiengericht geraten und daraufhin erst diesen Rechtsanspruch wahrnehmen.

Die Hilfekonferenz gemäß § 36 SGB VIII zieht sich durch das gesamte Verfahren. In der Regel sind mehrere Treffen auf der Grundlage des § 36 SGB VIII bis zur Hilfegewährung und Entscheidung über Art und Umfang der Hilfe erforderlich.

Die zeitlichen Abläufe in der Praxis sind sehr unterschiedlich. Teilweise benötigt der hier dargestellte Prozess mehrere Monate (▶ Abb. 15).

9.2 Wie kommt die Familie zur Hilfe bzw. Leistung? – Administratives Vorgehen

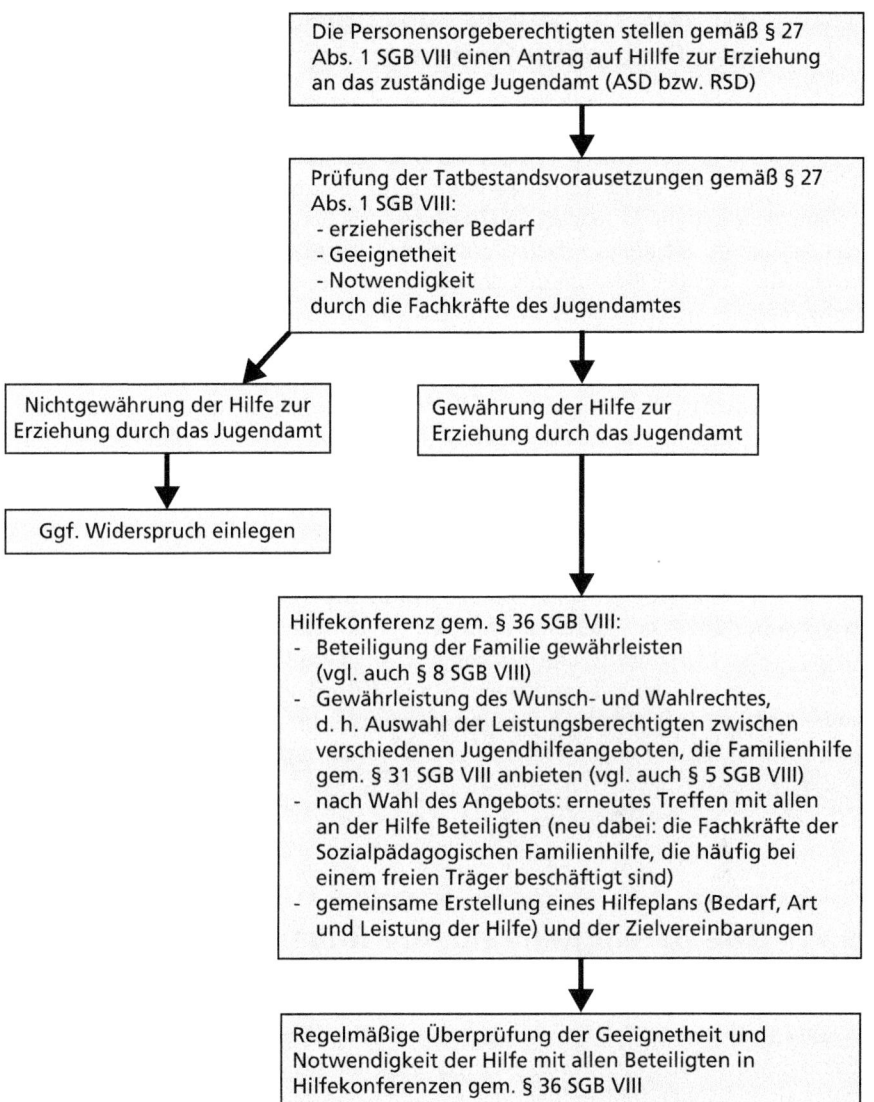

Abb. 15: Von der Antragstellung zur Entscheidung über die Gewährung einer Sozialpädagogischen Familienhilfe (eigene Darstellung)

9.3 Anlässe für Sozialpädagogische Familienhilfe und Problemdefinitionen

Die Anlässe zur Gewährung Sozialpädagogischer Familienhilfe gemäß § 31 i. V. m. § 27 Abs. 1 SGB VIII durch das zuständige Jugendamt sind unterschiedlich. Eine Möglichkeit besteht darin, dass sich Personensorgeberechtigte resp. Eltern selbst an das Jugendamt wenden und dort nach ersten Gesprächen einen Antrag auf Unterstützung bei der Bewältigung komplizierter Lebenslagen, die sich im Erziehungshandeln äußern, stellen. In der Praxis kommt es jedoch auch häufig vor – und für einige Fachkräfte ist dies der dominante Blick –, dass andere Professionelle aus dem Kontext Schule, Gesundheit, Soziale Arbeit oder auch besorgte Nachbar*innen den Anlass des Tätigwerdens des Jugendamtes herstellen. In diesen Fällen definieren zunächst die Fachkräfte das Problem. Die Familien selbst haben häufig eine ganz andere Perspektive. Die sozialpädagogische Aufgabe besteht dann darin, die Sorge der Fachkräfte gemeinsam mit der jeweiligen Familie zu erörtern und eine Problembeschreibung zu erarbeiten, mit der die Familie einen Zugang zum Hilfesystem findet. Gelingt dies nicht, bleibt die Hilfe ein einseitiges Geschehen von Seiten der Fachkräfte und meistens wirkungslos. Denn ohne das Mit-Handeln (vgl. Müller 2012) der Familien kann keine Hilfe eine nachhaltige Wirkung entfalten. Diese Herausforderung besteht auch bei Familien, die auf der Basis einer Entscheidung durch das Familiengericht zur Wahrnehmung der elterlichen Sorge, insbesondere bezüglich ihrer Erziehungsverantwortung und -pflicht, als Auflage einen Antrag auf Hilfen zur Erziehung stellen müssen (zu den fachlichen Aspekten ▶ Kap. 3).

9.4 Die Beteiligten und ihre Rollen

An der Realisierung der Sozialpädagogischen Familienhilfe sind die Familie, die Fachkraft im ASD/RSD des zuständigen Jugendamts, die Familienhelfer*in und ggf. weitere Fachkräfte beteiligt. Die eigentliche Sozialpädagogische Familienhilfe findet ambulant, direkt in der Familie, häufig in deren Wohnung oder an weiteren Orten der Lebenswelt statt. Zu diesem Zweck werden die Familienhelfer*innen eingesetzt, die mit einer in der Hilfeplankonferenz festgelegten Anzahl an wöchentlichen oder monatlichen Stunden (auch Fachleistungsstunden genannt ▶ Kap. 10) in der Familie tätig sind. Die Familienhelfer*innen sind häufig bei Trägern der freien Kinder- und Jugendhilfe angestellt oder arbeiten auf der Basis einer Honorarvereinbarung. Sie können auch als Gesellschaft bürgerlichen Rechts (GbR) tätig werden (▶ Kap. 10).

So wird der Prozess der Hilfe von den Familienhelfer*innen begleitet und gemeinsam mit der Familie gestaltet (Prozessqualität). Der zuständigen Fachkraft des Jugendamtes obliegen hingegen folgende Aufgaben:

- Prüfung des Rechtsanspruchs auf Hilfen zu Erziehung in Form der Familienhilfe und Gewährung,
- Sicherstellung des Wunsch- und Wahlrechtes,
- Federführung in der Hilfeplanung und Dokumentation (Struktur- und Ergebnisqualität).

Aufgrund dieses Zusammenspiels ist eine partnerschaftliche Zusammenarbeit zwischen den Fachkräften der freien und öffentlichen Träger unumgänglich für ein Gelingen der Sozialpädagogischen Familienhilfe.[30]

Der Rechtsanspruch der Personensorgeberechtigten gemäß § 27 Abs. 1 SGB VIII richtet sich an den Träger der öffentlichen Kinder- und Jugendhilfe (also an das Jugendamt); die Leistung (Sozialpädagogische Familienhilfe gemäß § 31 SGB VIII) wird jedoch von einem Dritten, in der Regel dem freien Träger der Kinder- und Jugendhilfe, erbracht. Diese Konstellation wird auch als jugendhilferechtliches Dreieck bezeichnet (vgl. bspw. Münder/Tammen 2002, S. 114), denn alle drei Akteur*innen stehen in wechselseitigen Abhängigkeitsverhältnissen auf der Basis unterschiedlicher Verträge (▶ Kap. 10).

9.5 Spannungsverhältnisse und strukturelle Widersprüche

Diese im vorherigen Abschnitt genannten Rollen der unterschiedlichen Akteurinnen sind das Ergebnis verschiedener Entwicklungen in den 1990er Jahren, die u. a. das Ziel hatten, die Hilfen zur Erziehung und also auch die Sozialpädagogische Familienhilfe als soziale Dienstleistung zu organisieren. Flankiert wurden diese Regelungen von der so genannten ›Neuen Steuerung‹ und dem ›New Public Management‹.

Hinzu kamen im Kontext der Neoliberalisierung der Gesellschaft zu Beginn des neuen Jahrtausends eine stärkere ökonomische Orientierung an vermeintlich wirtschaftlichen (und weniger an sozialpädagogischen) Kriterien. Im Ergebnis entstand eine Aufgabenverlagerung in der Hinsicht, dass nunmehr freie Träger etliche Leistungen der öffentlichen Kinder- und Jugendhilfe erbringen. Und es

---

30 Der Gesetzgeber hat in den §§ 3 und 4 SGB VIII die Zusammenarbeit zwischen freien und öffentlichen Trägern der Kinder- und Jugendhilfe geregelt und den Begriff der partnerschaftlichen Zusammenarbeit geprägt. Dies allein verdeutlicht, dass es sich häufig um schwierige Konstellationen handelt, in denen die Partnerschaftlichkeit nicht von allein gegeben ist, sondern erst hergestellt werden muss.

wurden Anforderungen der unbedingten Zielerreichung und der auf Wirkungen der Hilfe orientierten Steuerung an die Soziale Arbeit gestellt. Im Verwaltungshandeln etablierten sich Verfahren des Managements (siehe oben am Beginn des Kapitels). Hinzu kam in breiten Teilen der BRD ein zunehmender Kostendruck vor dem Hintergrund, die Ausgaben der Kommunen im Bereich der Hilfen zur Erziehung zu reduzieren. So wurde bspw. in etlichen Kommunen der Bundesrepublik der zeitliche Umfang von Familienhilfen reduziert, während die Erwartungen an die Fachkräfte auf erfolgreiche Ergebnisse und erreichte Ziele in den Familien stiegen (vgl. Frindt 2010, S. 37).

Diese hier lediglich skizzierten Entwicklungen werden von etlichen Fachkräften in der Sozialpädagogischen Familienhilfe als Spannungsverhältnisse wahrgenommen und beschrieben. Sie sind ursächlich dafür, dass diese die administrativen Anforderungen häufig als widersprüchlich und auch unerfüllbar wahrnehmen, u. a. da sie den Dynamiken komplexer Lebenswelten nicht entsprechen und ein kausaler Einfluss auf Familiensysteme bei vielfältigen inneren und äußeren Einflussfaktoren (Interdependenzen) nicht hergestellt werden kann. Oftmals wird in diesen Zusammenhängen auch ein hoher Druck auf das eigene fachliche Handeln empfunden. Denn anders als bspw. Lehrer*innen in der Schule den Schüler*innen Wissen vermitteln und das Lernergebnis in Tests etc. abfragen und bewerten, können soziale Probleme und Dynamiken nachhaltig eben nicht durch Ratschläge oder Anweisungen von Fachkräften ›behoben‹ werden. Die Lösungen und deren Wege müssen gewissermaßen von den Familien selbst gefunden werden; die Fachkräfte sind hierbei Lots*innen, Mentor*innen, Informationsgeber*innen oder sie leben Alternativen selbst vor. Vor allem werden sie gemeinsam mit der Familie tätig, wobei es um das gemeinsame Handeln als ein zentrales Lernarrangement geht. Sozialpädagogische Fachkräfte helfen den Familien dabei, sich selbst und andere zu verstehen und das eigene Handeln zu reflektieren. Häufig sind hierfür auch Analysen der Familiengeschichte bspw. durch Genogrammarbeit sowie der Lebensgeschichten einzelner Familienmitglieder bspw. durch Biografiearbeit erforderlich (▶ Kap. 5).

Hinzu kommt: In oben genannten Erwartungen der Administration, aber auch von Politik und Medien an das fachliche Handeln der Sozialpädagogischen Familienhilfe wird der gesellschaftliche und globale Wandel, der vor allem von den Familien individuell bewältigt werden muss, kaum thematisiert (▶ Einleitung). Mit dem Wegfall sozialstaatlicher Sicherheiten in den vergangenen zwanzig Jahren blieb die Familie als primäre Unterstützung und Sicherheit ihrer Mitglieder, vor allem der Kinder. Dies allerdings unter zunehmend instabilen Lebensverhältnissen. Diese Phänomene werden auch unter den Begriffen der Individualisierung, Risikogesellschaft etc. diskutiert. Viele Familien bewältigen diese erhöhten Anforderungen an den Umgang mit sozialen Unsicherheiten, einige jedoch nicht. Unter dem Begriff »erschöpfte Familien« (Lutz 2012) ist auch dieses Phänomen bereits thematisiert worden. Dabei wurde deutlich, dass es eine Korrespondenz zwischen sozialer Benachteiligung (bspw. durch Armutslagen, komplexe Lebenslagen, Flucht, Migration, Erkrankungen, Rassismus), Erschöpfung der Eltern und neuen Formen der Stigmatisierung, aber auch Kontrolle dieser Familien gibt (vgl. Oelkers 2012). Die gesellschaftliche Aufmerksamkeit hat sich ebenso in den vergangenen

Jahren verstärkt auf das Aufwachsen und das Wohl von Minderjährigen, vor allem kleiner Kinder, gerichtet. Hintergrund hierfür sind bspw. der demografische Wandel, die Erfordernisse an frühe Bildung vor dem Hintergrund wirtschaftlicher globaler Entwicklungen sowie die Förderung der Berufstätigkeit von Frauen. Die Erwartungen der Gesellschaft an ein ›gutes Aufwachsen‹ von Kindern sind dabei deutlich gestiegen. Von der Bundesregierung wurden deshalb Maßnahmen wie die Frühen Hilfen oder der Ausbau der Kindertagesbetreuung initiiert. Sie wurden durch die Kommunen aufgegriffen und es entstand jeweils eine wohnortnahe (sozialräumliche) Infrastruktur der Bildung und lebensweltbezogenen Unterstützung. Stigmatisierung und Kontrolle in den jeweiligen Sozialräumen betrifft jedoch vor allem sozial benachteiligte Familien (ebd.). Hier zeichnen sich neue Formen sozialer Ungleichheit und Diskriminierung von Familien ab, die bisher wenig Eingang in den öffentlichen Diskurs gefunden haben.

Ein bleibendes Thema ist, dass sich Sozialpädagogische Familienhilfen, wie andere Hilfen zur Erziehung ebenso, gesellschaftlich legitimieren müssen. Die Hilfen werden aus Steuergeldern finanziert. Es ist also nachvollziehbar, dass die Öffentlichkeit, insbesondere Medien und Politik, plausibel nachvollziehen möchte, was in diesem Arbeitsfeld geleistet wird (▶ Kap. 11). Die Fragen nach den Leistungen und Wirkungen der Familienhilfe müssen aber vor allem sozialpädagogisch fachlich überzeugend beantwortet werden. Zu diesem Zweck sind praxisbezogene Forschungen wie bspw. Evaluationen sowie öffentliche Präsentationen von herausragender Bedeutung. So bedarf es eines stärkeren öffentlichen Diskurses u. a. über die Lebenslagen von Familien und die sozialarbeiterischen Tätigkeiten, in den sich vor allem sozialpädagogische Fachkräfte einbringen (vgl. Brandhorst 2015) – dies u. a., um Lebenslagen von Familien zu thematisieren, aber auch die eigene fachliche Arbeit transparent zu machen und deren Arbeitsbedingungen zu sichern.

9.6 Unsicherheiten und Herausforderungen in der Praxis

Sozialpädagogische Fachkräfte erleben die skizzierten Spannungsverhältnisse und strukturellen Widersprüche in ihrer täglichen Arbeit mit Familien. Vor allem die unterschiedlichen Erwartungen einer am Management orientierten Familienhilfe durch Administration und auch Öffentlichkeit und Politik versus der Fallorientierung an einer komplexen Lebenswelt der konkreten Familie erzeugen einen hohen Druck und Unsicherheiten im fachlichen Handeln. Dies gilt auch für die Ambivalenz aus einerseits Rechtsansprüchen sowie andererseits Kostendruck. Hinzu kommen die gestiegenen Erwartungen im Kinderschutz, denen Fachkräfte entsprechen wollen. Der Soziologe Fritz Schütze (2000) hat die Strukturbedingungen sozialarbeiterischen Handelns u. a. der Sozialpädagogischen Familienhilfe untersucht und eine Reihe von Paradoxien, also unauflösbaren Widersprüchen, aufgezeigt, die das Arbeitsfeld rahmen. Diese können grundsätzlich nicht verändert, wohl aber reflektiert werden. Wer also in der Sozialpädagogischen Familienhilfe tätig werden möchte, muss diese Paradoxien auffinden, akzeptieren und zu verstehen versuchen. Diese zu ignorieren, führt zu gravierenden Fehlern.

An die Fachkräfte werden in der praktischen Tätigkeit wiederholt Verfahrensweisen herangetragen, die eine vermeintliche Eindeutigkeit und eine nachvollziehbare Dokumentation herstellen sollen. Ein Beispiel dafür ist die Systematisierung der Lebenslagen von Kindern und der Einschätzung einer möglichen Gefährdung deren Wohls mit Hilfe eines so genannten Ampelsystems. Hier wird unterschieden in drei Bereiche: in den Leistungsbereich (im Ampelsystem die Farbe Grün), in den Graubereich (im Sinne der Farbe Gelb) und in den Gefährdungsbereich (dann folgerichtig rot). Der Gefährdungsbereich (rot) meint eine Gefährdung des Kindeswohls und erfordert ein sofortiges Handeln der Fachkräfte[31] (▶ Kap. 6). Die Intervention, bspw. durch eine Inobhutnahme des minderjährigen Kindes[32], obliegt dem zuständigen Jugendamt, da es sich hierbei um eine hoheitliche Aufgabe handelt. Ebenso obliegt die Ankündigung von anderen Maßnahmen im Rahmen des staatlichen Wächteramts dem Jugendamt, bspw. Eingriffe in die elterliche Sorge durch das Familiengericht, deren Ziel es ist, die Familie und insbesondere die Eltern zu einer Zusammenarbeit mit dem Hilfesystem zu bewegen bzw. zu öffnen oder die Sorgeberechtigten von der Erziehungsverantwortung, die auch die Definition des Kindeswohls umfasst, zu entbinden.

So nachvollziehbar das Anliegen der einfachen Systematisierung und Dokumentation gerade bei kritischen Fallkonstellationen ist: Diese managementorientierte Form löst die eigentlichen Problemlagen im Kinderschutz und die damit verbundenen Herausforderungen an das fachliche Handeln nicht. Die Widersprüche, in denen sich das fachliche Handeln bewegt, bestehen darin: Die Klassifikationen in Leistungs-, Grau-, Gefährdungsbereich sind von den jeweiligen Wahrnehmungen und Beobachtungen der Fachkräfte abhängig. Sie sind im Grunde objektiv nicht herstellbar; dies auch dann nicht, wenn sie im so genannten Vier-Augen-Prinzip, also in der Kommunikation von mindestens zwei Fachkräften, vorgenommen werden. Die Beurteilungen des körperlichen, geistigen und seeli-

---

31 Aus familiengerichtlicher Perspektive geht es beim Vorliegen einer Gefährdung des Kindeswohls gem. § 1666 BGB fallbezogen jeweils um die begründete Einschätzung, ob die Gefährdung vom Kind durch die Personensorgeberechtigten (in der Regel die Eltern) abgewendet werden kann. Ist dies der Fall, bewegt sich der Hilfeprozess eindeutig im Bereich der sozialpädagogischen Leistungen auf der Basis des § 27 Abs. 1 SGB VIII (Hilfen zur Erziehung). Ist dies nicht der Fall, wird per richterlicher Entscheidung ein Eingriff in die Personensorge gem. 1631 BGB vorgenommen, um dem Kind die erforderliche Hilfe zur Abwendung der Gefährdung zu Teil werden zu lassen. Eine sozialpädagogische Hilfe bei einer anhaltenden Kindeswohlgefährdung ist nicht zulässig. Auch sozialpädagogisches Handeln legitimiert sich darüber, eine Kindeswohlgefährdung in Zusammenarbeit und Kooperation mit den Personensorgeberechtigten resp. Eltern abzuwenden – allerdings ohne Eingriff in die elterliche Sorge. Der Kinder- und Jugendhilfe steht als sofortige Intervention zum Schutz von Minderjährigen lediglich die Inobhutnahme gem. § 42 SGB VIII zur Verfügung.
32 Rechtsgrundlage § 42 SGB VIII.

schen Wohls[33] eines Kindes werden häufig vor dem Hintergrund subjektiver Normen- und Wertvorstellungen begründet. Selbst die Orientierung an kindlichen Bedürfnissen oder an Kinderrechten – beides sollte die fachliche Fundierung der Einschätzung bilden (▶ Kap. 6) – muss fallspezifisch ausgelegt werden. Das Resultat der Einschätzungen der Fachkräfte kann unterschiedlich sein und ist von daher kein sicherer Befund zum tatsächlichen Schutz von Kindern. Als Beleg dieser Aussage: Eine Analyse der Statistik von Gefährdungseinschätzungen hat u.a. das Ergebnis zutage gebracht, dass in vergleichbaren Regionen sehr unterschiedliche Zahlen vorliegen, die nicht durch objektive Kriterien begründet werden können, sondern eben durch unterschiedliche Einschätzungen und Beurteilungen der Fachkräfte (vgl. Löw 2018).

Übereinstimmungen gibt es lediglich auf einer sehr allgemeinen Ebene bspw. in der Klassifikation von Gefährdungen in Vernachlässigungen (ebd.). Durch empirische Forschungen wurde des Weiteren belegt, dass sich Lebens- und Problemlagen von Familien nicht so einfach verändern lassen (vgl. Albus u.a. 2010; Ziegler 2017, 2013; Albus/Ziegler 2013). Der administrative Anspruch besteht aber darin, die Fälle eindeutig zu lösen. Die Empirie zeigt, dass – anders als im medizinischen Bereich – soziale Problemlagen von Familien zumeist nicht kausal behandelbar sind. Oder, um in der Ampellogik zu bleiben: Die Farbe verändert sich im Fallverlauf zumeist nicht! Dies bedeutet, dass ungünstige und uneindeutige Familiensituationen häufig über Jahre anhalten können und sich die Sozialpädagogische Familienhilfe genau damit befassen muss. Sie leistet dann Hilfe, um Familien in prekären Lebenssituationen zu unterstützen und das Aufwachsen von Kindern gemeinsam mit den Eltern zu sichern. Krisen in Familien gehören zum Prozess von Familienhilfen und können u.a. durch Hilfeangebote bewältigt werden. Auch in akuten Gefährdungssituationen von Kindern entscheidet sich der weitere Hilfeverlauf – und damit häufig auch die Frage, wie es Kindern in ihren Familien und mit ihren Eltern resp. Großeltern, Geschwistern perspektivisch besser gehen kann – daran, ob und wie es gelingt, einen Kontakt (eine Beziehung, ein Arbeitsbündnis) zu den Betroffenen herzustellen. Ohne diese Basis des Kontakts sind Veränderungen nicht möglich und die Folgen für Kinder gravierend. Die Positionierung, dass im Gefährdungsbereich (rot) vor allem die Kontrolle der Familien durch sozialpädagogische Fachkräfte angezeigt ist, verkennt zum einen, dass Hilfe und Kontrolle per se zum sozialpädagogischen Handeln gehören und keine Hilfeform entweder nur das eine oder das andere beinhaltet (vgl. Urban 2004). Zum anderen verhindert ausschließliches Kontrollhandeln den Kontakt- und Beziehungsaufbau zu Familien, der aber der Schlüssel ist, um die eigentlichen Problemlagen der Familien und Gefährdungen der Kinder zu erkennen.

Um diese Aussage an einem Beispiel zu konkretisieren: Wenn Kinder vernachlässigt werden, in dem sie keine ausreichende Nahrung erhalten, nützt es diesen zumeist wenig, wenn Fachkräfte kontrollieren, ob ausreichend Essen und Trinken in der Wohnung vorhanden ist. Denn zunächst muss die Frage fallspezifisch beantwortet werden: Wie kommt es dazu, dass die Sorgeberechtigten bzw. die Eltern

---

33 Gem. § 1666 BGB.

nicht für ausreichend Nahrung sorgen können? Darauf basierend ist die Frage zu beantworten: Was müssen die Eltern lernen, um jetzt und zukünftig für Nahrung zu sorgen? Um diese Fragen zu beantworten, müssen Eltern und auch Kinder häufig sehr persönliche Dinge preisgeben. Dies ist nur auf der Basis einer offenen und wertschätzenden Begegnung, also eines zwischenmenschlichen Kontakts möglich. Bei diesem müssen die Fachkräfte Nähe und Distanz sowie Hilfe und Kontrolle bewusst reflektieren und verbalisieren (▶ Kap. 3). Besteht keine Hoffnung auf Veränderung ist davon auszugehen, dass die Kinder in der Familie nicht geschützt werden können – schon gar nicht durch Kontrollen der Fachkräfte.[34] In diesen Fällen wären alternative Lebensorte für die Kinder die bessere Option; idealerweise mit Einbeziehung der Eltern, denn diese werden den Kindern lebenslang als primäre Personen im Leben erhalten bleiben – und dies u. a. durch die rechtliche Konstellation von Familie in der BRD. Der Staat tritt nur temporär an die Stelle der Personensorgeberechtigten; früher oder später werden Kinder wieder auf ihre Eltern bzw. Familien verwiesen. So haben sich in den vergangenen Jahren u. a. familienintegrative Wohnprojekte, in denen nicht nur die Kinder stationär untergebracht werden, sondern auch ihre Eltern – also die gesamte Familie – bewährt, gerade zur Abwehr von Kindeswohlgefährdungen. Dies gelingt jedoch nur, wenn die Eltern als verantwortliche Akteur*innen zum Schutz ihrer Kinder erreicht und wertgeschätzt werden. Die Basis hierfür ist, einen Kontakt zwischen ihnen und dem Hilfesystem herzustellen und zu gestalten, gerade auch dann, wenn es um Interventionen geht.

Es muss schließlich angemerkt werden, dass die Begrifflichkeiten Leistungs-, Grau- und Gefährdungsbereich falsch sind, denn jede Nicht-Gewährleistung des Kindeswohls begründet einen rechtlichen Anspruch der Personensorgeberechtigungen auf Leistungen (!) der Kinder- und Jugendhilfe (vgl. § 27 Abs. 1 SGB VIII). Dies schließt auch unklare Familienkonstellationen (Graubereich) oder Gefährdungsbereiche, die abgewendet werden können, ein.

Die Ausführungen in diesem Abschnitt sollen deutlich machen, dass mit managementorientierten Systematisierungen zwar gearbeitet werden kann, diese jedoch fern ab von fachlichen sozialpädagogischen Herausforderungen sind. Dies lässt sich ebenso auf Kinderschutzbögen und ähnliche Verfahren der Dokumentation erweitern. Alle diese Arbeitsinstrumente ersetzen die sozialpädagogische prozessorientierte Arbeit nicht. Sie dienen lediglich dazu, Ist-Situationen, also jeweils einen zeitlichen Ausschnitt bzw. temporären Stand, zu dokumentieren. Es steht außer Frage, dass diese Dokumentation dennoch von enormer Bedeutung ist (zu Dokumentationen vgl. Reichmann 2022, S. 63 ff.; Schimke 2019).

---

34 Eine andere Situation ist es hingegen, wenn im Verlauf eines Hilfeprozesses zwischen der Familie und der Familienhelfer*in eine Kontrolle des Kühlschrankes als Teil des Lernprozesses vereinbart wird. In diesem Zusammenhang hat dann die Kontrolle eine Basis und die Fachkraft eine Interventionsberechtigung gegenüber der Familie

9.7 Handlungskompetenzen

Es braucht gutes Basiswissen und beständige Reflexion zum Umgang mit den genannten Unsicherheiten und teilweise widersprüchlichen Anforderungen. Reflektieren umfasst u. a. darüber systematisch nachdenken, was geschieht, die eigene Rolle und Aufgabe zu klären, das eigene Handeln zu hinterfragen, Fehler korrigieren zu können, Dinge ansprechen zu können etc.

Methoden zur Reflexion

- Multiperspektivische Fallarbeit nach Burkhard Müller (2012; ▶ Kap. 3), insbesondere mit der Fragestellung: *Wer* hat *welches* Problem? Diese Frage wird dann aus der jeweiligen Sicht bspw. der Fachkräfte im Jugendamt, der Eltern, der Kinder, der Ärzt*innen oder aus der eigenen Sicht etc. beantwortet. Im Ergebnis zeigt sich, dass ein Problem jeweils im Kontext der Problemzuschreibung verstanden werden muss und es häufig um Abwägungen und Lösungen unterschiedlicher Interessenslagen geht.
- Aufgabe und Leistung der sozialpädagogischen Tätigkeit als Hilfe zur Veränderung für Familien im Alltag deutlich machen – als Reflexionsformen eignen sich: Tagebuchaufzeichnungen, Fachvorträge, Teamklausuren, auch Interviews mit der Presse.
- Klärung der eigenen Rolle: Die Aufgaben und Aufträge der Beteiligten sind jeweils unterschiedlich (siehe oben). Die Sozialpädagogische Familienhilfe agiert fachlich auf Augenhöhe gegenüber bspw. den Jugendämtern, Familiengerichten und den Familien. Das eigene fachliche Handeln muss gegenüber Dritten begründet werden.
- Fachkräfte müssen im Dialog mit Familien und anderen Fachkräften bleiben und Orte des Austausches und der Kommunikation bewusst herstellen.
- Verwaltungshandeln (bspw. Antrag, Fristen, Widerspruch etc. kennen) sowie diese Logik verstehen und bearbeiten können.

9.8 Kooperationen und Vernetzung

Im Anschluss an die vorherigen Abschnitte soll an dieser Stelle auf die große Bedeutung von Kooperationen und Vernetzung innerhalb der Kinder- und Jugendhilfe wie auch zu anderen Professionen verwiesen werden (vgl. Santen/Seckinger 2019). In jeder Kommune gibt es Arbeitsgruppen (bspw. die AG 78) und Vernetzungsrunden (bspw. Netzwerke der Gesundheitsförderung, der Frühen Hilfen und des Kinderschutzes). Kooperationen und Vernetzungen ermöglichen einen beständigen fachlichen Austausch und die persönliche Begegnung der Fachkräfte.

Diese kann sich wiederum positiv auswirken, wenn es bei einem konkreten Fall um die Organisation von vernetzenden Hilfen oder ›Ämterangelegenheiten‹ geht. Kooperationen und Vernetzungen sind allerdings auch voraussetzungsvoll. So wird als ein wichtiges Ergebnis einer Studie zur interdisziplinären Kooperation und Vernetzung im Bereich Früher Hilfen und im Kinderschutz formuliert:

> »[Es] wird der geradezu paradoxe Anspruch an die Personen, die sich in interdisziplinäre Kooperationen im Bereich der Frühen Hilfen und des Kinderschutzes einbringen, deutlich. Zum einen füllen diese Menschen im Sinn des positionalen Ansatzes Rollen aus. Ihr Verhalten wird durch die fest etablierten Strukturen im Gesundheitsbereich oder der Kinder- und Jugendhilfe entscheidend determiniert. Begeben sie sich in das ›Abenteuer‹ der neuen und erweiterten Netzwerkbildung, müssen sie sich nach dem relationalen Ansatz aus diesen formellen Positionen hinausbewegen. Ihr Verhalten ist nicht mehr klar durch die Rolle vorgegeben, sondern ist nun verstärkt auch individuell motiviert. Die Strukturen des Herkunftssystems bleiben in ihren Kernbereichen bestehen. Das bedeutet, dass einzelne Personen im Rahmen einer Netzwerkneubildung oder besser -zusammenführung aus dem vordefinierten Verhalten ihrer Rolle mit ›einem Bein‹ aussteigen, um sich dynamisch der neuen Aufgabe zu widmen. Mit dem ›anderen Bein‹ bleiben sie aber weiterhin in ihrem Herkunftssystem mit allen seinen Regeln und Strukturen verankert, das sich aber nur langsam und peu à peu auf die dynamische Weiterentwicklung des Netzwerkes einstellen kann« (Ziegenhain u. a. 2010, S. 52).

Im Zitat wird angesprochen, dass bei Kooperationen und Vernetzungen jeweils unterschiedliche Systemlogiken der Professionen – und auch Familie ist ein System – aufeinandertreffen. Diese sind funktional organisiert und haben jeweils spezifische Falldefinitionen, Aufgaben, Zuständigkeiten, Methoden, eine eigene Fachsprache und unterschiedliche gesellschaftliche Funktionen. Dies bedeutet, dass im Kontakt unterschiedlicher Akteur*innen zunächst die eigene professionelle Haltung und Rolle als sozialpädagogische Fachkraft für sich selbst und für die Kooperationspartner*innen geklärt werden muss (▶ Kap. 2). Hilfreich sind dafür bspw. nachfolgende Fragen: Für welches Arbeitsgebiet und für welche Aufgaben bin ich/sind wir zuständig? Wie setze ich/setzen wir dabei programmatisch, inhaltlich und methodisch an? Was gehört nicht zu meinem/unserem Auftrag (vgl. Wolff 2016)? In einem weiteren Schritt geht es bei Kooperationen darum, im Austausch mit anderen Professionen aus der Rolle als sozialpädagogische Fachkraft heraus konsistent aufzutreten sowie gleichzeitig für einen dialogischen Austausch offen und also auch veränderungsfähig zu sein – und dabei gleichzeitig Aufgaben zurückzuweisen, die nicht dem eigenen professionellen Auftrag entsprechen.

Kooperationen und Vernetzungen müssen aktiv hergestellt, koordiniert und professionell reflektiert werden. Sie benötigen eine hohe kommunikative Kompetenz. Unter anderem geht es auch darum, die jeweiligen fachspezifischen Sprachen der anderen Professionen sowie die Ausdrucksformen der Familie zu verstehen und ggf. ›Übersetzungsarbeit‹ (vgl. Müller 2008) zu leisten. Erika Spiess (2015, S. 71) unterscheidet in Anlehnung an die Feldtheorie von Kurt Lewin die persönlichen und strukturellen Voraussetzungen als entscheidend für eine gelingende Kooperation. Als Voraussetzungen auf der persönlichen Ebene werden soziale Werte, kooperative Einstellungen, Empathie, Vertrauen und Ziele vorausgesetzt. Dies könnte noch durch die professionelle Haltung (▶ Kap. 2) ergänzt werden. Die strukturellen Voraussetzungen umfassen eine offene Unternehmenskultur und eine angemessene Arbeitsgestaltung, die insbesondere durch die Wahrnehmung der diesbezüglichen Verantwortung der Führungskräfte hergestellt wird. Auch dieser Aspekt muss berücksichtigt werden.

9.9 Hilfen für das Selbststudium

9.9.1 Zusammenfassung

An die Sozialpädagogische Familienhilfe werden unterschiedliche Anforderungen, u. a. auch von anderen Professionssystemen, gestellt. Diese müssen erkannt, teilweise erledigt oder ausbalanciert werden. Sie sind strukturimmanent, gehören also zur Tätigkeit dazu. Sie äußern sich in Spannungsverhältnissen sowie strukturellen Widersprüchen. Die eigene fachliche Arbeit muss in diesem Kontext beständig eingebracht und begründet werden. Es geht um einen beständigen Austausch und Dialog mit den Beteiligten, um u. a. angestrebte Ziele erreichen zu können.

9.9.2 Übungsaufgaben für das Selbststudium oder in der Gruppe

Versetzen Sie sich in folgende Situation: Sie sind Familienhelfer*in in einer Familie und kommen gemeinsam mit der Familie zu dem Ergebnis, dass die in der Hilfeplankonferenz vereinbarten wöchentlichen Fachleistungsstunden erhöht werden sollten. Die zuständige Fachkraft des Jugendamts erklärt Ihnen, dass diese Veränderung nur möglich wäre, wenn die Familie dem »Gefährdungsbereich« zugeordnet und es sich damit um einen »Kinderschutzfall« handeln würde. Sie hätte ohne diese Zuordnung innerhalb der Verwaltung des Jugendamts ansonsten keine Argumentation für die Erhöhung der Fachleistungsstunden. Aus Ihrer Sicht trifft diese Zuordnung zum »Gefährdungsbereich« nicht die Problematik der Familie. Was würden Sie nun tun? Überlegen Sie, wie Sie sich in dieser Situation verhalten würden! Diskutieren Sie in Kleingruppen! Welche Dimensionen können Sie aus Ihrer Diskussion benennen (bspw. fachliche, rechtliche, ethische)?

> **Literatur zum Weiterlesen**
>
> Müller, Matthias (2008): Polyglotte Kommunikation. Soziale Arbeit und die Vielsprachigkeit ihrer Praxis. Heidelberg: Carl-Auer.
> Wolff, Reinhart (2016): Moderner Kinderschutz in der Unsicherheitsgesellschaft – ganzheitliche Hilfe oder autoritäres Risikomanagement – Entwicklungstrends und aktuelle Herausforderungen. In: Sozialwissenschaftliche Literatur Rundschau 39, 2 [Nr. 73], S. 150–160.

10 »Das Kleingedruckte ...« Rahmenbedingungen der Familienhelfer*innen

Wenn Sie in der Sozialpädagogischen Familienhilfe tätig sind, werden Sie zumeist innerhalb einer Organisation beschäftigt[35].

Zentrale Fragestellungen

Welche strukturellen Rahmenbedingungen, wie Anstellungsverhältnis, Finanzierung und Qualitätsanforderungen, haben Einfluss auf Ihre Arbeitssituation? Welche fachlichen Begleitungen gehören zum Standard der Sozialpädagogischen Familienhilfe? Welche Fort- und Weiterbildungen werden empfohlen?

Kernaussage

Die Beschreibung von Leistungsstandards, Qualität und Finanzierung der Sozialpädagogischen Familienhilfe sind in den einzelnen Ländern und Kommunen Deutschlands unterschiedlich. Diese müssen jeweils vor Ort recherchiert und nachvollzogen werden. Eine übergreifende Grundlage bilden die Rahmenbedingungen, die im SGB VIII geregelt sind. Zur Ausgestaltung bedarf es des Engagements der unterschiedlichen Akteur*innen in ihren jeweiligen Organisationen. Hierzu werden Methoden der Organisationsentwicklung empfohlen.

---

35 Die Beschäftigungsformen sind in den einzelnen Bundesländern Deutschlands sehr unterschiedlich. Es gibt viele Varianten, bspw. Angestelltenverhältnis bei einem freien Träger, aber auch bei einem öffentlichen Träger der Kinder- und Jugendhilfe oder im Rahmen einer selbstständigen Tätigkeit.

10.1 Kein Zufall – fachliches Angebot, Finanzierung und Qualität der Sozialpädagogischen Familienhilfe

Zum 1. Januar 1999 hat die Bundesregierung mit der Einfügung der §§ 78a–g in das SGB VIII Regelungen über die Vereinbarungen von Leistungsangeboten, Entgelten und Qualitätsentwicklungen vorgenommen. Diese betreffen die Vertragsgestaltung zwischen den Trägern der freien Kinder- und Jugendhilfe (häufig in der Rechtsform von e.V., GbR, (g)GmbH) und dem Träger der öffentlichen Kinder- und Jugendhilfe und dem Jugendamt. Obwohl diese Regelungen für die Sozialpädagogische Familienhilfe gemäß § 31 SGB VIII nicht gelten, wurden die damit einhergehenden Entwicklungen auch hierfür bedeutsam. Denn es wurden damit vom Gesetzgeber grundlegende Bedingungen geschaffen, die sich schließlich auf die Vereinbarungen für alle Angebote und Leistungen der Kinder- und Jugendhilfe auswirkten. Zum einen wurde die Finanzierung von Leistungen der Kinder- und Jugendhilfe, die von freien Trägern erbracht werden, mit deren Qualität verbunden. Damit werden die freien Träger in die Pflicht genommen, eben jene Qualität auch zu erfüllen. Auch für die Sozialpädagogische Familienhilfe gab es diese Entwicklungen, die allerdings in den einzelnen Bundesländern im Ergebnis Unterschiede aufzeigen.[36]

Zum anderen kommt hinzu, dass das wirtschaftliche Risiko nunmehr von den Trägern der freien Kinder- und Jugendhilfe vollständig übernommen werden muss. Vorher gab es Möglichkeiten der ›Nachfinanzierung‹ von Seiten des öffentlichen Trägers, wenn das vertraglich vereinbarte Geld beim freien Träger für die Begleichung der anstehenden Ausgaben nicht ausreichte. Im Gegenzug für dieses wirtschaftliche Risiko haben die freien Träger allerdings auch einen Gewinn bzw. einen Überschuss, sobald sie weniger Geld für Personal, Arbeitsmittel, Räume etc. ausgeben, als sie durch die Entgelte einnehmen. Dass in der Folge etliche freie Träger ein wirtschaftliches Vermögen aufgebaut haben, wird häufig im öffentlichen Diskurs kritisiert. Diese Entwicklung war allerdings vom Gesetzgeber durchaus intendiert. Die damals neuen Regelungen sollten den Wettbewerbscharakter und die Marktförmigkeit im sozialen Dienstleistungsbereich fördern. Sie ermöglichten auch, dass seitdem privatwirtschaftliche Träger der Kinder- und Jugendhilfe auf dem ›Markt‹ Leistungen anbieten und diesbezüglich Verträge mit den Jugendämtern abschließen. Bis dahin waren es ausschließlich frei-gemeinnützige Träger.

---

36 In einigen Bundesländern wie bspw. in Berlin wurde eine Rahmenvereinbarung für die Hilfen zur Erziehung erstellt, die explizit auch eine Leistungs-, Entgelt- und Qualitätsvereinbarung für die ambulanten Hilfen, also auch den § 31 SGB VII, beinhaltet; in anderen Bundesländern wie bspw. Hamburg wird diese Bezug nehmend auf § 77 SGB VIII für die Sozialpädagogische Familienhilfe formuliert. Teilweise werden die §§ 78 a-g SGB VIII auch mit dem § 77 SGB VIII verbunden. In den meisten Bundesländern bestehen allerdings keine Rahmenvereinbarungen und die Kommunen vereinbaren in Bezug auf die Sozialpädagogische Familienhilfe individuelle Verträge mit freien Trägern oder auch mit Einzelpersonen.

Die Jugendämter selbst sind im Übrigen erst seit dem Jahr 2012 zu der Gewährleistung einer Qualitätsentwicklung verpflichtet (vgl. § 79a SGB VIII).

In manchen Bundesländern, wie bspw. Berlin, werden so genannte Rahmenverträge (gemäß § 77; 78 a bis g SGB VIII) zwischen dem Träger der öffentlichen und den Trägern der freien Kinder- und Jugendhilfe[37] abgeschlossen und von Zeit zu Zeit an Veränderungen angepasst. Diese gelten dann als Vertragsgrundlage für alle freien Träger[38], die das konkrete Angebot schaffen. Die Rahmenverträge umfassen dann meist alle ambulanten Hilfen im Bereich der Hilfen zur Erziehung. Zu diesen gehört die Sozialpädagogische Familienhilfe gemäß § 31 SGB VIII. Verhandlungspartner von Seiten der freien Träger ist in der Regel die LIGA. Die LIGA ist ein Zusammenschluss der auf Landesebene tätigen Spitzenverbände der Freien Wohlfahrt, die damit beauftragt ist, die Interessen aller freien Träger zu vertreten.

In den Rahmenverträgen sind die konkreten Angebote bzw. die vom freien Träger zu erbringenden Leistungen (konkret deren Inhalt und Umfang), deren Qualität (das sind vereinbarte Grundsätze und Maßstäbe für die Bewertung der Leistung, die als Struktur-, Ergebnis- und Prozessqualität beschrieben werden) sowie die Höhe des Entgeltes geregelt.

In Bundesländern, in denen es keine Rahmenvereinbarungen gibt, vereinbaren die Kommunen die entsprechenden Leistungen und deren Finanzierung mit den jeweiligen freien Trägern individuell. Qualität und Leistung werden bspw. über Anforderungen in den jeweiligen Ausschreibungen zur Erbringung der Sozialpädagogischen Familienhilfe gemäß § 31 SGB VIII, in Verträgen zum Kinderschutz oder bei Koordinator*innen für ambulante Jugendhilfe sowie der Einbeziehung in einen Qualitätsdialog des öffentlichen Trägers mit den freien Trägern (z. B. im Rahmen von Arbeitsgemeinschaften nach § 78 SGB VIII) organisiert.

---

37 Dabei ist zur berücksichtigen: »Die Träger der freien Kinder- und Jugendhilfe sollen grundsätzlich neben dem Träger der öffentlichen Kinder- und Jugendhilfe in dieser Vielfalt bestehen. Sie können jedoch vom Träger der öffentlichen Kinder- und Jugendhilfe mit der Wahrnehmung dessen Aufgaben betraut werden, also Leistungen und Andere Aufgaben erbringen (vgl. § 3 Abs. 2 und 3 SGB VIII). Im SGB VIII/KJHG ist nicht geregelt, wer oder was ein freier Träger ist. Das heißt: Jede natürliche oder juristische Person kann freier Träger der Kinder- und Jugendhilfe sein. Eine Anerkennung als Träger der freien Kinder- und Jugendhilfe durch den Träger der öffentlichen Kinder- und Jugendhilfe gemäß § 75 SGB VIII/KJHG bekräftigt die Zusammenarbeit und Kooperation zwischen öffentlichem Träger und dem Träger der freien Kinder- und Jugendhilfe und ist in der Regel für die finanzielle Förderung gemäß § 74 SGB VIII/KJHG (Zuwendungsfinanzierung) sowie für die Erbringung der Anderen Aufgaben erforderlich. Sie ist jedoch nicht Voraussetzung für das Tätigwerden der Träger der freien Kinder- und Jugendhilfe auf dem Gebiet der Kinder- und Jugendhilfe. So kann der Anspruch auf Anerkennung als freier Träger der Kinder- und Jugendhilfe unter bestimmten Voraussetzungen erworben werden, wenn der Träger der freien Kinder- und Jugendhilfe auf dem Gebiet der Kinder- und Jugendhilfe bereits drei Jahre tätig gewesen ist (vgl. § 75 Abs. 2 SGB VIII/ KJHG). Einigen Trägern der freien Kinder- und Jugendhilfe wird laut Gesetz grundsätzlich die Anerkennung zugesprochen (vgl. § 75 Abs. 3 SGB VIII/KJHG). Zu diesen gehören Kirchen, Religionsgemeinschaften des öffentlichen Rechts sowie auf Bundesebene zusammengeschlossene Verbände der freien Wohlfahrtspflege« (Rätz/Schröer/Wolff 2014, S. 220).

38 Der Abschluss von Einzelverträgen ist dennoch möglich, jedoch inzwischen eher die Ausnahme.

›Entgelt‹ ist die Bezeichnung für die genauen Kosten der Leistung, die in einem Geldbetrag ausgedrückt wird. Es handelt sich also um die Finanzierung. Das Entgelt wird häufig als so genannte Fachleistungsstunde berechnet. Eine Fachleistungsstunde umfasst in der Regel 60 Minuten. Im Entgelt der Fachleistungsstunde sind sowohl die direkte Arbeit mit der Familie bzw. für die Familie als auch die indirekten Tätigkeiten wie bspw. Teamsitzungen, Supervision, Dokumentation sowie die Kosten für Stellenanteile für Verwaltung, Koordination und Leitung und Kosten für Fort- und Weiterbildungen, Beratungs- und Büroräume etc. enthalten.

Obwohl sich die Fachleistungsstunde in vielen Ländern und Kommunen durchgesetzt hat, soll nicht unerwähnt bleiben, dass es auch andere Finanzierungsformen und -möglichkeiten gibt. Diese sind zusammengefasst: Pauschalfinanzierungen, Tagesentgelte, Budgets. Bei einer Pauschalfinanzierung wird in einem Rahmenvertrag das Leistungsangebot nicht einzelfallbezogen, also pro Zeitstunde in einer Familie, sondern bspw. für die Bedarfe eines Stadtteils resp. Sozialraums festgelegt (das wird auch in einigen Kommunen Sozialraumbudget genannt). Der freie Träger verpflichtet sich durch den Vertragsabschluss, mit der zur Verfügung gestellten Geldsumme genau diesen Bedarf abzudecken – unabhängig davon, wie viele Familien das Angebot nutzen. Tagesentgelte unterliegen der Logik, die für die einzelne Familie vereinbarte, wöchentliche Stundenzahl auf einen Geldbetrag pro Tag umzurechnen. Dieses Modell ermöglicht eine flexible und passgenaue Angleichung der Leistung und Abrechnung bei veränderten Stundenbedarfen. Budgets werden in Form von Wochen-, Monats- oder Jahresbudgets vereinbart. Es sind zumeist Festlegungen in Stunden, die je nach Bedarf zeitlich flexibel mal intensiver oder mal weniger intensiv genutzt werden. Budgets werden häufig zu Beginn einer Sozialpädagogischen Familienhilfe bspw. im so genannten Clearing (▶ Kap. 3) zur Abklärung und Einschätzung der Situation einer Familie oder zum Abschluss einer Familienhilfe mit dem Anliegen des behutsamen Ablösens bis zur Beendigung der Familienhilfe eingesetzt (▶ Kap. 8).

Übung

Wir zeigen hier exemplarisch das Beispiel aus dem Bundesland Berlin. Es ist ein Auszug aus dem Berliner Rahmenvertrag, in dem die Sozialpädagogische Familienhilfe enthalten ist Bitte lesen sie sich den nachfolgenden Text durch und schreiben Sie sich heraus:

- Welche Angebote und Leistungen sollen die freien Träger konkret erbringen?
- Welche Qualität bspw. in der inhaltlichen Ausgestaltung, der Qualifikation der Fachkräfte, der Fort- und Weiterbildung, wird erwartet?
- Welche Finanzierungsform wird vereinbart? Was ist in dieser Finanzierung enthalten? Was fehlt?

Beispiel

Aus dem Berliner Rahmenvertrag für Hilfen in Einrichtungen und durch Dienste der Kinder- und Jugendhilfe (BRV Jug) 1; Anlagen D Rahmenleistungsbeschreibungen; Anlage D.1 Ambulante Sozialpädagogische Erziehungshilfen nach §§ 29, 30, 31 und 35 SGB VIII (in der Fassung vom 01.07.2019; vgl. SenBJF 2019):

> **Präambel**
>
> Mit der Zusammenfassung der Leistungsbeschreibungen nach §§ 29, 30, 31, 35 SGB VIII in eine Rahmenleistungsbeschreibung ist das grundsätzliche Ziel verbunden, einen Rahmen für eine Flexibilisierung und Passgenauigkeit der Hilfe bezogen auf den Einzelfall und im Hinblick auf die Trägerorganisation zu schaffen. Die bisherigen Unterschiede (Preis, Auslastungsquote, Sachkostenpauschale) sind zugunsten eines für die oben genannten Hilfearten einheitlichen Fachleistungsstundensatzes vereinheitlicht worden. Die grundlegende Qualifikation für alle genannten Hilfen ist in der Regel die des/der staatlich anerkannten Diplom-Sozialpädagogen/Diplom-Sozialpädagogin.
>
> Hilfeschwerpunkt, Umfang und Dauer einer Hilfe sollen sich stärker als bisher am (ggf. wechselnden) Bedarf im Einzelfall orientieren können und möglichst auch bei einem Wechsel der Leistungsart/des Hilfeschwerpunkts die Beziehungskontinuität erhalten bleiben. Eine grundsätzliche Zielstellung der Hilfe zur Erziehung ist die Stärkung der Erziehungskompetenz. Elternarbeit ist immer integraler Bestandteil der Leistung.
>
> Die Leistungsbestandteile sind im Hinblick auf die Zielgruppe umfassend definiert worden, so dass – bis auf wenige besondere Einzelfälle – individuelle Zusatzleistungen im Rahmen der Hilfe zur Erziehung nicht erforderlich sind. Umfang und Dauer der Hilfe werden ausschließlich im Hilfeplanverfahren festgelegt und vereinbart. Dabei soll ein Kontingent von Fachleistungsstunden für einen definierten Hilfezeitraum zwischen Jugendamt und Leistungserbringer vereinbart werden.
>
> Die Fachleistungsstunde umfasst 60 Minuten. Eine Aufschlüsselung einzelner Leistungsanteile oder Wegzeiten erfolgt nicht. Es ist Aufgabe des Trägers, nach den Regeln fachlichen Könnens die vertraglich vereinbarte und in der Hilfeplanung konkretisierte Hilfe zu erbringen, innerhalb des Stundenkontingents die notwendigen fachlichen Schwerpunkte zu setzen und seine Leistungserbringung gegenüber dem Jugendamt fachlich-inhaltlich zu dokumentieren. Veränderungsnotwendigkeiten werden in das Hilfeplanverfahren eingebracht.
>
> Mit der Fachleistungsstunde sind alle fallbezogenen Leistungsanteile und die in der Rahmen-Leistungsbeschreibung vereinbarten Leistungen zur Qualitätsentwicklung abgegolten. Fallunspezifische Leistungen, die im Rahmen der Sozialraumorientierung von bestimmten Trägern erbracht werden, sind nicht Bestandteil der auf die Hilfeplanung im Einzelfall bezogenen Rahmenleistungsbeschreibungen.

10.1 Kein Zufall – fachliches Angebot, Finanzierung und Qualität

Die Zusammenfassung der ambulanten sozialpädagogischen Leistungen nach §§ 29, 30, 31, 35 SGB VIII in eine Rahmenleistungsbeschreibung entbindet jedoch nicht von der Notwendigkeit, im Rahmen der Hilfeplanung die antragsbegründende Leistungsgrundlage zu benennen. Die Voraussetzungen für das eventuelle Vorliegen einer Umsatzsteuerverpflichtung sind in dem Informationsschreiben der für Familie und Jugend zuständigen Senatsverwaltung »Informationen zur Umsetzung der Leistungen der Hilfe zur Erziehung im Sinne des SGB VIII« vom August 2002 dargelegt worden. Es fällt in die Verantwortung des Trägers, die Umsatzsteuerpflichtigkeit rechtzeitig geltend zu machen.[39]

Um nachzuvollziehen, wie die Rahmenbedingungen in dem Bundesland, in dem Sie tätig sind bzw. studieren, geregelt sind, beschaffen Sie sich bitte die dort geltenden Vereinbarungen für die Sozialpädagogische Familienhilfe gemäß § 31 SGB VIII. Diese ist zumeist im Internet verfügbar.

Übung

Recherchieren Sie beim örtlich zuständigen Jugendamt auf der Homepage oder rufen dort ggf. an und bitten um Auskunft zu den Vereinbarungen in Bezug auf Leistungen, Qualität und Finanzierung der Sozialpädagogischen Familienhilfe. Alternativ können Sie auch bei einem freien Träger um Informationen bitten und deren Konzept daraufhin durchsehen.
Tragen Sie die Informationen zusammen, lesen Sie diese durch, sammeln Sie zu nachfolgenden Punkten die entsprechenden Informationen und notieren Sie Ihre Ergebnisse.

Zu überprüfende Aspekte (Check)

- Was genau umfasst das Leistungsangebot der Sozialpädagogischen Familienhilfe?
- Liegt diesem ein konzeptioneller fachlich-methodischer Ansatz zugrunde? Wenn ja: Worin besteht dieser?
- Welche Qualifikation der Fachkräfte ist gefordert?
- Gibt es Ausnahmeregelungen für die Qualifikation der Fachkräfte?
- Welche Vergütung der Fachkräfte ist festgelegt? Wird diese auf der Basis eines Tarifs (bspw. TVöD) berechnet?
- Welches Arbeitsverhältnis wird vereinbart (bspw. Vollzeitanstellung, Teilzeitanstellung, Honorartätigkeit)?
- Welche regelmäßige fachliche Begleitung ist vorgesehen (bspw. Teamsitzungen, Fallbesprechungen, Supervision, Fort- und Weiterbildungen)?

---

39 Sie können die Lektüre gern fortsetzen. Im Methodenkoffer dieses Buchs finden Sie den Link zu der vollständigen Leistungsbeschreibung unter »Weitere Vorlagen«.

- Welche Finanzierungsform (Entgelt) wird vereinbart (Fachleistungsstunde, Pauschalfinanzierung, Tagesentgelt, Budget)?
- Wie wird die Wegezeit (An- und Abfahrt), also der Weg zwischen dem Büro und der Lebenswelt der Familie, geregelt?
- Muss die Leistungserbringung von der Familie schriftlich quittiert werden? Wenn nein: Welche Regelung gibt es zum Nachweis über die erbrachte Leistung von Seiten der Familienhilfe?
- Welche Auslastung bzw. welcher Auslastungsgrad wird der Entgeltvereinbarung zugrunde gelegt? Was bedeutet dieser für die Wirtschaftlichkeit des Trägers?
- Welche Ausstattung der Räume ist festgelegt (Büroräume, Verwaltungsräume, etc.)?
- Ist ein Stellenanteil für eine Leitung bzw. Koordination sowie eine Verwaltungsfachkraft vorgesehen und wie gestaltet sich dieser prozentual?
- Ist eine Berufshaftpflichtversicherung Bestand des Rahmenvertrages? Wenn nicht: Wer ist verantwortlich dafür, diese abzuschließen?
- Was fällt Ihnen noch auf?

Im Ergebnis haben Sie einen Überblick über die strukturellen Rahmenbedingungen, die ihr Arbeitsverhältnis und ihre Arbeitssituation bedingen. Diskutieren Sie in Kleingruppen Vor- und Nachteile Ihrer (bei Studierenden angenommenen) Arbeitssituation.

Nachfolgend wird der Hintergrund dieser vorgefundenen Bedingungen, die sich wie bereits erwähnt von Bundesland zu Bundesland unterscheiden, diskutiert. Dies mit dem Ziel, die Intention des Gesetzgebers sowie die strukturellen Bedingungen besser zu verstehen.

10.2 Professionalisierung und Dienstleistungserbringung

Bis zur Einführung der Leistungs-, Entgelt- und Qualitätsvereinbarungen in den §§ 78a–g SGB VIII fand die Sozialpädagogische Familienhilfe zumeist auf Honorarbasis statt. Auftraggeber war das zuständige Jugendamt. Die ambulante Sozialpädagogische Familienhilfe war eine typische Tätigkeit für Studierende oder auch Quereinsteiger*innen der Sozialen Arbeit. Dies veränderte sich seit 1999 grundlegend. Zur Qualität der Sozialpädagogischen Familienhilfe gehört nunmehr ganz selbstverständlich, dass diese von akademisch ausgebildeten Sozialarbeiter*innen, zumeist mit einer staatlichen Anerkennung, ausgeführt werden muss. Diese Regelung stärkte das so genannte Fachkräftegebot und trug zur Professionalisierung der Sozialpädagogischen Familienhilfe bei. Eng damit verknüpft ist natürlich auch die Bezahlung für diese Tätigkeit, der im Regelfall der TVöD – also der Tarifvertrag für den öffentlichen Dienst – zugrunde liegt.

Hinzu kam die Organisation der Familienhilfen durch Träger der freien Kinder- und Jugendhilfe, die die Anstellung sowie die Fort- und Weiterbildung der Fachkräfte garantieren. Waren vormals Familienhelfer*innen überwiegend allein in den Familien tätig und hatten allemal einen Austausch mit der zuständigen Fachkraft im Jugendamt, arbeiten nunmehr Fachkräfte bei den freien Trägern in Teams, die in entsprechenden Teamsitzungen und bei Fallbesprechungen sowie Supervisionen ihre fachlichen Kompetenzen einbringen und bündeln können. Auch ist es inzwischen an manchen, nicht an allen, Standorten üblich, dass eine Familienhilfe von zwei Fachkräften im Team realisiert wird, so dass beständiger Austausch und durchgängige Reflexionen möglich sind. Dies ganz in dem Sinne, dass vier Augen mehr als zwei sehen. So wird auch häufig vom Vieraugenprinzip oder vom Co-Team gesprochen, das u. a. im Kinderschutz methodisch bewusst eingesetzt wird.

Allerdings ergaben sich durch die genannten Veränderungen auch eine neue Konstellation in den vertraglichen, aber auch zwischenmenschlichen Beziehungen der beteiligten Personen und Organisationen. Früher war es die Familie im Kontakt zur Fachkraft des Jugendamts, die ihrerseits eine ambulante Familienhilfe zu ihrer Unterstützung auf Honorarbasis einsetzte. Heute agieren die Familie, die Fachkraft des Jugendamts, der Träger der freien Kinder- und Jugendhilfe zumeist in Koordination mit der Fachkraft des Jugendamts im Hilfeprozess der Familienhilfe. Es sind also zahlenmäßig mehrere Menschen in jeweils unterschiedlichen Rollen an der Realisierung der Familienhilfe beteiligt, die wechselseitig aufeinander angewiesen sind. Diese Konstellation wird auch jugendhilferechtliches Dreiecksverhältnis genannt (vgl. bspw. Rätz/Schröer/Wolff 2014, S. 216–218; ▶ Kap. 9).

Das jugendhilferechtliche Dreiecksverhältnis

Im jugendhilferechtlichen Dreiecksverhältnis gehen die Beteiligten voneinander unabhängige Rechtsverhältnisse ein. Diese entstehen so: Im Hilfeplanverfahren (gemäß § 36 SGB VIII) wird festgestellt, dass eine Sozialpädagogische Familienhilfe gemäß § 31 SGB VIII das geeignete Angebot für die Familie ist. Damit besteht von Seiten des *Leistungsberechtigten* – das ist die Familie – ein Rechtsanspruch auf Hilfe zur Erziehung gemäß § 27 Abs. 1 SGB VIII. Den Antrag auf Hilfe zur Erziehung stellen die Personensorgeberechtigten bzw. die an deren Stelle Handelnden (bspw. ein Amtsvormund). Der Antrag richtet sich an den Träger der öffentlichen Kinder- und Jugendhilfe, bezeichnet als *Leistungsgewährer*. Er wird von der zuständigen Fachkraft des Jugendamts geprüft[40] und – bei positivem Ergebnis – gewährt bzw. bewilligt. Für die Familie entstehen durch die Inanspruchnahme der Familienhilfe keine Kosten.

---

40 Im Grunde findet hier eine juristische Prüfung der Tatbestandvoraussetzungen (TBV) durch die Fachkräfte der Jugendämter statt. Die TBV im § 27 Abs. 1 SGB VIII lauten: erzieherischer Bedarf, Geeignetheit und Notwendigkeit der Hilfe zur Erziehung.

Nun muss das Wunsch- und Wahlrecht gemäß § 5 SGB VIII beachtet werden. Dies bedeutet, dass die Familie das Recht hat, zwischen verschiedenen Angeboten auszuwählen. Sie bestimmt damit auch den Träger der freien Kinder- und Jugendhilfe[41]. Des Weiteren ist den Wünschen der Familie zur Ausgestaltung der Hilfe zu entsprechen. Die einzige Einschränkung des Wunsch- und Wahlrechtes besteht darin, dass deren Umsetzung nicht mit »unverhältnismäßigen Mehrkosten« verbunden ist.

Nach der Auswahl des konkreten Angebots wird nun die Sozialpädagogische Familienhilfe in der Regel durch einen Träger der freien Kinder- und Jugendhilfe erbracht. Dieser wird *Leistungserbringer* genannt.

In dieser Konstellation erfolgt eine Trennung zwischen der Gewährung der Leistung durch den leistungsverpflichteten Leistungs- und Kostenträger (öffentlicher Träger, Jugendamt) und der

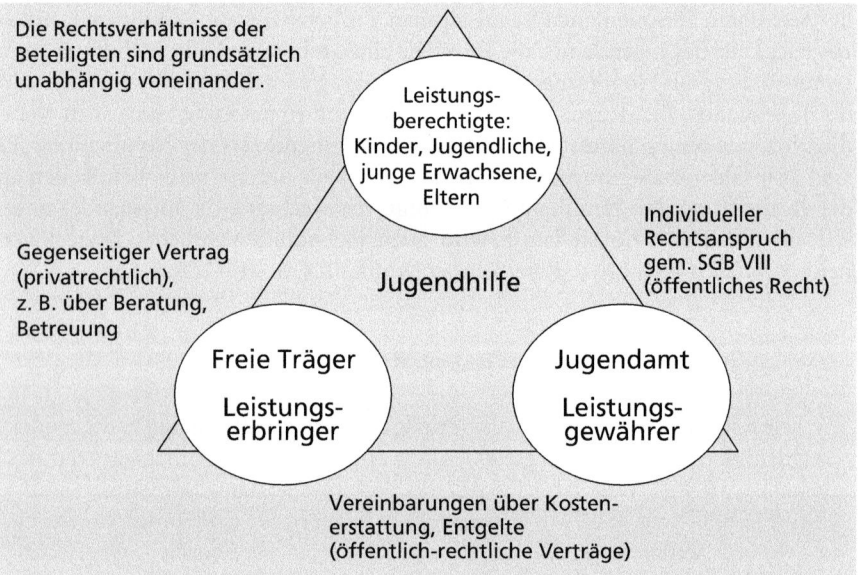

Abb. 16: Das jugendhilferechtliche Dreiecksverhältnis (aus: Rätz, Regina/Schröer, Wolfgang/Wolff, Mechthild (2014): Lehrbuch Kinder- und Jugendhilfe. Grundlagen, Handlungsfelder, Strukturen und Perspektiven. Reihe: Studienmodule Soziale Arbeit. 2., überarbeitete Aufl. Weinheim: Beltz Juventa, S. 217)

Wie in der Grafik zu sehen ist (▶ Abb. 16), bestehen in dem jugendhilferechtlichen Dreiecksverhältnis sowohl öffentliches Recht als auch privatrechtliches Vertrags-

---

41 Wir wissen, dass dies in der Praxis häufig nicht so realisiert wird, wie es der Gesetzgeber geregelt hat. Die Auseinandersetzung zum Wunsch- und Wahlrecht ist eine der zentralen in der Kinder- und Jugendhilfe.

recht sowie öffentlich-rechtliche Verträge. Alle diese Vereinbarungen und Verträge existieren unabhängig voneinander. Dies birgt auch Risiken für die Beteiligten.

> »Hat bspw. ein freier Träger mit einer Familie einen Vertrag über die Hilfe für zwei Monate mit wöchentlich zehn Stunden abgeschlossen und der Träger der öffentlichen Kinder- und Jugendhilfe, das Jugendamt, übernimmt die Kosten dieser Hilfe lediglich für einen Monat, kann der Träger der freien Kinder- und Jugendhilfe seine Leistung dem Jugendamt auch nur für einen Monat in Rechnung stellen. Er ist jedoch verpflichtet, die Hilfe in der Familie zwei Monate lang durchzuführen« (Rätz/Schröer/Wolff 2014, S. 217).

Diese Konstellation verweist auf die Erfordernisse einer transparenten und partnerschaftlichen Zusammenarbeit zwischen den Beteiligten.

10.3 Partnerschaftliche Zusammenarbeit

Der Büroarbeitsplatz sowie die organisatorische Eingebundenheit einer Fachkraft der Sozialpädagogischen Familienhilfe befinden sich zumeist bei einem Träger der freien Kinder- und Jugendhilfe. Eher selten werden Fachkräfte, die als ambulante Familienhelfer*innen vor Ort in der Lebenswelt der Familien tätig sind, direkt beim Jugendamt angestellt. Und nur in wenigen Fällen gibt es noch Familienhilfe auf der Basis von Honorartätigkeiten. Die freien Träger verpflichten sich, die Qualität und deren Standards für die Realisierung der Familienhilfe einzuhalten. Dazu gehören auch die Arbeitsverhältnisse, die Fallbesprechungen, Teamarbeit, Supervision, regelmäßige Fort- und Weiterbildungen. Zur Untersetzung der Zusammenarbeit zwischen freien und öffentlichen Trägern existieren in allen Kommunen Arbeitsgemeinschaften. Diese werden häufig AG 78 genannt, da sie auf der Grundlage des § 78 SGB VIII eingerichtet werden. Der Gesetzgeber spricht von einer partnerschaftlichen Zusammenarbeit zwischen öffentlichen und freien Trägern (vgl. § 4 SGB VIII) und setzt auf Aushandlungsprozesse und Dialog zwischen den Beteiligten.

Auch auf der kommunalen Planungsebene verweist der Gesetzgeber auf die Beteiligung der freien Träger:

> »Das Jugendamt hat im Rahmen seiner Gesamtverantwortung nach § 79 SGB VIII diese Hilfe im Zusammenspiel mit den freien Trägern der Jugendhilfe zu planen (§ 80 SGB VIII), entsprechend den Regelungen des § 78 SGB VIII gegenseitig abzustimmen und im ausreichenden Umfang zur Verfügung zu stellen, um den Anspruch der Berechtigten auf die Leistung dieser Hilfe erfüllen zu können« (Helming/Schattner/Blüml 1999/2004, S 111).

Die partnerschaftliche Zusammenarbeit ist allerdings häufig nicht einfach so gegeben. Die beteiligten Fachkräfte und Träger sind, wie bereits deutlich wurde, aufeinander angewiesen, um tatsächlich gemeinsam mit den Familien konstruktiv arbeiten zu können. Es bestehen jedoch unterschiedliche Aufgaben, Entscheidungspositionen sowie Abhängigkeiten. Diese sind durch Machtverhältnisse und -asymmetrien gekennzeichnet, die nur durch eine beständige Reflektion der eigenen Rolle und dem Wissen um den Gewinn einer partnerschaftlichen Zusammenarbeit gelingend gestaltet werden können. Die partnerschaftliche Zusammenarbeit umfasst, dass die Fachkräfte des Jugendamts ihre Entscheidungsaufgabe über die Gewährleistung der Familienhilfe, deren Umfang und Zeit wahrnehmen und hierbei stets die Familien und die Fachkräfte der freien Träger einbeziehen bzw. beteiligen. Ebenso bedeutsam ist, dass die Fachkräfte der freien Träger sich auf Augenhöhe in die fachbezogene Einschätzung über den Fallverlauf und die Prognose einbringen und sich nicht als ausführendes Organ des Jugendamts verstehen. Dieses sind sie nämlich nicht. Sie haben eine eigene Rechtsform, unabhängig vom Jugendamt. Sie schließen mit dem Träger der öffentlichen Kinder- und Jugendhilfe einen Vertrag über die Erbringung einer Dienstleistung, nämlich der Sozialpädagogischen Familienhilfe, ab. Die gesellschaftliche Verantwortung der freien Träger liegt in der Gestaltung des sozialen Zusammenlebens in den jeweiligen Stadtteilen und Kommunen, in denen sie tätig sind. Dabei müssen sie aus eigenständigem gesellschaftlichem Engagement tätig werden. Die Motive und Anliegen sind unterschiedlich und in den jeweiligen Satzungen verankert. Die Vielfalt der Träger der freien Kinder- und Jugendhilfe soll die Pluralität der Gesellschaft widerspiegeln, die für eine demokratische Kinder- und Jugendhilfe ohne staatlichen Alleinanspruch unabdingbar ist (vgl. Rätz/Schröer/Wolff 2014, S. 219). Dies geht im Grunde über eine ausschließliche Dienstleitungserbringung hinaus.

10.4 Regionale Disparitäten, Erwartungen und ungleiche Ressourcenausstattung

Die hier aufgezeigten Rahmenbedingungen und deren Ausgestaltung hängen wesentlich von der politischen und administrativen Situation der jeweiligen Kommune ab, in der die Sozialpädagogische Familienhilfe realisiert wird. In Deutschland mit seiner föderativen Struktur wird auch von regionalen Disparitäten, also von regionalen Unterschieden, gesprochen. Diese Situation führt zu unterschiedlichen politischen Schwerpunktsetzungen, finanziellen Ausstattungen und kommunikativen Prozessen. Auch aus diesem Grund haben wir Ihnen oben die Aufgabe gestellt, in Ihrer eigenen Kommune die konkreten Rahmenbedingungen zu recherchieren und zu analysieren. Das fachliche Handeln sowie deren Gestaltungsraum sind eng mit politischen Zusammenhängen, der Finanzsituation der Kommunen und den Abläufen der Verwaltungen verknüpft. Hinzu kommt das Verhältnis zwischen Bund, Bundesländern und den Kommunen, das ebenso die Arbeitsbedingungen prägt, aber auch immer wieder zu Konflikten führt. Die Erwartungen an die Leistungen und Ergebnisse der Sozialpädagogischen Familienhilfe sind in den vergangenen Jahren gestiegen – dies u. a. vor dem Hintergrund der öffentlichen Thematisierung von Kindeswohlgefährdungen in Familien (vgl. Wolff u. a. 2013; ▶ Kap. 6). Allerdings sind die eingesetzten Ressourcen pro Familie in etlichen Kommunen eher weniger statt mehr geworden. Waren es in den 1990er

Jahren noch regelhaft ab zehn Stunde pro Woche, werden heutzutage einer Familie vier bis sechs Stunden pro Woche an Hilfe bewilligt (vgl. Frindt 2010, S. 37; Müller 2017), und das mit deutlich höheren Aufgaben. Diese Situation kann in der Praxis zu Verunsicherungen und Frustrationen führen. Bewährt haben sich allerdings Formen der Kooperation und Zusammenarbeit zwischen den Beteiligten, die ebenso auf der Fallebene als auch in regionalen Arbeitszusammenhängen aufgebaut werden. Entstehen solche Unterstützungsstrukturen, kommt es auch bei Ressourcenmangel zu Synergie-Effekten und einer Kultur der Wertschätzung. Schwierig wird es hingegen, wenn für auftretende Probleme jeweils die Verursacher*innen ausgemacht werden und (wechselseitige) Schuldzuweisungen erfolgen. Diese führen zumeist nicht zu Lösungen, sondern zu belastenden Situationen in der Zusammenarbeit.

Eine Sache ist deshalb von herausragender Bedeutung: Die Akteur*innen müssen ihre jeweiligen Bedingungen vor Ort herstellen und gestalten. Die Rahmenbedingungen des SGB VIII bilden hierfür eine grobe Orientierung. Die Ausgestaltung obliegt den Ländern und Kommunen. Die kommunikative Gestaltung liegt in der Verantwortung der Akteur*innen vor Ort. Wir werden Ihnen deshalb im nächsten Abschnitt einige ausgewählte Methoden aus der Organisationsentwicklung vorstellen, die geeignet sind, eben jene kommunikativen Prozesse zu gestalten – und damit auch Machtasymmetrien zugunsten einer verbesserten Kommunikation der Beteiligten zu überwinden. Hierzu gehören auch beständige Reflexionen sowie die Auseinandersetzung mit Konflikten und deren Bewältigung. Die hier ausgewählten Vorschläge entstammen aus dem Repertoire dialogischer Methoden der Qualitätsentwicklung.

10.5 Arbeitsformen Dialogischer Qualitätsentwicklung

Zur Unterstützung der partnerschaftlichen Zusammenarbeit zwischen den an der Familienhilfe Beteiligten haben sich in den letzten Jahren Arbeitsformen der Dialogischen Qualitätsentwicklung bewährt, in denen die Träger der öffentlichen und freien Kinder- und Jugendhilfe gemeinsam miteinander ihre Arbeit reflektieren, evaluieren und weiterentwickeln (vgl. Stadtjugendamt Erlangen/Gedik/Wolff 2018). Hierzu gehören bspw. Fachdialoge, Fallwerkstätten, multiperspektivische Falluntersuchungen, Lernen vom Erfolg, Fehleranalysen. Idealerweise werden auch die Familien, denen ja die Leistung der Sozialpädagogischen Familienhilfe zu Gute kommen soll, an diesen Arbeitsformen beteiligt.

Etliche dieser methodischen Verfahren arbeiten mit so genannten Lernfragen, die zu Beginn eines Arbeitsprozesses gesammelt und im Ergebnis beantwortet werden. Im Prozess arbeiten die Beteiligten gemeinsam daran, Informationen und Material zu sammeln, dieses zu systematisieren und auszuwerten, um sich der

Beantwortung der Fragen anzunähern. Im Verlauf werden ggf. neue Fragen, die mit den Hauptfragen verbunden sind, aufgeworfen und auch diesen wird nachgegangen. Diese Orientierung an Fragen und deren Beantwortung eröffnen selbstreflexive Lernprozesse für alle Beteiligten.

> »Dabei geht es darum, sämtliche Erfahrungen in der Sozialen Arbeit mit Familien, aber auch mit der eigenen Organisation/Institution und den Erfahrungen am eigenen Arbeitsplatz sowie im kollegialen Austausch im Team situativ, problembezogen und systematisch als Lernsituationen zu nutzen. Nicht zuletzt bedarf es einer beständigen Reflexion, um unter den sich kontinuierlich verändernden Bedingungen gesellschaftlicher und globaler und professioneller Wandlungsprozesse handlungsfähig zu sein und zu bleiben. Es geht um Lernen durch handelnde Erfahrung und durch Denken (sog. ›reflection-in-action/reflection-on-action‹ …)« (Rätz/Wolff 2024, S. 313, unter Verweis auf Schön 1983/2016).

Dieses Vorgehen soll nun an konkreten methodischen Vorschlägen aufgezeigt werden.

10.5.1 Kollegiale Teamberatung

Bei der kollegialen Teamberatung werden Fälle besprochen. Dabei werden mehrperspektivische Verstehensprozesse initiiert und das eigene fachliche Handeln wird reflektiert. Die kollegiale Teamberatung kann im eigenen Kollegium, also im Teamzusammenhang beim Anstellungsträger, realisiert werden. Sie kann aber auch gemeinsam mit Fachkräften, die am betreffenden Fall tätig, jedoch bei unterschiedlichen Arbeitgebern beschäftigt sind, erfolgen. In letzterer Konstellation können Fachkräfte von freien und öffentlichen Trägern zusammenarbeiten, aber auch Fachkräfte anderer Professionen wie bspw. Lehrer*innen, Mediziner*innen, Therapeut*innen einbezogen werden.

Der ›Fall‹ wird bei diesem methodischen Vorgehen in Form von narrativen Präsentationen (Erzählungen) der ›Fallverantwortlichen‹ eingebracht und im Verlauf systematisiert und strukturiert. Vor Beginn der offenen Eingangserzählung wird eine Fragestellung an den ›Fall‹ formuliert. Am Ende der Teamberatung wird diese Fragestellung zusammenfassend beantwortet. Nach dem Erzählen folgt eine so genannte abduktive Runde, d. h., jedes Teammitglied bildet Hypothesen zum ›Fallverlauf‹ und zum Fallverstehen. So entstehen mehrerer Lesarten, die auch ganz unterschiedlich oder sogar in ihrer Aussage völlig entgegengesetzt sein können. Diese eröffnen eine multiperspektivische Sicht auf das Handlungsgeschehen. Abschließend werden zentrale Ergebnisse formuliert und dokumentiert.

Der Ablauf einer kollegialen Teamberatung kann wie folgt organisiert werden:

- Der ›Fall‹ wird durch eine Fachkraft eingebracht (5 min).
- Wahl einer moderierenden Fachkraft sowie eines*einer Protokollanten*in für die Dokumentation des Verlaufs der Beratung im Team.
- Formulierung einer Fragestellung, die im Abschluss an die Teambesprechung beantwortet werden soll (5 min).
- Erzählgenerierende offene Eingangsfrage wird durch ein Teammitglied gestellt, bspw.

– Ich würde Sie/Dich bitten, mir etwas von der Familie X, dem Jugendlichen Y, der Zusammenarbeit mit Z zu erzählen.
   – Ich würde Sie/Dich bitten, mir zu erzählen, wie ... (das Problem in der Familie X) angefangen hat und wie es dann weiterging.
   – Regie: Wir hören zunächst ausschließlich zu und machen kurze Notizen, um später noch einmal nachzufragen (10 min).
- Erzählgenerierende Nachfragen anhand der Reihenfolge der Notizen, durch ein oder mehrere Teammitglied/er gestellt, darauf folgen detaillierter vertiefende Präsentationen (10 min).
- Externer Nachfrageteil, erlaubt sind über das bis dahin Gesagte interessierende Fragen, die durch alle Teammitglieder gestellt werden können (10 min).
- Abduktive Runde: jedes Teammitglied bildet mindestens eine Hypothese zum ›Fallverlauf‹, zur Falldynamik und zum Fallverstehen, die Hypothesen sollen bewusst in ganz unterschiedliche Richtungen formuliert werden und somit eine Vielzahl der Deutungsmöglichkeiten abbilden, sie werden am Flipchart dokumentiert (20 min).
- Anschließend wird überlegt, wie die entwickelten Hypothesen in der Praxis weiter überprüft werden können.
- Die fallvorstellende Fachkraft überlegt, welchen der Deutungen/Hypothesen sie im weiteren Verlauf zunächst einmal nachgehen möchte (5 min).
- Abschluss: Formulierung zentraler Ergebnisse und nächster Schritte, Dokumentation (10 min; vgl. Köttig/Rätz 2017, S. 105 f.; Rätz/Wolff 2018, S. 282–293; dieser Ablauf wurde in Anlehnung an das Vorgehen im narrativen Interview entwickelt und erprobt).

10.5.2 Lernen aus Erfolgen und Fehlern

Die Methode »Lernen vom Erfolg« wurde von dem israelischen Sozialarbeitswissenschaftler Jona Rosenfeld (JDC/Brookdale Institute, Jerusalem) entwickelt und in der Praxis erprobt (Rosenfeld 1996, 2020). In dem bundesweiten Projekt »Aus Fehlern lernen« und mit dem »Dialogisch-systemischen Fall-Labor Lea-Sophie« wurde der Ansatz im Kontext der Dialogischen Qualitätsentwicklung weiter ausgearbeitet und um Fehleranalysen erweitert (vgl. Wolff u. a. 2013; Biesel/Wolff 2013).

Mit dieser Arbeitsform wird ein interaktiver Prozess der Untersuchung der eigenen Praxis in der Gruppe initiiert. Es erfolgt eine Reflexion der Handlungspraxis, die sich einerseits auf erfolgreiche und andererseits auf fehlerhafte Prozesse fokussieren kann. Dies kann im Rückblick geschehen, aber auch im Praxisgeschehen selbst, in dem zur Reflexion temporär innegehalten wird.

Ziel des Lernens vom Erfolg ist, perspektivisch an dem anzuknüpfen, was funktioniert und gelungen ist und dies zu stärken und ggf. auf andere Situation reflektiert und angepasst zu übertragen. Die Analyse von Fehlern dient der Wahrnehmung und der Entwicklung einer Sensibilität dafür, dass in personenbezogenen Dienstleistungsorganisationen als einem zwischenmenschlichen Geschehen auch Nebenfolgen auftreten können, die nicht zum Erfolg beitragen. Es geht dabei um die Entwicklung einer aufmerksamen und achtsamen Fehlerkultur.

Mit dem »Lernen vom Erfolg« kann in jeder Teamzusammenkunft, aber auch in der Begegnung mit den Familien begonnen werden. Es bedarf zumeist keiner größeren Vorbereitung und kann Ad-hoc starten. Die Teilnehmenden erleben es zumeist als stärkend und motivierend. Denn anders als häufig in der Praxis üblich werden Aspekte des Gelingens in den Blick genommen. Eine Sitzung mit dem Ziel »Aus Fehlern lernen« bedarf einer genaueren Vorbereitung. Voraussetzung ist eine Vertrauensbasis im Team bzw. in der Gruppe und eine Kultur, die es ermöglicht, sich der eigenen Praxis kritisch zuzuwenden, ohne Angst vor den Folgen haben zu müssen. Auch bedarf es eines anerkennenden Umgangs mit Widerständen, die häufig vorhanden sind und dazugehören.

Der Ablauf des Lernens aus Erfolgen und Fehlern kann wie folgt organisiert werden:

- Beschreibung des Kontextes und des Feldes,
- Identifizierung des Erfolgs/des Fehlers,
- Beschreibung des Erfolgs/des Fehlers (vorher/nachher),
- Beschreibung der positiven/negativen objektiven und subjektiven Ergebnisse,
- Beschreibung eventuell gleichzeitig vorhandener negativer Konsequenzen und Kosten bzw. positiver Ergebnisse,
- Reflexion der Kriterien, an denen der Erfolg bzw. der Fehler festgemacht wird,
- Identifizierung von Wendepunkten und Stationen auf dem Weg des Erfolgs/des Fehlers,
- Ausarbeitung der konkreten Aktivitäten, die für den Erfolg/den Fehler ausschlaggebend waren,
- Ausarbeitung zentraler Handlungsprinzipien,
- Identifizierung ungelöster Probleme (vgl. Rätz/Wolff 2018, S. 294).

Es kann sowohl im Plenum als auch in vertiefenden Kleingruppen gearbeitet werden. Der Zeitrahmen kann unterschiedlich gestaltet werden – für einzelne Sitzungen, einen ganzen Tag oder einer Zwei-Tage-Werkstatt bzw. ein längeres dialogisch-systemisches Fall-Labor-Konzept (vgl. Biesel/Wolff 2013).

10.5.3 Kürzere selbstreflexive Übungen

Neben solchen systematisch ablaufenden Lernwerkstätten haben sich auch kürzere selbstreflexive Übungen zur Erfolgs- und Fehlerwahrnehmung bewährt, die einzeln oder im Team realisiert werden können, bspw.:

- Schreiben von einem kurzen Text (Mikroartikel) zu Themen wie »Meine Lieblingsfehler«, »Mein letzter Erfolg im Kinderschutz« und ggf. anschließende Diskussion der Ergebnisse in der Arbeitsgruppe,

- wöchentliche kurze und knappe Fehler- und Erfolgssammlung in Team- und Dienstbesprechungen, die dokumentiert und fortlaufend fortgesetzt und reflektiert wird,
- kurze Sammlung von Fallvignetten unter dem Fokus Fehler und/oder Erfolg (vgl. Wolff/Stork 2013).

Unsere Erfahrung hat gezeigt, dass mit diesen dialogischen Methoden u. a. die Fachpraxis nachhaltig verbessert wird und die Fachkräfte ihre Kompetenzen erweitern. Aber auch das Wohlbefinden und das Gefühl der Selbstwirksamkeit werden gesteigert. Es finden vielseitige Lernprozesse der Fachkräfte und der gesamten Organisation statt.

10.5.4 Supervision, Fort- und Weiterbildungen

Supervision, Fort- und Weiterbildungen gehören heutzutage zum fachlichen Standard in der Sozialpädagogischen Familienhilfe und müssten Bestandteil jeder Leistungsbeschreibung gemäß § 31 SGB VIII sein. Die Supervision findet in der Regel im Teamzusammenhang statt und wird vom Arbeitgeber bereitgestellt. In der durch eine*n externen Supervisor*in begleiteten Selbstreflexion kann, ausgehend von Erlebnissen und Erfahrungen im Arbeitskontext, auch die eigene Person und deren Bewältigungsstrategien thematisiert werden. In der Supervision können Unsicherheiten, Ängste, Konflikte und Widerstände angesprochen werden, die in der Zusammenarbeit mit Familien, aber auch unter den Mitgliedern des Teams auftreten können. Die Äußerungen in der Supervision sind vertraulich und dürfen von keinem der Anwesenden an Dritte weitergegeben werden. Wer in der Sozialpädagogischen Familienhilfe tätig wird, ist gefordert, sich auf diesen intensiven Prozess der Selbstreflexion durch Supervision einzulassen.

An Fort- und Weiterbildungen existiert eine Vielzahl, die für den Bereich der Sozialpädagogischen Familienhilfe geeignet sind. Häufig bilden sich die Fachkräfte im Bereich der Familienberatung oder der Systemischen Arbeit bzw. systemischen Familientherapie weiter. Aber auch Fort- und Weiterbildungen in Sozialpädagogischen Familiendiagnosen, der Biografiearbeit oder tiergestützter Pädagogik werden wahrgenommen ebenso wie Vertiefungen in der Krisenintervention oder der aufsuchenden Familienberatung oder -therapie. Etliche Hochschulen bieten weiterbildende Masterstudiengänge an, die einschlägig für den Bereich der Sozialpädagogischen Familienhilfe sind (bspw. berufsbegleitender Masterstudiengang »Soziale Arbeit, Schwerpunkt Familie« an der Fachhochschule Potsdam oder berufsbegleitender Masterstudiengang »Dialogische Qualitätsentwicklung in den Frühen Hilfen und im Kinderschutz« an der Alice Salomon Hochschule Berlin).

10.6 Hilfen für das Selbststudium

10.6.1 Zusammenfassung

Die Sozialpädagogische Familienhilfe wird in Deutschland unter sehr unterschiedlichen Rahmenbedingungen realisiert. Mit der Lektüre wurde gelernt, die eigene Arbeitssituation zu analysieren und feststehende und gestaltbare Rahmenbedingungen voneinander zu unterscheiden. Sie wissen, dass ein Gelingen der Sozialpädagogischen Familienhilfe entscheidend davon abhängig ist, mit allen Akteur*innen die Zusammenarbeit konstruktiv zu gestalten. Standards der fachlichen Begleitung, mögliche Richtungen der persönlichen Weiterqualifizierung sowie methodische Ansätze der dialogischen Qualitätsentwicklung wurden aufgezeigt.

10.6.2 Übungsaufgaben für das Selbststudium oder in der Gruppe

- Wählen Sie eine der oben dargestellten Methoden (Kollegiale Teamberatung oder Lernen aus Erfolgen und Fehlern) und erproben Sie diese an einem konkreten Beispiel aus Ihrer Praxis/aus Ihrem Studium.
- Berufshaftpflichtversicherung – ein häufig vernachlässigtes Thema! Wie sieht es aus, wenn Fehler in der beruflichen Tätigkeit als Familienhelfer*in geschehen und Personen bzw. Sachen zu Schaden kommen? Recherchieren Sie!

> **Literatur zum Weiterlesen**
>
>
>
> Frindt, Anja (2010): Entwicklungen in den ambulanten Hilfen zur Erziehung. Aktueller Forschungsstand und strukturelle Aspekte am Beispiel der Sozialpädagogischen Familienhilfe. Reihe: Wissenschaft für alle. München: DJI. https://www.dji.de/fileadmin/user_upload/bibs/64_12095_Expertise_Frindt.pdf [Zugriff: 31.03.2020].
> Stadtjugendamt Erlangen/Gedik, Kira/Wolff, Reinhart (Hrsg.) (2018): Kinderschutz im Dialog. Grundverständnis und Kernprozesse kommunaler Kinderschutzarbeit. Opladen: Budrich.

11 »Tue Gutes und rede darüber.« Darstellung der Sozialpädagogischen Familienhilfe und Öffentlichkeit

> **Kernaussage**
>
> Die Arbeitsanforderungen in der Sozialpädagogischen Familienhilfe beschränken sich nicht auf die Qualität der fachlichen Umsetzung. Sozialarbeiter*innen müssen in diesem Arbeitsbereich wie allgemein in der Sozialen Arbeit sich und ihre Arbeit immer wieder mündlich oder schriftlich dokumentieren und präsentieren. Sie müssen für das, was sie tun, Werbung machen oder Qualitäts- und Wirkungsnachweise erbringen.

Je nach Kontext kann äußerst entscheidend sein, die Arbeit nicht nur gut zu leisten, sondern sie auch überzeugend zu präsentieren. Die professionelle Qualität der Leistungen von Trägern und Organisationseinheiten und die professionelle Kompetenz von einzelnen Sozialarbeiter*innen kann vor allem bei einem einzelfallorientierten Tätigkeitsprofil wie bei der Sozialpädagogischen Familienhilfe nicht direkt und anhand von Beobachtungen überprüft und nachgewiesen werden. Daher kann Darstellungsgeschick sehr wichtig sein, sowohl wenn es darum geht, dass sich ein Träger der Familienhilfe gegenüber dem Auftraggeber Jugendamt positioniert, als auch für eine Sozialarbeiter*in, wenn sie ihre persönliche Kompetenz gegenüber der Leitung oder auch gegenüber dem ASD des beauftragenden Jugendamts deutlich machen will. Neben der organisations- und jugendhilfeinternen Darstellung werden auch Anforderungen an externen Präsentationen und an Öffentlichkeitsarbeit an Familienhelfer*innen herangetragen.

> **Zentrale Fragestellung**
>
> Welche Rolle spielen Darstellungsaufgaben und Öffentlichkeitsarbeit für die Arbeit von Familienhelfer*innen und welche Informationen und Instrumente sind dafür wichtig?

11.1 Entwicklungen, Aufgaben und Anforderungen im Bereich der Dokumentation und Präsentation

Im Berufsalltag der Sozialpädagogischen Familienhilfe stellen sich im Bereich der Dokumentation und Präsentation sehr unterschiedliche Aufgaben und Anforderungen, die im Verlauf der Geschichte der Sozialen Arbeit und der Kinder- Jugendhilfe zu unterschiedlichen Zeiten und aus unterschiedlichen Einflüssen heraus entstanden sind. Zur Entwicklung Sozialer Arbeit zu einer eigenständigen Profession gehört auch die Herausbildung professioneller Anforderungen, eine eigenständige professionelle Kompetenz zu behaupten, zu präsentieren und nachzuweisen, also die Arbeit mündlich oder schriftlich intern oder extern in verschiedensten Kontexten gegenüber heterogenen Zielgruppen zu kommunizieren und dabei verfügbare Medien möglichst breit zu nutzen. Nicht nur methodisch-praktische Kommunikation und Interaktion bei der Umsetzung der Arbeit mit den jungen Menschen und ihren Familien und anderen Fachkräften, sondern auch Formen der Darstellungskommunikation gehören daher als immanenter Teil zur Arbeitspraxis.

Schon in einem frühen Stadium der Professionsentwicklung wurde die Bedeutung der Dokumentation für die praktische Arbeit erkannt und professionalisiert. Fall- und Entwicklungsberichte, Case Records in der Tradition Mary Richmonds (vgl. Richmond 1922/1971), stellen ein klassisches Dokumentationsinstrument der Einzelfallarbeit und damit auch der Sozialpädagogischen Familienhilfe dar. Dabei werden Informationen zu den Fallbeteiligten, zur Vorgeschichte, zu den Problemlagen, zum Hilfeverlauf und zur Perspektive der gewährten Maßnahme in Mischtexten zusammengefasst, die narrative, berichtende, aufzählende und zum Teil auch formalisierte oder tabellarische Abschnitte beinhalten. Die so verschriftlichten Informationen und professionellen Schlussfolgerungen lassen sich dadurch im Zeitverlauf miteinander vergleichen und auswerten und werden anderen Fachkräften zugänglich. Obwohl sich die professionelle Dokumentation stark ausdifferenziert hat und für verschiedene Funktionen unterschiedliche Dokumentationsformate wie Kontaktdokumentation, Entwicklungsberichte und Hilfeplanprotokolle bereitstehen, die bei digitaler Dokumentation meist systematisch miteinander verknüpft sind, stellen Entwicklungsberichte immer noch eine der wichtigsten Textgattungen in der Kinder- und Jugendhilfe dar[42].

Entwicklungsberichte sind Berichte für die Familie und müssen für diese verständlich und nachvollziehbar geschrieben sein. Bevor der Bericht an den zuständigen Auftraggeber (ASD/RSD des Jugendamts) gesandt wird, wird dieser gemeinsam mit der Familie besprochen. Prinzipiell sind alle Dokumentationen, Entwicklungsberichte und Kommunikationen mit dem zuständigen ASD/RSD gegenüber der Familie transparent zu gestalten. Für jede Kommunikation mit

---

42 Die Digitalisierung in der Sozialen Arbeit ist ein brisantes und dynamisches Thema, das sich insbesondere bezüglich der digitalen Dokumentation auch auf die Sozialpädagogische Familienhilfe auswirkt. Aus Platzgründen verweisen wir auf einschlägige Literatur, bspw.: Kutscher/Ley/Seelmeyer 2015 und Ley/Reichmann 2020.

Außenstehenden (Kita, Schule, Großeltern etc.) muss sich die Familienhelfer*in eine schriftliche Einverständniserklärung/Schweigepflichtsentbindung (Wann, wo und zu welchem Zweck erfolgt der Austausch?) von der Familie einholen.

Im Zuge der Diskussion um Soziale Arbeit als Profession in der zweiten Hälfte des 20. Jahrhunderts in Deutschland wurden Evaluations- und Reflexionsinstrumente als methodische Garanten von Professionalität entwickelt und diskutiert. Professionelle Fachlichkeit Sozialer Arbeit wurde innerhalb administrativ gesteuerter Organisationen im Modell der »dualen Steuerung« als ein Nebeneinander mit jeweils eigenen Rationalitäten gedacht (vgl. Olk 1986, S. 218). Dabei sollte professionelle Qualität durch systematische Reflexion meist in kollegialen Teamzusammenhängen oder in der Supervision hergestellt werden. Zusätzlich galt die Selbstevaluation der professionellen Fachkräfte als Möglichkeit der Qualitätskontrolle und -entwicklung (vgl. Heiner 1994).

Die Verwaltungsmodernisierung und zunehmend betriebswirtschaftliche Orientierung der kommunalen Verwaltungen seit den 1990er Jahren beeinflusste auch die Entwicklung der Kinder- und Jugendhilfe. Sie geht einher mit der Weiterentwicklung der Sozialplanung, oft auf quantitativer Basis. Während die lokale Jugendhilfeplanung als gesetzliche Aufgabe gehalten ist, hilfebezogene Daten zu ermitteln und in Bezug auf die lokale Infrastrukturentwicklung auszuwerten, erfassen und verarbeiten überregionale Landes- und Bundesstatistiken Daten der Kinder- und Jugendhilfe in immer größerer Detailliertheit. Diskussionen um wirkungsorientierte Soziale Arbeit und evidenzbasierte Sozialwissenschaft (vgl. Sommerfeld 2016) wirken sich auf die Praxis ebenfalls vor allem dahingehend aus, dass Hilfeangebote ihre Wirkung anhand von verallgemeinerbaren Merkmalen und Kennzahlen im Vergleich mit anderen Anbietern messen lassen müssen. Beide Entwicklungen, das auf Kennzahlen beruhende Controlling wie die quantitative wissenschaftliche Statistik, generieren Berichts- und Nachweiserfordernisse, die sich auf alle Hilfearten der Kinder- und Jugendhilfe und damit auch auf die Sozialpädagogische Familienhilfe erstrecken. Dabei ist diese infolge ihres informellen und individuellen Charakters nur schwer quantitativ erfassbar, wodurch die daraus erwachsenden Berichtspflichten für die Sozialpädagogischen Familienhelfer*innen anspruchsvoll sind.

11.2 Darstellungs- und Präsentationskontexte der Sozialpädagogischen Familienhilfe

11.2.1 Professionelle Reflexion und Selbstevaluation

Es gehört zu den Grundstandards der Profession Soziale Arbeit, dass die fachliche Qualität der Arbeit – damit auch die Qualität der Fallarbeit in der Sozialpädagogischen Familienhilfe – systematisch reflektiert und weiterentwickelt wird. Im

Zuge der Professionalisierung Sozialer Arbeit wurden eine Vielzahl professioneller Methoden entwickelt, mit deren Hilfe Fachkräfte ihre Einschätzungen, Deutungen und Schlussfolgerungen, auf deren Basis sie ihre Indikationsentscheidungen treffen, im Hinblick auf Verzerrungen und Negativwirkungen kontrollieren und ihre Handlungsoptionen erweitern können. Methoden der fachlichen Selbstreflexion und Selbstevaluation gehören daher zum Handwerkszeug Sozialer Arbeit und sind für Arbeitszusammenhänge wie die Sozialpädagogische Familienhilfe besonders wichtig, die weitgehend in Einzelarbeit durchgeführt werden. Zur Fallarbeit gehört die regelmäßige Überprüfung der Arbeit durch andere Fachkräfte, z. B. den Teamkolleg*innen bei der kollegialen Intervision oder methodisch angeleitet im Rahmen von Supervision, durch die Leitung anhand von verschriftlichten Hilfeplänen und Entwicklungsberichten oder bei Beschwerden und in gerichtlichen Verfahren anhand der Aktenlage. Reflexion und Selbstevaluation finden grundsätzlich anhand von mündlichen oder schriftlichen Darstellungen der Arbeit der Fachkräfte statt. Sozialpädagogische Familienhelfer*innen müssen ihre Arbeit also regelmäßig gegenüber Kolleg*innen und anderen Fachkräften präsentieren.

11.2.2 Professionelle Dokumentation

In den arbeitsteiligen Kontexten der Organisationen der Kinder- und Jugendhilfe wird die Arbeit von Sozialpädagogischen Familienhelfer*innen dokumentiert, d. h. meist in Form mehr oder weniger formal festgelegter Dokumentationsformate verschriftlicht, in Akten abgelegt oder digital mithilfe von geeigneter Software erfasst. Bei der Dokumentation auch der Sozialpädagogischen Familienhilfe lassen sich die Funktionen Information, Argumentation, Selbstreflexion, Arbeitsorganisation, Verpflichtung und Evaluation unterscheiden (Reichmann 2022, S. 55 ff.):

- In der Sozialpädagogischen Familienhilfe werden bei der Dokumentation *Informationen* z. B. über den Status und Verlauf von Hilfen oder ihre Vorgeschichte vermittelt, aber auch über das methodische Handeln und Fallentscheidungen der Fachkräfte. In Akten werden sie der internen oder externen Kontrolle zur Verfügung gestellt, dienen aber auch alltagspraktisch dazu, den Verlauf der Familienhilfe über einen längeren Zeitraum nachzuvollziehen oder bei Vertretungssituationen und Betreuer*innenwechsel wichtige Informationen vorzuhalten.
- Die *Argumentationsfunktion* der Dokumentation spielt eine Rolle, wenn Hilfeentscheidungen vom üblichen Vorgehen abweichen oder anlässlich von Problemen oder Beschwerden gegenüber Leitung oder Kostenträgern legitimiert werden müssen.
- Schriftliche Selbstevaluationsformate, mit deren Hilfe die professionelle *Selbstreflexion* unabhängig von Teamarbeit und Supervision umgesetzt werden kann, wurden für die Sozialpädagogische Familienhilfe früh entwickelt. Da diese Instrumente der professionellen Selbstkontrolle durch die durchführenden Fachkräfte selbst angewendet werden konnten, schienen sie für die Sozialpädagogische Familienhilfe besonders geeignet (Helming/Schattner/Blüml 1999/2004,

S. 312–347). Sie unterstützten die Familienhelfer*innen dabei, die komplexen Erfahrungen in ihrem Tätigkeitsfeld zu ordnen, kritisch zu reflektieren und sich über das eigene Handeln zu vergewissern.
- Die *arbeitsorganisierende* Funktion von Dokumentation steht z. B. bei der Zusammenarbeit mit dem ASD im Vordergrund, wenn mehrere Hilfen eng miteinander verzahnt werden müssen, sowie beim Betreuer*innenwechsel oder dem Übergang in eine andere Hilfeart.
- Verschriftlichte *Verpflichtungen* werden in der Sozialpädagogischen Familienhilfe z. B. mit Hilfe- und Kontrollvereinbarungen, die mit Eltern oder jungen Menschen abgeschlossen werden, umgesetzt.
- *Evaluationsberichte* als Teil von Dokumentation werden erstellt, wenn Projekte der Sozialpädagogischen Familienhilfe bei unterschiedlichen Trägern ausgewertet und miteinander verglichen werden oder in der Sozialplanung im Rahmen der Entwicklung von spezialisierten Angeboten für bestimmte Zielgruppen mit einem besonderen Anforderungsprofil – in der Familienhilfe z. B. für Flüchtlingsfamilien oder für junge Familien mit Eltern ohne Schulabschluss und Ausbildung.

Für die Arbeit der Allgemeinen Sozialen Dienste (ASD) ist eine Zunahme der Arbeitsanteile belegt, die sich mit der Dokumentation – also mit Darstellungsaufgaben – beschäftigen (vgl. Seckinger u. a. 2008, S. 12 ff.). Auch im Arbeitsbereich der Sozialpädagogischen Familienhilfe wird Dokumentation immer wichtiger.

11.3 Organisation, Management und betriebswirtschaftliches Controlling der Kinder- und Jugendhilfe

Die Kontrolle und Weiterentwicklung der Arbeitsqualität in den Organisationen Sozialer Arbeit gehört zu den Aufgaben der Leitung und des Managements. Klassische Aufgaben des Controlling und der Personalwirtschaft wirken immer stärker auch in traditionelle Aufgabenbereiche Sozialer Arbeit hinein, wie sie die Sozialpädagogische Familienhilfe darstellt. Das bedeutet, dass die Organisationen zunehmend von einem Berichtswesen durchzogen werden, bei dem die inhaltlich-fachliche Arbeit mit dem Ressourceneinsatz und der Darstellung der Aufbau- und Ablauforganisation in einen Zusammenhang gebracht werden müssen (vgl. Merchel 2015, S. 31). Das beeinflusst die Darstellungsweisen und Inhalte, mit denen sich Sozialarbeiter*innen auch in der Sozialpädagogischen Familienhilfe im Rahmen ihrer Arbeit auseinandersetzen müssen. Dabei sind organisations- und managementbezogene Darstellungsaufgaben in der Familienhilfe besonders sensibel und fachlich komplex: Aufgrund der Schutzwürdigkeit der privaten Informationen, der gesetzlichen Vorgabe, junge Menschen und ihre Familien zu beteiligen, der Individualität der Fallentwicklungen und dem Kooperationsgebot bezüglich anderer Professionen ist es für Familienhelfer*innen besonders herausfordernd, den professionellen Darstellungsanforderungen zu genügen.

Unter dem Finanzdruck der kommunalen Haushalte und um die expandierende Kostenentwicklung zu steuern, müssen sich zunehmend auch Mitarbeiter*innen in der Sozialpädagogischen Familienhilfe gegenüber Controllingstellen rechtfertigen. Fallentscheidungen, die vom geplanten Hilfeverlauf abweichen und wenn höhere Ausgaben zu erwarten sind, müssen ausführlich und meist schriftlich begründet werden. Obwohl noch in den 1990er Jahren Familienhilfe als ein Instrument angesehen wurde, mit dem nicht nur Familienzusammenhänge erhalten, sondern auch teure stationäre Jugendhilfemaßnahmen vermieden werden konnten, führte die anhaltende Erfolgsgeschichte der Sozialpädagogischen Familienhilfe seit ihrer Einführung als Regelangebot auch dazu, dass diese Hilfeart selbst zu einem kommunalen Kostentreiber wurde. Deren Einsatz wird zunehmend reglementiert. Bei der Sozialpädagogischen Familienhilfe stehen der Administration verschiedene Maßnahmen zur Verfügung, die Kostenentwicklung zu steuern: Sie begrenzen die Anzahl der Hilfen, z. B. indem die Gewährung an Hürden geknüpft oder die wöchentliche Stundenzahl oder die Hilfedauer gekürzt werden. Darüber hinaus kann der Kostendruck auf Träger durch marktwirtschaftliche Instrumente wie Ausschreibungen und Benchmarking verstärkt werden.

In einem Fallinterview in einer Studie über Fachkräftekonflikte in der Kinder- und Jugendhilfe äußerte eine Familienhelferin:

> »Und das gab da schon auch Konflikte, wenn ich in der Teambesprechung da gesagt hab: Das [Kind] muss raus. Dann hat meine Chefin auch mal schnell: Ujujujuj. Das geht ja gar nicht. Muss man … noch mal gucken. … So, also wo man schon wusste, wenn du 'ne Unterbringung hast, dann musst du das sehr, sehr gut begründen, so, ne? Und dann müssen eigentlich auch alle Möglichkeiten schon ausgelotet sein. … Mussten immer, wenn wir solche Maßnahmen so was ansteht, dann ja, musst du dir was Gutes überlegen, dass wir's durchkriegen« (Reichmann 2018, S. 127).

Die Familienhelferin schildert Probleme in einer Organisationseinheit der Sozialpädagogischen Familienhilfe, die mit dem Ziel eingerichtet wurde, teure stationäre Unterbringungen von Kindern zu reduzieren. Daraus entstand der Handlungsdruck, Hilfeentscheidungen an die statistischen Erwartungen anzupassen. Die Beendigung einer Sozialpädagogischen Familienhilfe und die Unterbringung eines Kindes außerhalb seiner Familie erschienen durch die hohen Folgekosten als ein besonders legitimierungsbedürftiger Schritt. Die Darstellungsfähigkeiten der Fachkräfte wurden besonders gefordert. Darüber hinaus war für die ganze Organisationseinheit wichtig, dass die Leitung die Wichtigkeit der Aufgabe und auch Abweichungen von den Vorgaben gegenüber den betriebswirtschaftlichen Controller*innen begründen konnte.

In der Kinder- und Jugendhilfe nimmt die Bedeutung betriebswirtschaftlichen Controllings zu. Sie wirkt sich auch auf verwaltungsferne Tätigkeiten wie die Fachlichkeit der Sozialpädagogischen Familienhilfe aus. Es wird zunehmend zum Standard, dass Organisationseinheiten und Träger die Wirksamkeit ihrer Maßnahmen durch quantifizierte Vergleichs- und Zielzahlen (Kennzahlen) nachweisen müssen. So berichtet die Familienhelferin:

»Die letzte [Statistik] war ja noch ganz gut ... Da war, glaub ich, die Hälfte der Fälle haben wir verhindern können von einem Jahr. Aber die nächste sieht nicht mehr so gut aus. Aber das liegt nicht an uns. Das liegt an den Fällen. ... Wenn du fünf Herausnahmen[43] hattest, dann sitzt du da in der Dienstbesprechung und hast 'n Scheißgefühl. Und weißt, es wird hier Ärger geben. Du musst dir was verdammt Gutes ausdenken, ne« (ebd., S. 129f.).

Die Quantifizierung von Wirkungsmesszahlen und die Kategorisierung von Fällen nach vorgegebenen Kriterien sind bei einem einzelfallorientierten Bereich wie der Sozialpädagogischen Familienhilfe besonders schwierig. Denn deren Methodik beruht auf dem individuellen Eingehen auf die Anforderungen und Problemlagen der Familien und erschwert es somit, Fälle unter grobe Kategorien zu fassen. Familienhelfer*innen müssen dabei ihre ureigenen fachlichen Inhalte für vollkommen anders ausgerichtete Bereiche übersetzen.

11.4 Legitimation von Hilfeentscheidungen in Konfliktlagen und besonders schwierigen Fällen

Insbesondere bei schwierigen Fallkonstellationen, wenn es zu Konflikten mit der Familie und bei akuter Kindeswohlgefährdung um Inobhutnahmen gegen den Willen der Eltern geht, können durch Beschwerden und im Extremfall durch Anzeigen gegen Fachkräfte der Sozialpädagogischen Familienhilfe Gerichte einbezogen werden, die überprüfen, ob die fachliche Qualität der Arbeit den professionellen Standards entspricht. Erstes Nachweismittel sind in diesen Fällen die Fallakten und die darin enthaltenen schriftlichen Dokumente: Hilfeplanprotokolle und Entwicklungsberichte sowie sonstige Schriftstücke wie Hilfe- und Kontrollvereinbarungen oder Vermerke anlässlich besonderer Vorkommnisse. Im Zuge des Verfahrens können auch Vorladungen und mündliche Anhörungen anstehen. Bei Beteiligung der Öffentlichkeit kann es zu Presseanfragen an die Organisation kommen, woraufhin Leitung und Fachkräfte gemeinsam ihre Strategie festlegen und Stellungnahmen und Verlautbarungen erarbeiten müssen. Besonders schwierig ist dabei, dass Inhalte der eigenen Arbeit gegenüber fachfremden Professionellen kommuniziert und nachvollziehbar deutlich gemacht werden müssen und es dafür in der Regel keine Unterstützungsstruktur z.B. durch Pressesprecher*innen gibt.

---

43 Gemeint sind Unterbringungen von Minderjährigen außerhalb der Familie in stationären Einrichtungen der Kinder- und Jugendhilfe. Der Begriff »Herausnahme« wird vom Gesetzgeber nicht mehr verwendet; er kommt allerdings im Alltagssprachgebrauch noch vor.

11.5 Öffentlichkeits- und Pressearbeit

Öffentlichkeits- und Pressearbeit gehören zur Aufgabe von Trägern der Kinder- und Jugendhilfe und somit zur Sozialpädagogischen Familienhilfe dazu. Durch Öffentlichkeitsarbeit werden Auftraggeber und Kostenträger auf Angebote aufmerksam gemacht und über das spezifische Profil der Hilfe informiert. Je mehr sich Jugendhilfeträger im sozialwirtschaftlichen Marktgeschehen positionieren müssen, desto größer ist die Bedeutung von Öffentlichkeitsarbeit. Wird Presse involviert, so ist diese oft an einer möglichst realitätsnahen und plastischen Darstellung der Arbeit interessiert. In diesem Zusammenhang kann auch angefragt werden, ob Sozialpädagogische Familienhelfer*innen persönlich befragt oder sogar bei der Arbeit begleitet werden können.

Jedes Konzept der Öffentlichkeitsarbeit sollte Antworten auf folgende Frage beinhalten:»Was wollen wir (Botschaft) wem (Zielgruppe [der Botschaft]) warum (Anlass) auf welchem Wege (Medium) wie (Methode) mit welchen Zielen (Wirkung) mitteilen« (Pfannendörfer 2013, S. 709)? Grundsätzlich ist der Datenschutz zu beachten, wodurch eine Begleitung der Arbeit durch Presse grundsätzlich nicht in Frage kommt. Einzelfälle, die bei der Öffentlichkeitsarbeit einbezogen werden, müssen anonymisiert oder pseudonymisiert werden, doch sie dürfen auch nicht anhand geschilderter Ereignisse oder einer individuellen Fallkonstellation für Außenstehende wiedererkennbar sein. Sie dürfen als fachliche Exempel weder Sensationslust noch Klischees bedienen, sondern die Botschaft eines Beitrags illustrieren und für Fachfremde leicht nachvollziehbar sein.

11.6 Gremienarbeit

Auch die Darstellung der Praxis vor fachlichen oder politischen Gremien gehört zur Arbeit der Sozialpädagogischen Familienhilfe.

Jugendämter sind zweigliedrig und bestehen gemäß § 71 SGB VIII aus der Verwaltung der Jugendhilfe und dem Jugendhilfeausschuss. Da der Jugendhilfeausschuss als politisches Entscheidungsgremium für die Kinder- und Jugendhilfe eine große Rolle spielt, wird er einbezogen, wenn über grundsätzliche fachliche Ausrichtungen oder Ausschreibungen von Maßnahmen entschieden wird. In diesem Zusammenhang kann es dazu kommen, dass Sozialpädagogische Familienhelfer*innen ihre Arbeit vor dem Jugendhilfeausschuss und damit öffentlich präsentieren, erläutern und ihren Sinn und ihre Wirksamkeit nachweisen müssen. Dies beinhaltet die Vorbereitung einer Präsentation, bei der möglichst knapp und dennoch prägnant zentrale Inhalte zusammengestellt und in einem Kurzvortrag vorgetragen werden.

Auch in einer Arbeitsgemeinschaft nach § 78 SGB VIII, die sich aus Repräsentant*innen von freien und öffentlichen Trägern der Kinder- und Jugendhilfe zusammensetzt, kann die Darstellung des eigenen Arbeitsprofils notwendig sein. Hierbei wird vor allem ein Fachpublikum adressiert. Problematisch kann dabei sein, dass es sich um sozialwirtschaftlich konkurrierende Träger handeln kann.

11.7 Lehre, Praxisforschung und externe Evaluation

Hochschulen Sozialer Arbeit praktizieren häufig einen engen Kontakt mit Praxisstellen, um praxisbezogene Einblicke und Elemente in die Lehre einzubinden. Das Berufspraktikum stellt eine wesentliche Phase im Studium dar. Der hochschulische Praxisbezug kann örtlich durch Praxisforschungsprojekte ergänzt werden. Praxisbezogene Lehre und Forschung beinhalten, dass Fachkräfte der einbezogenen Praxisstellen ihre Arbeitskontexte und ihre Arbeit für die Studierenden und Forschenden aufbereiten, indem sie diese im Dialog erläutern, durch geeignetes Material zugänglich machen oder in Kurzvorträgen präsentieren. Das gilt auch für die Sozialpädagogische Familienhilfe.

Praxisforschung ist eine wichtige Traditionslinie in der Sozialarbeitsforschung. Sie stellt eine Form wissenschaftlicher Empirie dar, für die die Kooperation zwischen Wissenschaft und Praxis essenziell ist. Bei kooperativen Wissenschaftsprojekten und bei der wissenschaftlichen Begleitforschung und externen Evaluation ist nicht unbedingt vorauszusetzen, dass den externen Wissenschaftler*innen die Rahmenbedingungen der häufig sehr individuellen professionellen Handlungskontexte und die Strukturen, in denen die Kinder- und Jugendhilfe lokal organisiert ist, bekannt sind. Daher müssen Vorgaben, Regeln und Organisationsstrukturen zugänglich gemacht und die Prozesse der Arbeitspraxis nachvollziehbar dargestellt werden. Das gilt besonders, wenn Studierende einbezogen sind. Für operative Fachkräfte ist die Übersetzung eingespielter Routinen ihrer Berufspraxis für Außenstehende oft schwierig, weil sie sich ein Bewusstsein der Abläufe und ihrer eigenen Rolle darin erst vergegenwärtigen müssen, um sie kommunizieren zu können.

11.8 Informationen für junge Menschen und ihre Familien, die in der Sozialpädagogischen Familienhilfe begleitet werden

Potenzielle Adressat*innen von Angeboten Sozialer Arbeit wie der Sozialpädagogischen Familienhilfe – junge Menschen und ihre Familien – müssen darüber informiert werden, was sie bei der Beantragung und Umsetzung dieses Angebots der Kinder- und Jugendhilfe zu erwarten haben. Grundsätzlich handelt es sich bei der Sozialpädagogischen Familienhilfe um eine Leistung, die freiwillig in Anspruch genommen wird. Eine informierte Entscheidung zu treffen, setzt ein Mindestmaß an Informationen an die Familien voraus. So stellen viele Träger der Kinder- und Jugendhilfe Informationen auf ihrer Internetseite oder Handreichungen oder Flyer bereit, auf denen das Profil der Arbeit kurz und nachvollziehbar dargestellt wird.

11.9 Berufspolitische Interessenvertretung

Nicht zuletzt erfordert die berufspolitische Interessenvertretung von Sozialarbeiter*innen, die in der Sozialpädagogischen Familienhilfe tätig sind, dass sie das spezifische Profil ihrer Tätigkeit beschreiben, in Berufsverbänden und Gewerkschaften kommunizieren und mit seiner besonderen Anforderung veröffentlichen und bekannt machen. Bereiche Sozialer Arbeit, deren Profil als besonders anspruchsvoll gilt und die in der breiten Öffentlichkeit bekannt sind wie z. B. der Allgemeine Soziale Dienst der Jugendämter (ASD), sind im Tarifvertrag mit eindeutigen Tätigkeitsmerkmalen und Eingruppierungen repräsentiert. Die Sozialpädagogische Familienhilfe dagegen hat es, obwohl es sich um eine profilierte und verbreitete Hilfe zur Erziehung handelt, bisher nicht geschafft, einen eigenen Paragrafen im Tarifvertrag des öffentlichen Dienstes zu erlangen.

> »Bei der letzten Verhandlung der Eingruppierungsmerkmale im TVöD (Tarifvertrag öffentlicher Dienst) haben sich die Sozialarbeiter*innen nicht gut geschlagen. Viele Arbeitsbereiche, die in der Öffentlichkeit nicht so bekannt sind wie der ASD der Jugendämter, sind dort nicht beschrieben. Das betrifft auch die Familienhilfe. Es gibt immer noch Leute, die das fachliche Profil unserer Arbeit nicht kennen und uns mit Haushaltshilfen verwechseln« (Quelle: mündliche Mitteilung einer Familienhelferin).

11.10 Unterschiede zwischen praktischer Tätigkeit und öffentlichen Darstellungen

Die Situationen, in denen die eigene Arbeit nicht nur umgesetzt, sondern auch kommuniziert und dabei nachvollziehbar erläutert oder gerechtfertigt werden muss, nehmen zu. Gleichzeitig unterscheiden sich die Anforderungen, die sich bei der schriftlichen Dokumentation oder bei mündlichen Präsentationen stellen, sehr stark von praktischen Umsetzungskompetenzen Sozialer Arbeit und können sogar im Widerspruch zu ihnen stehen. Das gilt für einen Arbeitsbereich wie die Sozialpädagogische Familienhilfe besonders, die sich weitgehend im Privatraum der Familien abspielt und ihre methodischen Instrumente vor allem bei der persönlichen, dialogischen Interaktion (▶ Kap. 4; ▶ Kap. 5) anwendet, während öffentliche Präsentationsaufgaben auf Vorträge vor Gruppen und aufmerksamkeitsbetonte Effekte gerichtet sein können. Sozialpädagogischen Familienhelfer*innen erscheint daher die Präsentation ihrer Arbeit häufig als schwierig.

Hinzu kommt, dass die Soziale Arbeit als Profession mit einem umfassenden Technologiedefizit gilt. Wirkzusammenhänge sind häufig uneindeutig und kaum darstellbar (vgl. Luhmann/Schorr 1982) und gerade die Fallarbeit lässt sich aufgrund der Individualität der Personen, Konstellationen und Verläufe nicht einfach unter allgemeine Kategorien subsumieren. Für Fachkräfte ist es gerade bei langjähriger Berufserfahrung äußerst schwierig, ihr breites, intuitives und praktisch höchst wirksames Methodeninventar in Worte zu fassen. Auch für die Beschreibung von Problemlagen existiert nicht wie z.B. in der Medizin ein ausgearbeitetes Kategoriensystem beschreibbarer Merkmale, sondern die Professionalität des Berufs besteht darin, individuelle Problemkonstellationen und -zusammenhänge immer wieder neu und unter Beteiligung der jungen Menschen und ihrer Familien zu rekonstruieren. Die Sensibilität der Daten und der umfassende Datenschutz im SGB VIII erschweren zusätzlich die Information über die Arbeit.

Von Seiten der adressierten Zielgruppen und der Öffentlichkeit wird die Darstellung der Arbeit in der Kinder- und Jugendhilfe zum Teil dadurch erschwert, dass Medien Jugendhilfefälle in skandalisierender Weise aufbereiten (vgl. Brandhorst 2015; Biesel u.a. 2019). Von Seiten der Organisationen wird dem manchmal mit extremer Verschwiegenheit bis zur Tabuisierung von Problemen begegnet (vgl. Reichmann 2018, S. 83 ff). Dies trägt nicht zur Aufklärung und Wertschätzung Sozialer Arbeit bei. Im Arbeitskontext konkurrieren ausufernde Berichts- und Dokumentationsanforderungen vor allem dann mit den Anforderungen der praktischen, adressat*innenbezogenen Arbeit, wenn nicht ausreichend Zeit zur Verfügung steht.

Eine betriebswirtschaftliche Berichtorientierung in Organisationen Sozialer Arbeit kollidiert mit den fachlichen Anforderungen. Bei der Aufbereitung und Präsentation quantifizierter Daten mit kategorialen, hochabstrakten Merkmalsklassen wird eine Fallperspektive kultiviert, die der fachlichen Ausrichtung von Sozialarbeiter*innen geradezu entgegengesetzt ist. Bei einer Digitalisierungsentwicklung, die sich vorrangig auf Datengewinnung und weniger auf professionelle Standards der Arbeitspraxis Sozialer Arbeit ausrichtet, kann sogar ein Deprofessionalisierungsrisiko entstehen, weil sich Fachkräfte in Anpassung an die Vorgaben ureigene Kompetenzen der Profession abtrainieren.

Die Kommunikationsanforderungen, die sich in der Sozialen Arbeit allgemein und damit auch in der Jugendhilfe und in der Sozialpädagogischen Familienhilfe stellen, beinhalten erhebliche Widersprüche, so dass es sich empfiehlt, diese innerhalb der Organisationen arbeitsteilig zu lösen und zumindest Sozialarbeiter*innen bei der Präsentation und Kommunikation ihrer Arbeit durch spezialisierte Fachkräfte zu unterstützen.

11.11 Handreichungen für die praktische Arbeit

Bei der professionellen Dokumentation im Arbeitsalltag der Sozialpädagogischen Familienhilfe stellen die Kontaktdokumentation und die Entwicklungs- oder Fallberichte grundlegende Formate dar. Die Kontaktdokumentation dient vorrangig der Strukturierung der eigenen Arbeit, also dazu, Fallprozesse wahrzunehmen, zeitlich einzuordnen und zu bewerten und die Umsetzung der Aufgaben und Ziele zu überprüfen. Insofern stellt eine regelmäßige Kontaktdokumentation auch ein Instrument der Selbstvergewisserung, der Reflexion und Selbstevaluation dar. Darüber hinaus ist sie als Informationsbasis für umfassendere Berichte wichtig.

Vorlage Kontaktdokumentation Sozialpädagogische Familienhilfe (in Anlehnung an Reichmann, Ute (2022): Schreiben und Dokumentieren in der Sozialen Arbeit. Struktur, Orientierung und Reflexion für die berufliche Praxis. 2., erweiterte Auflage. Opladen: Budrich, S. 204)

Kontakttermin/-ort	**Datum/Dauer/Ort**
Name [Fachkraft]	
Kontaktfrequenz und -umfang lt. Hilfeplan	
Aufgaben Vortermin Fachkraft/Familie Erledigungsstatus Kommentar	
Aktuelle Ziele laut Hilfeplan Konkrete Vorhaben Umsetzungsstatus	
Relevante Ereignisse (*stichwortartig*)	
Kommentare (*inkl. Deutungen und Hypothesen*)	
Schlussfolgerungen daraus für die nächsten Kontakte	
Konkrete Aufgaben (*bis zum nächsten Termin*) Fachkraft/Familie	
Offene Fragen	

Die laufende Arbeit wird in der Sozialpädagogischen Familienhilfe regelmäßig in Entwicklungs- und Hilfeberichten dokumentiert. Diese Berichte dienen als Informationsgrundlage für Entscheidungs- und Hilfeplanungsgremien, indirekt aber auch zur Kontrolle der Hilfeverläufe und damit der Arbeitsqualität. In Entwicklungsberichten werden Empfehlungen für den weiteren Hilfeverlauf, die Organisation oder die Beendigung von Hilfen oder Hilfewechsel entwickelt.

Vorlage Entwicklungsbericht Sozialpädagogische Familienhilfe (in Anlehnung an Reichmann, Ute (2022): Schreiben und Dokumentieren in der Sozialen Arbeit. Struktur, Orientierung und Reflexion für die berufliche Praxis. 2, erweiterte Auflage. Opladen: Budrich, S. 207)

Entwicklungsbericht Sozialpädagogische Familienhilfe

Name _____
Familie/Familienmitglieder _____
Name Sozialpädagogische Familienhelfer*in _____
Datum _____
Berichtszeitraum vom _____ bis _____
Der Bericht wurde folgenden Personen zugeleitet:
_____
Der Bericht wurde mit folgenden Personen besprochen:
_____

1. Grund- oder Stammdaten

Grunddaten der Familie
Name, Wohnort, Kontaktdaten, Geburtsdatum (Alter), sonstige wichtige Informationen (z. B. sorgerechtlicher Status, Aufenthaltsstatus, Grad einer Behinderung usw.)
_____
_____

Wirtschaftliche/Wohnverhältnisse (*in Stichworten*)
_____
_____

Ggf. Anlagen: Stellungnahmen und Berichte anderer Institutionen
_____
_____

---

2. Netzwerkliste

Namen und Kontaktdaten relevanter Kooperationspartner*innen bei der Umsetzung der Hilfe (tabellarisch)

Kooperationspartner*innen	Kontaktdaten

Ggf. Anlage: Netzwerkdiagramm, Soziogramm

3. Darstellung der aktuellen Situation

Einschätzung der aktuellen Lebenssituation und des Entwicklungs- und Kompetenzstatus

Problembeschreibung, bisherige Entwicklung

Aktivierbare Stärken und Ressourcen

Bisherige Interventionen im Rahmen der Hilfe und ihr Ergebnis (erreichte und nicht erreichte Ziele)

Dissense, Konflikte, ungelöste Probleme und offene Fragen

Notwendige Veränderungen, weiterer Hilfebedarf des jungen Menschen, mittelfristige Perspektiven und Planungen der Hilfe

4. Informationen zur Vorgeschichte

Familiengeschichtliche Informationen

Zusätzliche Informationen zur Biografie und Familiengeschichte usw. als Anhang (z. B. Genogramm, sonstige Grafiken, Anamnesen usw.)

Schlussfolgerungen

Informationen zur Hilfegeschichte

Eigene Aktivitäten der Familie bei der Problembewältigung

Schlussfolgerungen (insbesondere Chancen und Risiken für die aktuelle Hilfe)

5. Informationen zur Hilfe

Mit der Familie vereinbarte Themen und Aufgaben der Hilfe

Zusammenarbeit

Ziele der Hilfe aus Sicht der Familie, ggf. Zielkonflikte, Schwierigkeiten bei der Umsetzung

Hilfeempfehlungen, nächste Planungsschritte

Nicht zu bearbeitende Themen

Die Dokumentations- und Darstellungsanforderungen auch bezogen auf ein begrenztes Aufgabenfeld wie das der Sozialpädagogischen Familienhilfe sind zu vielfältig, um in seiner Gänze in einem einführenden Lehrbuch dargestellt zu werden. Die folgende Aufstellung stellt lediglich wichtige Aspekte, die beachtet werden müssen, zusammen.

Vorlage: Professionelle Darstellungsanforderungen in der Sozialpädagogischen Familienhilfe (in Anlehnung an Reichmann, Ute (2022): Schreiben und Dokumentieren in der Sozialen Arbeit. Struktur, Orientierung und Reflexion für die berufliche Praxis. 2., erweiterte Auflage. Opladen: Budrich, S. 195)

Identifikation der Funktionen, Ziele und Zielgruppen eines Darstellungsformats

Klärung der verfügbaren Zeiträume, der Präsentationskontexte und Rahmenbedingungen

Festlegung der Medien und Textformate (digitale Präsentation, Vortrag, Flyer, Berichtstext, Konzeptpapier, usw.)

Klärung der zu präsentierenden Inhalte:
  Was (Botschaft)?
  Warum (Anlass)?
  Mit welchen Zielen (Wirkung)?
  Klärung der Datenschutzauflagen, ggf. Anonymisierung/Pseudonymisierung und Maskierung wiedererkennbarer Inhalte

Klärung der Vorgaben von Seiten der Organisation

Festlegung bzw. Beschränkung der Veröffentlichung (schriftlich oder digital)

11.12 Hilfen für das Selbststudium

11.12.1 Zusammenfassung

Zunehmend müssen auch professionelle Fachkräfte in der Sozialpädagogischen Familienhilfe ihre Arbeit nachvollziehbar darstellen, Ziele müssen beschrieben, die Notwendigkeit der Dienstleistung muss belegt und Wirkungen müssen nachgewiesen werden – gegenüber Leitung, politischen Gremien, Gerichten, Kostenträgern, einer wissenschaftlichen Öffentlichkeit, bei der Pressearbeit, durch berufsverbandliche oder Gewerkschaftsarbeit usw. Im Kapitel wurden Grundlageninformationen bezüglich der organisations- und jugendhilfeinternen oder externen Darstellungs- und Öffentlichkeitsarbeit im Arbeitsfeld der Sozialpädagogischen Familienhilfe vermittelt.

11.12.2 Übungsaufgaben für das Selbststudium oder in der Gruppe

Stellen Sie sich vor: Eine lokale Zeitung tritt an Sie als Familienhelfer*in heran und teilt Ihnen mit, dass von der Redaktion eine groß angelegte Spendenaktion für Familien in Not geplant wird. Zu diesem Zweck würden sie gern ein Interview mit Ihnen machen, um etwas über die Lebenssituation von Familien in Not zu erfahren und auch darüber, welche Hilfen es gibt. Sie erbitten sich drei Tage Bedenkzeit und nehmen sich die Vorlage »Professionelle Darstellungsanforderungen in der Sozialpädagogischen Familienhilfe« (siehe oben in diesem Kapitel) zur Hand. Gehen Sie die einzelnen Aspekte durch. Beantworten Sie diese für den Kontext des angefragten Interviews. Zu welchem Ergebnis gelangen Sie? Würden Sie sich auf dieser Grundlage für oder gegen ein Interview entscheiden? Was müssten Sie beachten, wenn Sie das Interview zusagen?

Literatur zum Weiterlesen

Reichmann, Ute (2022): Schreiben und Dokumentieren in der Sozialen Arbeit. Struktur, Orientierung und Reflexion für die berufliche Praxis. 2., erweiterte Auflage. Reihe: Soziale Arbeit. Opladen: Budrich.
Wichtige Internetadresse: Deutscher Berufsverband für Soziale Arbeit: www.dbsh.de.

Schlusswort

An das Ende dieser Veröffentlichung setzen wir als Autor*innen unsere Hoffnung, dass Sie als Lehrende, Studierende, als Expert*innen, als Interessierte auf die meisten Ihrer Fragen in dem Buch Antworten oder jedenfalls Anregungen und Impulse gefunden haben. Wir hoffen das, weil wir nicht nur als Hochschullehrende im Feld der Sozialen Arbeit unterwegs sind, sondern auch in der entsprechenden Praxis; und weil wir deshalb wissen, wie vielfältig und komplex die ambulanten Sozialpädagogischen Familienhilfen sind. Von daher ist es unmöglich, tatsächlich alle Themenbereiche dieses Arbeitsfeldes zu vertiefen. Das ist und bleibt unbefriedigend, aber es war uns bewusst, als wir mit der Arbeit an diesem Lehr- und Praxisbuch begannen. So werden Sie in diesem Band bspw. nur ansatzweise Inhalte zur Arbeit mit Familien im Fluchtzusammenhang finden. Auch haben wir das Thema Migration in der Sozialpädagogischen Familienhilfe an einigen Stellen im Buch angesprochen, jedoch nicht explizit in einem eigenen Kapitel vertieft. Das Thema Rassismus im Kontext der Kinder- und Jugendhilfe wird lediglich benannt. Ebenso wurden die Entwicklungen der Digitalisierung nicht weiter ausgeführt. Uns ging es an den jeweiligen Stellen um die Herstellung der jeweiligen Zusammenhänge und Problembeschreibungen im Arbeitsfeld. Eine Erweiterung des Buches um einzelne Kapitel zu speziellen Themenbereichen hätte den Umfang dieser Publikation allerdings weit überstiegen und deshalb mussten wir darauf verzichten. So müssen wir für den Erwerb von vertiefendem Wissen zu diesen Themen auf die Lektüre einschlägiger Fachbücher verweisen. Dies gilt auch bspw. für Themen wie Eltern/Familien mit psychischen Erkrankungen, Sucht, körperliche Gewalt, psychische Gewalt, sexuelle Gewalt, Angst, extreme politische Positionierungen, Gefahr von rechts, bei denen ein großes fachliches Interesse vorhanden ist.

Wichtig ist es uns, darauf hinzuweisen, dass das professionelle Arbeitsfeld von permanenten Umbrüchen geprägt wird und Weiterentwicklungen dazugehören. So wie die gesamte Gesellschaft sich anhaltend verändert, muss das auch die Soziale Arbeit, zumal die Familien der Sozialpädagogischen Familienhilfe ebenso auf Wandlungen und entsprechend neue Herausforderungen reagieren müssen. Das gilt gegenwärtig insbesondere im Hinblick auf die weiteren Entwicklungen im SGB VIII hin zu einem Inklusionsgesetz. Familienhilfe wird sich in diesen Fragen in seiner konkreten Praxis, in seinen Wissensbeständen und Strukturen wieder weiterentwickeln müssen. Besonders auch die weiteren Entwicklungen der rechtlichen Hintergründe sind für das professionelle Handeln in der Sozialpädagogischen Familienhilfe erheblich. Sie bilden wichtige Rahmenbedingungen und konkretisieren die Aufgaben, die angegangen werden müssen. All das wird die

Fachkräfte immer wieder vor neue Herausforderungen stellen, die bewältigt werden müssen. Unser Buch kann hierfür sicherlich wichtige Grundlagen legen, auf die in der Praxis und im Studium sowie in der Lehre aufgebaut werden kann. Fachkräfte, Studierende und Lehrende sind jedoch gut damit beraten, auch darüber hinaus neues Wissen zu generieren und die eigene Praxis kreativ weiterzuentwickeln – am besten im Dialog mit anderen und der Beteiligung der jeweiligen Partner*innen mit dem Ziel der humanen Gestaltung sozialer Dienstleitungen.

Abkürzungsverzeichnis

ASD	Allgemeiner Sozialdienst/Allgemeiner Sozialpädagogischer Dienst
BGB	Bürgerliches Gesetzbuch der Bundesrepublik Deutschland
BRD	Bundesrepublik Deutschland
COS	Charity Organisation Society
EFB	Erziehungs- und Familienberatungsstelle
e.V.	eingetragener Verein
GbR	Gesellschaft bürgerlichen Rechts
GG	Grundgesetz der Bundesrepublik Deutschland
GmbH	Gesellschaft mit beschränkter Haftung
Km	Kindesmutter
MTA	Medizinisch-technische Assistentin
MV	Mecklenburg-Vorpommern
RSD	Regionaler Sozialdienst/Regionaler Sozialpädagogischer Dienst
SGB	Sozialgesetzbuch
SGB I	Sozialgesetzbuch I/Allgemeiner Teil
SGB VIII	Sozialgesetzbuch VIII/Kinder- und Jugendhilfe
SGB X	Sozialgesetzbuch X/Sozialverwaltungsverfahren und Sozialdatenschutz
SPFH	Sozialpädagogische Familienhilfe
StGB	Strafgesetzbuch
TBV	Tatbestandvoraussetzungen
TvöD	Tarifvertrag öffentlicher Dienst
UN-KRK	Kinderrechtskonvention der United Nations
UN	United Nations/Vereinte Nationen

Methodenkoffer

Verfahren und Techniken

A

Anamnese 60, 61
Arbeit mit Puppen 101
Auftragsklärung 47, 48

B

Beteiligung 77, 80, 82, 85, 87, 88, 90–93, 95, 138, 141, 142, 199, 200, 221, 239
Biografiearbeit 117, 119–121, 204

C

Clearing 62

D

Dialogische Qualitätsentwicklung 223
Dialogisches Elterncoaching 124
Dokumentation 230, 232, 233

F

Fallarbeit 58
Falleingangsphase 64, 66
Fallmanagement 59
Fallsupervision 36
Fallverstehen 58
Familienkonferenz 84
Familienrat 84, 104
Fotoanalyse 100, 101

G

Gefährdungseinschätzung 134
Geh-Struktur 18
Genogrammarbeit 117, 126, 129
Geschichten erfinden 103

H

Haushaltsplan 170, 171
Hilfeplanverfahren 65, 66
Hilfe und Kontrolle 28–30, 54

I

Intervention 61

K

Kinderschutzbogen 139
Kollegiale Beratung 153, 224
Komm-Struktur 18
Kooperationen und Vernetzung 209, 210
Krisenintervention 63

L

Lebenslinie 193

M

Multiperspektivische Fallarbeit 59, 209

N

Nähe und Distanz 55, 56
Netzwerkkarte 123, 195, 196

P

Partnerschaftliche Zusammenarbeit 221, 222
Perspektivwechsel 36
Professionelle Reflexion und Selbstevaluation 231

R

Ressourcenkarte 195
Rollenspiel 37

S

Selbstanalysebogen 125
Soziale Diagnostik 61
Sozialpädagogische Familiendiagnose 95, 96

Systemische Fragetechniken 128, 130
Systemisches Case Management 194

V

Veränderungskalender 126

Z

Zeitstrahl 45, 122
Ziele 200

Theorien Sozialer Arbeit

L

Lebensweltorientierte Familienhilfe 112, 113
Lebensweltorientierung 28–30, 112, 113

S

Sozialraumorientierung 30, 194

Weitere Vorlagen

- Berliner Kinderschutzbögen: Senatsverwaltung für Bildung, Jugend und Familie I Fachbereich Kinderschutz und Prävention – III C:
  https://www.berlin.de/sen/jugend/familie-und-kinder/kinderschutz/%23hilfe;
  der jeweils altersdifferenzierte Kinderschutzbogen ist ggf. auch über die Liga und die bezirklichen Jugendämter zu beziehen – bitte dort anfragen
- Rahmenleistungsbeschreibung § 31 SGB VIII Land Berlin:
  SenBJF – Senatsverwaltung für Bildung, Jugend und Familie (2025): Berliner Rahmenvertrag für Hilfen in Einrichtungen und durch Dienste der Kinder- und Jugendhilfe (BRV Jug) 1. Anlage D.1: Rahmenleistungsbeschreibung. Ambulante Sozialpädagogische Erziehungshilfen nach §§ 29, 30, 31 und 35 SGB VIII in der Fassung vom 01.01.2025. Berlin: SenBJF. https://www.berlin.de/sen/jugend/recht/rahmenvertraege/brvjug, dort Anlage_D1_Rahmenleistungsbeschreibung Ambulante Sozialpädagogische Erziehungshilfen nach §§ 29, 30, 31 und 35 SGB VIII [Zugriff: 16.07.2025]

Literaturverzeichnis

Ackermann, Timo (2017): Über das Kindeswohl entscheiden. Eine ethnographische Studie zur Fallarbeit im Jugendamt. Entscheidungsprozesse im Jugendamt bei Fällen von Kindeswohlgefährdung. Bielefeld: transcript.
Ahlheim, Rose/Hülsemann, Wilfried/Kapczynski, Helmut/Kappeler, Manfred/Liebel, Manfred/Marzahn, Christian/Werkentin, Falco (1978): Gefesselte Jugend. Fürsorgeerziehung im Kapitalismus. 5., unveränderte Auflage. Frankfurt: Suhrkamp (letzte überarbeitete Auflage 1972).
Albus, Stefanie/Greschke, Heike/Klingler, Birte/Messmer, Heinz/Micheel, Heinz-Günter/Otto, Hans-Uwe/Polutta, Andreas (2010): Wirkungsorientierte Jugendhilfe. Abschlussbericht der Evaluation des Bundesmodellprogramms »Qualifizierung der Hilfen zur Erziehung durch wirkungsorientierte Ausgestaltung der Leistungs-, Entgelt- und Qualitätsvereinbarungen nach §§ 78a ff SGB VIII«. Münster: ISA Planung und Entwicklung GmbH. https://www.uni-bielefeld.de/fakultaeten/erziehungswissenschaft/arbeitsgruppen/ag8/Evaluation-wirkungsorientierte-Jugendhilfe_Abschlussbericht.pdf [Zugriff: 19.09.2024].
Albus, Stefanie/Ziegler, Holger (2013): Wirkungsforschung. In: Graßhoff, Gunther (Hrsg.): Adressaten, Nutzer, Agency. Akteursbezogene Forschungsperspektiven in der Sozialen Arbeit. Wiesbaden: Springer VS, S. 163–180.
Altman, Julie (2008): Engaging Families in Child Welfare Services: Worker versus Client Perspectives. In: Child Welfare 87, 3, S. 41–61.
Aly, Götz (1980): »Wofür wirst du eigentlich bezahlt?« Möglichkeiten praktischer Erzieherarbeit zwischen Ausflippen und Anpassung. 3., erweiterte Auflage. Berlin: Rotbuch.
Anonym (2015): Gewinner Robin: Grundeinkommen beflügelt die ganze Familie. In: Mein Grundeinkommen. https://www.mein-grundeinkommen.de/menschen/24228 [Zugriff: 31.03.2020].
Anonym (2019): Gewinnerkind Apuan: »Es geht nicht darum, dass wir alle reich werden«. In: Mein Grundeinkommen. https://www.mein-grundeinkommen.de/menschen/229710 [Zugriff: 31.03.2020].
Aust, Andreas/Rock, Joachim/Schabram, Greta/Schneider, Ulrich/Stilling, Gwendolyn/Tiefensee, Anita (2018): Wer die Armen sind. Der Paritätische Armutsbericht 2018. Berlin: Der Paritätische Gesamtverband. https://www.der-paritaetische.de/fileadmin/user_upload/Schwerpunkte/Armutsbericht/doc/2018_armutsbericht.pdf [Zugriff: 31.03.2020].
BAGLJÄ – Bundesarbeitsgemeinschaft der Landesjugendämter/IGfH – Internationale Gesellschaft für erzieherische Hilfen (Hrsg.) (2018): Rechte haben – Recht kriegen. Ein Ratgeberhandbuch für Jugendliche in Erziehungshilfen. 3., überarbeitete Auflage. Weinheim: Beltz Juventa.
Beckmann, Kathinka/Ehlting, Thora/Klaes, Sophie (2018): Berufliche Realität im Jugendamt: der ASD in strukturellen Zwängen. Jugend und Familie, Bd. 16. Freiburg: Lambertus.
Biesel, Kay (2013): Beteiligung von Kindern im Kinderschutz: eine Herausforderung für die Kinder- und Jugendhilfe? In: Jugendhilfe 51, 1, S. 40–46.
Biesel, Kay (2016): Professionelle Fallarbeit im Kindesschutz. Anforderungen, Dimensionen und Voraussetzungen. Foliensatz zum »Zertifikationskurs Dialogisch-Systemische Kindesschutzarbeit« (unveröff.).
Biesel, Kay/Brandhorst, Felix/Rätz, Regina/Krause, Hans-Ullrich (2019): Deutschland schützt seine Kinder! Eine Streitschrift zum Kinderschutz. Reihe: X-Texte zu Kultur und Gesellschaft. Bielefeld: transcript.

Literaturverzeichnis

Biesel, Kay/Urban-Stahl, Ulrike (2018): Lehrbuch Kinderschutz. Reihe: Studienmodule Soziale Arbeit. Weinheim: Beltz Juventa.

Biesel, Kay/Wolff, Reinhart (2013): Das dialogisch-systemische Fall-Labor. Ein Methodenbericht zur Untersuchung problematischer Kinderschutzverläufe. Expertise. Reihe: Beiträge zur Qualitätsentwicklung im Kinderschutz, Bd. 4. Köln: NZFH. https://www.fruehehilfen.de/fileadmin/user_upload/fruehehilfen.de/pdf/Publikation_QE_Kinderschutz_4_Expertise_Falllabor.pdf [Zugriff: 31.03.2020].

BMAS – Bundesministerium für Arbeit und Soziales (2023): Soziale Sicherung im Überblick 2023. Bonn: BMAS. https://www.bmas.de/SharedDocs/Downloads/DE/Publikationen/a721-soziale-sicherung-im-ueberblick.pdf?__blob=publicationFile&v=6 [Zugriff: 20.09.2024].

BMFSFJ – Bundesministerium für Familie, Senioren, Frauen und Jugend (2024): Familienreport 2024. Berlin: BMFSFJ. https://www.bmfsfj.de/resource/blob/239468/de423b579e88c8cceb55eda13f6e0124/familienreport-2024-data.pdf [Zugriff: 18.09.2024].

Bohm, David (2017): Der Dialog. Das offene Gespräch am Ende der Diskussionen. 8., unveränderte Auflage. Stuttgart: Klett-Cotta [englisches Original 1996].

Bohmeyer, Michael/Cornelsen, Claudia (2019): Was würdest du tun? Wie uns das Bedingungslose Grundeinkommen verändert. Antworten aus der Praxis. Berlin: Econ.

Böhnisch, Lothar (2008): Sozialpädagogik der Lebensalter. Grundlagentexte Pädagogik. 5., überarbeitete Auflage. Weinheim: Juventa.

Böhnisch, Lothar (2012): Lebensbewältigung. In: Thole, Werner (Hrsg.): Grundriss Soziale Arbeit. Ein einführendes Handbuch. 4., unveränderte Auflage. Wiesbaden: VS, S. 219–233 (letzte überarbeitete Auflage 2010).

Brächter, Wiltrud (2016): Arbeit mit Tieren und Puppen. In: Hanswille, Reinert (Hrsg.): Handbuch systemische Kinder- und Jugendlichenpsychotherapie. 2., durchgesehene Auflage. Göttingen: Vandenhoeck & Ruprecht, S. 392–397.

Brandhorst, Felix (2015): Kinderschutz und Öffentlichkeit. Der »Fall Kevin« als Sensation und Politikum. Reihe: Kasseler Edition Soziale Arbeit, Bd. 1. Wiesbaden: VS.

Brazelton, T. Berry/Greenspan, Stanley I. (2002): Die sieben Grundbedürfnisse von Kindern. Was jedes Kind braucht, um gesund aufzuwachsen, gut zu lernen und glücklich zu sein. Weinheim: Beltz (englisches Original 2000).

Brecht, Bertolt (1973): Die Dreigroschenoper. Nach John Gays »The Beggar's Opera«. In Bertolt Brecht, Werke in fünf Bänden, Bd. 1: Stücke I (S. 39–152). Berlin: Aufbau (Uraufführung 1928).

Brenner, Gerhard (2013): Lebensgeschichte(n) entdecken und bewahren: Biografiearbeit mit Menschen mit schwerer Behinderung. Würzburg: Bentheim.

Bringuier, Jean-Claude/Piaget, Jean (1996): Im allgemeinen werde ich falsch verstanden. Hamburg: Europäische Verlags-Anstalt (französisches Original 1977).

Bruns, Tissy/Kröger, Rainer/Lütkes, Anne/Meier-Gräwe, Uta/Rauschenbach, Thomas/Wienand, Manfred (2005): Wer steuert die Kinder- und Jugendhilfepolitik? Ein Streitgespräch zwischen Fachexperten. In: VfK – Verein für Kommunalwissenschaft (Hrsg.): Verändertes Kinder- und Jugendhilferecht und seine Auswirkungen auf die Praxis. Die Umsetzung aktueller Gesetzesänderungen im SGB VIII. Dokumentation der Fachtagung vom 22. bis 24. Juni 2005 in Berlin. Reihe: Aktuelle Beiträge zur Kinder- und Jugendhilfe, Bd. 53. Berlin: VfK, S. 274–289. http://edoc.difu.de/edoc.php?id=8P2ZR7HF [Zugriff: 02.04.2020].

BT-Drs. 11/6576 (Deutscher Bundestag, Drs. vom 06.03.1990) (1990): Bericht über Bestrebungen und Leistungen der Jugendhilfe. Achter Jugendbericht. Bonn: Deutscher Bundestag. http://dip21.bundestag.de/dip21/btd/11/065/1106576 [Zugriff: 31.03.2020].

BT-Drs. 17/9000 (Deutscher Bundestag, Drs. vom 15.03.2012) (2012): Achter Familienbericht. Zeit für Familie – Familienzeitpolitik als Chance einer nachhaltigen Familienpolitik. Berlin: Deutscher Bundestag. http://dip21.bundestag.de/dip21/btd/17/090/1709000.pdf [Zugriff: 31.03.2020].

Bünder, Peter (2003): »Ich sehe was, was Du (leider) nicht siehst!« Über einige Schwierigkeiten beim Umgang mit Ressourcen. In: Jugendhilfe 41, 6, S. 298–307.

Bundschuh, Claudia/Groß, Katharina/Güthoff, Friedhelm/Huxoll, Martina/Kotthaus, Jochem/Pöppinghaus, Heike/Roch, Christopher/Weyand, Thomas (2012): KiKi. Eine Arbeitshilfe zum Kinderschutz in Kindertageseinrichtungen. 2., aktualisierte Auflage. Wuppertal: DKSB NRW. https://www.kinderschutzbund-nrw.de/pdf/DKSB_KIKI_Handbuch_130528-07.pdf [Zugriff: 31.03.2020].

Cinkl, Stephan (2011): Wie bewerten Familien sozialpädagogische Diagnosen? Einsichten und Ergebnisse eines Praxisforschungsprojektes. In: Forum Erziehungshilfen 17, 5, S. 301–305.

Cinkl, Stephan/Krause, Hans-Ullrich (2014): Praxishandbuch Sozialpädagogische Familiendiagnosen. Verfahren – Evaluation – Anwendung im Kinderschutz. 2., durchgesehene Auflage. Opladen: Budrich.

Conen, Marie-Luise (1988): Ablösung und Beendigung in der sozialpädagogischen Familienhilfe. Probleme und Perspektiven. In: Soziale Arbeit 38, 8, S. 280–289. http://www.context-conen.de/artikel/Artikel-Abloesung-und-Beendigung.pdf [Zugriff: 02.04.2020].

Deegener, Günther (2005): Formen und Häufigkeiten der Kindesmisshandlung. In: Deegener, Günther/Körner, Wilhelm (Hrsg.): Kindesmisshandlung und Vernachlässigung. Ein Handbuch. Göttingen: Hogrefe, S. 37–58.

Dettenborn, Harry (2017): Kindeswohl und Kindeswille. Psychologische und rechtliche Aspekte. 5., aktualisierte Auflage. München: Reinhardt.

Deutschland, IJAB – Fachstelle für Internationale Jugendarbeit der Bundesrepublik (2009): Kinder- und Jugendhilfe in Deutschland. Rahmenbedingungen, Strukturen, Aufgaben und Ziele. Bonn: IJAB. http://kinder-jugendhilfe.info/wai1/showcontent.asp?ThemaID=4431 [Zugriff: 06.04.2020].

Dewey, John (1994): Erziehung durch und für Erfahrung. Theoriegeschichtliche Quellentexte zur Pädagogik. 2., unveränderte Auflage. Stuttgart: Klett-Cotta (Erstauflage 1986).

Dewey, John (2000): Demokratie und Erziehung. Eine Einleitung in die philosophische Pädagogik. Reihe: Reformpädagogik. Nachdruck der 3. Auflage. 1964. Weinheim: Beltz (englisches Original 1916).

DH – Department of Health/DfEE – Department for Education and Employment/Home Office (2000): Framework for the Assessment of Children in Need and Their Families. London: The Stationery Office. https://www.education.gov.uk/publications/eOrderingDownload/Framework%20for%20the%20assessment%20of%20children%20in%20need%20and%20their%20families.pdf [Zugriff: 31.03.2020].

Dörr, Margret/Müller, Burkhard (2019): Einleitung: Nähe und Distanz als Strukturen der Professionalität pädagogischer Arbeitsfelder. In: Dörr, Margret (Hrsg.): Nähe und Distanz. Ein Spannungsfeld pädagogischer Professionalität. 4., aktualisierte und erweiterte Auflage. Weinheim: Beltz Juventa, S. 14–39.

Düring, Diana/Krause, Hans-Ullrich (Hrsg.) (2011): Pädagogische Kunst und professionelle Haltungen. Reihe: Grundsatzfragen, Bd 48. Frankfurt: IGFH.

Eggers, Katharina (2018): Angst im Kinderschutz. Die Entdeckung der Wirkmächte mehrseitiger Ängste im Kinderschutz. Masterarbeit. Berlin: Alice Salomon Hochschule/Studiengang Kinderschutz.

Engelke, Ernst/Borrmann, Stefan/Spatscheck, Christian (2018): Theorien der Sozialen Arbeit. Eine Einführung. 7., überarbeitete und erweiterte Auflage. Freiburg: Lambertus.

Fachgruppe Inobhutnahme AKI der Internationalen Gesellschaft für erzieherische Hilfen (IGfH) (2009): Krisen/Krisenintervention. Reihe: Schriftenreihe des Arbeitskreises Inobhutnahme der IGFH. Frankfurt: IGfH. https://www.igfh.de/aki/sr-krise.pdf [Zugriff: 31.03.2020].

Fachseminar-Werkstatt (2012): Aufzeichnungen von Prof. Dr. Hans-Ullrich Krause im Bundesmodellprojekt »Aus Fehlern lernen – Qualitätsentwicklung im Kinderschutz«, durchgeführt vom Kronberger Kreis für dialogische Qualitätsentwicklung mit weiteren Partnern und Partnerinnen (unveröff.).

Fachseminar-Werkstatt (2017): Aufzeichnungen von Prof. Dr. Hans-Ullrich Krause in einem Landesmodellprojekt im Rahmen des bundesweiten Projekts »Aus Fehlern lernen – Qualitätsentwicklung im Kinderschutz«, durchgeführt vom Kronberger Kreis für dialogische Qualitätsentwicklung mit weiteren Partnern und Partnerinnen (unveröff.).

Fendrich, Sandra/Pothmann, Jens/Tabel, Agathe (2016): Monitor Hilfen zur Erziehung 2016. Dortmund: DJI/TU Dortmund. http://hzemonitor.akjstat.tu-dortmund.de/fileadmin/user_upload/documents/Monitor_Hilfen_zur_Erziehung_2016.pdf [Zugriff: 31.03.2020].

Fendrich, Sandra/Pothmann, Jens/Tabel, Agathe (2018): Monitor Hilfen zur Erziehung 2018. Dortmund: DJI/TU Dortmund. http://hzemonitor.akjstat.tu-dortmund.de/fileadmin/user_upload/documents/Monitor_Hilfen_zur_Erziehung_2018.pdf [Zugriff: 31.03.2020].

Fendrich, Sandra/Tabel, Agathe (2018): Hilfen zur Erziehung zwischen Steuerungsansprüchen und gesellschaftlichen Anforderungen – ein Rückblick auf die letzten 20 Jahre. In: KomDat 21, 1, S. 18–21. http://www.akjstat.tu-dortmund.de/fileadmin/user_upload/AKJStat/Komdat/2018_Heft1_KomDat.pdf [Zugriff: 31.03.2020].

Fendrich, Sandra/Erdmann, Agathe/Tabel, Julia/Frangen, Valentin/Göbbels-Koch, Petra/Mühlmann, Thomas (2023): Monitor Hilfen zur Erziehung 2023. Dortmund: DJI/TU Dortmund. https://www.hzemonitor.akjstat.tu-dortmund.de/fileadmin/user_upload/documents/Monitor_Hilfen_zur_Erziehung_2023.pdf [Zugriff: 19.09.2024].

Frampton, Magnus (2011): Biografiearbeit in Großbritannien: Lebensbücher im Adoptionswesen. In: Hölzle, Christina/Jansen, Irma (Hrsg.): Ressourcenorientierte Biografiearbeit. Grundlagen – Zielgruppen – kreative Methoden. Reihe: Lehrbuch. 2., durchgesehene Auflage. Wiesbaden: VS, S. 123–135.

Frindt, Anja (2010): Entwicklungen in den ambulanten Hilfen zur Erziehung. Aktueller Forschungsstand und strukturelle Aspekte am Beispiel der Sozialpädagogischen Familienhilfe. Reihe: Wissenschaft für alle. München: DJI. https://www.dji.de/fileadmin/user_upload/bibs/64_12095_Expertise_Frindt.pdf [Zugriff: 31.03.2020].

Frindt, Anja (2013): Aufsuchende (Erziehungs-)Hilfen für Familien (SPFH u.a. § 20, § 27 Abs. 2, § 31). In: Sachverständigenkommission 14. Kinder- und Jugendbericht (Hrsg.): Kinder- und Jugendhilfe in neuer Verantwortung. Materialien zum 14. Kinder- und Jugendbericht. München: DJI. https://www.dji.de/fileadmin/user_upload/bibs/14-KJB-Expertise-Frindt.pdf [Zugriff: 31.03.2020].

Frindt, Anja/Wolf, Klaus (2004): Hoffnungslose Familien? Chancen der sozialpädagogischen Familienhilfe. In: Aktion Jugendschutz Landesarbeitsstelle Baden-Württemberg (Hrsg.): Von wegen Privatsache … Erziehungspartnerschaft zwischen Familie und Gesellschaft. Stuttgart: AJS, S. 127–141. https://www.bildung.uni-siegen.de/mitarbeiter/wolf/files/download/forschung/spfh_forschung/ajs_hoffnungslose_familien.pdf [Zugriff: 31.03.2020].

Fröhlich-Gildhoff, Klaus/Engel, Eva-Maria/Rönnau, Maike (2006): SPFH im Wandel? Untersuchungsergebnisse zu Konzepten, Praxis und Rahmenbedingungen der Sozialpädagogischen Familienhilfe. Reihe: Beiträge zur Kinder- und Jugendforschung, Bd. 2. Freiburg: FEL.

Früchtel, Frank/Roth, Erzsébet (2017): Familienrat und inklusive, versammelnde Methoden des Helfens. Reihe: Systemische Soziale Arbeit. Heidelberg: Carl-Auer.

Galm, Katja/Hees, Beate/Kindler, Heinz (2010): Kindesvernachlässigung. Verstehen, erkennen, helfen. München: Reinhardt (2., unveränderte Auflage 2016).

Gedik, Kira (2016): Widerspruch und Widerstand – Herausforderung und Chance demokratischer Hilfeprozessgestaltung von Familien und Fachkräften. In: Sozial Extra 40, 6, S. 24–27.

Gehltomholt, Eva/Hering, Sabine (2006): Das verwahrloste Mädchen. Diagnostik und Fürsorge in der Jugendhilfe zwischen Kriegsende und Reform (1945–1960). Reihe: Frauen- und Genderforschung in der Erziehungswissenschaft, Bd. 4. Opladen: Budrich.

Gelles, Richard J. (2002): Gewalt in der Familie. In: Heitmeyer, Wilhelm/Hagan, John (Hrsg.): Internationales Handbuch der Gewaltforschung. Wiesbaden: VS, S. 1043–1077.

Gernert, Wolfgang (1993): Jugendhilfe – Einführung in die sozialpädagogische Praxis. 4., völlig neubearbeitete Auflage. München: Reinhardt.

Glasersfeld, Ernst von (2010): Konstruktion der Wirklichkeit und des Begriffs der Objektivität. In: Foerster, Heinz von/Glasersfeld, Ernst von/Hejl, Peter M./Schmidt, Siegfried J./Watzlawick, Paul (Hrsg.): Einführung in den Konstruktivismus. Reihe: Veröffentlichungen der Carl-Friedrich-von-Siemens-Stiftung, Bd. 5. 12., unveränderte Auflage. München: Piper, S. 9–40 (Erstauflage 1986; 16., unveränderte Auflage 2016).

Goldstein, Joseph/Freud, Anna/Solnit, Albert J. (1974): Jenseits des Kindeswohls. Frankfurt: Suhrkamp (englisches Original 1973).
Goldstein, Joseph/Freud, Anna/Solnit, Albert J. (1982): Diesseits des Kindeswohls. Frankfurt: Suhrkamp (englisches Original 1979).
Granovetter, Mark S. (1973): The Strength of Weak Ties. In: American Journal of Sociology 78, 6, S. 1360–1380. https://www.cs.cmu.edu/~jure/pub/papers/granovetter73ties.pdf [Zugriff: 31.03.2020].
Griesehop, Hedwig Rosa/Rätz, Regina/Völter, Bettina (2012): Biografische Einzelfallhilfe. Methoden und Arbeitstechniken. Reihe: Studienmodule Sozialer Arbeit. Weinheim: Juventa.
Grunwald, Klaus/Thiersch, Hans (2018): Lebensweltorientierung. In: Otto, Hans-Uwe/Thiersch, Hans/Grunwald, Klaus (Hrsg.): Handbuch Soziale Arbeit. Grundlagen der Sozialarbeit und Sozialpädagogik. 6., überarbeitete Auflage. München: Reinhardt, S. 906–915.
Gudjons, Herbert/Wagener-Gudjons, Birgit/Pieper, Marianne (2008): Auf meinen Spuren. Übungen zur Biografiearbeit. 7., völlig neu bearbeitete und aktualisierte Auflage. Bad Heilbrunn: Klinkhardt.
Habermas, Jürgen (1981): Theorie des kommunikativen Handelns, Bd. 1: Handlungsrationalität und gesellschaftliche Rationalisierung, Bd. 2: Zur Kritik der funktionalistischen Vernunft. Frankfurt: Suhrkamp.
Hart, Roger (1992): Children's Participation. From Tokenism to Citizenship. Reihe: Innocenti Essays, Bd. 4. Florenz, Italien: UNICEF International. https://www.unicef-irc.org/publications/pdf/childrens_participation.pdf [Zugriff: 02.04.2020].
Heiner, Maja (2010): Kompetent handeln in der Sozialen Arbeit. Reihe: Handlungskompetenzen in der sozialen Arbeit, Bd. 1. München: Reinhardt (3., unveränderte Auflage 2018).
Heiner, Maja (Hrsg.) (1994): Selbstevaluation als Qualifizierung in der Sozialen Arbeit. Fallstudien aus der Praxis. Freiburg: Lambertus.
Heiner, Maja (Hrsg.) (2004): Diagnostik und Diagnosen in der Sozialen Arbeit. Ein Handbuch. Berlin: Deutscher Verein.
Helming, Elisabeth/Schattner, Heinz/Blüml, Herbert (2004): Handbuch Sozialpädagogische Familienhilfe. Reihe: Schriftenreihe des Bundesministeriums für Familie, Senioren, Frauen und Jugend, Bd. 182. 5., unveränderte Auflage. Stuttgart: Kohlhammer. https://www.bmfsfj.de/blob/95350/956842b20540cd9b89cf5c8bea32200e/sr-band-182-sozialpaedagogische-fh-data.pdf [Zugriff: 02.04.2020] (letzte überarbeitete Auflage 1999).
Hering, Sabine (2004): Über die Regeln professionellen Handelns. In: Stiftung SPI (Hrsg.): Carl Wolfgang Müller zum 75. Dokumentation des Symposiums der Stiftung SPI. Berlin: Stiftung SPI, S. 20–22. https://www.spi-fachschulen.de/fileadmin/user_upload/Dokumente/veroeffentlichungen/Symposium_C.W._Mueller_zum_75/cw_mueller_75_symposium_doku.pdf [Zugriff: 31.03.2020].
Herrmann, Bernd (2013): Medizinischer Kinderschutz: Misshandlungen erkennen und überlegt intervenieren. In: Kindesmisshandlung und -vernachlässigung 16, 1, S. 52–63.
Hitzler, Sarah (2017): Partizipation als reflexive Praxis im Hilfeplangespräch. Vom Beteiligtwerden zur Beteiligung? In: Schäuble, Barbara/Wagner, Leonie (Hrsg.): Partizipative Hilfeplanung. Weinheim: Beltz Juventa, S. 41–61.
Hobrack, Marlen (2018): Debatte Grundeinkommen für Eltern. In: taz, 30.07.2018, S. https://taz.de/Debatte-Grundeinkommen-fuer-Eltern/!5520322/ [Zugriff: 31.03.2020].
Holzbrecher, Winfried/Tell, Sandra (2006): Jugendfotos verstehen. In: Marotzki, Winfrid/Niesyto, Horst (Hrsg.): Bildinterpretation und Bildverstehen. Methodische Ansätze aus sozialwissenschaftlicher, kunst- und medienpädagogischer Perspektive. Reihe: Medienbildung und Gesellschaft, Bd. 2. Wiesbaden: VS, S. 107–119.
Hosemann, Wilfried/Geiling, Wolfgang (2013): Einführung in die Systemische Soziale Arbeit. Neuausgabe. München: Reinhardt.
Jagusch, Birgit (2018): Migrationsbiografien und Diversitätsbewusstsein im Kinderschutz. Sensibilität für Kulturalismus und Othering sowie Anregungen für die praktische Umsetzung. In: Böwer, Michael/Kotthaus, Jochem (Hrsg.): Praxisbuch Kinderschutz. Professionelle Herausforderungen bewältigen. Weinheim: Beltz Juventa, S. 207–221.

Jagusch, Birgit/Sievers, Britta/Teupe, Ursula (Hrsg.) (2012): Migrationssensibler Kinderschutz: Ein Werkbuch. Reihe: Grundsatzfragen, Bd. 49. Frankfurt: IGFH (unveränderte Online-Ausgabe 2018).

Juul, Jesper (2016): Was Familien trägt: Werte in Erziehung und Partnerschaft. Ein Orientierungsbuch. 8., unveränderte Auflage. Weinheim: Beltz (dänisches Original 2007).

Kappeler, Manfred (2018): Mit den Heimkampagnen ging es los. Menschenwürde und Menschenrechte von Kindern und Jugendlichen müssen die Erziehungspraxis in Einrichtungen der Kinder- und Jugendhilfe bestimmen. In: Sozial Extra 42, 5, S. 45–49.

Kast, Verena (2015): Sich einlassen und loslassen. Neue Lebensmöglichkeiten bei Trauer und Trennung. 25., unveränderte Auflage. Freiburg: Herder (Erstauflage 1994).

Kegan, Robert (1994): Die Entwicklungsstufen des Selbst. Fortschritte und Krisen im menschlichen Leben. 3., unveränderte Auflage. München: Kindt (englisches Original 1982).

Kinderschutz-Zentrum Berlin (Hrsg.) (2009): Kindeswohlgefährdung Erkennen und Helfen. 11., überarbeitete Auflage. Berlin: Kinderschutz-Zentrum Berlin. https://www.kinderschutz-zentrum-berlin.de/download/Kindeswohlgefaehrdung_Aufl11b.pdf [Zugriff: 31.03.2020].

Kindler, Heinz (2006): Was ist unter Vernachlässigung zu verstehen? In: Kindler, Heinz/Lillig, Susanna/Blüml, Herbert/Meysen, Thomas/Werner, Annegret (Hrsg.): Handbuch Kindeswohlgefährdung nach § 1666 BGB und Allgemeiner Sozialer Dienst (ASD). München: DJI. https://www.kinderschutz-zentrum-berlin.de/download/Kindeswohlgefährdung_Aufl11b.pdf [Zugriff: 31.03.2020].

Kindler, Heinz/Lillig, Susanna/Blüml, Herbert/Meysen, Thomas/Annegret, Werner (Hrsg.) (2006): Handbuch Kindeswohlgefährdung nach § 1666 BGB und Allgemeiner Sozialer Dienst (ASD). München: DJI. https://www.dji.de/fileadmin/user_upload/bibs/asd_handbuch.pdf [Zugriff: 31.03.2020].

Kleve, Heiko (2018): Case Management. Eine methodische Perspektive zwischen Lebensweltorientierung und Ökonomisierung Sozialer Arbeit. In: Kleve, Heiko/Haye, Britta/Hampe, Andreas/Müller, Matthias (Hrsg.): Systemisches Case Management. Falleinschätzung und Hilfeplanung in der Sozialen Arbeit. Reihe: Soziale Arbeit. 5., unveränderte Auflage. Heidelberg: Carl-Auer, S. 41–57 (letzte überarbeitete Auflage 2011).

Klomann, Verena (2014): Zum Stand der Profession Soziale Arbeit – Empirische Studie zur Präsenz reflexiver Professionalität in den Sozialen Diensten der Jugendämter im Rheinland. Dissertation. Bielefeld: Universität Bielefeld. urn:nbn:de:hbz:361-26569405 [Zugriff: 31.03.2020].

Klundt, Michael (2019): Gestohlenes Leben. Kinderarmut in Deutschland. Köln: PapyRossa.

Köttig, Michaela/Rätz, Regina (2017): Rekonstruktive Fallbearbeitung in der Kinder- und Jugendhilfe. Dialogische Biografiearbeit in institutionellen Kontexten. In: Völter, Bettina/Reichmann, Ute (Hrsg.): Rekonstruktiv denken und handeln. Rekonstruktive Soziale Arbeit als professionelle Praxis. Reihe: Rekonstruktive Forschung in der sozialen Arbeit, Bd. 14. Opladen: Budrich, S. 95–109.

Köttig, Michaela/Rätz-Heinisch, Regina (2005): Potenziale unterstützen, Selbstverstehen fördern. Dialogische Biografiearbeit in der Kinder- und Jugendhilfe. In: Sozial Extra 29, 11, S. 16–20.

Krause, Hans-Ullrich (2011): Brauchen Professionelle eine Orientierung? In: Düring, Diana/Krause, Hans-Ullrich (Hrsg.): Pädagogische Kunst und professionelle Haltungen. Reihe: Grundsatzfragen, Bd 48. Frankfurt: IGFH, S. 45–64.

Krause, Hans-Ullrich (2014): Beteiligung als übergreifende Orientierung und Querschnittsthema. In: Krause, Hans-Ullrich/Peters, Friedhelm (Hrsg.): Grundwissen Erzieherische Hilfe. Ausgangsfragen, Schlüsselthemen, Herausforderungen. Reihe: Basistexte Erziehungshilfen. 4., überarbeitete und aktualisierte Auflage. Weinheim: Beltz Juventa, S. 61–69.

Krause, Hans-Ullrich (2015): Professionelle Haltungen. Was und wozu? Berlin. Foliensatz (unveröff.).

Krause, Hans-Ullrich (2019): Beteiligung als umfassende Kultur in den Hilfen zur Erziehung. Haltungen – Methoden – Strukturen. Reihe: Praxis und Forschung, Bd. 36. Frankfurt: IGFH.
Krause, Hans-Ullrich/Rätz, Regina (Hrsg.) (2015): Soziale Arbeit im Dialog gestalten. Theoretische Grundlagen und methodische Zugänge einer dialogischen Sozialen Arbeit. 2., überarbeitete Auflage. Opladen: Budrich.
Krause, Hans-Ullrich/Schröder, Martin (2014): Partizipation. In: Düring, Diana/Krause, Hans-Ullrich/Peters, Friedhelm/Rätz, Regina/Rosenbauer, Nicole/Vollhase, Matthias (Hrsg.): Kritisches Glossar Hilfen zur Erziehung. Reihe: Grundsatzfragen, Bd. 51. Frankfurt: IGFH, S. 262–267 (aktualisierte Online-Ausgabe 2018).
Krumenacker, Franz-Josef (Hrsg.) (2004): Sozialpädagogische Diagnosen in der Praxis. Erfahrungen und Perspektiven. Reihe: Juventa-Materialien. Weinheim: Juventa.
Kuhl, Julius/Schwer, Christina/Solzbacher, Claudia (2014): Professionelle pädagogische Haltung: Versuch einer Definition des Begriffes und ausgewählte Konsequenzen für Haltung. In: Schwer, Christina/Solzbacher, Claudia (Hrsg.): Professionelle pädagogische Haltung. Historische, theoretische und empirische Zugänge zu einem viel strapazierten Begriff. Bad Heilbrunn: Klinkhardt, S. 107–120.
Kutscher, Nadia/Ley, Thomas/Seelmeyer, Udo (2015): Mediatisierung (in) der Sozialen Arbeit. Baltmannsweiler: Schneider.
Landschaftsverband Westfalen Lippe/Landesjugendamt Münster/Westfälische Schulen (Hrsg.) (2000): Flexibilisierung erzieherischer Hilfen. Ergebnisse und Praxishilfen aus dem Modellprojekt »Flexibilisierung erzieherischer Hilfen als gemeinsame Zielsetzung des öffentlichen und der freien Träger« in Borken und Siegen. Münster: Landschaftsverband Westfalen Lippe.
Lattschar, Birgit/Wiemann, Irmela (2018): Mädchen und Jungen entdecken ihre Geschichte. Grundlagen und Praxis der Biografiearbeit. Reihe: Basistexte Erziehungshilfen. 5., überarbeitete Auflage. Weinheim: Beltz Juventa.
Ley, Thomas/Reichmann, Ute (2020): Digitale Dokumentation in Organisationen Sozialer Arbeit. In: Kutscher, Nadia/Ley, Thomas/Seelmeyer, Udo/Siller, Friederike/Tillmann, Angela/Zorn, Isabell (Hrsg.): Handbuch Soziale Arbeit und Digitalisierung. Weinheim: Beltz Juventa, S. 241–254.
Liebel, Manfred (2013): Kinder und Gerechtigkeit. Über Kinderrechte neu nachdenken. Weinheim: Beltz Juventa.
Liebel, Manfred (2017): Kinderrechtsbewegungen und die Zukunft der Kinderrechte. In: Maier-Höfer, Claudia (Hrsg.): Kinderrechte und Kinderpolitik. Fragestellungen der angewandten Kindheitswissenschaften. Wiesbaden: Springer VS, S. 29–59.
Löw, Matthias (2018): Nicht alles, was zählt, ist zählbar, und nicht alles, was zählbar ist, zählt. In: Sozial Extra 42, 2, S. 23–25.
Lüngen, Sarah/Müller, Matthias/Bräutigam, Barbara (2016): Kaffee, Kekse, Katzenallergie. Umgang mit Grenzen, Grenzerfahrungen und Abgrenzungsbedürfnissen in den Hilfen im häuslichen Setting. In: neue praxis 46, 1, S. 67–82.
Luhmann, Niklas (1987): Soziale Systeme. Grundriß einer allgemeinen Theorie. Frankfurt: Suhrkamp (17., unveränderte Auflage 2018).
Luhmann, Niklas/Schorr, Karl Eberhard (1982): Das Technologiedefizit der Erziehung und die Pädagogik. In: Luhmann, Niklas/Schorr, Karl Eberhard (Hrsg.): Zwischen Technologie und Selbstreferenz. Fragen an die Pädagogik. Frankfurt: Suhrkamp, S. 11–40.
Lutz, Ronald (Hrsg.) (2012): Erschöpfte Familien. Wiesbaden: VS.
Marks, Svenja/Sehmer, Julian/Thole, Werner (2018): Arbeitsauftrag »Gefährdungsbereich«. Befunde aus einem Transferprojekt im Kinderschutz. In: Sozial Extra 42, 2, S. 12–14.
Marotzki, Winfried/Stoetzer, Katja (2006): Die Geschichte hinter den Bildern. In: Marotzki, Winfrid/Niesyto, Horst (Hrsg.): Bildinterpretation und Bildverstehen. Methodische Ansätze aus sozialwissenschaftlicher, kunst- und medienpädagogischer Perspektive. Reihe: Medienbildung und Gesellschaft, Bd. 2. Wiesbaden: VS, S. 15–44.
Marotzki, Winfried/Tiefel, Sandra (2005): Biografische Arbeit als pädagogische Herausforderung. In: Forum Erziehungshilfen 11, 3, S. 134–139.

Marx, Rita (2011): Familien und Familienleben. Grundlagenwissen für Soziale Arbeit. Reihe: Studienmodule soziale Arbeit. Weinheim: Beltz Juventa.
Maslow, Abraham (1943): A Theory of Human Motivation. In: Psychological Review 50, 4, S. 370–396. https://archive.org/details/Maslow_A_H_-_A_Theory_of_Human_Motivation [Zugriff: 31.03.2020].
Maslow, Abraham H. (1981): Motivation und Persönlichkeit. Reinbek: Rowohlt (englisches Original 1954).
Maturana, Humberto R./Varela, Francisco J. (1987): Der Baum der Erkenntnis. Die biologischen Wurzeln menschlichen Erkennens. Bern: Scherz (spanisches Original 1984).
Maywald, Jörg (2009): Kinderschutz in der Kita. Ein praktischer Leitfaden für Erzieherinnen. Freiburg: Herder (unveränderte Online-Ausgabe 2016).
Maywald, Jörg (2010): Die Umsetzung der Kinderrechte als Leitbild in der Arbeit mit Kindern und Jugendlichen. In: SOS-Kinderdorf Sozialpädagogisches Institut (Hrsg.): Kinderschutz, Kinderrechte, Beteiligung. Dokumentation zur Fachtagung »Kinderschutz, Kinderrechte, Beteiligung – für das Wohlbefinden von Kindern sorgen« 15. bis 16. November 2007 in Berlin. Reihe: Dokumentation, Bd. 6. Unveränderte Online-Ausgabe München: SPI, S. 48–73. urn:nbn:de:sos-116-1 [Zugriff: 31.03.2020] (Original 2008).
McGoldrick, Monica/Gerson, Randy/Petri, Sueli (2016): Genogramme in der Familienberatung. 4., unveränderte Auflage. Bern: Hogrefe (englisches Original 1985).
Merchel, Joachim (2015): Management in Organisationen der Sozialen Arbeit. Eine Einführung. Reihe: Studienmodule Soziale Arbeit. Weinheim: Beltz Juventa.
Mertel, Sabine (2015): Biografiearbeit. In: Rätz, Regina/Völter, Bettina (Hrsg.): Wörterbuch Rekonstruktive Soziale Arbeit. Reihe: Rekonstruktive Forschung in der Sozialen Arbeit, Bd. 11. Opladen: Budrich, S. 28–30.
Meysen, Thomas/Hagemann-White, Carol (2011): Insitutional and Legal Responses to Child Maltreatment in Family. In: Kelly, Liz/Hagemann-White, Carol/Meysen, Thomas/Römkens, Renée (Hrsg.): Realising Rights. Case Studies on State Responses to Violence against Women and Children in Europe. London: Child and Women Abuse Studies Unit, S. 110–204. https://www.researchgate.net/publication/254777231 [Zugriff: 31.03.2020].
Meysen, Thomas/Nonninger, Sybille (2019): ASD-Tätigkeit und strafrechtliche Verantwortung. In: Merchel, Joachim (Hrsg.): Handbuch Allgemeiner Sozialer Dienst (ASD). 3., aktualisierte und erweiterte Auflage. München: Reinhardt, S. 137–142.
Mollenhauer, Klaus/Uhlendorff, Uwe (1992): Sozialpädagogische Diagnosen. Über Jugendliche in schwierigen Lebenslagen. Weinheim: Juventa.
Mollenhauer, Klaus/Uhlendorff, Uwe (1995): Sozialpädagogische Diagnosen II. Selbstdeutungen verhaltensschwieriger Jugendlicher als empirische Grundlage für Erziehungspläne. Weinheim: Juventa.
Moreno, Jacob Levy (1946): Psychodrama. 2 Bde. New York: Beacon House.
Mörsberger, Thomas (2018): Angst vor dem Staatsanwalt? Zu Missverständnissen bei der Einschätzung strafrechtlicher Haftungsrisiken im Kinderschutz. In: Böwer, Michael/Kotthaus, Jochem (Hrsg.): Praxisbuch Kinderschutz. Professionelle Herausforderungen bewältigen. Weinheim: Beltz Juventa, S. 59–75.
Müller, Burkhard (2004): Was ist Sache? »Fall von ...« als kasuistisches Arbeitskonzept. In: Heiner, Maja (Hrsg.): Diagnostik und Diagnosen in der Sozialen Arbeit. Ein Handbuch. Reihe: Hand- und Arbeitsbücher, Bd. 11. Berlin: Deutscher Verein, S. 55–67.
Müller, Burkhard (2012): Sozialpädagogisches Können. Ein Lehrbuch zur multiperspektivischen Fallarbeit. 7., überarbeitete und erweiterte Auflage. Freiburg: Lambertus.
Müller, C. Wolfgang (1994): JugendAmt. Geschichte und Aufgaben einer reformpädagogischen Einrichtung. Reihe: Berufsfelder sozialer Arbeit, Bd. 2. Weinheim: Beltz.
Müller, C. Wolfgang (2006): Wie Helfen zum Beruf wurde. Eine Methodengeschichte der Sozialen Arbeit. Reihe: Edition Sozial. 4., erweiterte und aktualisierte Auflage. Weinheim: Beltz Juventa (6., unveränderte Auflage 2013).
Müller, Matthias (2008): Polyglotte Kommunikation. Soziale Arbeit und die Vielsprachigkeit ihrer Praxis. Reihe: Soziale Arbeit. Heidelberg: Carl-Auer.

Müller, Matthias (2010): Drei Dimensionen Sozialpädagogischer Familienhilfe. In: Michel-Schwartze, Brigitta (Hrsg.): »Modernisierungen« methodischen Handelns in der Sozialen Arbeit. Wiesbaden: VS, S. 205–229.
Müller, Matthias (2017): Sozialpädagogische Familienhilfe – aufsuchende familienbezogene Hilfen. In: Textor, Martin R./Becker-Textor, Ingeborg/Büttner, Peter/Rücker, Stefan (Hrsg.): SGB VIII Online-Handbuch. Schlüchtern: Forschungsgruppe PETRA, S. S174. http://www.sgbviii.de/files/SGB%20VIII/PDF/S174.pdf [Zugriff: 31.03.2020].
Müller, Matthias/Bräutigam, Barbara (Hrsg.) (2012): Hilfe, sie kommen! Systemische Arbeitsweisen im aufsuchenden Kontext. Reihe: Soziale Arbeit. Heidelberg: Carl-Auer.
Müller, Matthias/Bräutigam, Barbara/Lentz-Becker, Anja (2019): Familienbildung – wozu? Familienbildung im Spiegel diverser Familienwirklichkeiten. Opladen: Budrich.
Münder, Johannes/Tammen, Britta (2002): Einführung in das Kinder- und Jugendhilfegesetz (KJHG). Reihe: Blaue Reihe. 3., überarbeitete Auflage. Münster: Votum.
Oelkers, Nina (2012): Erschöpfte Eltern? Familie als Leistungsträger personenbezogener Wohlfahrtsproduktion. In: Lutz, Ronald (Hrsg.): Erschöpfte Familien. Wiesbaden: VS, S. 155–170.
Olk, Thomas (1986): Abschied vom Experten. Sozialarbeit auf dem Weg zu einer alternativen Professionalität. Reihe: Edition soziale Arbeit. Weinheim: Juventa.
Pantuček, Peter (2019): Soziale Diagnostik. Verfahren für die Praxis Sozialer Arbeit. Reihe: Böhlau-Studienbücher: Grundlagen des Studiums. 4., überarbeitete und aktualisierte Auflage. Wien: Böhlau.
Patrzek, Andreas (2017): Systemisches Fragen. Professionelle Fragetechnik für Führungskräfte, Berater und Coaches. Reihe: Essentials. 2., unveränderte Auflage. Wiesbaden: Springer Gabler (Erstauflage 2015).
Pelton, Leroy H. (1991): Armut und Kindesmisshandlung. Vortrag im Rahmen der Reihe »Sozialarbeit International« der Fachhochschule für Sozialarbeit und Sozialpädagogik Berlin – Alice Salomon, 28.05.1991 in Berlin (unveröff.).
Pelton, Leroy H. (2016): Separating Coercion from Provision in Child Welfare. Preventive Supports Should Be Accessible without Conditions Attached. In: Child Abuse & Neglect 51, 8, S. 427–434.
Peters, Friedhelm (2002): Über Diagnosen, Gutachten, Fallverstehen, Aushandlungsprozesse – Probleme (mit) der Qualifizierung individueller Hilfeplanung. In: Peters, Friedhelm (Hrsg.): Diagnosen – Gutachten – hermeneutisches Fallverstehen. Rekonstruktive Verfahren zur Qualifizierung individueller Hilfeplanung. 2., unveränderte Auflage. Frankfurt: IGFH, S. 55–26 (Erstauflage 1999).
Petko, Dominik (2004): Gesprächsformen und Gesprächsstrategien im Alltag der Sozialpädagogischen Familienhilfe. Göttingen: Cuvillier.
Petko, Dominik (2012): Nähe und Distanz in der Sozialpädagogischen Familienhilfe. In: Dörr, Margret/Müller, Burkhard (Hrsg.): Nähe und Distanz. Ein Spannungsfeld pädagogischer Professionalität. 3., aktualisierte Auflage. Weinheim: Beltz Juventa, S. 163–177.
Pfannendörfer, Gerhard (2013): Öffentlichkeitsarbeit. In: Grunwald, Klaus/Horcher, Georg/Maelicke, Bernd (Hrsg.): Lexikon der Sozialwirtschaft. 2., aktualisierte und vollständig überarbeitete Auflage. Baden-Baden: Nomos, S. 708–709.
Piaget, Jean (1974): Der Aufbau der Wirklichkeit beim Kinde. Stuttgart: Klett (französisches Original 1937).
Piaget, Jean (1975): Gesammelte Werke, Bd. 1: Das Erwachen der Intelligenz beim Kinde. Autorisierte Übersetzung nach der 3. Auflage. Stuttgart: Klett (französisches Original 1959).
Pikler, Emmi/Tardos, Anna (2001): Laßt mir Zeit. Die selbständige Bewegungsentwicklung des Kindes bis zum freien Gehen. Untersuchungsergebnisse, Aufsätze und Vorträge. 4., unveränderte Auflage. München: Pflaum (Erstauflage 1997).
Ramin, Sibylle (2019): Persönliche Mitteilung per E-Mail an Regina Rätz zu den Grundbedürfnissen von Familien, 03.09.2019. Berlin (Original-Text leicht bearbeitet).
Rätz, Regina (2018): Einzelfallhilfe. In: Braches-Chyrek, Rita/Fischer, Jörg (Hrsg.): Handlungsmethoden der Sozialen Arbeit. Reihe: Einführung in die Soziale Arbeit, Bd. 3. Baltmannsweiler: Schneider, S. 47–75.

Rätz, Regina (2025): Das Sozialpädagogische im Kinderschutz. Rechte sichern und Lern-, Entwicklungs-, Veränderungsprozesse initiieren, unterstützen, begleiten. In: Rätz, Regina/Druba, Lucia (Hrsg.): Sozialpädagogische Gefährdungseinschätzung. Aufgaben Sozialer Arbeit im Kinderschutz. Weinheim: Beltz Juventa, S. 14–24.

Rätz, Regina/Bernsdorf, Simone (2010): Sozialpädagogisches Handeln. In: Schröer, Wolfgang/Schweppe, Cornelia (Hrsg.): Enzyklopädie Erziehungswissenschaft Online (EEO). Weinheim: Juventa, S. 1–21.

Rätz, Regina/Druba, Lucia (Hrsg.): Sozialpädagogische Gefährdungseinschätzung. Aufgaben Sozialer Arbeit im Kinderschutz. Weinheim: Beltz Juventa.

Rätz, Regina/Schröer, Wolfgang/Wolff, Mechthild (2014): Lehrbuch Kinder- und Jugendhilfe. Grundlagen, Handlungsfelder, Strukturen und Perspektiven. Reihe: Studienmodule Soziale Arbeit. 2., überarbeitete Auflage. Weinheim: Beltz Juventa.

Rätz, Regina/Wolff, Reinhart (2024): Lernen im Kinderschutz – gerade in stressiger Alltagspraxis. In: Böwer, Michael/Kotthaus, Jochen (Hrsg.): Praxisbuch Kinderschutz. Professionelle Herausforderungen bewältigen. 2., vollständig überarbeitete und erweiterte Auflage. Weinheim und Basel: BeltzJuventa, S. 305–325.

Rätz-Heinisch, Regina/Köttig, Michaela (2007): Die Praxis Dialogischer Biografiearbeit. Rekonstruktives Fallverstehen und Unterstützung von Selbstverstehensprozessen. In: Miethe, Ingrid/Fischer, Wolfram/Giebeler, Cornelia/Goblirsch, Martina/Riemann, Gerhard (Hrsg.): Rekonstruktion und Intervention. Interdisziplinäre Beiträge zur rekonstruktiven Sozialarbeitsforschung. Reihe: Rekonstruktive Forschung in der sozialen Arbeit, Bd. 4. Opladen: Budrich, S. 239–257.

Rätz-Heinisch, Regina/Köttig, Michaela (2010): Narration in der Jugendhilfe. In: Bock, Karin/Miethe, Ingrid (Hrsg.): Handbuch qualitative Methoden in der Sozialen Arbeit. Opladen: Budrich, S. 422–431.

Reichmann, Ute (2022): Schreiben und Dokumentieren in der Sozialen Arbeit. Struktur, Orientierung und Reflexion für die berufliche Praxis. 2., erweiterte Auflage. Reihe: Soziale Arbeit. Opladen: Budrich.

Reichmann, Ute (2018): Schwierige Fälle – konflikträchtige Entscheidungen. Fachkräftekonflikte als Tabuthema in der Jugendhilfe. Reihe: Rekonstruktive Forschung in der Sozialen Arbeit, Bd. 20. Opladen: Budrich.

Richmond, Mary (1917): Social Diagnosis. New York: Russell Sage Foundation. http://www.historyofsocialwork.org/PDFs/1917,%20Richmond,%20Social%20Diagnosis%20OCR%20C.pdf [Zugriff: 31.03.2020].

Richmond, Mary Ellen (1907): Friendly Visiting among the Poor. A Handbook for Charity Workers. London: MacMillan (Original 1899).

Richmond, Mary Ellen (1971): What Is Social Case Work? An Introductory Description. New York: Russell Sage Foundation (Original 1922).

Richter, Andrea (2000): Wir helfen nicht! Wir unterstützen! Die Arbeit des FAN – FamilienANlauf e.V. Berlin. In: Hargens, Jürgen (Hrsg.): Systematische Ansätze in der sozialpädagogischen Familienhilfe, Bd. 1: Klar helfen wir Ihnen! Wann sollen wir kommen? 2., unveränderte Auflage. Dortmund: Borgmann, S. 57–112 (Erstauflage 1997).

Richter, Martina (2013): Die Sichtbarmachung des Familialen. Gesprächspraktiken in der Sozialpädagogischen Familienhilfe. Reihe: Edition soziale Arbeit. Weinheim: Beltz Juventa.

Richter, Martina (2016): Familie und (gute) Elternschaft im Fokus neuer Aufmerksamkeiten. Ressource oder Risiko. In: Sozial Extra 40, 6, S. 33–35.

Richter, Martina (2018): Familienhilfe. In: Otto, Hans-Uwe/Thiersch, Hans/Treptow, Rainer/Ziegler, Holger (Hrsg.): Handbuch Soziale Arbeit. Grundlagen der Sozialarbeit und Sozialpädagogik. 6., überarbeitete Auflage. München: Reinhardt, S. 383–389.

Rosenfeld, Jona M. (1996): Lernen vom Erfolg – Ein Schlüssel, um aus dem Schlamassel rauszukommen oder wie man Nutzer – freundliche Sozialarbeit voranbringen kann. Vortrag beim Forum »Lernen vom Erfolg«, 25.09.1996 in Berlin (unveröff.).

Rosenfeld, Jona M. (2020): Jenseits der Exklusion. Lernen vom Erfolg – Auf dem Weg zur Gegenseitigkeit. Opladen: Budrich.

Rosenthal, Gabriele (2015): Interpretative Sozialforschung. Eine Einführung. Reihe: Grundlagentexte Soziologie. 5., aktualisierte und ergänzte Auflage. Weinheim: Beltz Juventa.

Rövekamp, Marie (2019): Obwohl sie bedingungslos Geld bekommen, arbeiten die Menschen weiter. In: Tagesspiegel, 23.04.2019. https://www.tagesspiegel.de/wirtschaft/grundeinkommen-als-experiment-obwohl-sie-bedingungslos-geld-bekommen-arbeiten-die-menschen-weiter/24242404.html [Zugriff: 31.03.2020].

RTH – Runder Tisch »Heimerziehung in den 50er und 60er Jahren« (2010a): Abschlussbericht. Berlin: Runder Tisch Heimerziehung. http://www.fonds-heimerziehung.de/fileadmin/user_upload/dokumente/RTH_Abschlussbericht.pdf [Zugriff: 31.03.2020].

RTH – Runder Tisch »Heimerziehung in den 50er und 60er Jahren« (2010b): Wenn ehemalige Heimkinder heute zu uns in die Beratung kommen. Was müssen oder sollten wir wissen? Materialband. Berlin: RTH. https://www.fonds-heimerziehung.de/fileadmin/de.fonds-heimerziehung/content.de/dokumente/RTH_Materialband.pdf [Zugriff: 31.03.2020].

Ruhe, Hans Georg (2012): Methoden der Biografiearbeit. Lebensspuren entdecken und verstehen. Reihe: Edition Sozial. 5., unveränderte Auflage. Weinheim: Beltz Juventa (letzte überarbeitete Auflage 2009).

Runder Tisch Sexueller Kindesmissbrauch (2011): Abschlussbericht. Runder Tisch Sexueller Kindesmissbrauch in Abhängigkeits- und Machtverhältnissen in privaten und öffentlichen Einrichtungen und im familiären Bereich. Berlin: BMJ, BMFSFJ & BMBF. http://www.bmjv.de/SharedDocs/Downloads/DE/Fachinformationen/Abschlussbericht_RTKM.pdf [Zugriff: 31.03.2020].

Salomon, Alice (2004): Soziale Diagnose. In: Salomon, Alice: Ausgewählte Schriften. Band 3: 1919–1948. Frauenemanzipation und soziale Verantwortung. Reihe. Unterschleißheim: Luchterhand, S. 255–314 (Original 1926).

Santen, Eric van/Seckinger, Mike (2019): Kooperation im ASD. In: Merchel, Joachim (Hrsg.): Handbuch Allgemeiner Sozialer Dienst (ASD). 3., aktualisierte und erweiterte Auflage. München: Reinhardt, S. 359–374.

Schimke, Hans-Jürgen (2019): Berichte/Dokumentation/Aktenführung. In: Merchel, Joachim (Hrsg.): Handbuch Allgemeiner Sozialer Dienst (ASD). 3., aktualisierte und erweiterte Auflage. München: Reinhardt, S. 272–280.

Schlippe von, Arist/Schweitzer, Jochen (2016): Lehrbuch der systemischen Therapie und Beratung. Studienausgabe. Göttingen: Vandenhoek & Ruprecht.

Schön, Donald A. (2016): The Reflective Practitioner. How Professionals Think in Action. Unveränderter Nachdruck. New York: Basic Books (Original 1983).

Schone, Reinhold (2008): Kontrolle als Element von Fachlichkeit in den sozialpädagogischen Diensten der Kinder und Jugendhilfe. Reihe: Expertise. Berlin: AGJ.

Schorn, Farina (2016): Kinderschutz an der Schule? Na klar! Informationen für LehrerInnen, SozialarbeiterInnen und ErzieherInnen an Grundschulen. In: Sozial Extra 40, 5, S. 46–47.

Schrapper, Christian (Hrsg.) (2004): Sozialpädagogische Diagnostik und Fallverstehen in der Jugendhilfe. Anforderungen, Konzepte, Perspektiven. Weinheim: Juventa.

Schulte, Verena (2017): Beziehungsgestaltung in der Sozialpädagogischen Familienhilfe. Masterarbeit. Berlin: ASH Berlin/Studiengang Praxisforschung.

Schütze, Fritz (1994): Ethnographie und sozialwissenschaftliche Methoden der Feldforschung. Eine mögliche methodische Orientierung in der Ausbildung und Praxis der Sozialen Arbeit? In: Groddeck, Norbert/Schumann, Michael (Hrsg.): Modernisierung Sozialer Arbeit durch Methodenentwicklung und -reflexion. Freiburg: Lambertus, S. 189–297.

Schütze, Fritz (2000): Schwierigkeiten bei der Arbeit und Paradoxien des professionellen Handelns. Ein grundlagentheoretischer Aufriß. In: Zeitschrift für qualitative Bildung, Beratungs- und Sozialforschung 1, 1, S. 49–96. urn:nbn:de:0168-ssoar-280748 [Zugriff: 31.03.2020].

Schwabe, Mathias (2019): Methoden der Hilfeplanung. Zielentwicklung, Moderation und Aushandlung. Reihe: Grundsatzfragen, Bd. 55. Frankfurt: IGFH.

Schwer, Christina/Solzbacher, Claudia (2014): Professionelle pädagogische Haltung. Historische, theoretische und empirische Zugänge zu einem viel strapazierten Begriff. Bad Heilbrunn: Klinkhardt.

Schwing, Rainer/Fryszer, Andreas (2015): Systemisches Handwerk. Werkzeug für die Praxis. 7., durchgesehene Auflage. Göttingen: Vandenhoeck & Ruprecht (9., unveränderte Auflage 2019).

Seckinger, Mike/Gragert, Nicola/Peucker, Christian/Pluto, Liane (2008): Arbeitssituation und Personalbemessung im ASD. Ergebnisse einer bundesweiten Online-Befragung. Reihe: Wissenschaftliche Texte. München: DJI. https://www.dji.de/fileadmin/user_upload/bibs/64_9515_ASD_Bericht.pdf [Zugriff: 31.03.2020].

SenBJF – Senatsverwaltung für Bildung, Jugend und Familie (2019): Berliner Rahmenvertrag für Hilfen in Einrichtungen und durch Dienste der Kinder- und Jugendhilfe (BRV Jug) 1. Anlage D.1: Rahmenleistungsbeschreibung. Ambulante Sozialpädagogische Erziehungshilfen nach §§ 29, 30, 31 und 35 SGB VIII in der Fassung vom 01.07.2019. Berlin: SenBJF. https://www.berlin.de/sen/jugend/recht/rahmenvertraege/brvjug, hier Anlage_D1_Rahmenleistungsbeschreibung Ambulante Sozialpädagogische Erziehungshilfen nach §§ 29, 30, 31 und 35 SGB VIII [Zugriff: 16.12.2020].

Sennett, Richard (2010): Respekt im Zeitalter der Ungleichheit. 3., unveränderte Auflage. Berlin: Berlin Verlag (englisches Original 2002).

SGB VIII (2019): Das Achte Buch Sozialgesetzbuch – Kinder und Jugendhilfe – in der Fassung der Bekanntmachung vom 11. September 2012 (BGBl. I S. 2022), das zuletzt durch Artikel 36 des Gesetzes vom 12. Dezember 2019 (BGBl. I S. 2652) geändert worden ist. Berlin: BMJ. https://www.gesetze-im-internet.de/sgb_8/SGB_8.pdf [Zugriff: 03.04.2020].

Shell Deutschland Holding (Hrsg.) (2015): Jugend 2015. Eine pragmatische Generation im Aufbruch. Reihe: Shell-Studie, Bd. 17. Frankfurt: Fischer.

Shell Deutschland Holding (Hrsg.) (2019): Jugend 2019. Eine Generation meldet sich zu Wort. Reihe: Shell-Studie, Bd. 18. Weinheim: Beltz.

Sommerfeld, Peter (2016): Evidenzbasierung als ein Beitrag zum Aufbau eines professionellen Wissenskorpus in der Sozialen Arbeit. In: Borrmann, Stefan/Thiessen, Barbara (Hrsg.): Wirkungen Sozialer Arbeit. Potentiale und Grenzen der Evidenzbasierung für Profession und Disziplin. Reihe: Theorie, Forschung und Praxis der sozialen Arbeit, Bd. 12. Opladen: Budrich, S. 21–41.

Spiess, Erika (2015): Voraussetzungen gelingender Kooperation. In: Merten, Ueli/Kaegi, Urs (Hrsg.): Kooperation kompakt. Professionelle Kooperation als Strukturmerkmal und Handlungsprinzip der Sozialen Arbeit. Opladen: Budrich, S. 71–87.

Spitz, René A. (1991): Vom Dialog. Studien über den Ursprung der menschlichen Kommunikation und ihrer Rolle in der Persönlichkeitsbildung. Reihe: Dialog und Praxis. Nachdruck der ungekürzten Ausgabe. München: dtv (letzte veränderte Ausgabe 1982).

Spitz, René A. (2004): Vom Säugling zum Kleinkind. Nachdruck der 11., unveränderten Auflage. Stuttgart: Klett-Cotta (englisches Original 1965).

Stadtjugendamt Erlangen/Gedik, Kira/Wolff, Reinhart (Hrsg.) (2018): Kinderschutz im Dialog. Grundverständnis und Kernprozesse kommunaler Kinderschutzarbeit. Opladen: Budrich.

Staub-Bernasconi, Silvia (1996): Soziale Probleme – soziale Berufe – soziale Praxis. In: Heiner, Maja/Meinhold, Marianne/Spiegel, Hiltrud von (Hrsg.): Methodisches Handeln in der Sozialen Arbeit. 3., unveränderte Auflage. Freiburg: Lambertus, S. 11–101 (Erstauflage 1994).

Staub-Bernasconi, Silvia (2018): Soziale Arbeit als Handlungswissenschaft. Soziale Arbeit auf dem Weg zu kritischer Professionalität. Soziale Arbeit. 2., vollst. überarbeitete und aktualisierte Auflage. Opladen: Budrich.

Staub-Bernasconi, Silvia (2019): Menschenwürde – Menschenrechte – Soziale Arbeit. Die Menschenrechte vom Kopf auf die Füße stellen. Reihe: Soziale Arbeit und Menschenrechte, Bd. 1. Opladen: Budrich.

Stieve, Hedwig (1983): Tagebuch einer Fürsorgerin. Nachdruck der Original-Ausgabe. Weinheim: Beltz (Original 1925).

Struck, Norbert (2019): § 31 Sozialpädagogische Familienhilfe. In: Münder, Johannes/Meysen, Thomas/Trenczek, Thomas (Hrsg.): Frankfurter Kommentar SGB VIII. Kinder und Jugendhilfe. Reihe: NomosKommentar. 8., vollst. überarbeitete Auflage. Baden-Baden: Nomos, S. 396–399.

Tammen, Britta (2019): Grundsicherungsrecht und Sozialhilfe. In: Merchel, Joachim (Hrsg.): Handbuch Allgemeiner Sozialer Dienst (ASD). 3., aktualisierte und erweiterte Auflage. München: Reinhardt, S. 106–125.
Thiersch, Hans (1993): Strukturierte Offenheit. Zur Methodenfrage einer lebensweltorientierten Sozialen Arbeit. In: Rauschenbach, Thomas/Ortmann, Friedrich/Karsten, Marie-Eleonora (Hrsg.): Der sozialpädagogische Blick. Lebensweltorientierte Methoden in der Sozialen Arbeit. Weinheim: Juventa, S. 11–28.
Thiersch, Hans (2006): Die Erfahrung der Wirklichkeit. Perspektiven einer alltagsorientierten Sozialpädagogik. Reihe: Edition soziale Arbeit. 2., ergänzte Auflage. Weinheim: Juventa (Erstauflage 1986).
Thiersch, Hans (2014a): Lebensweltorientierte Soziale Arbeit. Aufgaben der Praxis im sozialen Wandel. Reihe: Edition Soziale Arbeit. 9., veränderte Auflage. Weinheim: Beltz Juventa.
Thiersch, Hans (2014b): Zur sozialpädagogischen Haltung. Vortrag anlässlich des Fachtags des AKKA, 09.04.2014 in Karlsruhe. https://docplayer.org/29097590-Vortrag-von-herrn-prof-thiersch-am-anlaesslich-des-fachtages-des-akka.html [Zugriff: 01.04.2020].
Thiersch, Hans (2015): Soziale Arbeit und Lebensweltorientierung, Bd. 1: Konzepte und Kontexte. Weinheim: Beltz Juventa.
Thiersch, Hans/Grunwald, Klaus/Köngeter, Stefan (2012): Lebensweltorientierte Soziale Arbeit. In: Thole, Werner (Hrsg.): Grundriss Soziale Arbeit. Ein einführendes Handbuch. 4., unveränderte Auflage. Wiesbaden: VS, S. 175–196 (letzte überarbeitete Auflage 2010).
Thole, Werner/Hildenbrand, Bruno/Marks, Svenja/Franzheld, Tobias/Sehmer, Julian (2018): Verwalten, Kontrollieren und Schuld zuweisen. Praktiken des Kinderschutzes – empirische Befunde. In: Zeitschrift für Sozialpädagogik 16, 4, S. 341–362.
Uhlendorff, Uwe (2010): Sozialpädagogische Diagnosen, Bd. 3: Ein sozialpädagogisch-hermeneutisches Diagnoseverfahren für die Hilfeplanung. Reihe: Sozialpädagogische Diagnosen, Bd. 3. 3., überarbeitete Auflage. Weinheim: Juventa.
Uhlendorff, Uwe (2014): Mitschrift eines Vortrags im Kinderhaus Berlin Mark-Brandenburg, aufgezeichnet von Prof. Dr. Hans-Ullrich Krause (unveröff.). o. O.
Uhlendorff, Uwe/Cinkl, Stephan/Marthaler, Thomas (2008): Sozialpädagogische Familiendiagnosen. Deutungsmuster familiärer Belastungssituationen und erzieherischer Notlagen in der Jugendhilfe. Reihe: Materialien. 2., korrigierte Auflage. Weinheim: Juventa.
Uhlendorff, Uwe/Euteneuer, Matthias/Sabla, Kim-Patrick (2013): Soziale Arbeit mit Familien. Reihe: Soziale Arbeit. München: Reinhardt.
Ullenboom, Detlef (Hrsg.) (2016): Familienbilder in den Hilfen zur Erziehung [Themenschwerpunkt]. Sozial Extra 40, 6, S. 16–35.
United Nations (UN) (1989): Convention on the rights of the child. New York: UN. http://www.ohchr.org/en/professionalinterest/pages/crc.aspx [Zugriff: 03.04.2020].
Urban, Ulrike (2001): Die Handlungsmaxime »Empowerment«. In: Fülbier, Paul/Münchmeier, Richard (Hrsg.): Handbuch Jugendsozialarbeit. Geschichte, Grundlagen, Konzepte, Handlungsfelder, Organisation, Bd. 2. Münster: Votum, S. 814–820.
Urban, Ulrike (2004): Professionelles Handeln zwischen Hilfe und Kontrolle. Sozialpädagogische Entscheidungsfindung in der Hilfeplanung. Reihe: Votum. Weinheim: Juventa.
Urban-Stahl, Ulrike (2011): Ombuds- und Beschwerdestellen in der Kinder- und Jugendhilfe in Deutschland. Eine Bestandsaufnahme unter besonderer Berücksichtigung des möglichen Beitrags zum »Lernen aus Fehlern im Kinderschutz«. Expertise. Reihe: Beiträge zur Qualitätsentwicklung im Kinderschutz, Bd. 1. Köln: NZFH. http://www.ombudschaft-jugendhilfe.de/wp-content/uploads/2014/03/Expertise_Beschwerdestellen_2010_03.pdf [Zugriff: 01.04.2020].
Völter, Bettina/Reichmann, Ute (Hrsg.) (2017): Rekonstruktiv denken und handeln. Rekonstruktive Soziale Arbeit als professionelle Praxis. Reihe: Rekonstruktive Forschung in der Sozialen Arbeit, Bd. 14. Opladen: Budrich.
Wensierski, Peter (2007): Schläge im Namen des Herrn. Die verdrängte Geschichte der Heimkinder in der Bundesrepublik. Taschenbuchausgabe. München: Goldmann.
Werding, Martin (2018): Soziale Sicherung. In: Gabler Wirtschaftslexikon, 19.02.2018, S. https://wirtschaftslexikon.gabler.de/definition/soziale-sicherung-46058/version-269344 [Zugriff: 01.04.2020].

Werner, Emmy (1997): Gefährdete Kindheit in der Moderne. Protektive Faktoren. In: Vierteljahresschrift für Heilpädagogik und ihre Nachbargebiete 66, 2, S. 192–203.
Winkler, Michael (2004): Die Alarmsirene muss heulen! Regina Rätz-Heinisch im Interview mit Michael Winkler über Entwicklungen in modernen Gesellschaften, die gleichsam zwischen umfassender Toleranz und Beliebigkeit und zero tolerance entstehen. In: Sozial Extra 28, 10, S. 6–11.
Winkler, Michael (2018): Elternarbeit. In: Düring, Diana/Krause, Hans-Ullrich/Peters, Friedhelm/Rätz, Regina/Rosenbauer, Nicole/Vollhase, Matthias (Hrsg.): Kritisches Glossar. Hilfen zur Erziehung. Reihe: Grundsatzfragen, Bd. 51. Aktualisierte Online-Ausgabe. Frankfurt: IGFH, S. 101–107.
Winnicott, Donald W. (1987): Vom Spiel zur Kreativität. Reihe: Konzepte der Humanwissenschaften. 4., unveränderte Auflage. Stuttgart: Klett-Cotta (englisches Original 1971; 16., unveränderte Auflage 2019).
Witt, Andreas/Rassenhöfer, Miriam/Pillhofer, Melanie/Plener, Paul L. (2013): Das Ausmaß von Kindesmissbrauch, -misshandlung und -vernachlässigung in Deutschland: Eine Übersicht. In: Nervenheilkunde 32, 11, S. 813–818. https://www.researchgate.net/publication/261731301 [Zugriff: 02.04.2020].
Wolf, Klaus (2015): Sozialpädagogische Interventionen in Familien (Reihe: Basistexte Erziehungshilfen; 2., überarbeitete Auflage). Weinheim: Beltz Juventa.
Wolff, Mechthild/Hartig, Sabine (2013): Gelingende Beteiligung in der Heimerziehung. Gute Praxis beim Mitreden, Mitwirken und Mitbestimmen von Kindern und Jugendlichen im Heimalltag. Ein Werkbuch für Jugendliche und ihre BetreuerInnen. Reihe: Edition Sozial. Weinheim: Beltz Juventa.
Wolff, Reinhart (2016): Moderner Kinderschutz in der Unsicherheitsgesellschaft – ganzheitliche Hilfe oder autoritäres Risikomanagement – Entwicklungstrends und aktuelle Herausforderungen. In: Sozialwissenschaftliche Literatur Rundschau 39, 2 [Nr. 73], S. 150–160.
Wolff, Reinhart (2017): Kinderschutz. In: Kreft, Dieter/Mielenz, Ingrid (Hrsg.): Wörterbuch Soziale Arbeit. Aufgaben, Praxisfelder, Begriffe und Methoden der Sozialarbeit und Sozialpädagogik. 8., vollständig überarbeitete und aktualisierte Auflage. Weinheim: Beltz Juventa, S. 575–580.
Wolff, Reinhart/Ackermann, Timo/Biesel, Kay/Brandhorst, Felix/Heinitz, Stefan/Patschke, Mareike (2013): Dialogische Qualitätsentwicklung im kommunalen Kinderschutz. Praxisleitfaden. Reihe: Beiträge zur Qualitätsentwicklung im Kinderschutz, Bd. 5. Köln: NZFH. https://www.fruehehilfen.de/fileadmin/user_upload/fruehehilfen.de/pdf/Publikation_QE_Kinderschutz_5_Praxisleitfaden_Qualitaetsentwicklung.pdf [Zugriff: 01.04.2020].
Wolff, Reinhart/Biesel, Kay/Heinitz, Stefan (2011): Child Protection in an Age of Uncertainty: Germany's Response. In: Gilbert, Neil/Parton, Nigel/Skivenes, Marit (Hrsg.): Child Protection Systems. International Trends and Orientations. Reihe: International Policy Exchange Series. New York: Oxford University Press, S. 183–203.
Wolff, Reinhart/Flick, Uwe/Ackermann, Timo/Biesel, Kay/Brandhorst, Felix/Heinitz, Stefan/Patschke, Mareike/Röhnsch, Gundula (2013): Aus Fehlern lernen – Qualitätsmanagement im Kinderschutz. Konzepte, Bedingungen, Ergebnisse. Opladen: Budrich.
Wolff, Reinhart/Stork, Remi (2013): Dialogisches ElternCoaching und Konfliktmanagement. Ein Methodenbuch für eine partnerschaftliche Bildungsarbeit (nicht nur) in den Hilfen zur Erziehung. Reihe: Erziehungshilfe-Dokumentation, Bd. 33. 2., unveränderte Auflage. Frankfurt: IGFH (Erstauflage 2012).
Woog, Astrid (1998): Soziale Arbeit in Familien. Theoretische und empirische Ansätze zur Entwicklung einer pädagogischen Handlungslehre. Reihe: Edition soziale Arbeit. Weinheim: Juventa (4., unveränderte Auflage 2010).
Zander, Margherita (2010): Armes Kind – starkes Kind? Die Chance der Resilienz. 3., unveränderte Auflage. Wiesbaden: VS (Erstauflage 2008).
Ziegenhain, Ute/Schöllhorn, Angelika/Künster, Anne K./Hofer, Alexandra/König, Cornelia/Fegert, Jörg M. (2010): Modellprojekt Guter Start ins Kinderleben. Chancen und Stolpersteine interdisziplinärer Kooperation und Vernetzung im Bereich Früher Hilfen und im

Kinderschutz. Werkbuch Vernetzung. Köln: NZFH. www.fruehehilfen.de/fileadmin/user_upload/fruehehilfen.de/pdf/Werkbuch_Vernetzung_NZFH_2010_.pdf [Zugriff: 01.04.2020].

Ziegler, Holger (2013): Soziale Arbeit und Paternalismus. Zur Rechtfertigbarkeit sozialarbeiterischer Intervention aus Perspektive des Capabilities Ansatzes. In: Oelkers, Nina/Richter, Martina (Hrsg.): Aktuelle Themen und Theoriediskurse in der Sozialen Arbeit. Reihe: Res humanae, Bd. 11. Frankfurt: Lang, S. 45–74.

Ziegler, Holger (2017): Aktuelle Lage der Novellierungspläne zum SGB VIII – kritische Einschätzung. Vortrag bei der Fachveranstaltung »(D)Reformierung der Kinder und Jugendhilfe? Information – Austausch – Kritik zur geplanten SGB VIII Novellierung«, 21.02.2017 in Berlin (unveröff.).

Die Autor*innen

Regina Rätz, Jg. 1970, Diplom-Sozialarbeiterin und Sozialpädagogin, Dr. phil. Soziologie, Professorin für Soziale Arbeit mit Schwerpunkt Kinder- und Jugendhilfe an der Alice Salomon Hochschule Berlin.

Axel Biere, Jg. 1951, Diplom-Sozialarbeiter und Sozialpädagoge, langjährige Tätigkeit im Jugendamt Berlin Pankow, Fortbilder in Sozialraumorientierung, Berliner Rechtshilfefonds Jugendhilfe (BRJ e. V.).

Ute Reichmann, Jg. 1961, M. A. Germanistik, Philosophie und Pädagogik, Dr. phil. Erziehungswissenschaft/Soziale Arbeit, langjährige Tätigkeit in der öffentlichen Kinder- und Jugendhilfe und Lehrbeauftragte, zuletzt Fachbereichsleitung Bildung, Sport und Kultur Landkreis Göttingen.

Die Autor*innen

Hans-Ullrich Krause, Jg. 1954, Erzieher, Diplom-Pädagoge, Dr. phil., Leiter Familieninstitut am Campus Kinderhaus, Gastprofessor/Honorarprofessor an der Alice Salomon Hochschule Berlin und Vorsitzender (gemeinsam mit Nicole Knuth) der Internationalen Gesellschaft für erzieherische Hilfen (IGFH), Roman- und Drehbuchautor.

Sibylle Ramin, Jg. 1970, Diplom-Sozialpädagogin, Systemische Familientherapeutin, Familienhelferin bei Inter-KÖrmet e.V. Berlin, Lehrbeauftragte Alice Salomon Hochschule Berlin.